KB164276

소규모 가족기업에서 세계 최고가 되기까지

독일 100년 기업 이야기

소규모 가족기업에서 세계 최고가 되기까지

독일
100년 기업
이야기

요시모리 마사루 지음

재단법인 동아시아경제연구원 상임이사 **배원기** 외 옮김

한국경제신문

최근 2~3년 전부터 우리나라 경제계의 중요한 화두로 ESG Environment, Social, Governance가 부상했다. ESC의 세 가지 주제 중 사회공헌Social 및 지배구조Governance와 관련하여 일본 요코하마 국립대 요시모리 마사루古森賢 명예교수가 필생의 연구를 종합하여 펴낸《독일 동족 대기업ドイツ同族大企業》(2015)을 번역하여 소개한다. 요시모리 교수는 1938년생인 노학자인데, 1960년대에 유럽에서 공부한 후 유럽 기업의 경영 사례를 일본에 소개하고 있다.

이 책은 우리나라에는 거의 알려져 있지 않은 독일 가족기업의 역사, 사회 전반의 기업문화, 기업재단제도, 노사상생 관계를 다룬다. 대표적인 9개 가족기업의 사례를 분석하면서 독일 기업의 제도, 사상, 역사, 소유구조, 기업 형태, 공익재단을 통한 기업지배구조와 사회공헌 등을 살펴본다. 저자는 독일의 가족기업은 평판이나 명성이 높은 반면, 일본의 가족기업은 그렇지 못하다고 하면서 일본 가족기업이 나아가야 할 방향도 제시했다.

우리나라는 일본을 통해 독일 상법이나 민법의 영향을 간접적으로 받아왔다. 다만 우리나라와 독일은 역사적·문화적으로 다른 길을 걸어왔을 뿐만 아니라 1997년 금융 및 외환 위기 이후 우리나라는 일본보다 미국의 영향을 더 많이 받았기에 기업문화가 독일과는 상당히 다르다. 그럼에도 독일의 기업 제도나 소유구조, 기업 형태, 공익재단을 통한 기업지배구조와 사회공헌을 배울 필요가 있다.

이 책에서 저자가 정의하는 가족기업의 범주는 다음 네 가지다.

① 창업자, 그 승계자 및 가족이 지분이나 지분비율상으로 이사회 임원 선임 시 최종 의사결정권을 가진 기업
② 가족이 설립한 공익재단이 지배하는 기업
③ 주식이 공개된 가족기업인 경우, 가족의 총의결권 비율이 25% 이상인 기업
④ 가족의 유언집행인이나 기업의 지분증권을 소유하진 않지만 높은 경영 실적을 올려 경영자로서 사회적으로 높이 평가되는

개인이 지배력을 발휘하는 기업

④와 관련해서는 폭스바겐의 고故 페르디난트 피에히 회장과 같이 지배 지분을 보유하고 있지 않지만 뛰어난 경영자가 기업을 지배하는 예외적인 사례를 소개했다. 그리고 이를 일본 토요타자동차그룹의 도요타 가문과 비교했는데, 도요타 가문은 2%의 지분만 가지고 있음에도 토요타자동차그룹의 실질적인 인사권을 행사하여 그룹을 지배한다는 점을 언급했다. 이 사례를 우리나라 기업들에 적용하면, 대부분의 대기업이 가족기업에 해당하지 않을까 생각된다.

이 책은 프롤로그와 제I, II부의 본문 그리고 에필로그로 구성돼 있다. 저자는 프롤로그에서 독일 가족기업이 높은 사회적 명성을 지니는 원천으로 다음 네 가지를 꼽았다.

① 세계적으로 경쟁력이 있는 제품이나 기술을 보유하고 있다.
② 종업원의 근무 조건을 대폭 향상시켰다.
③ 공익재단을 설립해 사회적 책임을 실천한다.
④ 소유와 경영이 분리되지 않아 주주와 경영자 간의 이해가 대립되지 않기 때문에 장기적인 안목에서 경영할 수 있다.

즉, 세계적인 경쟁력을 갖출 정도로 수익성이 높아야 한다는 점과 종업원의 근로 조건을 대폭 향상시켰다는 점을 강조했다. 그리고 9개의 사례 기업 대부분이 비상장회사이며, 상장된 기업이라고 하더라도 의결권이 있는 보통주가 아니라 의결권이 없는 우선주나 회사채가 이익참여증권으로 상장되어 있다는 점도 짚었다. 이럴 경우 소유와 경영이 분리되지 않아 주주와 경영자 간의 이해가 대립하지 않기에 장기적인 안목에서 경영할 수 있다. 또한 9개의 사례 기업은 모두 가족 구성원 중에서 최고경영자를 선임하지 않고 우수한 경영자를 초빙하여 그 전문경영자들을 통해 성장과 번영을 실현해왔다는 점도 눈여겨볼 만한 사항이다. 우리나라 현실과는 상당히 거리가 있다.

제I부 제1장에서는 독일의 기업 형태를 소개한다. 여섯 가지 기본 형태와 아홉 가지 혼합 형태, 총 열다섯 가지 형태다. 무한책임출자자인 창업자들의 무한책임을 유한책임으로 변환하기 위해 기업가들 스스로 고민하면서 혼합 형태의 회사가 생겨났다. 새로운 형태의 회사가 법원에서 받아들여지지 않을 때, 소송 등의 절차를 통해 새로운 형태의 회사를 만들어내고 그 뒤 법제화하는 과정을 거쳤다. 독일은 주식회사 형태가 많지 않고 유한회사 형태가 많은 반면, 우리나라는 소규모 가족기업도 주식회사 형태를 취한다는 점에서 차이가 있다. 또한 독일에는 특유의 사업장위원회 공동결정제도와 감독이사회 공동결정제도가 있다는 점도 소개했다(13쪽 '독일의 복층형 이사회제도와 공동결정제도' 참고).

우리나라에서 독일 등 유럽 국가의 제도를 참고하여 2016년 서울시 투자 출연기관에 노동이사제를 도입한 이래 광주광역시, 인천광역시, 경기도, 울산광역시 등에서 노동이사제를 도입했다. 2017년 7월 19일에는 국정기획자문위원회가 '문재인 정부 국정운영 5개년 계획'에 중앙정부 산하의 공공기관에도 노동이사제를 도입할 것을 발표했다. 그 뒤 2022년 1월에 공기업 및 준정부기관의 비상임이사에 해당 기관 소속 근로자 중에서 근로자대표가 추천하거나 근로자 과반수의 동의를 받은 사람 1명을 포함한다는 공공기관의 운영에 관한 법률 개정안이 국회를 통과해 2월 3일에 공포되었으며, 8월 4일부터 시행될 예정이다.

그런데 우리나라에서 논의되고 있는 노동이사는 독일의 노동이사 개념과 다르다는 점을 지적하고 싶다. 경영이사회 구성원인 독일의 노동이사(독일어 Arbeitsdirektor, 영어로는 Labor Director로 번역된다. 이하에서는 우리나라의 학계 및 언론에서 소개하는 노동이사 개념과 구분하기 위하여 노무담당이사라고 번역했다)는 인사 및 사회 관련 업무를 담당하는 이사를 말한다.

또한 독일 제도에서 노동자대표가 이사회의 구성원이 되는 것은 경영이사회가 아니라 감독이사회의 구성원이 된다는 점도 강조한다. 즉 독일의 이사회는 감독이사회와 경영이사회로 나뉘며 노동자 대표는 감독이사회에 들어가는데, 경영이사회에 대한 감독과 인사권만 있을 뿐이지 업무 집행에 대한 의사결정은 하지 않는다. 우리나라와 같은 일원제 이사회에서 노동자 대표가 직접 이사회 구성원으로 참가하면, 이사회가 투쟁의 장소로 바뀌게 될 것이라는 우려의 목소리가 많다. 법이 제정된 이상 되돌리기는 어려울 것이고, 우리나라에도 독일의 2002년 노동개혁(하르츠 개혁)을 주도한 폭스바겐의 페터 하르츠와 같은 노동담당이사가 출현하길 기대해본다.

제1부 제2장에서는 독일의 창업자 또는 그 후손들이 기업의 영속성을 유지하기 위해 기업재단을 설립하고, 이를 통해 기업의 지배구조를 강화하는 한편 사회공헌에도 많은 활동을 하고 있음을 보여준다. 독일 기업재단에는 공익재단, 사익재단(가족재단), 혼합 형태의 재단(이중재단), 민법공익재단, 대체공익재단 등 다섯 가지 형태가 있다. 각 기업이 처한 상황에 맞추어 자유롭게 설립할 수 있으며, 그중 사익재단은 설립자 가족의 생활 기반 유지를 보장하는 역할도 한다. 즉, 사익재단은 재단 수익의 3분의 1은 가족의 합리적인 생활 수준을 유지하는 데 이용할 수 있도록 함으로써, 후손들 사이에 분쟁이 있더라도 가족재단을 통해 기업은 계속 유지되도록 한다.

가족재단이 조세 혜택을 받지 못하는 단점을 보완하기 위해 가족재단과 조세 혜택을 받을 수 있는 공익재단 등 2개의 재단을 설립하는 혼합 형태(이중재단)도 있다. 우리나라도 부의 축적을 죄악시하지 말고, 독일의 사익재단(가족재단) 제도를 도입하여 기업의 영속화를 가능하게 하면서 기업가 가족의 생활 기반을 보장하는 등의 조치가 필요하지 않은가 생각한다. 이런 방식으로 기업의 영속성을 보장하고 기업가들의 사회공헌을 촉진할 수 있기 때문이다.

제I부 제3장에서는 세계에서 유례를 찾아볼 수 없는 독일 공동결정제도의 배경 및 전사前史를 소개한다. 지금까지 우리나라 학자들이 소개한 독일의 공동결정제도는 대부분 1950년 이후의 사례였는데, 이 책에서는 독일의 19세기 공동체 사상 및 바이마르헌법 제정 과정 등 전사를 다뤘기에 공동결정제도를 깊이 이해하는 데 도움이 될 것이다.

제II부에서는 9개의 기업을 소개한다. 저자는 9개의 독일 가족기업을 선정해 창업자로부터 현재까지의 역사를 개괄하면서 어떤 전략으로 발전의 기초가 된 혁신적인 제품이나 기술 또는 영업 방식을 실현했는지 소개한다. 종업원의 근무 조건과 복리후생제도, 공익재단을 설립한 목적, 공익재단·가족집단·사업회사의 지배구조와 상호 관계 등을 자세히 알아볼 수 있다.

에필로그에는 독일 가족기업의 사례를 일본의 가족기업들이 어떻게 본받아야 하는지에 관한 저자의 견해가 담겨 있는데, 우리나라의 가족기업들도 참고할 만한 내용이라고 생각한다. 저자는 "가족기업의 큰 장점은 가족기업이라는 점이다. 하지만 가장 큰 약점 역시 가족기업이라는 데서 기인한다"라는 독일 학자의 의견을 소개하면서, 기업 가치의 최대 파괴자가 가족이며 그 원인이 가족 간의 갈등이나 불화 또는 분쟁이라고 이야기한다. 이 문제를 해결하기 위해 머크 가문에서 채택하고 있는 '가족헌장제도'나 외부 인사가 참여하는 자문위원회를 만들어 가족 내부의 불화나 분쟁을 조정하는 사례도 소개한다.

이 책을 통해 독일의 가족기업이 어떤 어려움을 겪으면서 성장했는지, 어떤 경쟁력을 가지고 있는지, 세대별 경영자는 어떤 특징을 지녔는지, 실패한 사례로는 어떤 것이 있는지 깊이 이해할 수 있으리라 믿는다.

이 책을 출판하는 데 여러분의 도움이 있었다. 기획과 번역을 총괄한 배원기 교수를 비롯하여 번역 작업에 참여해준 21세기연구회의 김영옥·김현주·선정림·이종진·임성주·조은정 등 여섯 분, 외국 인명 및 지명의 원어 찾기에 도움을 준 이종진·NIFCO의 나라하라 미노루·가시모리 세이이치로·미쓰이물산의 미우라 노리코·김준범 등 다섯 분, 초벌 번역을 감수해준 조병선·최갑선 박사가 큰 수고를 해주셨다. 출판을 허락해준 한경BP 관계자 여러분께도 감사의 말씀을 드린다.

2022년 5월

재단법인 동아시아경제연구원
이사장 **홍재형**

- **동족**同族: '동족'이라는 일본어에 꼭 맞는 우리말은 없고 유사한 말로 '가족, 가문, 씨족, 특수 관계자' 등이 있는데, 이 책에서는 '가족'으로 번역했다. 참고로, 일본어에서 '동족'이라는 용어는 '동일 가족으로부터 분리된 여러 개의 분가分家가 본가本家를 중심으로 하나의 공동체를 이룬 것'이라는 의미를 가진다. 이런 점에서 우리 말의 가문家門과 유사하다고 할 수 있으나, 정확히 일치하지는 않는다. 저자는 동족의 독일어로 'Familienunternehmen'를 사용했는데, 우리말로는 가족기업으로 번역했다.

- **독일어 'Ausfsichtsrat**(영어 'Supervisory Board')**'**: 일본에서는 감사역회監査役會라고 하고, 우리나라에서는 학자에 따라 감사회·감사위원회·감독이사회 등으로 번역한다. 이 책에서는 '감독이사회'로 번역했다.

- **독일어 'Vorstand**(영어 'Excutive Bord')**'**: 일본에서는 집행임원회執行任員會라고 하고, 우리나라에서는 학자에 따라 이사회·경영이사회·임원회 등으로 번역한다. 이 책에서는 '경영이사회'로 번역했다.

이 책의 내용을 쉽게 이해하기 위해서는 독일의 복층형 이사회(이원화 이사회) 제도와 공동결정제도를 먼저 알아둘 필요가 있다.

복층형 이사회제도

독일 기업과 우리나라 기업의 지배구조에서 가장 다른 점으로, 독일 회사는 복층형 이사회제도를 가지고 있다는 점을 꼽을 수 있다. 독일 회사의 이사회는 경영진으로 구성되는 경영이사회와 주주 및 종업원 대표로 구성되는 감독이사회로 이원화돼 있다. 독일 기업에 감독이사회가 등장한 것은 1860년대부터인데, 주식회사에 대한 국가의 감독이 사라지면서 감독이사회가 주식회사에 필수적인 감독기관으로 자리 잡았다. 지금도 기본 원칙이 그대로 유지되고 있는 1937년의 주식법에 따라 주주총회가 가지고 있는 이사의 임면권, 결산서의 확정권까지 감독이사회로 넘어가면서 감독이사회가 실질적인 감독기관으로 정착됐다. 이런 측면에서 우리나라의 주주총회에 비해 독일의 주주총회는 권한이 무척 적은 편이다.

한편, 독일의 주식회사에는 우리나라 주식회사에 존재하는 감사가 없다. 이 감사제도는 19세기 말 일본이 독일 상법을 전수받으면서 독창적으로 만든 제도다. 일부 상법학자들은 이를 '아시아식 지배구조'라고 하는데, 미국이나 유럽 투자가들이 잘 이해하지 못하는 제도이기도 하다.

감독이사회가 등장하게 된 독일의 사회적 배경을 살펴보자면, 영국이나 프랑스보다 산업혁명이 늦었던 자본주의 후발 국가인 독일은 18~19세기에도 노동자와 자본가 사이의 분쟁과 대립이 있었다. 그 뒤 제1차 세계대전 후의 바이마르공화국 시절 첨예한 좌우 이념 갈등과 노사 간의 극한투쟁, 정부의 무능과 연이은 경제정책의 실패로 살인적인 초인플레이션과 높은 실업률이라는 시련을 겪으면서 극우 나치당이 집권하게 됐다. 히틀러의 나치 통치 시절 좌와 우, 노동자와 자본가는 전쟁에서 승리하기 위해 어쩔 수 없이 협력해야 했다. 그리고 제2차 세계대전에서 패한 후, 두 양극 집단은 바이마르공화국 시절의 분열과 극한투쟁으로 돌아가지 않고 서로 협력하기로 했다. 따라서 감독이사회의 구성은 '기업은 주주와 종업원의 공유물'이라는 독일 특유의 '사회적 시장경제관'에 기인한다고 할 수 있다.

공동결정제도

독일의 공동결정제도는 크게 사업장위원회를 통한 공동결정제도와 감독위원회에서의 공동결정제도로 나뉜다(본문 제부 제1장에서 '기업 형태의 제도 간 경쟁: 독일의 공동결정제도'를 참고하기 바란다).

종업원의 감독이사회 참여는 처음에는 철강 및 탄광 등 일부 산업에만 적용되다가 1956년에 나머지 산업으로 확산됐으며, 감독이사회의 3분의 1을 종업원 대표로 구성하게 됐다. 이후 1976년에 이른바 '공동결정법'이 제정되면서 종업원이 2,000명 이상인 기업은 감독이사회의 2분의 1을 종업원 대표로 임명하게 됐다. 감독이사회에서 표결 결과가 동수인 경우, 회사 임원 중에서 선임된 감독이사 회장이 결정권을 행사한다.

한편 이 책에서는 다루지 않았지만, 독일에서는 은행들이 기업의 주식을 보유하고 있는 사례가 많으며, 개인투자자가 위탁한 주식에 기반하여 대리의결권도 행사하고 감독이사회에도 참여한다. 그래서 감독이사회 구성원 중 종업원 대표들을 빼고 나면 대부분 은행 간부들이라고 한다. 최근에는 은행의 과도한 기업지배에 대해 비판이 제기되고 미국 등 기관투자가가 보유한 주식이 늘어나면서 주주 권한이 강화되고 적대적 M&A도 허용하는 방향으로 제도가 바뀌고 있다.

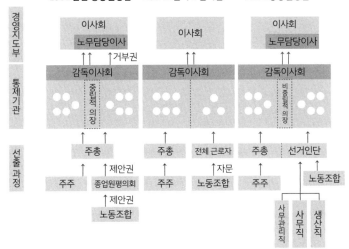

1951 몬탄 공동결정법●   2004 3분의 1 참여법●●   1976 공동결정법●●●

※ 출처: 이승협, <근로자이사제에 대한 편견과 오해>, <근로자이사제 도입 쟁점과 전망>, 국회토론회 자료집, 2016.7.13.

● 대상 기업: 노동자 1,000명 이상의 석탄·철강 산업 주식회사, 유한회사
●● 대상 기업: 중기업(근로자 수 500명 이상인 주식회사, 주식합자회사, 유한회사)
●●● 대상 기업: 대기업(근로자 수 2,000명 이상인 주식회사, 주식합자회사, 유한회사 기타)

참고 자료: 독일의 복층형 이사회제도와 공동결정제도

독일의 가족기업은
왜 사회적 명성이 높을까?

독일은 가족기업 대국이며, 이로부터 배울 것이 많다. 이 책은 가족기업 소유자나 관리자, 종업원 또는 독일과 거래 관계가 있는 기업경영자, 독일의 기업경영에 관심이 있는 학생과 연구자를 위해 쓰였다. 집필을 하면서 이론보다는 구체적이고 실천적인 내용에 중점을 두었다.

첫째, 독일 기업경영을 이해하기 위해 독일의 제도, 사상, 역사적 배경을 살펴본다. 기업공동체Betriebsgemeinschaft를 토대로 가족기업이 가족자본주의를 형성하고 주주자본주의와 공존한다는 사실을 이해한다.

둘째, 푸거Fugger·크루프Krupp·자이스Zeiss·보쉬Bosch·베텔스만

Bertelsmann 등 5개 기업이 이익을 종업원에게 어떻게 배분하는지, 또한 공익재단Gemeinnützige Stiftung을 설립하여 어떻게 가족기업의 사회적 명성을 높였는지를 살펴본다. 그리고 대규모 가족기업으로서 공익재단을 설립하진 않았지만 세계적으로 높이 평가받고 있는 BMW·포르쉐Porsche·폭스바겐Volkswagen·머크Merck 등 4개 기업의 성공 요인도 살펴본다.

셋째, 일본의 가족기업이 독일의 가족기업과 동등하거나 그 이상의 사회적 평가를 얻기 위해 무엇을 해야 하는가를 제시한다. 종업원의 희생이나 대기업에 의존하지 않고 자유와 자주독립을 지키면서 종업원과 가족기업의 협력을 통한 기업공동체와 가족자본주의를 형성하는 것이 우리가 나아가야 할 길이라고 할 수 있다.

게르하르트 슈뢰더Gerhard Schröder 전 총리는 독일 가족기업의 혁신 능력을 높이 평가했고, 그의 발언은 독일에서 널리 퍼졌다. 앙겔라 메르켈 총리Angela Merkel 역시 가족기업을 '독일 경제의 견인차'라고 찬사를 보내며, 2014년 여름에 일본과 한국에도 진출해 있는 레이저 가공 기계의 세계적인 기업 트럼프Trumpf를 견학했다. 메르켈 총리 밑에서 연방정부의 경제·기술부 장관을 지낸 라이너 브뤼덜레Rainer Brüderle는 '가족기업이 독일 경제의 기둥'이라고 평가했다. 독일의 시사 주간지 〈슈피겔〉은 특집 기사에서 오늘날 가족기업에 주목하지 않는 정당은 존재하지 않는다고 강조했다. 독일 정치인들이 가족기업에 깊은 관심을 보이는 이유는 실업자 수가 정권을 유지하고 강화하는 데 큰 영향력을 미치기 때문이다. 고용인 수에서 60%를 차지하는 독일 가족기업이 고용을 10% 늘리면 6%의 고용 증가가 일어난다. 이는 40%를 차지하는 나머지 비가족기업의 4% 고용 증가보다 당연히 영향이 크다. 실제로 2008년 리먼 브러더스 사태로 인한 세계적 불황을 포함하여 2006~2010년 독일 고용자 수의 변화 추이를 보면, 가족기업 최대 500개사에서는 9% 증가했다. 반면 독일의 주요 주가지수인 DAX를 구성하는 기업 중 가족기업 4개사를 제외한 26개 비가족기업에서는 7% 감소했다.

독일 중소 가족기업의 특성을 《히든 챔피언》이라는 베스트셀러로 소개한 헤르만 지몬Hermann Simon 교수는 "가족기업에 대한 관심과 존중이 오늘날만큼 큰 적이 없었다"라고 단언한다.

높은 사회적 명성

2010년 비텐Witten 가족기업연구소는 페터 크루제Peter Kruse 교수와의 공동 연구를 통해 대규모 가족기업, 중견 가족기업, 소규모 가족기업 등 세 가지 가족기업과 대규모 비가족기업, 상장 비가족기업의 평판을 조사했다. 대상은 남자 55명, 여자 46명 등 총 101명이고, 18세부터 65세 이상까지 다양한 직종별·학력별로 구성됐다. 연구진은 조사 대상에게 기업의 다양한 특성을 보여주고, 그 특성이 어떤 기업 형태에 해당하는지를 물었다.

조사 결과는 다음과 같다.

① 가족기업의 평판이 비가족기업보다 좋다. 응답자들은 이렇게 답한 이유로 장기적인 안목에 기초한 경영, 이에 따른 좋은 노동 조건과 고용 유지에 대한 책임감, 고객 및 거래처와의 장기적인 관계, 종업원 상호 간의 유대감·책임감·안정감, 고품질의 상품·서비스, 기업의 연속성과 안정성, 권한 이양에 따른 종업원의 행동 자유도 등을 들었다.

② 가족기업 중에서는 소규모 가족기업의 평판이 가장 높고, 중견 가족기업과 대규모 가족기업이 뒤를 이었다. 즉, 규모가 작을수록 평판이 높았다.

③ 대규모 비가족기업, 상장 비가족기업의 평판은 모두 가족기업보다 좋지 않은 것으로 나타났다. 특히 상장 비가족기업의 평판은 모든 기업 형태 중에서 가장 낮았다. 이렇게 답한 이유로는 단지 생산 수단으로 간주되고 있다는 점, 개인의 책임감 부족, 권위주의적인 계층구조, 구성원 간의 통합 부족, 다른 사람을 경쟁자로 여겨 배제하거나 방해하는 사내 인간관계, 사무적인 의사결정, 얼굴이 없는 개인들의 집단, 단기적 이익 추구, 이익의 극대화 등을 들었다.

사회적 명성의 원천

이 책에서 살펴보는 9개사는 모두 대규모 가족기업이다. 이들의 일반적인 성공 요인은 무엇일까?

경영전략: 글로벌 경쟁력을 갖는 제품과 기술

피터 드러커Peter Drucker는 경영학의 실천적 학자로서, 사회공헌을 적극적으로 실천하고 그 경험을 책으로 펴냈다. 그는 책에서 선의善意를 기반으로 하는 사회공헌이 성공의 필수 조건이라고 천명하고, 특히 전략을 강조했다.

선의로는 산이 움직여지지 않는다. 불도저가 산을 움직이게 한다. 사명使命, 계획은 선의이고, 전략은 불도저다. 전략은 선의나 의지를 실현하기 위한 수단이다. 전략은 특히 비영리 조직에서 중요하다.

기업이 성장하고 영속성을 가지려면 ① 경영이념, ② 기업문화, ③ 기업윤리, ④ 기업전략, ⑤ 기업지배구조 등 다섯 가지 요소가 필수적이다. 이 중 개발하기가 가장 어렵고, 재무적 리스크가 큰 것이 '전략'이다. 전략 이외의 네 가지 요소는 기업가 자신이 결정하고 변경하거나 통제가 가능한 반면, 전략의 성패는 기업이 아니라 고객과 시장이 결정하기 때문이다. 전략은 시장 동향을 예측하고, 이에 맞는 혁신적인 제품 및 서비스와 기술을 개발하여 제공하는 것이다. 그런데 그 예측이 항상 적중하는 것은 아니다. 사업 환경이 항상 변화하기 때문이다. 따라서 혁신에는 위험이 따른다. 그럼에도 이를 실현하기 위해서는 기업가정신이 요구된다. 혁신적일수록 사내에 반대자가 많은데, 최고경영책임자는 때에 따라 이런 사내 반대를 무릅쓰고 혁신을 지속해야 하므로 커다란 용

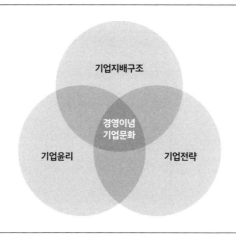

기가 필요하다.

　이 책에서 소개하는 가족기업은 창업 초창기에 혁신적인 사업에서 성공하여 번영의 바탕을 마련했다. 푸거는 16세기에 직물 생산업에서 도매무역상으로 업종을 성공적으로 전환했다. 화폐주조에 쓰여서 수요가 많은 은銀의 채굴 및 정제업으로도 확장하여 제후들에게 대부해줌으로써 막대한 부를 쌓았고, 그 일부로 아우크스부르크에 세계에서 가장 오래된 빈곤자 주택을 건축했다. 크루프는 선진국 영국을 능가하는 품질의 철강을 생산하는 데 성공한 기업이다. 이를 통해 이음매 없는 철도 휠을 개발하여 세계적인 철도 건설 수요에 대응하였으며, 그 후 대포와 군함 등 무기제조업의 수직적 통합을 통한 다각화를 실현했다. 자이스는 현미경·

천체망원경·쌍안경 등의 분야에서, 보쉬는 자동차의 핵심 부품인 내연기관용 점화플러그 분야에서, 출판업을 영위하는 베텔스만은 소형 밴을 이용한 이동서점 분야에서 성공하여 성장의 토대를 마련했다.

종업원 근무 조건의 대폭적인 향상

지인 중 한 사람이 일본 대기업의 독일 현지법인 사장으로 근무한 적이 있다. 독일에서는 종업원 누구에게나 법정휴가 4주가 주어지는데, 그의 독일인 여성 비서가 카리브에서 휴가를 보내고 돌아왔다. 귀국하여 출근한 그녀는 현지 의사가 발행한 진단서를 제시하면서 휴가 기간에 1주일 동안 아팠기 때문에 1주일 더 휴가를 내고 싶다고 했다. 지인이 이를 거절하자, 비서는 노동법원에 호소했다. 판결에 따라 그는 거액의 벌금을 내야 했다. 그는 일본으로 귀국한 후 나와 만났을 때 이렇게 단언했다. "이런 상황이라면 독일 경제에 미래는 없어."

이 사례는 20년 전 이야기인데, 그 후 독일 경제는 2000년 전후와 2008년 리먼브러더스 사태에 따른 일시적인 침체기가 있었지만 오늘날 유럽의 경제 대국으로서 번영을 구가하고 있다. 독일에서는 종업원의 권리 보호에 관한 경영자의 위법 행위에 대한 처벌이 매우 엄격하다. 식품할인점 대기업의 하나인 래첼Rätsel의 사례도 있다. 이 기업은 사립탐정을 고용하여 종업원의 행동을 소형

카메라로 녹화하고 대화를 녹음했는데, 이 일로 2008년 9월 기본법의 인권 보호 규정을 침해했다고 하여 146만 2,000유로의 벌금(약 230억 원)을 물었다.

독일의 최근 노동 조건은 다음과 같이 요약된다.

- 연간 24일간의 유급휴가: 취업 6개월 후부터 적용하며 일요일과 법정 공휴일은 제외함. 노동협약, 개별 계약, 공동결정에 따라 구서독 지역 근로자의 약 80%(약 6주간)가, 구동독 가족기업에서는 57%가 적용받음(유급휴가 사용률은 100%에 가까운 것으로 추정됨)
- 연금: 최종 월급의 75%(퇴직금제도는 없음)
- 연말수당: 1개월분의 급여
- 해고: 거의 불가능하며, 노동계약서에 계약 기간이 명기되지 않음. 다만, 중대한 부정행위를 저지르는 등의 경우에는 즉시 해고됨
- 일요일·공휴일의 노동은 원칙적으로 금지됨

이런 노동 조건이 자리 잡기까지는 19세기 대규모 가족기업인 크루프, 자이스, 보쉬가 선도적인 역할을 했다. 제2차 세계대전 이후에는 베텔스만이 노동 조건을 더욱 개선하고 종업원의 이익참여Gewinnbeteiligung제도를 도입하여 모델이 되고 있다.

공익재단의 설치와 사회적 책임의 실천

경영전략의 성공에 따른 이익 증가분을 직원들에게 배분하면, 경영자의 신뢰가 높아지고 노자勞資 및 노사勞使가 서로 통합하고 공동의 목적을 추구하게 된다. 그 결과 회사가 더욱 발전하고 큰 수익을 얻게 되면, 가족 경영자는 공익재단을 설립한다. 이 책에서 다루는 푸거, 크루프, 자이스, 보쉬, 베텔스만, BMW가 모두 이 과정을 거쳤다. 공익재단은 기업의 성공, 높은 윤리관뿐만 아니라 사회적 책임을 실천하고 있음을 보여주는 증거다. 이를 통해 회사와 그 제품은 사회로부터 더욱 신뢰받게 된다.

공익재단은 후계자 문제 등 여러 가지 가족기업 고유의 문제를 해결하는 수단이기도 하다.

기업공동체로서 가족기업 경영의 특성

독일에서 가족기업을 표현할 때 가장 많이 사용되는 단어가 기업공동체Betriebsgemeinschaft·Werksgemeinschaft, 노동공동체Arbeitsgemeinschaft다. 가족기업이 강점을 발휘하는 것이 기업공동체, 노동공동체이기 때문이다. 또한 가족기업의 가족은 일반적으로 자산 대부분을 자신의 가족기업에 투자하기 때문에 가족과 출자자가 동일하고, 이해관계가 일치하여 상장 비가족기업에서와 같이 주주와 경영자 간의 이해가 대립하지 않는다. 따라서 기업의 성과는 더욱 향상된다.

• 장기적인 안목

독일의 대부분 가족기업은 상장기업이 아니기 때문에 주주의 압력 속에 단기 이익을 추구할 이유가 없다. 가족기업은 가족 세대를 시간 축으로 하는 장기지향적 단기 의사결정 과정과 신속한 의사결정이 큰 장점이다. 장기적인 관점에서 핵심 역량에 경영 자원을 집중하여 적절한 전략을 수립하고, 승계한 시점보다 높은 실적을 실현하여 차세대에 물려준다. 독일 최대의 상장 가족기업인 폭스바겐의 페르디난트 피에히Ferdinand Piëch 감독이사회 회장은 언론과의 인터뷰에서 분기보고서를 보지 않고 장기 비전에 따라 경영한다고 밝히기도 했다. 이와 같이 상장 가족기업은 장기투자를 실행하기 쉽다.

이에 비해 상장 대기업의 최고경영자는 임기가 계약상 5년 등으로 규정되어 있다. 계약을 갱신할 순 있지만 그 재임기간이 가족기업 임원들의 재임기간과는 비교가 되지 않을 정도로 짧다. 이 때문에 경영자의 행동이 보수화하고 임기 중에 결과가 나오는 일에만 관심을 가지게 되어 중·장기적인 전망이 부족하다는 것이 일반적인 견해다.

• 혁신과 위험을 감수할 용기

상장 비가족기업의 경영자보다 가족기업의 경영자가 위험을 감수하기 쉽다. 상장 비가족기업의 경영자는 실패했을 때 경질이나 강

등 등 책임을 지게 될 뿐만 아니라 사내는 물론 주주로부터의 비판에 직면한다. 이에 비해 가족기업 소유자가 경영자라면 실패했더라도 자신과 가족의 자산이 일시적으로 감소하는 것일 뿐 상장 비가족기업과 같이 주주로부터 비난을 받지는 않는다.

또한 가족기업 소유경영자는 과도한 위험은 피하고자 한다. 실패했을 때 자기와 가족 직원의 생활 기반에 직접적인 영향을 미칠 수 있기 때문이다. 독일의 가족기업이 2008년 리먼 사태로 인한 세계적인 경기 침체 이후 높은 재평가를 받고 있는데, 그 이유는 비가족기업과 비교하여 실적이 호조를 보였기 때문이다. 즉, 가족기업이 창업자로부터 이어진 기업을 성공적으로 차세대에 계승하기 위해 과도한 위험을 감수하지 않고, 건실한 재무 정책을 유지했기 때문이다.

• 의사관철 능력

가족기업의 최고경영자는 소유와 지배에 따른 강력하고 광범위한 권한에 따라 의사관철 능력을 발휘할 수 있다. 주식이 널리 분산되어 있는 상장 비가족기업에서는 최고경영자의 신속한 의사결정과 실천이 어렵다. 내부 저항 세력은 물론 외부 투자자의 비판에 직면하기 때문이다. 이런 상황은 약간의 예외적인 기업을 제외하고 경영부진 상태의 대부분 상장 비가족기업에서 볼 수 있다. 존망의 위기인데도 무위無爲, 무책無策의 상태에 있는 대기업이 많다.

이에 비해 가족기업의 경영자는 상장된 경우에도 더 대담하게 결정하고 성과를 향상시킬 수 있다. 물론 예외도 있다.

'대규모 가족기업'의 정의

이 책에서 소개하는 '독일 대규모 가족기업'은 상장, 비상장을 불문하고 독일 독점위원회 공표에 따른 부가가치 창출 금액 기준으로 '독일의 100대 기업'에 들어가는 가족기업이다(제1부 제1장 '소유구조와 기업 형태' 참고). 여기서 가족기업은 대규모 가족기업과 중소 가족기업을 포함한다.

이 책에서 '가족기업'이란 다음의 조건을 만족하는 기업을 말한다.

① 창업자, 그 승계자 및 가족이 지분이나 지분비율상으로 이사회 임원 선임 시 최종 의사결정권을 가진 기업
② 가족이 설립한 공익재단이 지배하는 기업
③ 주식이 공개된 가족기업인 경우, 가족의 총의결권 비율이 25% 이상인 기업
④ 가족의 유언집행인이나 기업의 지분증권을 소유하진 않지만 높은 경영 실적을 올려 경영자로서 사회적으로 높이 평가되는 개인이 지배력을 발휘하는 기업(이를 '유사 가족기업'이라고 함)

③에서 25% 이상(25%+1의결권)의 의결권 비율을 가족기업으로 정의한 이유는 정관 변경, 증자 또는 감자 등 특별결의 시에는 75% 이상의 찬성이 필요하기 때문이다. 이럴 때 25%를 저지가능소수지분비율Sperrminorität이라고 하며, 적대적 M&A 상황에서 M&A 대상이 된 기업이 타사가 자사의 지배권을 취득하는 것을 저지하는 데 필요한 최소 지분을 말한다.

한편, 독일의 '중소기업'을 의미하는 대표적인 용어는 미텔슈탄트Mittelstand이며, 이는 중소기업연구소의 정의에 따라 종업원 500명 이하, 연 매출 5,000만 유로(약 650억 원) 이하로서 소유자가 경영자이기도 해야 한다. 또한 회사 외부의 기업이나 기타 제삼자가 자본금의 50% 이상을 보유하지 않아야 한다는 조건을 충족해야 한다.

"가족기업은 독일 경제의 견인차다."

- 앙겔라 메르켈, 전 독일 총리

독일 기업의
제도·사상·역사

제1장

소유구조와 기업 형태

독일 자본주의를 단적으로 표현하는 현상은 가족이 지배하는 대기업이 많다는 것이다. 실제로 독일에는 기업의 형태가 거의 스무 종류나 있다. 대부분은 영국·미국·프랑스에서도 존재하지 않는 형태이며, 가족기업의 특성에 따라 하나씩 새로 생겨났다고 해도 과언이 아니다. 이런 기업 형태는 뚜렷한 목적을 가지고 이루어진 제도 혁신의 성과이며, 그 목적은 '무한책임'을 '유한책임화'하는 것이다. 특히 합자회사가 도산했을 때 무한책임출자자에게 부과되는 채무변제 리스크(개인 자산으로 변제해야 한다)를 해소하기 위해 개발된 것이다. 이것만 이해하면 독일의 복잡하고 무절제해 보이는 다양한 기업 형태를 쉽게 이해할 수 있다.

:: 독일 100대 기업의 소유구조

독일 독점위원회는 2년마다 보고서를 발표한다. 2015년 5월 현재, 2012년 각 기업의 창조가치에 따라 '독일 100대 기업'의 목록이 제시돼 있다. '창조가치'란 부가가치와 유사하며 매출에서 다른 기업에 지급한 비용을 공제한 잔액, 즉 급여, 감가상각비, 제세공과, 금리, 배당 유보이익 등을 합한 것이다. 매출과 달리 부가가치는 기업의 노동생산성, 제품 기술력, 원자재 조달 가격 협상력과 절약, 기계설비 등의 활용성 등을 나타낸다. 이 보고서 중 '2010년과 2012년의 소유 주체별 소유 비율'에서 소유 주체는 여섯 가지로 분류되고 100대 기업의 주식·지분 소유 비율은 소수점 두 자릿수까지 표시되어 있다. 소유 주체는 '개인·가족·가족재단' 외에 '단독외국인·외국 기업', '국가·지방공공단체', '분산소유자', '기타 최대 100개 회사', '기타'로 구분되어 있다.

이 책에서는 100대 기업 중 '개인·가족·가족재단'이 주주로 있으면서, 독일인이 창업하고 소유하는 제조 기업의 가족기업에 초점을 맞췄다. 제조 기업을 중시하는 이유는 부가가치 생산액이 크고, 고용 창출에 가장 많이 기여하기 때문이다. 이에 따라 100대 기업에서 의료, IT, 상업, 출판, 서비스 등의 기업을 제외하고 가족 소유 비율이 25%를 넘는 제조 기업 19개사를 선정했다(표 I-1). 이 기업들이 제조업 전체에서 차지하는 비율을 파악하기 위해 다른 제조 비가족기업 10개사를 선정했다. 독일 최대 100대 기업 중 독일인이 창업하여 소유하는 제조 기업은 29개이고, 가족기업 19개 회사가 차지하는 비율은 65.5%에 달한다. 이 19개 기업은 주식회사가 7개, 기타 형태가 12개로 다양한 기업 형태로 되어 있다(표 I-2).

표 I-1 ― 독일 제조업 중 대규모 가족기업 19개사와 소유 비율

순위	회사명	업종	가족 소유 비율(%)	법인 형태
1	Volkswagen	자동차	53.10	AG
2	Siemens	종합전기	6.00	AG
3	BMW	자동차	46.29	AG
4	Bosch	자동차 부품	99.40	GmbH
5	ThyssenKrupp	철강	25.33	Stiftung AG
6	Fresenius	투석장비	27.00	SE & Co. KGaA
7	INA	베어링	100.00	GmbH & Co. KG
8	Berliner	의약품	100.00	AG & Co. KG
9	Henkel	일용품	53.21	AG & Co. KGaA
10	Merck	의약품	70.00	KGaA
11	Wacker	화학	66.50	AG
12	Karl Zeiss	광학기기	100.00	Stiftung AG
13	MAXINGVEST	식품·화장품	100.00	AG
14	Feit	산업기계	100.00	AG
15	Freudenberg	종합부품	100.00	Stiftung & Co. KG
16	Etkar	식품	100.00	KG
17	Be Brown	의료기기	100.00	AG
18	Mille	가전	100.00	GmbH & Co. KG
19	Heller	자동차 부품	100.00	KGaA

※ 2012년 부가가치 최대 100대 기업 순위
※ 출처: Monopolikommission, Hauptgutachtes 2010~2012, 2014, pp. 208~216

표 I-2 ─ 독일 제조업 중 대규모 가족기업 19개사의 법인 형태별 분포(2012)

법인 형태	회사 수
주식회사(AG)	7
유한합자회사(GmbH & Co. KG)	2
주식합자회사(KGaA)	2
재단주식회사(Stiftung AG)	2
재단합자회사(Stiftung & Co. KG)	1
합자회사(KG)	1
유한회사(GmbH)	1
AG합자회사(AG & Co. KG)	1
AG주식합자회사(AG & Co. KGaA)	1
SE주식합자회사(SE & Co. KGaA)	1
계	19

※ 출처: Monopolikommission, Hauptgutachtes 2010~2012, 2014, pp. 208~213

독일 대규모 가족기업의 소유구조에는 다음과 같은 특징이 있다.

가족의 소유 비율이 매우 높다

독일에서 의결권으로서의 지분과 지분비율만이 법적이고 결정적인 지배력과 의사관철 능력의 원천이 된다. 이것은 막스 베버Max Weber의 '합법적 지배'로 설명되며, 그 외 서양 대규모 가족기업에도 적용된다.

예를 들어, 일본을 대표하는 가족경영 기업인 토요타의 소유비율 2%와 비교해보면 차이가 크다. 1995년부터 1999년까지 사장직에 있던 오쿠다 히로시奧田碩가 "2% 정도의 주식밖에 가지지 않은 도요타 가문이…"라고 말한 점에서도 드러나듯이, 도요타 가문이 사장을 선임했다는 것은 모두 알고 있는 사실이다. 이사 오쿠다를 사장으로 최종적으로 결정한 것은 당시 도요타 쇼이치로豊田章一郎 회장이었다. 소유와 경영의 개념을 처음 창안한 발리Barle와 민스Means 교수•는 이사회 임원을 선임할 수 있는 권한을 가진 자가 회사를 지배한다고 정의했다. 이에 따르면 도요타 가문은 2%의 지분으로 세계적인 자동차 기업을 지배한다고 말할 수 있다.

예외적으로 독일에서도 주식을 거의 보유하고 있지 않은 감독이사회 회장이 마치 100% 지분을 보유한 주주처럼 행동하는 사례가 있다. 그 좋은 예가 폭스바겐의 피에히 회장이다. 피에히는 뛰어난 자동차 기술과 우월한 실적으로 높은 사회적 평가를 받게 됐고, 자신의 아내도 임원으로 선임했다. 20%의 의결권을 가진 최대주주인 작센주도 찬성했으며, 감독이사회에 속하는 10명의 노동자 측 임원도 찬성했다(피에히와 그 아내는 2015년에 퇴임했다).

피에히와 도요타 가문에 공통되는 지배력의 원천은 무엇일까? 그것은 '무형자산'이라고 할 수 있다. '무형자산'이란 혁신적인 기술과 특허 등을 말하며, 기업에 초과 수익을 가져다준다. 예를 들면 피에히의 포르쉐917 경주용 자동차 설계와 도요타 가문이 개

• 1932년 아돌프 A. 발리 주니어(Adolphe A. Barle, Jr.)와 가드너 C. 민스(Gardiner C. Means)가 공동 저술한 《오늘날의 기업과 사유재산(The Modern Corporation and Private Property)》(뉴욕: 맥밀란, 1932)에서 처음으로 소유와 경영의 분리라는 개념이 제시됐다. - 옮긴이

발한 자동직물기기가 이에 해당한다. 또한 뛰어난 경영자의 배출이나 일관된 기업문화에 기반하는 사회적 성공 등도 무형자산을 형성한다. 그리고 이런 무형자산이 100% 소유와 동일한 의결권에 해당하는 의사관철 능력을 부여한다. 그러나 서양에서 폭스바겐은 어디까지나 예외적인 사례다.

거대 기업이면서 비상장기업이 존재한다

전형적인 사례가 로베르트보쉬유한회사Robert Bosch GmbH다. 이 회사는 자동차기기·전동공구·생활가전 등의 분야에서 세계적인 기업으로, 2012년 100대 기업 중 8위를 차지했으며 보쉬 가문이 지배한다. 또 세계 최대의 자동차회사 폭스바겐은 기업을 공개했지만 의결권이 없는 우선주만 상장되어 있다(제II부 제9장 참고).

한편, 합자회사, 주식합자회사, 재단합자회사 등에서 유한책임 출자자로서 일반 주주가 주주총회에서 행사할 수 있는 권한은 매우 한정되어 있고, 이것이 독일 기업 형태의 가장 큰 특징이다.

:: 독일 vs. 프랑스 vs. 영국

앞에서 설명한 것과 같이, 독일의 100대 기업에는 대규모 가족기업이 차지하는 비중이 크다. 이를 다른 나라와 비교하지 않으면 이것이 독일 고유의 특성인지 알 수 없을 것이므로 프랑스, 영국과 비교해보겠다(그 외 나라는 비교할 자료가 없어서 이 책에서 다루지 않는다).

2008년 3월, 런던 비즈니스 스쿨의 프랭크 교수를 비롯한 4명의 연구자가 독일·프랑스·영국·이탈리아 등 4개국에 대한 신뢰성 높은 연구 보고를 발표했다. 이 책에서는 이탈리아를 제외하고 독일, 프랑스, 영국 3개국을 비교한다(이탈리아의 기업 소유구조는 독일·프랑스와 유사하게 가족기업이 많으며, 그 비율이 4개국 중 가족 높다).

이 연구의 중요한 결론은 독일·프랑스와 영국의 소유구조가 크게 다르다는 점이다. 조사 대상 기업은 1996년 말과 2006년 말 시점에 각국 상장기업과 비상장기업의 매출액 기준 1,000개 회사로, 4개국 총 4,000개 회사다. 분석 방법은 발리와 민스의 연구 방법과 유사하다. 소유구조상 25%(발리와 민스는 20% 이상)의 의결권을 지배의결권Controlling Interest으로 정의하고, 이를 보유하고 있는 최종 소유자가 누구인지에 따라 다음 다섯 가지 소유 형태로 분류했다.

- 분산소유기업Widely Held Company: 25% 이상의 지배의결권을 가지는 최종 소유자가 없는 기업
- 가족기업Family Company: 가족이 지배적 의결권을 가지는 기업
- 국유기업State Company: 국가가 지배적 의결권을 가지는 기업

- 분산소유기업이 지배하는 분산소유기업Another Widely Held Company
- 복수의 비가족주주가 지배하는 기업Multiple Block Company: 여러 비가족주주의 의결권 합계가 지배적 의결권이 되는 기업

최종 소유자를 결정하는 방법은 이렇다. 예를 들어 분산소유기업 A가 가족기업 B의 지배적 지분을 갖는 경우 B를 가족기업으로 분류하는 것이 아니라 분산소유기업으로 분류한다. 기업이 몇 개 상위 기업의 피라미드 형태로 소유되는 사례에 대해 이 연구는 정점에 있는 기업까지 추적하여 그 소유구조에 따라 최종 소유 형태를 분류했다. 수직적 소유구조로 형성되는 유럽 대륙의 대기업에 대해 정점에 있는 기업의 지배 형태를 규명하는 것은 많은 시간과 노력이 필요한 일이다. 이런 측면에서 이 연구는 높은 평가를 받는다.

중복 계산을 피하기 위해 각국의 대상 기업 1,000개사 중 모회사가 95~100%의 지분을 가진 자회사는 제외하고, 외국 기업이 소유한 기업도 대상에서 제외했다. 또한 대상 4개국의 국가별 고유 특성을 규명하기 위해 4개국 이외의 나라에서 설립된 기업도 제외했다.

다음은 독일에 초점을 맞춘 이번 조사의 주요 결과를 요약한 것이다. 모두 위의 정의에 따른 모집단의 통계치에 근거한다.

① 가족기업의 비율: 독일과 프랑스가 최대(다만 감소 추세)

가족기업이 차지하는 비율은 독일과 프랑스에서 가장 높고, 영국이 가장 낮다. 독일과 프랑스 모두 10년간 이 추세는 변함없이 지속됐다. 1996년 가족기업의 비율은 독일 48%, 프랑스 51%였다. 대조적으로, 영국은 18%에 불과했다. 10년 후인 2006년에는 독일 43%, 프랑스 44%로 모두 감소했다. 다만 영국은 19%로 거의 변화가 없다. 독일, 프랑스에서 가족기업 비율이 감소한 것은 기업이 성장함에 따라 증권시장에서 자금을 조달했기 때문인 것으로 추정된다.

② 주식분산화: 영국이 가장 높고, 독일과 프랑스는 상승 추세

영국의 주식 분산이 가장 빠르게 진행되고 있다. 1996년 영국의 분산소유기업 비율이 66%였던 반면 독일은 14%, 프랑스는 15%였다. 2006년에는 영국만 감소하여 52%가 됐고, 독일과 프랑스는 각각 20%, 24%로 증가했다.

③ 상장기업의 비율: 영국이 가장 높고, 독일과 프랑스는 상승 추세

이는 상기 ①의 경향을 다른 관점에서 확인하는 것이다. 독일과 프랑스의 상장기업 비율은 영국보다 낮다. 1996년 당시 독일은 19%이고 프랑스는 24%인 데 비해 영국은 54%였다. 그러나 2006년에는 독일 24%, 프랑스 30%로 크게 증가했고, 영국은 반대로 감소하여 47%로 나타났다.

④ 상장사의 가족기업 비율: 프랑스가 최대, 그 뒤가 독일

1996년에는 독일 38%, 프랑스 49%, 영국 6%였다. 그리고 2006년에는 독일이 34%, 프랑스 48%로 거의 변하지 않았으며 영국은 5.4%로 약간 감소했다. 그 요인으로는 가족의 보유 주식 매각, 파산 등을 들 수 있다.

⑤ 상장사의 분산소유기업 비율: 독일이 높아지고 있음

상기 ④를 반영하는 현상이다. 즉, 1996년의 분산소유기업 대비 비율은 영국이 가장 높아 91%에 달한 반면, 독일은 26%이고 프랑스는 21%였다. 2006년에는 특히 독일의 자본분산화가 집중적으로 이뤄져 48%에 달했고, 프랑스도 37%로 증가했다. 독일은 22%p, 프랑스는 16%p 늘어난 것이다. 독일에서는 분산소유기업이 가장 높은 비율을 차지하는데, 그 요인의 33%는 가족기업의 감소에 기인하며, 다른 요인으로는 모회사의 자회사 주식 매각과 국유기업의 민영화가 있다. 영국의 주식 분산 수준은 변하지 않았다.

⑥ **가족기업의 규모 비교: 독일과 프랑스는 최대 규모, 영국은 소규모**

2006년 독일 가족기업 206개사와 프랑스 204개사의 평균 매출 금액은 32억 유로이며, 이는 영국의 20억 유로를 크게 넘어선다. 1996년에는 독일이 25억 유로로 1위를 기록했고, 2위 영국이 16억 유로, 3위 프랑스가 13억 유로로 프랑스의 평균 규모 확대가 현저했다.

⑦ **상장기업의 규모 비교: 독일, 프랑스, 영국 순**

매출 기준에 따른 상장기업의 규모를 보면 2006년 독일이 평균 110억 유로, 프랑스는 79억 유로, 3위 영국이 71억 유로다. 영국의 기업 규모는 상장기업과 가족기업 모두 3개국 중 가장 낮다. 독일의 56억 유로, 프랑스의 41억 유로에 이어 33억 유로다.

⑧ **가족기업의 안정성: 독일과 프랑스는 높은 안정성, 영국은 감소**

2006년 기준 가족자본주의로 어느 정도가 존속하고 있는지에 대한 조사에서 독일과 프랑스가 동일하게 62%를 기록했으나, 영국은 38%에 불과하여 가장 낮다. 1996년 기준 영국 가족자본주의의 19%가 분산소유기업으로 전환됐다.

⑨ **분산소유기업의 안정성: 프랑스, 영국, 독일 순**

1996년 분산소유기업의 생존 비율은 프랑스가 최대 72%, 영국이 63%, 독일이 55%였다. 독일이 가장 낮은 이유는 33%가 복수 대주주들의 소유 형태로 전환하여 10%가 가족기업이 됐기 때문이다.

⑩ **상장 가족기업지배구조**

1996년 1,000개사 중 상장 가족기업은 독일 235개, 프랑스 251개, 영국 217개 존재했다. 이하는 이에 따른 소유구조의 비교다.

⑪ **창업자지배**

독일의 비율이 가장 낮다. 영국이 가장 높은 56%, 프랑스 45%, 독일은 16%에 불과하다. 창업자가 지배한다는 건 곧 기업이 한 세대 이내에 설립됐다는 뜻인데, 독일에서 이 비율이 낮은 것은 신설 기업이 상대적으로 적기 때문인 것으로 추정된다.

⑫ 창업자 가족의 지배

1996년 기준 영국에서 창업자 가족이 지배하는 기업이 가장 많아 91%였다. 그리고 프랑스 72%, 독일 49%로 나타났다.

⑬ 최고경영자가 가족 출신인 기업

영국과 프랑스가 각각 81%이고, 독일은 59%에 불과했다. 미국·영국·독일을 비교할 때, 소유와 경영의 분리에 따른 경영자 자본주의가 미국과 독일에서 현저하게 나타났다. 이는 영국의 기업에서 소유와 경영이 분리되어 있지 않다고 하는 앨프리드 챈들러Alfred D. Chandler●의 연구 결과를 검증한 조사 결과로서 의미가 있다. 프랑스도 영국과 비슷하게 비가족 경영자를 경영자로 채용하지 않는 경향이 강한 것으로 나타났고, 이것이 미국과 독일의 기업 경쟁력 향상에 기여했다고 생각된다.

⑭ 가족기업의 연수

독일이 가장 높아 평균 92년이며, 이 수치는 창업자 기업이 적다는 것을 다른 관점에서 입증한다고 할 수 있다. 그 밖에 프랑스가 72년, 영국이 39년으로 나타났다.

⑮ 3세대 자손이 지배 소유하는 기업

독일이 가장 높아 46%이고 프랑스 20%, 영국이 15%로 나타났다. 독일 가족기업의 지속성을 입증한다.

⑯ 평균 의결권 보유 비율

독일이 가장 높은 집중도로 68%를 보였고 프랑스 62%, 영국이 42%로 나타났다.

⑰ 1996~2006년 상장 가족기업의 지배구조 추이

지배구조 추이에 변경이 없는 비율은 독일 46%, 프랑스 45%, 영국 23%다. 역으로, 변화가 있는 기업은 독일 54%, 프랑스 55%, 영국 77%가 된다. 이 원인의 합계를 100%로 놓고 상장폐지, 피인수, 채무불이행으로 분류하여 각각의 구성 비율을 구해봤다. 그 결과, 상장폐지는 프랑스가 가장 높아 14%였고, 독일과 영국

● 미국의 경영학 교수이자 경영 사상가. 19세기 소유경영과 가족경영 소기업 형태에서 20세기 근대적 대기업 형태로 기업의 모습이 변하는 과정을 설명한 것으로 유명하며, 대표 저서로는 《보이는 손》이 있다. 근대적인 의미로 경영사(經營史) 분야를 개척하고 정립하는 데 큰 공헌을 했다고 평가받는다. - 옮긴이

이상의 연구 결과 이외에 1996년에 발표된 연구 결과에서도 비슷한 결론을 얻을 수 있다. 이는 독일, 프랑스, 영국에 덴마크, 네덜란드, 스웨덴을 포함한 6개국 비교인데, 이에 따르면 가족소유 기업은 독일 26%, 프랑스 15%, 영국 6%다. 그러나 이 조사는 단일 주주(개인, 가족, 기업)의 의결권 비율이 20% 이상 또는 50% 이하인 기업의 비율도 집계했기 때문에 독일이나 기타 조사 대상국의 가족지배 비율이 더 높아질 가능성이 크다.

:: 독일의 다양한 기업 형태: 총 17종류

이 장의 목적은 독일의 가족기업에 적합한 다양한 기업 형태의 의미를 명확하게 하는 것이다. 회사의 기업 형태는 소유구조별 특징을 나타낸다. 독일에는 가족기업에 딱 들어맞는 여러 기업 형태가 있다. 구체적으로 말하자면, 여섯 가지의 기본 형태(재단은 비영리법인)와 아홉 가지의 혼합 형태로 총 열다섯 종류가 있다. 100대 기업에서는 등장하지 않지만, 2008년 11월 1일부터 시행되고 있는 유한회사의 일종인 기업가회사Unternhemer gesellschaft, UG와 기업가 합자회사UG & Co. KG를 더하면 전체적으로 열일곱 가지가 있다(표 I-3, 표 I-4).

표 I-3 ― 혼합 기업의 형성 과정

B \ A	합명회사(OHG)	합자회사(KG)	주식합자회사(KGaA)
유한회사(GmbH)	유한합명회사 (GmbH & Co. OHG)	유한합자회사 (GmbH & Co. KG)	유한주식합자회사 (GmbH & Co. KGaA)
주식회사(AG)	-	AG합자회사 (AG & Co. KG)	AG주식합자회사 (AG & Co. KGaA)
유럽주식회사(SE)	-	SE합자회사 (SE & Co. KG)	SE주식합자회사 (SE & Co. KGaA)
재단(Stiftung)	-	재단합자회사 (Stiftung & Co. KG)	재단주식합자회사 (Stiftung & Co. KGaA)

※ A: 무한책임을 지는 기본 형태
※ B: 유한책임이 있는 기본 형태(재단은 제외)

표 I-4 ― 기업 형태별 회사 수(2013)

(단위: 개)

법인 형태	회사 수
합명회사(OHG)	15,484
합자회사(KG)	17,595
유한회사(GmbH)	518,427
주식회사(AG)	7,791
주식형 주식합자회사(AG & Co. KGaA)	488
주식형 합자회사(AG & Co. KG)	134,754
유한합명회사(Gmbh & Co. OHG)	584
유한합자회사(Gmbh & Co. KG)	4.477
주식합자회사(KGaA)	116
유럽 주식회사(SE)	105
기업가 회사(UG)	17,542
기업가 합자회사(UG & Co. KG)	4.477(2010년 1,200)*
유한회사(Limited)	12,553(2010년 17,551)*

※ 독일 통계청(Statistisches Bundesamt)의 자료를 기준으로 함(*는 다음을 기준으로 함, Gesellschaftsrecht, 2013, pp. IX~XII)

먼저 이와 같은 기업 형태의 진화 요인과 과정을 살펴보고, EU 회원국과의 제도 간 경쟁이라는 관점에서 독일의 전통적인 소재국설이 직면한 문제와 영향을 짚어본다. 이어 독일의 기업 형태가 진화하게 된 요인을 살펴보고, 기업가정신의 관점에서 이를 평가한다.

인적회사와 자본회사

독일의 영리회사는 인적회사Personengesellschaft와 자본회사Kapitalgesellschaft로 분류된다. 인적회사는 법인격을 가지지 않고● 개별 출자자 자신이 권리·의무의 주체가 된다. 여기에는 크게 두 가지 장점이 있는데 첫째는 법인이 아니기 때문에 법인세가 부과되지 않는다는 점이다. 둘째는 연차보고서의 공개 및 외부 회계감사인에게 감사를 받아야 하는 법적 의무가 없다는 점이다. 반대로, 가장 큰 단점은 회사의 채무에 대해 회사 재산뿐만 아니라 출자자 개인 재산으로 변제의 단독 또는 연대책임을 진다는 점이다. 이 출자자를 '무한책임출자자persönlich haftender Gesellschafter'라고 한다.

인적회사로는 개인회사Einzelunternehmen,●● 합명회사Offene

● 우리나라의 합명회사와 합자회사도 인적회사라고 불린다. 그런데 독일의 합명회사와 합자회사는 법인격이 없지만, 일본이나 우리나라는 법인격을 가지고 있어서 법인세 납세 의무가 있다는 점이 독일 제도와 다르다. - 옮긴이
●● '개인회사'보다는 '개인기업'이 더 정확한 표현이다. - 옮긴이

Handelsgesellschaft, OHG, 합자회사Kommanditgesellschaft, KG가 있다. 개인회사는 개인이 단독 소유자Allein Inhaber로, 총출자금을 보유하고 채권자에 대해 단독으로 무한책임을 진다. 대표적인 예가 크루프로, 알프리트 크루프Alfried Krupp 가문이 1943년12월부터 1967년까지 5세대에 걸쳐 단독 소유했다.

자본회사로는 주식합자회사Kommanditgesellschaft auf Aktien, KGaA, 유한회사Gesellschaft mit beschränkter Haftung, GmbH, 주식회사Aktiengesellschaft, AG, 유럽주식회사Societies Europae, SE가 있다. 이들은 출자자로부터 독립된 법인이며, 권리·의무의 주체로서 법인격을 가진다. 자본회사 형태에서 채권자에 대해 변제책임을 지는 재산은 회사 재산으로 한정되며, 출자자는 출자 금액에 대해서만 책임을 진다. 다만, 주식합자회사●는 합자회사가 진화한 형태로, 무한책임회사 형태다.

무한책임출자자에게 부과되는 변제 의무는 인적회사 형태를 채택하는 가족기업에 가장 큰 위험 요인이다. 이런 위험을 완화하기 위해 합자회사를 주축으로 다양한 기업 형태가 고안됐고, 이에 따라 독일의 기업 형태가 다양성과 복잡성이라는 특징을 갖게 됐다.

독일 기업의 형태는 기본 형태와 혼합 형태로 구분된다.

● 일본은 19세기 말 독일의 상법을 벤치마킹하여 제정한 상법에서 주식합자회사제도를 도입했다가 1952년에 폐지했다. 1960년대 초 제정된 우리나라 상법에는 주식합자회사제도가 없다. - 옮긴이

기본 형태

합명회사(OHG)

합명회사는 가장 초기적인 기업 형태로, 오늘날 대규모 가족기업의 지주회사 또는 소규모 가족기업, 벤처기업 등에 이용된다. 업무집행출자자●의 권한, 회사의 목적 변경, 출자구성원(업무집행출자자가 아닌 무한책임사원 및 유한책임사원)의 변경, 회사의 해산 등 정관변경을 요하는 사항은 출자자 전원의 동의를 필요로 한다. 따라서 신규 출자자의 참여나 다른 출자자에게 지분을 양도하는 경우에는 출자자 전원이 동의해야 한다. 연차보고서의 공개 및 외부 회계감사인에게 감사를 받아야 하는 법적 의무는 없다. 정관에 따라 일부 출자자에게 업무집행을 위임할 수 있다. 이런 경우 다른 출자자는 업무집행에서 배제되고, 업무집행출자자에 대한 감독권과 이의제기 권한을 가진다.

독일 100대 기업 중 합명회사 형태는 없다. 무한책임출자자가 부담하는 무한책임이 합명회사제도가 보급되는 데 커다란 걸림돌로 작용했기 때문이다. 요즘은 (뒤에서 설명하는) 혼합 형태에 따라 이 문제를 해결할 수 있기에 고전적인 의미의 합명회사는 보기 어렵다. 더욱이 '기업가회사ᴜɢ', 이른바 '미니 유한회사'가 출현함으

● 합명회사가 도산한 후 회사의 재산으로 채무를 모두 변제할 수 없을 때, 출자자 개인 재산으로 회사의 채무를 변제할 의무가 있는 무한책임사원 중 실제 회사를 대표하여 업무를 집행하는 출자사원을 말한다.
  - 옮긴이

로써 이 고전적인 형태는 퇴색할 것으로 예상된다. 머크가 최근까지 합명회사 형태를 취했으나, 현재는 합자회사로 개편됐다.

현재 합명회사의 출자자는 자연인 이외에 유한회사 등 자본회사도 인정되므로 유한회사와의 혼합 형태로 존속한다. 그 사례로 100대 기업 중 30위인 독일 최대 식품할인체인의 지주회사인 알디Aldi가 있다('혼합 형태' 참고).

합자회사(KG)

독일에서 합자회사라는 기업 형태가 단독으로 이용되는 예는 드물고, 특히 유한회사와 결합하여 사용되는 경우가 많다. 단독으로 합자회사가 이용되는 사례로는 머크합자회사가 있었다. 130명의 가족으로 구성되는 지주회사로, 이 구성원들은 머크주식합자회사Merck KGaA에 대한 무한책임출자자들이다. 이 기업 형태의 최대 단점은 회사가 도산하면서 제삼자에 대한 채무를 회사 자산으로 변제할 수 없을 때, 무한책임출자자가 개인 재산으로 변제해야 하는 의무를 진다는 점이다. 그래서 순수한 합자회사는 많지 않고, 대부분은 이런 위험을 방지하기 위해 유한회사나 주식회사를 무한책임출자자로 하는 혼합 형태가 채택되고 있다. 합자회사의 특성은 다음과 같다.

주식합자회사(KGaA)

주식합자회사KGaA는 합자회사가 진화한 형태로, 가족기업이 가족에 의한 지배와 경영을 유지하면서 지분 일부를 공개함으로써 증권시장에서 대량의 자금조달을 하는 데 유용하다. 일본에도 과거에는 이런 기업 형태가 있었으나, 현재는 존재하지 않는다. 1899년 일본 신상법이 제정됨에 따라 1908년 메이지광업, 1910년 다이마루포목 등이 도입했다. 하지만 조직이 복잡해서 이해하기 어렵고, 이를 채택한 기업이 많지 않아 1952년에 폐지됐다.

이런 사정은 독일에서도 비슷해서 주식합자회사는 극소수이며, 100대 기업 중 53위인 머크주식합자회사 1개사뿐이다. 이 회사는 300년 이상의 전통을 가진 독일 굴지의 제약 기업일 뿐만 아니라 세계에서 가장 오래된 제약 기업이다. 주식합자회사는 머크와 같이 전통이 있고, 풍부한 내부유보금을 보유하고 있으며, 가족지분 소유자가 무한책임출자자로서 채무 상환 위험을 견딜 수 있는 기업만이 선택할 수 있는 기업 형태다. 즉, 가족의 신용도 등으로 높은 사회적 지위를 가진 곳만 채택할 수 있다는 뜻이다. 실제로, 오랜 역사와 높은 명성을 가진 머크, 일용품을 제조하는 헨켈 Henkel 정도만 이용하고 있다.

주식합자회사는 합자회사와 주식회사의 성격을 동시에 가지고 있으나 법적으로는 자본회사이며, 주식법과 그 일부를 이루는 주식합자회사에 관한 규정을 적용받는다. 따라서 주식회사와 동일하게 공개 의무, 외부 회계감사 의무, 공동결정제도가 적용된다. 주식합자회사의 장점은 다음과 같다.

- 가족기업으로서 증권시장에서 자금을 조달할 수 있는 기업 형태로는 주식회사 이외에 주식합자회사가 유일하다.
- 증권시장에서 자금을 조달하여 비가족 제삼자인 일반 주주의 소유 비율이 90%에 도달하게 되더라도 무한책임출자자인 가족만이 최고경영책임자로서 의사결정과 경영권을 행사할 수 있다.
- 주식합자회사의 무한책임출자자 지분에 대한 상속세는 인적회사에 대한 지분과 동일하고, 가장 낮은 세율이 적용된다. 이렇게 절세한 금액을 회사에 재투자할 수 있다.

주식합자회사의 특성은 다음과 같이 요약할 수 있다.

- 출자자는 무한책임출자자와 유한책임출자자(제삼자 비가족주주, 일반 주주)로 구성된다. 회사의 자산으로 부채를 완제하지 못하면, 무한책임출자자가 개인 재산으로 변제한다.
- 무한책임출자자만이 업무집행권 및 회사의 대표권을 가진다.
- 감독이사회의 중요한 결정에 대해 업무집행책임자는 승인 또는 는 거부권을 가진다.
- 일반 주주의 책임은 출자 금액으로 한정된다.
- 주주는 주주총회에서 감독이사회 임원을 선임한다.
- 업무집행책임자에 대한 감독이사회의 감독은 정보권과 감사권으로 한정된다.

무한책임출자자의 무한 변제책임을 해소하기 위해 앞에서 살펴본 합자회사와 같이 유한회사 또는 주식회사가 무한책임출자자가 될 수 있게 했다. 이를 통해 헨켈은 주식형 주식합자회사AG & Co. KGaA로 개편했다('혼합 형태' 참고).

유한회사(GmbH)

100대 기업 중 유한회사로는 보쉬가 대표적이고, 다른 하나로 창업자가 10%의 지분을 소유하고 있는 45위의 병원 운영 사업체인 아스클레피오스병원Asklepios Kliniken이 있다. 특히 보쉬처럼 세계적으로 유명한 기업은 유한회사 형태를 이용하여 가족기업의 사회적 명성을 높이고 있다고 생각된다. 그러나 100대 기업 중 2개밖에 없다는 데서 알 수 있듯이, 유한회사는 단독 형태로 이용되기보다는 합자회사와의 혼합 형태로 이용되는 경우가 압도적으로 많다. 이에 비해 뒤에서 설명하는 유한합자회사GmbH & Co. KG는 100대 기업 중 6개나 있다.

유한회사의 특징은 다음과 같은데, 중소 규모의 기업에 적합하다는 사실을 확인할 수 있다.

• 유한책임성

많은 가족기업이 유한합자회사 형태를 채택하는 이유는 유한회사의 유한책임성에 있다.

• 비공개성

지분 양도가 제한적이다. 양도를 할 때는 공정증서가 필요하거나, 정관으로 이를 금지 또는 제한할 수도 있다.

• 간편성

설립 및 운영에 관한 절차와 요건이 단순화되어 있다. 설립 시 자본금은 수권자본의 25% 이상이고, 1만 2,500유로 이상을 납입해야 하는데 이는 주식회사의 50% 수준이다. 또한 1인이어도 설립할 수 있다.

• 범용성

법에 어긋나지만 않는다면 어떤 목적으로도 설립할 수 있다. 영리 목적은 물론 공익 목적의 재단법인, 공공 목적의 조직, 공공기관도 설립이 가능하다. 보쉬공익재단이 유한회사 형태인 이유도 이 때문이다.

• 감독이사회 및 공동결정의 적용 제외

종업원 수가 500명 이하인 유한회사는 감독이사회 설치와 감독이사회에서 공동결정제도를 도입해야 하는 의무가 없다. 그러나 종업원 수가 501명 이상 2,000명 이내인 회사는 최소한 3명으로 구성된 감독이사회를 의무적으로 설치해야 하며, 그중 3분의 1은 종업원 대표여야 한다. 종업원 2,001명 이상의 유한회사는 자본 측 대표와 종업원 대표 동수로 공동결정을 해야 한다. 따라서 보쉬와 같은 대기업에서는 주식회사와 동일하게 의무적으로 20명의 감독이사회를 두고 공동결정법을 적용해야 한다.

주식회사(AG)

독일 100대 기업 중 주식회사 형태를 갖는 가족기업은 11개로, 폭스바겐·BMW·지멘스 등이 대표적이다. 독일에는 주식회사가 총 1만 6,705개나 있는데도 프랑크푸르트 증권거래소에 상장된 회사는 1,023개에 불과하다.

유럽주식회사(SE)

'SE'는 유럽주식회사법을 의미하는 라틴어 '소키에타스 유로피아 Societies Europae'의 약자다. 유럽연합EU을 구성하는 28개 회원국에 공통으로 적용되는 초국가적 기업 및 회사법을 가리키며, 이 주식회사는 공개기업이다. 따라서 SE를 정확히 번역하자면 '유럽공개주식회사'가 되는데, 이름이 길어 이 책에서는 SE로 표기한다.

100대 기업 중 SE 형태의 기업은 2008년에 4개사였으나, 2012년에는 4개가 늘어나 8개사가 됐다. 앞으로도 독일에는 SE 형태의 기업이 많이 생길 것으로 예상된다. EU 회원국에 진출하고자 하는 기업에 적합한 기업 형태이기 때문이다.

2010년 100대 기업 중 이 기업 형태를 이용하는 회사는 31위의 투석기기 및 대형 의료 기업인 프레제니우스Fresenius SE뿐이었다. 2012년 8월, 24위의 베텔스만이 비공개기업에서 SE주식합자회사로 전환했다. 앞으로도 많은 가족기업이 SE로 개편할 것으로 예상된다.

100대 기업 중 상장회사로서 SE는 9위 화학제품 기업 BASF, 34위 보험회사 알리안츠Allianz, 37위 산업기계 기업 만Mann, 51위 건설기업 빌핑거비르거Billfinger Berger, 97위 의료기기인증 및 방사선안전인증 기업 데클라Decla가 있다.

SE제도의 창설 목적은 EU 회원국에서 하나의 동일한 공개주식회사법을 제정함으로써 행정 절차, 설립, 운영, 경영조직, 정보공개, 본사 이전 등에 수반되는 법률 및 기타 비용과 시간을 대폭 감소시키고 국제 경쟁력을 높이는 것이다. 이런 장점이 있기에 SE는 EU 회원국뿐만 아니라 비회원국의 기업들에도 매력적이라고 생각된다. 구체적으로는 다음과 같은 장점이 있다.

- EU 각국에 있는 모든 SE 회사를 중앙에서 일원적으로 관리할 수 있다.
- 채택 여부는 기업이 선택할 수 있으며, 회원국의 기존 회사법과 병존한다.
- 회원국 간 본사 이전이 간편하고, 비용이 적게 든다.
- 회원국에서 자회사를 설립하는 비용이 필요치 않다.
- 회원국 간 기업 합병이 간편하다.
- 공동결정제도의 도입을 임의로 선택할 수 있어 유연성이 높다.
- 단층형 이사회(일원형 이사회)와 복층형 이사회(이원형 이사회)를 임의로 선택할 수 있어 유연성이 높다.
- 기업지배구조 비용이 절감되고, 경영 의사결정이 신속해진다.
- 진출 회원국의 종업원이 경영에 참여할 수 있다.

SE를 설립하기 위해서는 EU 회원국에 회사 설립등기가 되어 있고, 본사 기능을 해야 한다. 최저 자본금은 200만 유로로, 회사 이름 앞 또는 뒤에 SE가 표시된다. 다음은 설립 요건이다.

- 다른 회원국의 여러 회사의 합병에 의한 설립
- 다른 회원국의 여러 회사의 지주회사에 의한 설립
- 다른 회원국의 여러 회사의 공동 자회사에 의한 설립
- 본사 소재국 이외의 회원국에 2개 이상 자회사를 가진 회사의 개편

혼합 형태

혼합 형태는 합자회사와 주식합자회사를 중심으로(간혹 합명회사를 포함하여) 각각의 무한책임출자자를 유한회사, 주식회사, SE, 공익재단 또는 사익재단Privatnützige Stiftung으로 해서 유한책임화함으로써 형성된다. 합자회사의 무한책임출자자 개념을 굳게 믿고 있던 사람이라면 문화 충격을 느낄지도 모르겠다. 이 본질적인 모순이 합법화된 데에는 독일 법률가들의 현실적이고 실천적이며 유연한 성격이 배경이 됐다. 단적인 예로 독일의 기본법(헌법)을 들 수 있는데, 1949년 제정된 이후 2010년 7월까지 무려 58회나 개정됐다. 거의 매년 한 번씩 개정한 셈인데, 독일은 이렇게 시대 변화에 대응하고 있다.

지금부터 합명회사, 합자회사, 주식합자회사별로 각각의 혼합 형태를 살펴보자.

합명회사의 혼합 형태

• 유한합명회사(GmbH & Co. OHG)

유한합명회사는 다음과 같이 형성된다.

그림 1-1 — 유한합명회사의 형성

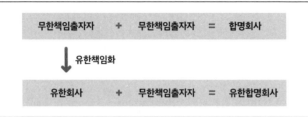

독일의 100대 기업 중 순수형 합명회사OHG는 전무하다. 혼합 형태로서 유일한 사례가 존재하는데, 앞에서 언급한 독일 최대 식품할인체인의 지주회사인 알디 유한합명회사Aldi GmbH & Co. OHG다. 이는 합명회사의 일부 무한책임출자자가 자연인이 아닌 유한책임출자자임을 나타낸다. 이와 같이 법인도 출자자로 인정되므로, 합명회사와 주식회사 등 유한책임 형태의 회사와 혼합되는 형태가 생겨난다.

이 점에서 유한합명회사는 유한회사나 주식회사와 다르지 않다. 이렇게 유한회사가 무한책임출자자인 경우 약칭은 'GmbH & Co. OHG'가 되고, 이 회사에 대해서는 유한회사법이 적용된다. 유한합명회사의 종업원이 2,001명 이상이면 감독이사회 설치가 의무화되고, 1976년 제정된 공동결정법이 적용된다. 업무집행과 회사 대표는 무한책임출자자로서 유한회사가 그 최고책임자를 통해 수행한다.

알디는 제2차 세계대전 이후 모친이 에센Essen에서 경영하고 있던 식품매장을 카를 알브레히트Karl Albrecht(1920~)와 동생 테오 알브레히트Theo Albrecht(1922~2010)가 승계하여 발전시켰다. 1960년에 형제는 독일을 남과 북 2개 시장으로 분할하고, 남부 유한합명회사와 북부 유한합명회사라는 형태로 각각 지배했다. 회사는 회전율이 높은 상품만을 대량으로 매입하여 다른 상점의 추종을 불허하는 저가전략을 전개하여 성공했다. 지주회사는 이 두 회사의 제품 구매 및 부동산을 통합하여 관리한다. 이들 형제는 현재 독일에서 가장 부유한 기업가에 속한다.

합자회사의 혼합 형태

이 혼합 형태는 다시 네 가지로 분류되며 무한책임출자자가 유한회사, 주식회사, SE, 재단 중 하나의 형태로 나타난다.

• 유한합자회사(GmbH & Co. KG)

유한합자회사는 다음과 같이 형성된다.

그림 I-2 — 유한합자회사의 형성

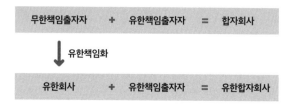

유한회사와 합자회사가 결합한 이 형태는 뒤에서 설명하는 주식합자회사의 혼합 형태와 함께 오늘날 독일의 중소기업에서 대기업에 이르기까지 가장 많은 가족기업에서 이용되고 있다. 100대 기업 중 4개사, 즉 이나INA, 오토Otto, 울트라Ultra, 밀레Miele가 이 형태다. 독일의 전통 및 신흥 가족기업 111개사 중 48개, 즉 43%가 유한합자회사다. 111개사에는 100대 기업에 속하는 베링거인겔하임Boehringer Ingelheim, 헨켈, 이나, 밀레, 에트카Etkar, 오토, 보이트Voit 등이 포함되어 있다.

이 형태는 1980년 독일 상법 개정에 따라 처음으로 법적으로 인정됐다. 그러나 그 이전에도 판례에 따라 적법하다고 인정되고 있었다. 자본회사가 합자회사의 무한책임출자자가 되는 기업 형태는 100년 이상의 역사를 가지고 있으며, 1861년 독일 보통상법 제정 이전의 게르만법에서도 가능하다고 되어 있었다. 1912년 바이에른 대법원이 최초로 이를 인정하는 판결을 내린 후 1918년 베를린, 1922년 라이히 법원의 판결 등 독일 전역에서 인정됐다. 물론 유한책임출자자인 회사가 합자회사의 무한책임출자자가 되는 이상한 모순은 많은 비판과 토론의 대상이 됐다. 이런 우여곡절을 거쳐 1980년 7월 4일 법 개정이 이뤄지면서 역사상 처음으로 유한합자회사에 법적 근거가 부여됐다.

• **주식형 합자회사(AG & Co. KG)**

주식형 합자회사는 다음과 같이 형성된다.

그림 I-3 — **주식형 합자회사의 형성**

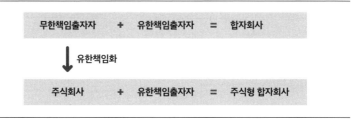

유한합자회사의 변형이며, 유한회사 대신 주식회사가 무한책임출자자가 된다. 다른 사항은 유한합자회사와 동일하므로 이 형태의 원형은 유한합자회사라고 생각된다. 유한합자회사와 주식형AG 합자회사는 자본회사 및 주식합자회사KGaA로 불린다. 이런 기업의 사례로 베링거인겔하임(의약품)을 들 수 있다.

• 유럽주식합자회사(SE & Co. KG)

유럽주식합자회사는 다음과 같이 형성된다.

그림 I-4 ― 유럽주식합자회사의 형성

무한책임출자자자가 유럽주식회사SE로 대체된 형태로, 자연인 무한책임출자자의 위험이 소멸한다. 이런 기업의 사례로는 비카 WIKA를 들 수 있다.

• 재단합자회사(Stiftung & Co. KG)

재단합자회사는 다음과 같이 형성된다.

그림 I-5 — 재단합자회사의 형성

앞서 설명한 유한합자회사, 주식형 합자회사, 유럽주식합자회사와 같이 공익재단 또한 사익재단을 무한책임출자자로 하여 자연인 무한책임출자자로 인한 무한변제 위험을 해소한다. 이런 기업의 사례로는 소매유통 체인 업체인 리들Lidl, 종합부품 기업인 프로이덴베르크Freudenberg 등을 들 수 있다.

2000년 이후 독일에서는 가족기업을 중심으로 하는 재단 설립이 증가하고 있는데, 그 목적은 다음과 같이 요약된다.

- 기업의 지속성 확보
  - 설립자의 유언집행인
  - 후계자 문제의 해결
  - 가족 간의 대립 배제
  - 가족의 이기적인 목적에 의한 기업 소멸 방지
  - 적대적 M&A 저지, 전통문화 유지
- 지주회사로서 기업집단 관리

- 절세(상속세, 재산세, 소득세)
- 창업자 가족의 기념비적 존속

그 밖에 이런 기업 형태를 채택한 기업의 가족 최고경영자에 따르면 다음과 같은 장점이 있다고 한다.

- 공동결정법의 비적용(공동결정은 사업회사로 한정됨)
- 가족출자자의 책임 제한
- 기업의 계속성
- 가족지배와 경영의 분리
- 최소한의 공개 의무

주식합자회사의 혼합 형태

주식합자회사의 무한책임출자자를 유한회사, 주식회사, 유럽주식회사, 재단 등 네 가지로 대체하여 모든 출자자를 유한출자자로 전환한 기업 형태다.

- **유한주식합자회사(GmbH & Co. KGaA)**

유한주식합자회사는 다음과 같이 형성된다.

이런 기업 형태의 사례로는 중추신경계 질병용 의약품업을 영위하는 메르츠Merz 등이 있다.

• 주식형 주식합자회사(AG & Co. KGaA)

주식형 주식합자회사는 다음과 같이 형성된다.

그림 I-7 — 주식형 주식합자회사의 형성

앞서 설명한 유한주식합자회사 형태에서 유한회사 대신 주식회사로 무한책임출자자를 유한책임화한 형태다. 유한주식합자회사와 함께 1997년 5월 20일 연방보통법원에 의해 합법화된 비교

적 새로운 기업 형태다.

유명한 기업으로는 세제, 치약·세발 용품, 접착제 등을 판매하는 헨켈이 있다. 이 기업의 가족 소유 비율은 53%이며, 대표적인 상품으로 합성세제 '바실'이 있다. 헨켈 이외에 마취 집중 관리 장비, 중환자용 인공호흡기 등을 생산하는 의료기기 회사 드뢰거Dräger가 있다.

• **유럽주식형 주식합자회사(SE & Co. KGaA)**

유럽주식형 주식합자회사는 다음과 같이 형성된다.

그림 I-8 — 유럽주식형 주식합자회사의 형성

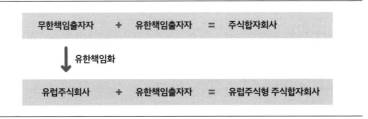

대형 의료 기업 프레제니우스가 이 형태를 취하고 있다.

• **재단주식합자회사(Stitung & Co. KGaA)**

재단주식합자회사는 다음과 같이 형성된다.

그림 I-9 — 재단주식합자회사의 형성

100대 기업에는 사례가 없고, 인쇄 사업을 하는 가족기업 셍켈베르크재단주식합자회사Schenkelberg Stiftung & Co. KGaA 등이 이런 형태다.

:: 기업 형태의 진화 과정: 무한책임출자자의 유한책임화

기업가들의 진화 주도

기업 형태의 진화는 법학자들 간의 논의가 아니라 기업가들의 혁신적인 실천을 통해 실현됐다. 오늘날 독일에서 가장 많이 이용되는 합자회사의 혼합 형태인 유한합자회사가 좋은 예다. 1911년 한 기업가가 유한합자회사의 설립등기를 신청했는데, 법원이 각하했다. 그 기업가는 바이에른 대법원에 상고하여 1912년에 인정을 받았다. 이로써 1912년은 유한합자회사의 출생연도가 됐고, 같은 해

2월부터 10월까지 뮌헨에서만 80개의 유한합자회사가 설립됐다. 1922년경에는 베를린과 함부르크를 비롯해 독일 전역에서 유한합자회사가 인정됐다.

주식합자회사 무한책임출자자의 유한책임화에서도 비슷한 양상이 벌어졌다. 이 기업 형태의 장점은 가족기업이 증권시장에 자본 일부를 공개함으로써 자금을 조달할 수 있다는 것이다. 그러나 가장 큰 단점은 앞서 몇 차례 언급한 바와 같이 합자회사 무한책임출자자가 무한책임을 진다는 것이다. 이 때문에 이 형태를 채택한 가족기업은 머크, 헨켈 등 오랜 역사와 명성 그리고 상당한 내부유보금을 가진 우량 가족기업에 국한됐다.

이런 제약은 함부르크 컨테이너 해운 물류 기업 유로카이Eurokai의 기업가 에크만 쿠르트Eckelmann Kurt에 의해 없어졌다. 그는 1960년경부터 유한합자회사에서 착안하여 자신이 전액 출자한 유한회사를 설립하고, 이를 주식합자회사의 무한책임출자자로 하는 유한주식합자회사라는 기업 형태를 '창설'하고 회사를 경영했다. 이와 같은 무한책임출자자의 '유한책임화'는 법학자와 실무자로부터 격렬한 비판을 받았으나 1997년 5월 20일 연방통상법원에서 인용됐고, 유로카이는 지금까지 이 기업 형태를 유지하고 있다.

이 형태의 장점은 합자회사와 같이 자연인인 무한책임출자자의 개인 책임을 회피할 수 있다는 점과 인적회사처럼 유리한 상속세를 적용받는다는 것이다.

합법화 기준으로서 사적자치의 원칙

그러면 어떤 근거로 이 함부르크 기업가의 새로운 형태가 정당화된 것일까? 그 법적 근거는 사적자치 원칙Privatautonomie에 있다. 이는 기본법(헌법) 제2조 제1항에 의한 '인격의 자유로운 발전'에 기초한 시장경제의 원리이며, 계약의 자유, 재산권의 자유, 상속의 자유를 말한다. 이에 따라 연방통상법원은 회사가 무한책임출자자로서 주식합자회사를 설립하는 것을 인정하고, 그 약칭을 'GmbH & Co. KGaA'라고 하도록 의무화했다. 이와 유사하게, 주식회사가 무한책임출자자인 주식형 주식합자회사는 약칭을 'AG & Co. KGaA'로 규정했다.

∷ 기업 형태의 제도 간 경쟁: 독일의 공동결정제도

예전에는 EU 회원국 기업이 독일에 본사를 설립할 때, 독일 법에 따라야 하는 의무가 있었다. 그러나 유럽 사법재판소는 이런 제약이 유럽공동체조약 제43조, 제48조에 명시된 '영업지 선택의 자유'를 저해한다고 하여 이 의무를 부인했다. 이로써 예컨대 영국 본사를 독일로 이전한 경우 영국 법이 우선 적용되어 독일의 공동결정제도를 실시할 의무가 없어졌다.

공동결정제도란 무엇일까? 제Ⅱ부에서 소개하는 9개 기업의 사례를 이해하는 데 필수적이므로 여기서 자세히 살펴보자.

독일의 공동결정제도는 '기업의 의사 형성 과정에서 법률 규정에 따른 종업원의 참여'로 정의된다. 공동결정제도로는 다음의 두 가지가 있다. 하나는 본사에 종속된 공장·영업소·지점 등의 사업장에 설치되는 사업장위원회Betriebsrat이고, 다른 하나는 감독이사회의 공동결정제도다.

사업장위원회의 공동결정제도

사업장위원회의 공동결정제도란 본사 산하의 주소가 다른 공장, 지사, 영업소, 기타 본사의 하부 조직에 적용되는 공동결정제도다. 사업장위원회제도는 1951년 제정된 후 수차례의 개정을 거쳐 현재에 이르렀다. 감독이사회의 공동결정과는 대조적으로, 사업장 현장에서의 공동결정을 규정한 것이기에 사업장의 일상적인 경영에 가장 큰 영향을 미친다. 예를 들어 사업장 책임자가 주문량을 소화하기 위해 종업원들에게 초과근무를 요청할 경우, 사업장위원회의 동의가 없으면 초과근무는 불가능하다.

사업장위원회는 만 15세 이상의 정규 근로자(종업원)가 5명 이상 재직 중인 사업장을 대상으로 한다. 위원회의 설치는 강제가 아니며 종업원의 요구에 따른다. 사업장위원회는 종업원 수에 따라 1명 또는 30명 이상의 위원으로 구성된다. 소규모 사업장위원회는 종업원 5~20명의 사업장에 설치되는 위원회이며, 위원은 1명이다. 종업원 수에 따라 위원의 수가 달라지는데, 7,000~9,000명 규모에서는 35명, 9,001명 이상의 규모에서는 위원이 3,000명당 2명씩 늘어난다. 사업장위원회 위원은 무보수이며, 이것이 감독이사회 임원과 다른 점이다.

한 기업에 여러 사업장이 있고 이에 따라 여러 사업장위원회가 있을 때, 이들에 공통되는 사항을 처리하기 위해 중앙사업장위원회Gesamatbetriebsrat가 설치된다. 중앙사업장위원회에는 각 사업장위원회에 소속된 위원이 참석한다. 한편 어떤 기업이 법적으로 독립된 여러 개의 기업을 지배하는 경우, 그 산하 기업의 중앙사업장위원회가 콘체른사업장위원회Konzernbetriebsrat를 설치하고 기업별 중앙사업장위원회에서 해결할 수 없는 문제를 논의한다.

종업원은 정보 공유권, 협의권, 거부권 이외에 다음의 사항에 대해 공동결정권을 갖는다.

- 사업장의 취업규칙과 종업원의 행동에 관한 문제
- 요일별 노동시간과 휴식 시간 배분
- 노동시간의 임시 연장과 단축
- 급여 지급일, 장소, 방법
- 휴가의 원칙과 각 종업원의 연간 휴가 계획 확정

- 종업원의 행동 또는 능률을 감시하기 위한 기술적 장비의 도입 과 사용
- 산업재해 및 직업병 예방과 건강 유지에 관한 규칙
- 사업장 내 복리후생시설의 종류, 형태, 관리
- 종업원에게 제공되는 주거의 이용 및 해약
- 사업장에서 급여의 결정 원칙과 새로운 기준 도입
- 성과급 또는 장려금 결정
- 제안제도에 관한 원칙
- 집단활동*의 실시에 관한 원칙

이 중 특히 주목해야 할 것이 '노동시간의 임시 연장과 단축' 규정으로, 이에 따르면 잔업이 필요할 때도 종업원의 동의를 받아야 한다.

본사 감독이사회의 공동결정제도

공동결정법(Mitbestimmungsgesetz, 1976)
- 대상 기업: 근로자 수 2,000명 이상인 주식회사, 주식합자회사, 유한회사, 기타

● 집단활동이란 사업장의 사업수행이라는 틀 안에서 종업원들이 집단으로서 위탁받은 과제를 자기 책임 하에 수행하는 것을 의미한다. - 옮긴이

- 노자 동권성: 비동권성(권리가 동일하지 않음)
- 감독이사회 구성: 노동 대표와 주주 대표가 동수로 구성
- 감독이사회 구성원 수
    - 종업원 수 2,000명 이상 1만 명까지: 12, 16, 20명 중 하나를 선택
    - 종업원 수 1만 명 이상 2만 명까지: 16, 20명 중 하나를 선택
    - 종업원 수 2만 명 이상: 20명
- 노동 대표: 사업장 대표 4·6·7명, 최소 1명의 노동자, 종업원, 관리직원, 노조 대표 2~3명
- 회장과 부회장: 감독이사회 정족수의 3분의 2 찬성으로 선임한다. 의결되지 않는 경우는 자본 측 대표가 회장직을, 노동 측 대표가 부회장을 선출한다.
- 결의: 경영이사회 임원의 선임과 해임은 위와 같은 규정을 적용한다. 3회 표결이 필요한 경우, 표결에서 자본 측 대표의 감독이사회 회장이 2표의 의결권을 행사할 수 있다. 노무담당이사도 이 결의에 의해 선임 또는 해임되며,• 기타 일반 결의 사항은 단순 과반수로 정한다.

• 뒤에서 언급하는 석탄·철강기업 공동경정법 1951에서는 노무담당이사의 선임 및 해임에 노동 측 대표 과반수의 찬성이 필요하나, 공동결정법 1976의 대상 법인은 노동자 대표들의 동의 없이 임명될 수 있다는 것이 다르다. - 옮긴이

3분의 1 경영참여법(Drittelbeteiligungsgesetz, 2004)

- 대상 기업: 근로자 수 500명 이상인 주식회사, 주식합자회사, 유한회사
- 노자 동권성: 3분의 1 동권성(노동 대표가 3분의 1의 권리를 가짐)
- 감독이사회 구성: 노동 대표는 전체 임원 수의 3분의 1
- 감독이사회 구성원 수
  - 자본금 150만 유로까지: 3, 6, 9명 중 하나를 선택
  - 자본금 1,000만 유로까지: 3, 6, 9, 12, 15명 중 하나를 선택
  - 자본금 1,000만 유로 이상: 3, 6, 9, 12, 15, 12, 18, 21명 중 하나를 선택
- 노동자 대표: 최소 1명의 종업원, 복수노동자 대표의 경우 여성 종업원을 고려한다.
- 회장과 부회장: 단순 과반수로 선임한다.
- 경영이사회 임원의 선임 및 해임: 단순 과반수로 정한다.

석탄·철강 기업 공동결정법(Montan-Mitbestimmungsgesetz, 1951)

- 대상 기업: 노동자 1,000명 이상의 석탄·철강 산업 주식회사, 유한회사
- 노자 동권성: 완전 동권성(노자의 권리가 동일함)
- 감독이사회 구성: 노동 대표와 주주 대표가 동수로 구성되며, 각 대표가 중립 대표이사가 된다.

- 감독이사회 구성원 수
  - 자본금 1,000만 유로까지: 11명
  - 자본금 2,500만 유로까지: 11, 15명 중 하나를 선택
  - 자본금 2,500만 유로 이상: 11, 15, 21명 중 하나를 선택
  - 21명의 경우 감독이사회 구성: 노자 대표 각 8명(총 16명) + 중립 역할 1명 + 노자 대표 각 2명이 지정한 비노조 대표·비종업원·대주주가 아닌 임원 4명
- 노동 대표: 노동 대표 1·2·3명, 종업원 1명, 노조 대표 3·4·6명
- 회장과 부회장: 단순 과반수로 선임한다.
- 결의: 경영이사회 임원의 선임과 해임은 단순 과반수로 정한다.
- 노무담당이사의 선임·해임은 노동 측 대표 과반수의 찬성이 필요하다.

이 제도가 없는 EU 회원국은 물론 독일의 일부 경영자도 공동결정제도는 비용이 들며, 의사결정에 시간이 걸린다는 이유로 꺼렸다. 이 때문에 독일 기업이 영국 법에 따라 Private Limited Company Limited(독일의 유한회사에 해당하는 회사) 또는 Public Limited Company Plc(독일의 주식회사에 해당하는 회사)를 유한책임출자자로 하는 합자회사를 영국에서 설립하여 등기하고 이를 독일로 이적하는 사례가 발생하고 있다. 그 예로, 독일 자본인 여객운송 항공사 에어베를린Air Berlin Plc & Co. KG을 들 수 있다. 이 회사는 런

던에서 설립등기를 마치고 이를 독일로 이전함으로써 공동결정제도를 회피했다. 이와 비슷하게 독일 자본인 약국 체인 업체 뮐러 Müller Ltd. & Co. KG도 런던에서 설립등기를 마친 후 본사를 독일로 이전했기에 독일 공동결정제도의 적용을 받지 않는다.

공동결정제도의 옹호, 보급, 연구를 진행하는 독일의 한스뵈클러재단Hans-Böckler-Stiftung은 독일에서 이런 외국 기업 형태가 증가하는 것을 '공동결정법 회피전략'으로 간주하고 그 공동화空洞化에 경계를 강화하고 있다. 이들은 모두 대기업이 아니고 중소·중견 벤처기업이지만, 독일에서 공동결정을 회피하는 기업은 종업원의 저항과 그에 따른 기업의 평판 하락을 각오해야만 할 것이다.

한편 유럽주식회사SE를 선택한 EU 회원국 기업은 공동결정의 준수가 강제되지 않는데, 이 때문에 많은 독일 기업이 SE를 선택하고 있다. 그러나 이런 행동의 주체는 중소기업이며, 지금까지 SE로 개편한 대기업 알리안츠·BASF·프레제니우스 등은 개편 이전 20명으로 구성됐던 감독이사회의 공동결정 방식을 그대로 유지하고 있다. 따라서 SE를 통해 공동결정제도를 회피하는 행동은 신설 기업에 국한된다고 볼 수 있다.

:: 맺는말

19세기 이후 최근에 이르기까지 독일 기업 형태의 가장 큰 문제는 합자회사 무한책임출자자의 위험 해소를 둘러싼 역사였다. 이 사실을 어떻게 평가해야 할까?

이것을 독일 기업의 리스크 회피적인 행동으로 해석하고 이 때문에 복잡한 혼합 형태가 생겨났다고 평가한다면, '유한책임화'는 진화가 아니라 퇴보라고 할 수 있다. 그러나 독일 기업가는 이 가혹한 위험에서 해방됨으로써 더 큰 위험을 감수하고 기업가정신을 발휘할 수 있었던 게 아닐까? 무한책임출자자가 유한책임화된 네 종류의 혼합 형태, 즉 기업주식형 주식합자회사, 주식형 합자회사, 유한합자회사, 유한합명회사가 2013년에 14만 303개나 설립됐다는 사실이 이를 증명한다고 생각한다(표 1-4 참조). 자본회사를 무한책임출자자로 하는 여러 가지 혼합 형태는 분명 논리적으로는 모순이지만, 현실적이고 실천적인 규정이라고 할 수 있다. 무한책임출자자가 사업에 실패했을 때 살던 집까지 팔아 채무를 변제해야 하는 의무를 지는 터에, 가족들이 길거리로 쫓겨나는 위험을 완화해달라고 요청하는 기업가를 누가 비난할 수 있을까?

독일의 존경받는 많은 가족기업은 주주지상주의와는 거리를 두고 장기적 성공과 번영, 공익에 기여함을 목적으로 하는 창업자의 경영이념을 실현하기 위해 긍지와 명예를 걸고 노력해왔다. 제

II부에서 확인할 수 있듯이, 많은 가족기업은 공익재단을 설립하여 공익에 이바지하는 동시에 후계자 문제를 해결하는 데에도 이용하고 있다. 이 같은 가족기업의 존재가 독일의 사회적 위상을 높여온 것으로 보인다.

제2장

공익재단과 기업지배구조

소유권의 사회적 책임이 기업을 공익재단 설립으로 이끌었다고 볼 수 있다. 독일에서는 가족, 비가족을 불문하고 많은 기업이 공익재단을 설립한다. 독일재단연방협회에 따르면, 1990년에 기업이 새로 설립한 공익재단은 181개였으며 그 후로도 계속 증가하고 있다. 2001년에는 829건으로 급증했고, 2007년에는 1,134건에 달했다. 2007년 9월 세법이 개정되면서 대폭적인 세액공제가 도입되고, 이것이 기존 공익재단에 적용됐기 때문이다.

개정된 세법의 내용은 다음과 같다.

• 개인의 연간 과세 대상 소득의 최고 20%까지 기부금 공제

- 기부금이 연간 과세 대상 소득 20%를 초과하는 경우에는 10년 간 이월공제
- 신설 및 기존 공익재단의 기본 재산에 대한 기부금은 본인 또는 배우자별로 10년마다 최고 100만 유로까지 기부금 공제
- 기업이 공익재단의 기본 재산에 기부한 금액에 대해 과세 대상 수익 금액의 최고 20% 또는 매출액과 임금 합계의 0.4%까지 기부금 공제

2008년 리먼 사태 발발 이후 신설 건수는 계속 감소하고 있으나, 독일재단연방협회의 통계에 따르면 2013년에 638개의 재단이 신설됐으며 재단 총계는 2만 150건에 달했다. 협회에 따르면 2014년 2월 현재 1만 5,193개의 재단 중에서 사익재단이 5.4%이며, 나머지 약 95%가 공익재단이다. 공익재단은 법인세, 상속·증여세 대부분이 면제된다.

공익재단 중에서도 가족기업이 차지하는 지위가 높아 공익활동 지출액에서 상위 15위에 들어가는 공익재단으로서 대규모 가족기업이 설립한 재단이 6개에 달한다. 2위가 보쉬, 3위가 베텔스만이다. 재단의 재산 규모로 보면 상위 15개 중 10개 재단이 기업이 설립한 공익재단이다. 1위 보쉬부터 4위까지를 대규모 가족기업이 설립한 공익재단이 차지하고 있고, 그 밖에 크루프가 10위, 베텔스만이 13위를 차지했다.

:: 공익재단의 설립 동기

독일 가족기업이 공익재단을 설립하는 동기는 일반적으로 다음과 같은 목적을 실현하고 문제를 해결하는 데 있다.

- 가족지배와 기업 독립성의 영속화
- 창업자의 경영이념 및 기업문화의 존속
- 후계 경영자의 재산상속 문제 해결
- 회사의 신뢰성 제고
- 상속분할에 따른 가족기업 재산의 분산 방지
- 사회적 공헌
- 종업원의 자부심 고취 및 회사와의 일체화
- 가족지배와 기업지배구조의 통합
- 기업지배구조, 특히 기업윤리의 강조와 준수
- 창업자의 위업을 영구적으로 기념함
- 가족 생활 기반의 유지 및 확보
- 적대적 기업인수 방어
- 상속세, 기타 세금의 절감

　　상장을 기피하는 가족기업에는 다음과 같은 동기가 추가된다.

- 주주의 단기적 성과 요구 압력이 없는 상태에서 장기적 경영전략 추구
- 상장 비용, 공시 비용, 주주총회, 기타 기업지배구조 관련 제도나 보고에 관한 비용 불필요
- 적대적 M&A 방어
- 설비투자 등 자금 수요는 유보이익, 사채 등으로 조달 가능

압도적 다수인 71%가 재단 설립의 가장 큰 동기가 장기적으로 설립자의 의사가 확실히 실현된다는 점이라고 밝혔다. 그 뒤를 이어 43%가 창업자 사후에 창업자 자신 또는 그 자손이 창업자의 생애 발자취를 사회공헌의 형태로 남길 수 있다는 점을 꼽았고, 41%가 국세기본법에 따른 세금 우대 조치를 가장 매력적인 장점이라고 응답했다.

또한 베텔스만공익재단의 조사에 따르면, 가족기업이 공익재단을 설립하는 동기는 대학 또는 기타 교육기관에 대한 연구비 지원 또는 자금 제공 등의 교육지원 때문이라는 응답이 가장 많아 92%를 기록했다. 두 번째는 종업원 복리후생제도 87%, 세 번째는 환경문제 81%였다. 또한 독일재단연방협회에 따르면 공익재단 중 가장 많은 재단의 사업 목적은 노동 및 사회문제로 28.8%였으며 그 밖에 교육·훈련 15.4%, 예술 및 문화 15.4%, 과학 연구 12.4%, 환경문제 42%, 기타 18.6%로 나타났다.

:: 독일 공익재단의 특성별 분류

독일 공익재단의 분류는 복잡하다. 앞에서 살펴본 기업 형태의 복잡성과 유사하며, 이는 독일 법제도의 유연성과 현실성에 기인한다고 생각된다. 다음은 독일 공익재단을 특성별로 분류한 것이다.

- 공익재단
- 사익재단
- 공익재단과 사익재단의 혼합 형태인 이중재단
- 민법 공익재단
- 대체 공익재단

공익재단

공익재단이란 국세기본법Abgabenordnung, AO 제52조와 2007년부터 시행된 개정 국세기본법에 따른 공익성 적격 기준을 충족하는 것으로 인정되어 상속세, 법인세, 소득세 등 여러 세금의 면제·경감 조치 등의 세제 우대 조치가 적용되는 재단을 말한다. 적격성 기준인 공익 목적은 국세기본법 조항에 과학, 연구, 예술, 교육, 의료 등 25개 항목에 걸쳐 구체적이고 상세하게 예시되어 있다. 이에 비해 사익재단은 개별 가족, 개별 가족기업 등의 사적 목적을 추구하기 때문에 조세 우대 조치의 대상이 되지 않는다.

이와 같은 조세 우대 조치가 있기에 기업이 설립하는 재단 중 약 95%가 공익재단이다. 공익재단을 설립하고자 하는 자는 재단 설립 신청 전에 재무 및 세무 당국으로부터 공익성을 인정받아야 한다. 구체적으로, 신청자의 정관에 기재된 공익재단의 목적이 국세기본법 규정의 적격성을 가지고 있는지를 심사한다. 공익성이 인정되면 증명서가 교부되며, 신청자가 이를 당해 연방주의 감독기관에 제출함으로써 공익재단의 설립인증 절차가 시작된다. 재단법은 주州별로 규정되며, 민법에 따른 재단 설립은 각 주 감독기관의 인가를 받고 그 감독하에 있게 된다.

공익재단은 공익, 자선, 종교 지원 중 하나 이상의 목적을 가진 단체여야 한다. 공익 목적은 '자기의 이익을 도모하지 않고 불특정 다수의 이익 증진을 도모하는 것'이라고 정의된다.

공익재단의 장점은 앞에서 언급한 것과 같으며, 단점으로는 재단의 인가 및 감독을 담당하는 주정부 감독청의 인가 절차, 외부 회계감사 등이 있다. 그러나 장점이 이런 단점보다 크기 때문에 대부분의 대규모 가족기업이 공익재단을 선택하고 있다.

영리기업의 재산으로 공익재단이 설립될 때, 이를 기업연관형 공익재단Unternehmensnahe gemeinnützige Stifung이라고 하는데, 이 형태의 공익재단은 다음과 같이 세 가지로 분류된다.

주식 보유형

주식 보유형Beteiligungsstiftung은 기업들이 가장 많이 이용하는 형태이며 공익재단 설립회사의 주식, 지분의 일부 또는 전부를 기본 재산으로 보유한다. 공익재단은 배당수입을 재원으로 공익활동을 영위한다. 의결권은 없으며, 있다고 하더라도 5% 정도에 불과하다. 재단이 설립회사의 지배나 경영에는 개입하지 않으며, 반대로 설립회사도 공익재단의 운영이나 활동에 관여하지 않는다. 따라서 상호 독립성이 보장되며, 로베르트보쉬공익재단유한회사Robert Bosch Stiftung GmbH를 전형적인 사례로 들 수 있다.

기업지배형 공익재단

기업지배형 공익재단Beteiligungsträgerstiftung 형태에서는 기업이나 기업가의 주식 또는 지분의 양도에 의해 설립된 공익재단이 공익활동을 영위하는 동시에 그 보유 주식 또는 지분에 부여된 의결권으로 설립회사를 지배하거나 경영한다. 이 지배는 설립회사의 감독이사회나 경영이사회의 최고책임자 선임 및 회사의 전략적 결정에 큰 영향력을 행사하는 것을 의미하며, 전형적인 사례로 크루프공익재단Alfried Krupp von Bohlen und Halbach Stiftung을 들 수 있다.

공익재단회사

공익재단회사Unternehmensträgerstiftung, Stiftungsunternehmen는 공익재단 형태

로 운영되는 기업을 말한다. 즉, '공익재단 = 사업부문' 또는 '공익재단 = 설립회사'의 형태로, 공익재단이 직접 영리기업 부문을 경영한다.

이 형태는 영리기업 부문에 대한 지배력이, 법적으로도 실제적으로도 최종적인 수준까지 도달한 공익재단이다. 기업의 영리활동보다 사회공헌이 우선한다는 윤리적 이상주의 이념이라고도 할 수 있다. 이런 사례로는 현미경·광학기기 기업인 카를자이스공익재단이 유명하다. 이 공익재단은 자이스와 쇼트라는 두 사업부문을 직접 경영하고 있었는데, 2004년 7월 주식회사로 전환됐다. 주식회사로 전환한 가장 큰 이유는 100여 년 전에 만들어진 공익재단회사와 재단 정관이 오늘날의 경영 환경과 괴리가 커졌기 때문이다. 즉 자본시장에서 공익재단으로 자본을 조달하기가 어렵다는 점, 거래처에 설명을 해야 한다는 점, 경영자 및 종업원의 희박한 영리 관념, 기업이익의 경시 등이 원인이 됐다. 또한 공익재단으로서 사회공헌 목적과 영리기업으로서의 목적이 본질적으로 다르기 때문에 이해상충 관계가 생겼다는 기본적인 요인도 있었다.

요즘 이런 종류의 재단은 합자회사와 혼합되는 형태로 적어도 세 회사가 알려져 있다. 그러나 이점은 거의 없고, 공익재단이 영리사업을 직접 경영함에 따라 공익과 사익이 충돌해 법적으로도 곤란한 상황에 처하기 쉽다.

사익재단

가족재단Familienstiftung도 앞에서 설명한 공익 조건을 충족하면 공익
재단이 될 수 있으나, 사익재단의 대표적인 예로 거론되는 경우가
많다. 이 재단 형태는 다음과 같은 장점 및 한계를 가지고 있다.

장점

• 가족 재산의 유지

가장 큰 장점 및 목적은 가족 재산을 일괄 이전함으로써 상속 분
할을 방지하고 재산을 유지할 수 있다는 것이다. 가족재단의 재산
이 가족의 상속권에서 분리되고 재산분할에서 완전히 보호된다.
가족재단의 구성원에게는 양도권(재단의 해산권, 주식, 지분을 포함하여
재단 재산을 제삼자에게 양도할 권리), 의결권, 감독권, 정보권이 부여되
지 않는다.

• 가족에 따른 지배와 경영의 지속성

가족이 경영자로서 기업을 영구적으로 지배, 경영할 수 있다. 가
족에게 적절한 후계자가 없는 경우에도 경영을 비가족 경영자에
게 위임함으로써 기업은 재단 형태로 영구적으로 존속할 수 있다.

• 가족 재산의 사적 이용

재단 재산의 운용 수익 및 신규 기부금을 가족이 사적으로 사용할 수 있다. 그 용도는 정관에 명기되는데 예를 들어 자녀의 교육, 결혼·출산, 경제적 어려움, 친족 묘지의 유지 등과 같은 사유가 생길 때 경제적 지원 등이 있다.

한계

이상과 같이 가족재단이 사적 목적으로만 설립되면 당연히 공익재단에 인정되는 세금 혜택을 얻을 수 없다. 결과적으로 법인세와 재단 수혜자의 소득에 대해 38%의 세금 부담이 매년 발생한다. 또한 무기한 존속하는 자연인으로 간주되어, 자연인과 마찬가지로 30년을 세대교체 시기로 하여 30년마다 재단의 모든 재산에 대해 상속세 대신 대체상속세Erbersatzsteuer 납부 의무가 생긴다. 다만, 이는 일시납부가 아닌 30년간 분할납부가 가능하기 때문에 기업의 자금수지에 미치는 영향은 적다. 그러나 연 이자율 5.5%의 이자가 발생한다.

　한편 가족재단이 공익재단으로 활동하는 것이 인정되며, 이 경우 국세기본법에 따른 우대 조치의 대상이 된다.

이중재단

공익재단과 사익재단으로서의 가족재단 등 2개의 재단이 병설되기에 이중재단Doppelstiftung이라고 부른다. 이중재단은 그 합리성에 비추어 앞으로 크게 발전할 것으로 예상된다. 이하에서는 트리포스TriPos유한회사의 사례를 들어 알기 쉽게 설명한다.

트리포스는 독일에서 저가 가구 체인점을 경영하는 가족기업으로 연간 매출이 10억 유로(약 1조 3,000억 원)이고, 독일 전국에 지점 85개, 종업원 5,700명을 둔 기업이다. 이 회사 공익재단의 목적은 상업교육을 지원하는 것이며, 쾰른대학교 산학연구소 등에서 산학연구를 하는 청소년들에게 장학금을 지급하고 있다.

트리포스 이중재단의 장점과 한계는 다음과 같이 정리할 수 있다.

장점

• 가족기업의 지속성

공익재단은 사업회사의 95% 지분을 보유하며, 이에 따른 배당소득으로 공익활동 재원을 확보한다. 그러나 이 지분의 의결권은 5%밖에 안 되므로, 사업회사인 트리포스유한회사에 대한 영향력은 제한적이다. 이와 대조적으로 가족 사익재단은 사업회사에 대해 보유하는 지분은 5%에 불과하나, 의결권이 95%에 달하므로 사업회사를 거의 완벽하게 지배할 수 있다(그림 I-10).

이 형태의 장점은 공익재단 설립을 통해 사업회사의 경영자 자리가 가족에게 승계되지 않더라도 창업자 또는 가족의 이름과 공익사업이 영속성을 가진다는 것이다. 소유자의 후계자가 없거나

그림 I-10 ― 이중재단

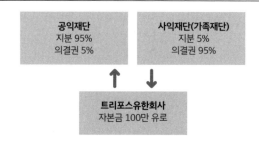

후계자 후보가 후계자로서의 의사가 없는 경우에 유리하다.

• 공익재단과 가족재단의 독립성

이중재단의 특성은 목적이 서로 다른 공익재단과 가족재단이 조직적으로 거의 완전히 분리되어 있어, 각각의 독립성과 자유성이 높고 이해상충의 가능성은 작다는 것이다.

• 사업회사의 지배와 경영권 유지

가족재단을 통해 가족이 사업회사를 지배, 경영할 수 있다. 가족 내에 경영자로서의 후계자가 없는 경우 외부로부터 경영자를 초빙할 수도 있으며, 이 경우 가족은 경영자를 감독할 수 있다. 따라서 폐업 또는 매각 등을 하지 않고 기업을 영속화할 수 있다. 또한 후손들에게 사업승계를 강제하지 않고 인생 설계에서 자유로운 선택을 하게 해줄 수 있다.

• 절세

가족기업의 자산 대부분을 공익재단에 양도하면, 가족재단만 설립한 경우보다 상속세, 증여세, 기타 절세 효과가 커진다.

• 가족의 생활 기반

가족재단에 의해 가족과 그 자손의 생계가 보장되거나, 국세기본법에 따라 공익재단 수익의 3분의 1은 가족이 합리적인 생활 수준을 유지하는 데 이용할 수 있다.

• 종업원의 동기부여와 자부심 고취

종업원에게 동기가 부여된다. 사주 가족의 이익을 위해 일하는 것이 아니라 간접적이기는 하지만 공익재단을 통해 사회적 복지를 위해 기여한다는 의식이 생기기 때문이다. 이는 자부심의 원천이 될 수 있다.

단점

2개의 조직이 필요하므로 설립 및 관리가 복잡하고 비용이 든다.

민법공익재단

독일의 재단은 법인격의 유무에 따라 두 가지로 나뉜다. 민법과 각 연방주 고유의 재단법에 따른 재단은 민법에 의해 법인으로서의 권리와 의무를 가지므로, '민법공익재단Stifung des Bürgerlichen Rechts'이라고 불린다.

'대체공익재단Ersatzformen(대체재단)'은 재단으로서의 법인격을 가지지 않아 법인격이 없는 재단 또는 비독립재단이라고 불린다. 기업이 공익재단을 설립할 때 민법재단, 민법에 의하지 않는 대체재단의 형태 중에서 선택할 수 있다. 그러나 민법재단이 압도적으로 많은데, 그 이유는 다음처럼 단점보다 장점이 많기 때문이다.

장점

• 가족 재산의 지속성

가족 재산이 무기한 존속하고 그 재산 가치가 유지된다. 설립자의 가족 또는 다른 이해관계자에 의한 재단 재산의 감소가 생기지 않는다.

• 설립자 의지의 확실한 실현

설립자의 의지와 목적이 정관에 명시되는데, 이를 변경하려면 공적 감독기관의 동의를 구해야 하므로 원칙적으로 극히 어렵다. 또한 재단의 해산도 자금 부족으로 인한 파산 등 중대한 사유를 제외하고는 허용되지 않는다. 따라서 창립자의 의지와 목적이 생전과 사후에도 확실하게 실현될 수 있다.

• 공적 감독기관에 따른 공정한 감독

공적 감독기관이 정관 규정의 준수 및 재단 조직에 대한 감독을 지속적으로 실시한다. 즉, 설립자의 의사에 따른 공익재단의 존속과 운영이 공적 감독기관에 의해 보장된다.

• 설립자 친척의 재단 수익 이용

가족기업을 대상으로 하는 흥미로운 규정인데, 공익재단의 설립자 및 친인척은 국세기본법 제58조 제5항에 따라 재단 소득에서 기본 재산의 관리 비용을 차감한 잔액의 3분의 1을 한도로 설립자 가족의 적절한 생활 수준 유지, 묘지의 보전 및 추모에 사용할 수 있다.

한계

민법재단은 인가를 위한 절차와 인가 후 감독관청의 감독, 공익재단의 정관 변경이 어렵다는 것이 단점이다(민법재단의 한계는 뒤에서 설명하는 대체재단의 장점이 된다). 그러나 공익재단 설립자가 사망한 후에도 제삼자 또는 국가에 의해 그의 설립 의사가 영원히 유지된다는 점이 민법재단의 가장 큰 장점이며, 이에 따라 대부분의 공익재단이 민법재단으로 설립되고 있다.

대체공익재단

대체공익재단은 설립하는 모체 기업 조직의 일부로, 그 법적 형태에 상응하는 상호가 사용되며, 그 정관에 따라 운영된다. 로베르트보쉬공익재단유한회사가 전형적인 예다. 왜 유한회사가 공익법인이 될 수 있는지에 대해 독일재단연방협회 담당자에게 질문한 결과, '금지되어 있지 않기 때문'이라는 답변을 받았다. 비슷하게 로베르트보쉬공업신탁합자회사Robert Bosch Industrietreuhand KG도 신탁회사가 실질적으로 재단인 대체재단이다.

독일 재단의 법적 형태는 매우 유연해서 민법공익재단의 세 가지 요건인 재단 목적, 재단 재산, 재단에 유사한 내부기관을 갖추면 회사법 또는 신탁법에 따라서도 공익재단을 설립할 수 있다. 대체재단은 민법을 '대체Ersatz'하는 법률, 예컨대 주식법, 신탁법 등의 법률에 따라 설립된 공익재단이다. 따라서 민법상 공적 감독기관에 의한 인가, 감독의 대상이 되지 않는다.

유한회사GmbH의 경우 GmbHg, gGmbH, GmbHG 등으로 공익목적gemeinnützlich을 나타내는 g 또는 G가 어두 또는 어미에 표시된다. 다만, 보쉬공익재단은 워낙 유명해서 이런 표시가 없다. 독일에는 IT 소프트웨어 기업 PAP가 설립한 디에트마호프Dietmar Hopp공익재단유한회사를 포함하여 이런 재단이 100개 정도 있다고 한다. 유사하게 공익재단주식회사Stiftung AG, 공익재단을 무한책임출자자로 하는 공익재단합자회사Stiftung & Co. KG도 있지만 그 수는 많지 않다. 또한 공익재단 유럽주식회사SE Suiftung도 가능하며, 실제로 설립되어 있다. 그 밖에 기타 등기사단 공익재단Stiftung e.Verein 등도 공익gemeinnützig이라는 형용사를 항상 표기하면 공익재단이 될 수 있다.

한편 신탁계약에 따른 공익신탁재단Treuhandsiftung, Treuhänderische Stiftung이 재단의 원형이다. 독일에서는 소액 자금으로 설립된 공익재단의 형태로 이용되며, 3만 5,000개에서 4만 개 정도 있는 것으로 추정된다.

대체재단은 다음과 같이 민법재단이 가지지 않은 다양한 장점이 있어 널리 이용되고 있다. 장점과 한계를 정리하면 다음과 같다.

장점

• 신속하고 간단한 설립

민법재단이 아니기 때문에 공적 감독기관의 인증 절차가 필요 없으며 신속한 설립이 가능하다.

• 공적 감독기관 감독의 비적용

민법재단이 아니기 때문에 공적 감독기관의 감독이 없다.

• 정관 변경이 쉬움

정관 변경은 설립기업의 법적 형태에 따라 출자자총회에서 할 수 있으며, 공적 감독기관의 승인은 필요 없다. 이런 장점은 장기간 존속하는 공익재단이 시대에 따른 환경 변화에 대응하는 데 특히 중요하다.

● **재산의 변경 및 해산 용이**

재단 재산의 증감도 자유로우며, 재단을 해산하는 것도 쉽다.

● **세제 혜택 이용 가능**

공익재단으로서 민법공익재단과 동일한 세제 혜택을 받을 수 있다.

한계

한계는 위 장점을 반대로 생각하면 된다. 정관의 변경이 용이하기 때문에 설립자의 의사가 사후에 영원히 완전하고 확실하게 실현되지 못할 가능성이 있다. 또한 공적 감독기관을 대신하여 대체재단의 활동을 집행하고 감독할 기관이 설치될 필요가 있다.

:: 공익재단의 기관 구조

일반적으로 업무집행기관인 이사회Vorstand가 있고, 이에 대한 감독기관인 평의회Kuratorium●가 있다. 최고책임자와 각 기관의 위원 수는 자유롭게 결정할 수 있다. 재단 설립자는 각 기관 구성원의 직위에 대해 무급명예직, 반명예직, 상근직 중 하나를 선택할 수 있다.

이사회 설치는 법적 요구 사항이며, 재단 목적 사업을 집행하는 것이 의무다. 일반적으로 이사장이 일상적인 업무를 직원과 함께 수행한다. 주식회사 등의 감독이사회와 경영이사회에서는 감독이사회의 감독 기능이 중시되지만, 공익재단에서는 재단의 목적을 실현하는 것이 중요하다. 따라서 이사회에 강력하고 포괄적인 결정권과 실행권이 주어지며, 이 권한은 기본법에 의한 재단자치의 보장에서 유래한다. 이사회에 대한 감독기관의 감독 기능은 보완적이고 보조적인 성격이며, 재단기관의 결정이 재단 설립자의 목적을 명기한 정관 및 관련법을 준수하는지를 판단하는 데 국

● 주식회사 등의 영리기업에서는 Ausfsichtsrat(감독위원회)라는 용어를 사용하는 데 비해 재단법인에서는 Kuratorium이라는 용어를 사용한다. 독일재단법인의 Kuratorium에 대해 우리나라 학자들의 번역어가 통일되어 있지 않은데(감사회, 감독회, 감독이사회 등), 이 책에서는 일본어식 한자어인 평의회 또는 평의원회를 그대로 사용한다. 개인적으로는 감독위원회라는 단어가 좋을 것 같은데, 새로운 용어를 또 만드는 것보다 일본어 원본에 있는 한자 용어를 그대로 이용했다. 참고로 독일의 재단에서 Kuratorium은 법으로 강제되지 않고 재단 설립자가 선택할 수 있으나, 일본은 2008년 공익법인 개혁을 통하여 재단법인에는 재단법인 이사의 선임 및 감독의 기능을 수행하는 '평의원회'를 반드시 두도록 하는 제도가 신설되었다. - 옮긴이

한된다.

감독관청의 역할은 재단기관의 자치적인 결정 능력을 강화하는 것이며, 감독 기능을 강화하기 위해 감독청은 평의회 설치를 권장한다. 대부분의 재단, 특히 대형 공익재단은 평의회를 설치하고 있다.

평의회와 이사회의 역할 분담에 대한 법 규정은 없으며, 재단의 결정에 따른다. 따라서 재단별로 큰 차이가 있다. 즉 이사회가 결정하고 이를 집행하는 재단이 있는가 하면, 평의회 회장이 이사회 역할을 겸하는 재단도 있다. 이에 대해서는 크루프공익재단의 사례를 참고하기 바란다. 두 기관의 역할이 명확하게 규정된 경우 재단기금의 용도 결정, 재단의 경영 상황과 목적 달성에 대한 감사, 중요 사항에 관한 의사결정, 이사회 위원의 선임 및 해임, 외부에 재단을 대표하는 것 등이 평의회의 역할이다.

민법에 따른 공익법인에서는 이를 승인한 각 주의 재단감독관청이 설립자를 대신하여 설립자의 의사에 따른 감독권을 행사한다. 따라서 설립자 및 그 친인척이나 설립기업의 경영자, 제삼자가 공익재단이사회의 의사결정과 그 집행에 영향력을 행사하는 것은 허용되지 않는다.

:: 공익재단, 설립기업, 가족집단 간의 지배 관계

공익재단과 설립기업의 지배구조

가족이 기업을 설립하고 공익재단도 설립한 것이기 때문에, 가족이 가장 큰 권한과 책임을 갖는 것은 당연하다. 이를 위해서 가족집단Familie에서 가족 대표가 선임되며, 그 대표가 설립기업과 공익재단을 운영하는 데 중추적인 역할을 한다. 예외적인 사례로 크루프를 들 수 있는데, 가족이 설립기업과 공익재단에서 활동할 기회를 얻지 못하는 것은 창업자 및 그 자손의 공헌을 부정하는 것이 된다. 이는 창업자의 기업이념, 기업문화도 부인하는 것과 마찬가지다. 이렇게 되면 공익재단의 존재 자체가 큰 모순에 빠진다. 공익재단은 사회공헌을 목적으로 하나, 창업자의 실적과 자손의 의사를 유지시키기 위해서도 설립되기 때문이다.

가족 대표의 공익재단 설립과 기업지배

가족 구성원 중에서 선임된 1명 이상의 가족 대표가 공익재단평의회에서 감독자의 역할을 한다. 즉, 회의를 비롯한 여러 방식을 통해 설립자의 의사가 표명된 정관이 문제없이 실시되고 있는지를 가족의 관점에서 감독한다.

공익재단과 설립기업 간의 상호지배

공익재단은 설립기업에서 오는 배당이나 기부금 수익에 의존한다. 따라서 가족 구성원인 평의회 회장이 설립기업의 감독이사회 임원으로 회의에 참석하여 설립기업의 실적에 대해 보고를 받고 정관에 따른 경영이 이루어지고 있는지를 확인해야 하며, 필요한 경우 발언할 기회가 주어져야 한다. 또한 설립기업의 경영자 또는 이사회 구성원 1명을 공익재단의 평의회 위원으로 하여 공익재단의 회의에 참석하고 재단의 재무 상황과 활동 상황을 파악할 필요가 있다.

기업윤리에서 공익재단의 공헌

설립기업이 비윤리적 행위나 불법 행위를 저지른 경우 당연히 설립기업은 물론 공익재단도 사회적 신뢰성을 잃게 된다. 이런 사태를 막기 위해 공익재단의 가족 대표가 설립기업의 감독이사회 및 윤리위원회 등에서 윤리 규정의 준수 상황을 적극적으로 파악하고, 필요에 따라 제안을 해야 한다.

지명위원회의 중시와 활용

가족 구성원이 설립기업의 최고경영자 또는 감독이사회 회장으로서 취임할 것인지, 아니면 가족 구성원이 아닌 사람이 취임할 것인지는 가족기업에서 가장 어려운 문제 중 하나다. 이 문제를 풀어나가려면 감독이사회 임원으로서 가족 대표와 비가족 구성원으로 구성된 지명위원회를 활용하는 것이 유용하다.

가족 대표의 육성

앞에서 설명한 바와 같이 가족 대표의 중요성을 고려하여 가족 대표를 육성하는 데 모든 가족이 힘을 합해야 한다.

제3장

독일 기업공동체의 사상과 역사적 배경

독일 가족기업이 종업원의 노동 조건을 개선하고, 공익재단을 통해 공익활동을 펼쳐나가며 기업공동체를 형성하는 데에는 어떤 사상적·역사적 배경이 작용했을까? 독일의 공동체 중시 경향은 미국이나 영국, 프랑스에서는 볼 수 없을 정도로 독일의 경제제도에 지대한 영향을 미치고 있다. 기업의 공동결정제도가 단적인 예다. 이에 대해 독일 내외에서 다양한 비판이 제기되고 있음에도 독일은 EU 최강의 경제 대국이라는 지위를 유지해왔다. 이 장에서는 독일 고유의 전통적 사상을 중시하는 법학자와 사회정책학회의 경제학자에 초점을 맞추어 독일 기업공동체의 근원을 탐색해본다. 독일 공동결정법의 근거를 이루는 기본법(헌법) 제14조 제2항의 규정을 중심으로 살펴보겠다.

:: 공동결정제도의 법적 근거

유럽의 나머지 국가와 비교할 때 독일의 공동결정제도는 노동자 측 대표에게 가장 광범위하고 강력한 공동결정권을 주고 있다. 공동결정제도는 독일의 기업지배구조와 기업경영 및 자본주의의 성격까지 규정하는 가장 중요한 특징 중 하나다. 앞에서 언급한 바와 같이 공동결정은 기업의 번영을 공동 목표로 하는 노자의 협력 관계를 전제로 하며, 이를 사회적 파트너십이라고 한다. 그 법적 근거는 '소유권의 사회적 책임'이며, 현행 기본법(헌법)에 다음과 같이 명확하게 규정되어 있다.

기본법 제14조의 내용은 다음과 같다.

> (1) 소유권과 상속권은 보장된다. 그 내용과 한계는 법률에 따라 규정된다.
> (2) 소유권은 의무를 수반한다. 소유권의 행사는 동시에 공공복지에 기여해야 한다.
> (3) 공용수용은 공공복지의 목적으로만 허용된다.

1919년 바이마르헌법 제153조에는 다음과 같은 규정이 있었다.

(1) 소유권은 헌법에 의해 보장된다. 그 내용과 제한은 법이 규정한다.
(2) 공용수용은 법적 근거에 따라 공공복지의 목적으로만 실시된다.
(3) 소유권은 의무를 수반한다. 소유권의 행사는 동시에 공공의 최선에 봉사해야 한다.

밑줄 친 부분의 차이는 문구의 차이에 불과하고, 내용상으로는 동일하다. 그런데 소유권의 사회적 의무 규정의 순서가 다르다. 현행 기본법은 제2항에 규정되어 있으나, 바이마르헌법에서는 공공수용 뒤에 제3항으로 규정되어 있다. 이 규정은 다음과 같은 논쟁에서 공동결정제도의 정당성의 근거로 이용됐다.

1976년 제정된 공동결정법은 2,000명 이상을 고용하는 주식회사, 주식합자회사, 유한회사 등 대부분의 대기업을 대상으로 한다. 이에 바이엘Bayer, 다임러벤츠Daimler-Benz, 보쉬 등 대표적인 대기업 9개사의 29개 산업별 고용주단체와 독일증권보호연맹은 이 법이 소유권의 보장을 규정하는 기본법 제14조 제1항의 사적 소유권과 기타 네 항목을 침해한다는 요지의 위헌소송을 제기했다. 1979년 3월 1일 연방헌법재판소는 저촉하지 않는다는 취지로 기각했다. 그 주문은 '1976년 5월 4일 제정된 종업원에 의한 확대공동결정법은 동법의 대상이 되는 기업, 출자자 및 고용주 단체의 기본권과 일치한다'라는 것이었다. 이에 따라 전후 최대의 위헌소송으로 1년 8개월 동안 논쟁이 됐던 문제가 종지부를 찍었다. 앞으로도 다시 법정에 제기될 가능성은 거의 없다.

:: 공동결정제도의 역사

19세기

독일의 공동결정제도는 역사가 오래되어, 원류를 찾자면 1830~1840년대까지 거슬러 올라갈 수 있다. 당시 수공업·염전·탄광·금속·해운업 등에는 상부상조금고가 있었으며, 종업원 스스로 선임하는 대표자가 구성하는 위원회에서 관리했다. 19세기 중반에 많은 제조 대기업에서는 기업 내 복리후생제도의 운영진은 종업원이 선임하되, 공장 소유주가 지명하는 종업원 대표가 노동자위원회를 구성해서 운영됐다. 위원회의 업무 내용은 대부분 대기업에서 거의 동일했으며 종업원의 채용, 취업규칙의 준수, 공장주에게 제안하는 절차, 공장의 규율 유지, 공원들 간 분쟁의 중개, 수습공이나 젊은 노동자의 감독, 결혼허가증의 교부 등을 공장주와의 협의를 통해 진행했다. 더 진전된 단계에서는 사고 예방, 제안개선제도, 임금 및 노동시간의 결정, 그리고 이익배분까지도 공장위원회의 직무였다.

이 시기에 법학자 몰Robert von Mohl, 국가학자 바더Franz von Baader 등

이 기업의 경영진에 노동 대표를 추가하는 것을 법적으로 의무화해야 한다고 주장했다. 이 노동자는 산업혁명의 진전으로 발생하는 계층이며, 종래의 귀족·성직자·시민 등 세 가지 신분에 속하지 않는 '제4 신분'이라고 했다. 이들과 공장주 사이의 대립이 첨예해짐에 따라 사회개혁가들은 이들을 '프롤레타리아'라고 칭하고, 종전의 빈곤자 구제나 자선활동의 대상으로 삼는 것이 아니라 유대를 촉진하고 기업과 경제에서 시민권을 주어야 한다고 주장했다.

그 후 1848년 프랑크푸르트 바울교회에서 개최된 독일 제국의회 건국회의에서 '독일 제국의 산업 질서에 관한 법안'이 제출됐다. 내용은 '모든 공장에서 공장위원회를 설립한다. 공장위원회는 노동자 대표 1명, 공장 소유자 또는 그 대표자 1명으로 구성한다'라는 것으로, 오늘날 사업장위원회의 원형이라고 할 수 있다. 다만, 의무가 아닌 권고에 그쳤다.

1850년 이후 독일의 산업혁명이 이류기를 지나 발전기로 진행되면서 수공업은 새로 증가하는 공장에 밀려 많은 노동자가 일자리를 잃게 됐다. 그들은 1860년대부터 노동조합에 가입하기 시작했으며, 제국의회 선거에서 사회민주당SPD에 투표할 정도로 무시할 수 없는 존재가 됐다. 이에 비스마르크는 1880년대에 공적 사회보험을 입법함과 동시에 노동자위원회의 설치도 법제화했다. 이 법은 강제력이 없었음에도 약 50개 업체가 채택했다. 이후 법의 강제력은 석탄 산업에서만 실현되어 1900년 바이에른주에서,

1905년에 베를린에서 입법화됐다.

1890년 빌헬름 1세는 노자의 긴장 관계를 완화하기 위해 공적 사회보험제도의 확충에 반대하는 비스마르크를 경질했다. 제1차 세계대전 중인 1916년 군수 공장에서 노동자의 의욕을 고취하기 위해 50명 이상을 고용하는 모든 사업장에 대해 노동자 관리자위원회 설치를 의무화했으며, 이 위원회가 피고용인들이 노동 조건에 대한 제안이나 불만을 제기할 수 있게 했다.

제1차 세계대전 후

1918년 패전 직후인 11월 15일에, 노동조합 대표와 사용자 대표가 위와 같은 위원회의 설치를 군수 공장뿐만 아니라 모든 공장에 의무화하기로 합의했다.

1년 뒤인 1919년에는 '노동자는 고용주와 함께 대등한 입장에서 임금과 근로 조건의 결정과 생산능력의 전반적, 경제적 발전에 참여하는 자격을 가진다. 쌍방의 조직 및 협정은 이를 승인한다'라는 바이마르헌법 제165조에 따라 사업장위원회의 설치가 의무화됐다. 또한 그 상부 조직으로 전국경제협의회가 규정됐다.

그리고 이 규정은 1929년에 사업장위원회법으로 구체화됐다. 이에 따라 20명 이상을 고용하는 기업에는 사업장위원회 설치가 의무화됐고, 위원회에는 인사·노무·경제 문제에 관하여 경영자와

협의하여 공동결정할 권리가 주어졌다. 이것이 오늘날 독일 사업
장위원회의 직접적인 모체다. 2년 후에는 사업장위원회 소속 2명
의 노동자 대표위원을 감독이사회에 참여시키는 법이 시행됐고,
이것이 지금까지 실시되고 있다.

그러나 급진적인 노동조합 지도자들은 이에 만족하지 않고, 사
업장위원회를 '자본주의의 무화과 잎'*이라고 비판하면서 평등과
공동체에 기초한 산업민주주의를 요구했다. 그러나 이런 요구와
이미 실현된 공동결정제도도 1933년 나치 정권이 들어섬과 함께
모두 부정되어, 대표자와 사업장위원회 지도자로 구성되는 기업
대표협의회로 개편됐다. 기업의 공공적 성격이 강조됐고, 1937년
주식법 제70조 제1항은 경영이사회 임원의 기능을 '본인의 책임으
로 경영 및 종업원의 복지뿐만 아니라 국민과 국가의 공동이익을
위해 회사를 지휘하는 것'이라고 규정했다.

제2차 세계대전 후

제2차 세계대전 후 1946년 점령군의 법에 따라 민주적으로 선출
된 사업장위원회의 설립이 인정됐다. 1947~1948년 영국의 점령지
역에서는 군정부와 노동조합 사이에 합의가 이뤄졌다. 해체가 예

● 영어로는 fig leaf. 부끄럽거나 불쾌한 행위 또는 대상을 가리기 위한 것을 비유적으로 표현하는 말. 성서
에서 아담과 이브가 금단의 열매를 먹은 후 알몸을 부끄러워하여 무화과 잎으로 가린 데서 연유했다. -
옮긴이

정되어 있던 철강 기업의 감독이사회를 자본 측 대표와 노동 대표가 각각 50%의 비율로 구성하고, 노동조합의 승인을 조건으로 노무담당이사 1명을 경영이사회에 추가하기로 한 것이다.

1950년 1월, 독일노동조합총연맹DGB은 이 감독이사회를 다른 산업 분야의 기업에도 적용하도록 결정했다. 사용자 측이 경제적 문제의 공동결정에 대해 이의를 제기했고, 노사 간의 협상이 진행되어 1951년 5월에 양측은 합의에 도달했다.

비슷하게 사업장위원회의 경영조직법에 관한 협상도 진행됐지만 의회 안팎에서 저항이 이어지면서 난항을 겪었다. 노조 측은 경제 문제에 대해서도 완전한 공동결정을 요구하고 파업을 불사한다고 선언했으며, 실제로 인쇄·제지 노조는 신문 발행 회사에서 이틀 동안 파업을 감행함으로써 정부를 압박했다. 1952년 6월, 2년이 넘는 협상 끝에 노조 측의 반대를 물리치고 법안이 성립됐다.

:: '소유권의 사회적 책임'의 이념적 배경

앞서 살펴봤듯이, 현행 기본법 제14조는 바이마르헌법에서 유래한다. 이하에서는 그 이념적 배경을 짚어보고, 그 이념을 헌법 조문으로 규정하고 실현하는 입법 과정도 살펴본다.

바이마르헌법에서의 '소유권의 사회적 책임'에 큰 영향을 준 인물은 베를린대학교 법학자 오토 프리드리히 폰 기르케Otto Friedrich von Gierke, 뮌헨대학교 노동문제연구원의 경제학자 루트비히 요제프 브렌타노Ludwig Joseph Brentano, 같은 대학의 경제학자 구스타프 폰 슈몰러Gustav von Schmoller다. 이 3명은 사회정책학회의 공동 설립자로, 서로 긴밀한 관계를 가지고 있었다. 슈몰러가 회장이고 기르케는 법학 분야에서, 브렌타노는 노동경제 영역에서 사회문제를 해결하는 데 활발하고 실질적인 활동을 전개했다.

기르케는 이 학회의 총회에서 의장으로서 강연을 통해 자기 의견을 전개했다. 특히 슈몰러와 기르케는 서로 강한 신뢰 관계로 맺어져 있었으며, 슈몰러는 사후 자신의 유품 일부를 기르케에게 증여하기도 했다. 사회정책학회는 1872년 사회개혁을 촉진하기 위해 활동하던 학자들이 창설했다. 처음에는 강단사회주의자*를 배격했지만, 나중에 슈몰러 자신도 중립적인 의미로 이 말을 사용하게 됐다.

강단사회주의자에서 '사회주의'란 마르크시즘을 의미하는 것이 아니라, 노자의 계급 갈등을 해결하기 위해 기르케가 말하는 '기름 한 방울의 사회주의' 정도의 의미다. 그러나 이 '기름'의 비유

● 강단사회주의는 1871년 프랑스-프로이센 전쟁 이후 민족주의적 영향이 확대되면서 국가의 사회 입법 등 사회정책적 방법이 활용되어야 한다는 사회적 견해를 말한다. 이 강단사회주의자들의 활동은 당시 사회정책 입안과 입법에 크게 기여했고, 비스마르크의 사회 입법이나 그 후 빌헬름 2세 등의 사회정책도 이들의 연구와 제안에 영향을 받았다. 1872년 10월 아리세나하에서 열린 강단사회주의협회의 첫 번째 총회는 독일 사회운동사에 큰 의미를 갖는 모임이었다. 협회는 제1차 세계대전의 결과로 호엔촐레른 왕실이 종말을 고하고 바이마르공화국으로 이어진 다음에도 지속됐다. 나치의 독일 치하에서 해체를 강요받았다가 제2차 세계대전 이후 재건됐다. - 옮긴이

는 의미심장하다. 계급 사이의 관계를 원활하게 하기 위한 윤활유로서의 기능 또는 기대를 암시하는 것으로 보이기 때문이다.

바이마르헌법의 성립에 공헌한 후고 프로이스Hugo Preuß는 베를린대학교 기르케의 제자이며, 후고 진츠하이머Hugo Sinzheimer는 베를린대학교와 뮌헨대학교 학창 시절에 보르케Borke와 브렌타노의 영향을 받았다. 진츠하이머는 단체협약을 제도화한 공로로 '독일 노동법의 창시자'라고 불린다.

구스타프 슈몰러

경제학자 슈몰러는 사회정책학회를 주도적으로 설립하고 가장 큰 역할을 했다. 그의 연구와 실천 활동에서 기본적인 관점은 '이기심과 공공심 간의 올바른 중용이 현대적인 경제활동을 촉진한다'라는 신조다. 이 신조는 평생 변하지 않았고, 이는 기르케의 사상과도 일치한다. 독일에서는 유럽의 다른 국가들과 비슷하게 1860년대부터 급속히 진전된 산업화의 영향을 받았다. 도시 인구의 급증과 주거 환경의 열악화, 수공업자와 노동자의 실업과 궁핍 심화 등의 문제가 생겼고, 그 결과 노자 간 긴장이 첨예했다.

슈몰러는 이런 상황을 '맨체스터 자본주의'라고 불렀다. 영국풍의 자유방임주의, 즉 자유무역, 작은 정부를 주장하는 사상이 자산가 계층의 자기 이익 확대를 위해 이용됐다고 인식했다. 그러면서도 영국 노동자의 생활 조건이 개선됐다는 사실을 놓치지 않았다. 그는 독일의 곤란한 상황을 과도적인 것으로 보고, 대규모 제조 기업의 발전과 함께 노동자의 생활을 개선해야 한다고 강조했다.

슈몰러는 1893년 사회정책학회의 연설에서 노동자의 빈궁은 독일의 정신적·경제적 발전에 따른 불가피한 역사적 결과이며, 기업 경영자는 자신의 이익을 추구할 권리를 가진다고 말했다. 따라서 이 상황은 진보의 일면이지만, 올바른 방향으로 나아가지 않으면 독일의 문화가 파괴될지 모른다고 경고했다. 그리고 더 발전하기 위해서는 자본가와 노동자 간에 사회적 균형이 필요하다고 했다.

이를 위해 슈몰러는 노동자의 단결권 승인, 노동자 보호입법의 제정, 주택 정책을 중심으로 하는 사회정책을 국가에 권고하기 위해 사회정책학회를 창설했다. 또한 국가와 기업에 노동자의 생활을 개선할 의무가 있음을 지적하고, 기업 내 노동자 대표에 의한 사회운동을 추진했다.

루트비히 브렌타노

브렌타노의 기본 목적도 노자 간의 계급 갈등을 방지하고 사회적 평화를 실현하는 것에 있었다. 그는 노자 간의 관계를 힘의 관계로 파악하고, 노동조합의 결성을 통해 자본가와 실질적으로 평등한 협상력을 획득하는 것이 노동자의 궁핍을 해결하는 전략이라고 봤다. 또한 노자 간의 분쟁을 정치화함에 따른 계급대립을 방지하기 위해 국가의 개입을 배제해야 한다고 했다.

브렌타노의 주장은 다음과 같이 요약된다.

노동자의 궁핍은 상품으로서의 노동력이 제공자와 일체화되고, 자본가가 노동력을 사는 것은 노동자를 물리적으로 지배하는 것과 연결된다. 노동자는 수입을 안정화하기 위해 항상 일해야 하는데, 다른 원재료와 같이 노동력의 수요에 맞추어 노동 공급량을 조정하는 것은 불가능하다. 그 결과 노동자는 자본가에 비해 불리한 입장에 있을 수밖에 없다. 이는 사용자에 대한 노동자의 인적 종속 관계이며, 이 종속성을 시정하기 위해 노동자는 단결하여 노동조합을 결성하고 이를 통해 대등한 협상 능력을 갖춰 임금과 노동 조건을 결정해야 한다. 파업과 직장폐쇄는 힘의 직접적인 대결을 의미하기 때문에 마지막 수단이며, 그 이전에 중재제도를 통해 해결해야 한다.

후고 진츠하이머

진츠하이머는 현대의 단체협약을 제도화하여 '독일 노동법의 창시자'로 불린다. 그 사상의 원천은 브렌타노와 기르케에 있다. 진츠하이머는 뮌헨대학교에서 브렌타노로부터 경제학적 기초와 사회정책적 방향 설정을, 베를린대학교에서는 기르케로부터 이에 관한 법적 형태를 부여하는 데 필요한 법률 이론을 배우고 전수받았다.

진츠하이머는 국민의회 의원으로서 헌법에 사회적 기능을 전제로 하는 경제적 자유, 통일노동법 등을 규정하는 공헌을 했다. 1919년 6월 내각 구성 당시에는 유력한 노동부 장관 후보이기도 했다.

바이마르헌법 제정 당시 후고 프로이스와 프리드리히 나우만 Friedrich Naumann처럼 활약한 것은 아니지만, 헌법소위원회에서 노동법의 관점에서 나우만의 초안을 지지했다. 그때까지의 헌법은 국가와 개인 간의 정치적 관계에만 한정됐는데, 기본권의 강화 및 충실화에 따라 사회적 관계를 중시해야 한다고 주장하고 이를 실현하는 데 기여했다.

또한 나우만과 비슷하게 기본권의 '사회적, 경제적 기반'을 대기업 등 다른 사회적 권력으로부터 보호해야 한다고 주장했다. 즉 기본권의 규정으로, 기업의 사회화 확대와 그 경제적 활동을 노동자와의 협력을 통해 해결하는 자치관리 조직의 형성과 모든 사람의 존엄을 높이기 위한 국가에 의한 감시를 요구했다. 그리고 이를 다른 의원과 공동으로 제안하는 방식으로 나우만에게 제출했다.

진츠하이머는 브렌타노의 사용자에 대한 노동자의 인적 종속설을 지지했다. 브렌타노가 노자 간의 평화를 노동조합의 협상 능력과 중재기관을 통해 실현해야 한다고 제창한 반면, 진츠하이머는 노자 간의 단체협약을 통해 실현해야 한다고 주장했다. 진츠하이머 단체협약 이론의 가장 큰 공적은 뒤에서 설명하는 '평화 의무'다. 노동 조건을 협상하는 과정에서 개인으로서 노동자의 약점을 시정하기 위해 노동조합이 사용자단체와 협상하는 방식을 제창했다.

그 결과 1918년 12월에 단체협약이 처음으로 법제화됐다. 제2차 세계대전 후인 1949년에는 미국과 영국의 점령지역에서 실시됐고, 1953년 4월에는 서독 전역에서 실시됐다.

오늘날 독일의 단체협약은 임금, 노동시간, 잔업, 휴가, 해고 예고 기간 등의 노동 조건에 대해 산업별 노동조합과 사용자단체 또는 개별 기업체 간에 체결되는 계약이다. 계약 체결에 이르기까지 협상 과정에서 국가의 개입이 배제되며, 이를 '협약자치Tarifautonomie'라고 한다. 협약 유효기간에 조합은 쟁의행위를 하지 못하는 '평화 의무'를 지닌다. 따라서 노동 분쟁은 단체협약 유효기간에는 생기지 않고, 단체협약 협상 시에 발생한다. 파업이나 직장폐쇄는 일정한 범위 내에서 허용된다. 단체협약은 최저 기준의 노동 조건을 규정한 것으로, 이를 넘어서는 개별 기업은 노동조합과의 협상을 통해 협약 내용을 변경할 수 있다.

:: '소유권의 사회적 책임' 조항의 입법 담당자

콘라트 바이얼

콘라트 바이얼Konrad Beyerle은 '바이마르 기본권의 아버지'라고 불린다. 바이마르헌법은 '국가의 조직과 역할'에 관한 제1편과 '독일 국민의 기본권과 기본 의무' 및 '경과 규정 및 종료 규정'에 관한 제2편으로 구성된다. 제1편에는 연방과 주의 관계, 의회, 공화국 대통령과 행정부 등이 규정되어 있다. 소유권과 그 사회적 책임은 제2편의 마지막 제5장 '경제생활'의 제153조에 규정되어 있으며 개인의 자유, 법 앞에서의 평등, 사회생활, 종교, 교육 등 고전적인 기본권이 규정되어 있다. 이 초안을 작성한 바이얼은 제5장이 바이마르헌법의 '가장 혁신적인' 구성 요소라고 밝혔다.

바이얼은 계몽주의 시대의 개인을 중심으로 한 자유 개념과는 거리를 두고 있었다. 그의 자유는 '의무와 표리일체 관계에 있는 공공복지를 지향하는 자유'이며, 공공에 의무를 지고 봉사하는 것이 개인의 자유보다 우월하다고 믿었다. 그는 프랑스의 계몽사상에 기반한 국가 권력으로부터 개인의 자유라는 개념은 "독일 고유의 법사상에 따르면 사회주의의 영향하에 있는 오늘의 독일인에게도 아주 이질적이다"라고 했다.

바이얼은 뮌헨대학교에서 법학 및 역사를 전공하고 브렌타노

교수로부터 국민경제를 배운 영향으로 사회정책과 국민경제에 기초한 사회정책적 자유주의를 신조로 하게 됐다. 이것이 후에 바이마르헌법의 초안을 작성할 때 나우만, 프로이스와 사상적 접점을 가지게 되는 배경이 됐다. 하이델베르크대학교에서 논문을 면제받아 박사 학위를 취득하고 대학교수 자격 논문을 통과한 후 뮌헨대학교의 교수가 됐다. 1918년 바이얼은 바이에른에 설립된 바이에른 국민당BVP에 입당하고 입헌국민회의 의원에 입후보하여 당선됐다.

바이얼은 법제사 연구자로서 "기본권이 완전히 설득력과 실효성을 발휘하여 국가의 안위와 교육 목적을 실현하기 위해서는 역사적 시야가 필수적이다"라고 주장했다. 그는 독일 기본권의 배후에 있는 사상은 미국 헌법과 프랑스 계몽주의, 프랑스 혁명의 인권선언에서 유래한 것이 아니라 독일 중세의 '위대한 자연법적 기본 사상'이 원천이라고 주장했다. 그리고 이 기본권 사상은 독일 중세 12~13세기의 저명한 도시창설 군주의 고문서에 기록된 자유권에 기초가 있다고 밝혔다.

제1차 세계대전 후 독일에서는 서구 민주주의에 대한 반감이 강했다. 바이얼은 이 반감이 기본권에 영향을 미치는 사태를 막기 위해 그리고 바이마르헌법이 외국, 특히 프랑스 헌법의 빈약한 모방이 아니라는 점을 설득하기 위해 독일의 신헌법은 전통에 근거한 '독일 정신의 숨결'이며 '독일 문화'의 부활임을 강조했다.

이런 조문들은 모두 헌법위원회와 국민의회가 심의하고 결정했다. 그의 역할은 첫째 지금까지의 정부 원안을 전면 재검토해서 정부의 새로운 의안을 만드는 것, 둘째 헌법위원회에서 바이마르 헌법 제1편 국가 조직에 대한 원안을 심의하는 것, 셋째 제2편 기본권 소위원회에서 기본권을 제정하는 것과 그 후 헌법위원회의 심의에 참여하는 것이었다. 이에 따라 정부와 위원회 간에 합의된 헌법 조문을 최종적으로 점검하고 결정하는 것도 바이얼의 역할이었다.

바이얼은 몸이 약한 나우만 위원장을 보좌하면서 1919년 5월 28일 자 기본법 원안을 수립하고, 소유권에 대해 앞부분에 명시한 제153조를 제안하여 채택하게 했다. 그 후 소유권 규정은 수정되지 않고, 헌법위원회의 원안만 몇 차례 수정을 거쳐 최종적으로 제6 원안이 7월 31일 국회에서 통과됐다. 찬성 262표, 반대 75표, 기권 1표로 가결됐으며 8월 11일 공화국 초대 대통령 프리드리히 에베르트Friedrich Ebert의 서명으로 3일 후에 시행됐다.

후고 프로이스

제1차 세계대전에 패한 후인 1919년 8월, 바이마르의 국민의회에서 채택된 헌법은 프로이스가 초안을 작성했다. 그는 베를린대학교와 하이델베르크대학교에서 법학을 전공했다. 1883년 괴팅겐대학교에서 박사 학위를 취득하고 1889년 베를린대학교에서 기르케의 지도하에 대학교수 자격 논문을 제출했다. 1895년 베를린 시의원이 됐으며, 1910년부터 사망할 때까지 25년 동안 명예의원으로 있었다. 또한 활발한 문필 활동을 통해 자기 의견을 널리 전했다.

프로이스는 1918년 내무부 차관에 임명됐고, 헌법 초안 작성을 위촉받아 바이마르헌법을 기초했기에 '바이마르헌법의 아버지'로 불린다. 헌법 초안 작성뿐만 아니라 의회 첫날부터 통과에 이르기까지 때로는 주도자나 조언자로서 의장이라는 역할을 뛰어넘는 활약을 했으며, 본인의 학설뿐만 아니라 국민의 이익을 위해 자신의 학설과는 다른 다양한 법적·정치적 주장을 최대한 수용하고 광범위한 합의를 이끌었기 때문이다.

프로이스는 1918년 11월 제국정부 붕괴부터 이듬해 8월까지 9개월이라는 짧은 기간에 내무부 차관, 공화국 초대 내무부 장관으로서 헌법제정국민회의 준비와 바이마르헌법의 채택 및 반포에 성공했다. 그에 따르면 바이마르헌법의 이념은 국가의 통일, 정치적 자유, 사회적 권리였다. 이는 그의 사상, 연구·교육 경력과 실무 경험에서 비롯된 것으로 보인다.

프로이스는 자유주의자였지만, 영국의 '맨체스터 자본주의'에 대해서는 절대적 자유주의라고 선을 그으며 "절대적 사회주의와 마찬가지로 쓸모없고 무의미하다"라고 규탄했다.

프로이스는 교육자 및 연구자로서 활동하면서 동시에 정치인으로서 자신의 이론과 신조를 바이마르헌법의 제정으로 실현했다. 오늘날 독일의 제도로 정착된 노동자들의 공동결정, 소유권은 그의 지원으로 바이마르헌법에 규정됐다.

프리드리히 나우만

나우만은 기본권 소위원회 위원장으로, 바이얼과 함께 소유권의 사회적 책임을 포함한 기본권을 제정했다. 이에 따라 나우만이 '산업의회주의'라고 칭한 헌법 제165조 노동자평의회를 비롯해 경제위원회, 경제질서 국유화, 소유권의 사회적 의무, 노동자 보호에 관한 규정이 헌법에 명시됐다. 이는 1919년 초 대규모 파업에서 표출된 노동자의 불만에 대한 바이마르 정부의 답변이었다.

나우만은 전후 독일의 혼란과 국민의 빈곤 구제를 가장 긴급한 문제로 판단하고, 자본주의와 사회주의를 잇는 가교 역할로 복지국가로서 국가의 이념을 추구했다. 특히 노동자들이 공장 및 기업에 참여하고 협력할 수 있도록 법을 확립함으로써 이들의 무력한 상황을 극복하고자 했다. 가족기업 보쉬는 나우만이 베를린에 설립한 정치학 대학에 건물을 기증했다.

프리드리히 에베르트 대통령

프리드리히 에베르트 대통령의 가장 큰 공헌은 기본권의 대폭적인 확충을 강력히 요구한 것이다. 프로이스는 의회에서 이에 대한 찬반 논란이 장기화되어 헌법 공포 시기가 늦어질 것을 우려하여 대통령의 지시에 반대했다. 그러나 결국 대통령의 뜻에 따라 기본권이 가결됐다.

독일의 대표적인
9개 가족기업

제1장

독일의 대표적인
가족기업을 소개하며

독일 가족기업의 사회적 명성을 확인하기 위해 16세기의 푸거 가
문을 포함하여 19~20세기에 창업되어 발전한 9개 회사를 선정해
근로 조건의 향상과 복리후생제도의 선구적이고 규범적인 사례로
소개한다. 이 중 6개 회사는 공익재단을 설립한 기업이다.

:: 사례 기업의 선택 기준

대규모 가족기업의 선택 기준은 다음과 같다.

- 선구적인 고임금, 노동시간 단축, 건강보험·상해보험·연금제도 등 기업 내부의 복리후생제도와 시설의 자발적인 도입 및 확충
- 사회적 공헌 실천과 공익재단 설립
- 혁신적인 제품과 기술의 개발, 다각화 등의 기업전략
- 타사에 미치는 영향도, 명성, 실적 등

위와 같은 기준으로 선정한 9개사에 대해 창업자로부터 현재까지의 역사를 살펴보고, 다음과 같은 관점에서 각 기업의 특성을 분석한다.

- 어떤 전략으로 발전의 기초가 된 혁신적인 제품·기술·판매 방식을 실현하여 발전의 기초를 형성했는가.
- 그 과정에서 종업원의 근무 조건·복리후생제도·시설을 어떻게 개선했는가.
- 공익재단을 설립한 목적은 무엇인가.
- 공익재단, 가족집단, 사업회사가 어떤 지배구조로 되어 있고 서로 간에 어떤 관계가 존재하는가.
- 이상의 결과, 이해관계자 간의 지배 관계를 어떻게 평가해야 하는가.

공익재단을 설립하지 않은 대규모 가족기업 3개사, 즉 포르쉐,

폭스바겐, 머크를 사례에 포함한 이유는 다음과 같다. 포르쉐와 폭스바겐은 혁신적인 기술과 기업전략으로 성공하고 세계적인 시장지위를 획득했으며, 머크는 고도의 실효성을 가진 지배구조를 기반으로 기업이 300년 동안 지속되고 있어서다.

각사의 명칭은 창업가의 이름 또는 창업 당시 회사의 이름을 사용한다. 예컨대 BMW 창업자는 BMW 파산 당시 이를 인수하여 발전시킨 헤르베르트 크반트Herbert Werner Quandt라고 할 수 있으나, 그가 회사를 창업한 것이 아니기 때문에 창업 당시의 이름인 BMW로 한다. 국민차를 만든 폭스바겐은 페르디난트 포르쉐Ferdinand Porsche가 설계했으나, 그는 회사를 소유한 것이 아니고 경영에도 참여하지 않았다. 이에 따라 창업 당시의 회사 이름을 사용한다. 창업 주체는 히틀러 총통의 의사에 따른 나치 정부의 독일노동전선 DAF 하부 조직으로, 노동자 여가 활동을 추진하는 기관인 일명 '환희를 통한 활력Kraft durch Freude, KdF'이었다(이 두 기업의 자세한 내용은 기업별 세부 사항을 참조하기 바란다).

9개사의 상호는 푸거를 제외하고 2015년 시점의 공식 명칭이다. 기업의 배열 순서는 회사가 발표한 창립연도를 기준으로 했다. 다만 베텔스만은 1835년에 설립됐지만, 오늘날의 발전을 이룬 것은 1947년 회사를 승계한 라인하르트 몬Reinhard Mohn이었기에 1947년을 실질적인 창업연도로 했다.

다음은 9개 사례 기업의 개요다.

:: 공익재단을 설립한 기업

푸거

• 사명: Jakob Fugger und seine Gebrüder, 창립연도: 1512년

'푸거의 세기'라고도 불리는 16세기에 금융 및 교역의 부호富豪 야코
프가 종교적 이유로 형제의 이름을 빌려 세계에서 가장 오래된 빈
곤자용 공동주택을 아우크스부르크에 건설했다. 이 주택은 지금
까지 사용되고 있으며 사회적 공헌의 살아 있는 교과서로 독일의
기업과 국민에게 지속인 영향력을 미치고 있다.

크루프

• 사명: Tyssenkrupp AG, 창립연도: 1811년

공익재단이 소유한 가족 소유 비율이 약 25.3%이며, 철강 및 에스
컬레이터 사업을 영위하고 있다. 창업 2세대 이후 선구적인 복리
후생제도와 공익활동으로 산업혁명기 독일의 다른 기업에 큰 영
향을 주었을 뿐만 아니라 공적 사회보장제도에도 영향을 미쳤다.
그러나 공익재단이 사업회사를 지배하는 구조에 문제가 있어서

최근 실적은 부진했다. 현재 역사적인 전환기를 맞이하고 있다.

자이스

- 사명: Carl Zeiss Stitung, 창립연도: 1816년

공익재단이 소유한 가족 소유 비율이 100%다. 창업자 자이스와의 공동 소유경영자이며 수학 및 물리학자인 에른스트 아베Ernst Abbe의 렌즈 설계 이론과 노동 조건, 복리후생제도의 충실화에 힘입어 세계적인 광학기기 회사가 됐다. 공익재단을 회사의 법적 형태로 하여 기업의 후계자 문제를 해결하고, 회사의 영속화 및 사회적 공헌을 실현했다. 재단지배하에 운영되던 2개의 사업부문은 최근의 경영 환경에 적합하지 않아 2003년 각각 주식회사로 전환됐다.

보쉬

- 사명: Robert Bosch GmbH, 창립연도: 1886년

가족 소유 비율 99.40%(공익재단+가족, 단 의결권 7%). 유한회사로 자동차 부품 분야에서 세계 선두를 다투고 있으며, 그 밖에 가전·산업기기 등으로 사업을 다각화하고 있다. 다양한 복리후생제도를

갖추고 있으며, 공익재단은 독일 최대 규모 중 하나다. 지배구조는 이중재단의 형태를 취하고 있다.

베텔스만

- 사명: Bertelsmann SE & Co. KGaA, 창립연도: 1835년

가족 소유 비율 100%. 서적·잡지 출판, 라디오·TV 사업을 영위하는 글로벌 미디어 기업이다. 제2차 세계대전 후 1947년 부친으로부터 이 회사를 승계한 아들 라인하르트 몬 시기에 급격히 성장하여 오늘에 이르고 있다. 이런 의미에서 1947년을 실질적인 창업연도로 봤다. 미국 최대 출판 기업인 랜덤하우스Random House 등을 인수했으며, 출판 업계에서 세계적인 지위를 유지한다. 종업원의 재산형성, 이익참여 등을 위한 복리후생제도가 충실하다. 크루프, 자이스, 보쉬가 갖추고 있는 제도를 집대성했다고 할 수 있다. 공익재단의 활동이 매우 활발하며, 명성이 높고 영향력을 가진 공익재단 중 하나다.

BMW

- 사명: BMW AG, 창립연도: 1916년

가족 소유 비율 16%. 파산하여 다임러벤츠에 흡수합병될 위기에
처했던 BMW를 주주 중 하나였던 투자자 성격의 기업가 헤르베르
트 크반트가 인수했고, 그의 증자와 재건 계획이 1960년 12월 주
주총회에서 승인됐다. 이에 따라 1960년을 이 회사의 실질적인 창
립연도로 분류했다. 무無에서 기업을 창업하는 과정을 거치는 일
반적인 가족기업과 다르다고 생각된다. 현재 그의 아내와 장남과
장녀가 최대주주이나 언론과는 거의 접촉하지 않는다. 회사의 기
업이념 및 문화를 가족이 발표하는 일도 없으며, 투명성이라는 측
면에서 높은 기대를 받고 있다.

:: 공익재단을 설립하지 않은 기업

다음의 3개사는 공익재단을 설립하지 않았다는 점에서 앞서의
6개사와는 다르다. 이 중 포르쉐와 폭스바겐은 공익재단을 설립
하지 않은 이유가 양사의 합병이 더 기본적인 문제였기 때문이었
으리라고 추정된다. 폭스바겐과 포르쉐는 세계 시장에서 치열한

경쟁 상태에 있었으며 폭스바겐은 1980년대 후반부터 1990년대 초반까지, 포르쉐는 리먼 사태 이후 심각한 경영부진을 겪었다. 폭스바겐의 사업장위원회는 독일에서 가장 강력한 노동 대표기관인데, 2005년 노무담당이사가 노동 측 사업장위원회 의장을 회유하고 회계부정을 저질러 관련자 2명이 모두 유죄 판결을 받았다. 오늘날 양사는 대학 졸업자의 취업 희망 기업 최상위에 있는 기업이며, 독일 국민경제 관점이나 이 책의 관점에서도 무시할 수 없는 존재다.

포르쉐

• 사명: Dr. Ing. h. c. F. Porsche AG, 창립연도: 1931년

가족 소유 비율 100%. 창업자 페르디난트 포르쉐는 디자인 기술자로, 포르쉐 스포츠카와 폭스바겐의 비틀 설계로 높은 평가를 받고 있다. 그의 유언에 따라 자손들은 지분을 균등하게 분배받았다. 이것이 원인이 되어 포르쉐와 피에히 양 가문 사이에 불화가 생겼고, 2005년 포르쉐 가문이 피에히 가문이 지배하던 폭스바겐 인수를 시도했다. 그러나 포르쉐의 인수 계획은 실패했으며, 2012년에 오히려 폭스바겐에 통합됐다.

폭스바겐

- 사명: Volkswagen AG, 창립연도: 1937년

가족 소유 비율 53.1%. 폭스바겐은 본사 소재지 주정부가 대주주인 공영기업이지만, 실제로는 피에히 가문의 피에히 감독이사회 회장이 뛰어난 기술자이자 유능한 경영자로서 카리스마 넘치는 영향력을 발휘해왔다. 부인도 감독이사회 임원이었으며, 부부가 지배하는 유럽 최대의 거대 가족기업이다. 포르쉐를 자회사로 하는 인수합병에 성공했으며, 생산대수로 세계 최대의 자동차 기업이 된다는 목표를 2014년에 달성했다. 그러나 2015년 피에히가 〈슈피겔〉에 마르틴 빈터코른_{Martin Winterkorn} 사장과 거리를 두고 있다는 발언을 했고, 이 발언이 언론에 보도되면서 소요가 일어나 사임했다.

머크

- 사명: Merck KGaA, 창립연도: 1827년

가족 소유 비율 70%. 머크 가문은 300년 이상의 오랜 역사를 가진 제약 기업이며, 가족에 의한 기업지배구조가 기업의 장수에 기여

하고 있다. 그 특징은 가족의 정의, 조직, 가족 간의 직접적인 교류 기회, 소유와 경영의 분리와 비가족 경영자를 가족과 동등하게 대우해주는 것 등으로 요약된다. 공익재단은 설립하지 않았지만, 아프리카의 풍토병 대응을 위한 약품 제공 등의 공익활동을 펼치고 있다.

푸거*

남부 독일 뮌헨에서 급행열차로 40분 정도 거리에 있는 아우크스부르크에 푸거라이Fuggerei라는 건물이 있다. 세계에서 가장 오래된 빈곤자 주택으로, 약 500년 전인 1514년에 토지를 취득하고 1516년부터 1523년에 걸쳐 건축됐다. 1521년에 재단 설립규약이라고도 할 수 있는 재단문서Stiftungsbrief(편의상 '정관'이라고 함)가 제정됐는데, 이를 기념하여 1521년이 푸거라이의 공식 출범연도가 됐다.

이 역사적인 건물은 인구 27만 명의 이 고도古都를 세계적 유명지로 만들었다. 오늘날 독일 학생이나 관광객은 물론 전 세계에

● 푸거는 우리나라에 거의 알려져 있지 않는데, 그레그 스타인메츠가 쓴 《자본가의 탄생》(노승영 옮김, 부키)이 2018년에 번역 출간되면서 조금이나마 알려지게 됐다. - 옮긴이

서 연간 약 18만 명의 유료 관람객이 방문한다. 푸거라이는 연중 무휴로 견학이 가능하며, 1일 평균 500여 명이 방문한다. 푸거 가문의 후예이자 재단관리책임자인 폰 훈트Wolf-Dietrich Graf von Hundt 백작에 따르면, 이 주택가는 '부호 야코프'로 알려진 야코프 푸거Jakob Fugger(1459~1525)와 그 후대 및 3세대 야코프가 건축했다. 설립 목적은 푸거라이 입구에 새겨진 세 형제의 라틴어 명판에 다음과 같이 기록되어 있다.

> 아우크스부르크에 살고 있는 푸거 가문의 형제 울리히Ulrich, 게오르크Georg, 야코프는 이곳에 태어난 것을 가장 큰 기쁨으로 생각하며, 또한 자비로우신 하나님께서 많은 재산을 주신 것에 감사하며, 우리의 믿음과 관용을 표현하기 위해 이곳에 가난한 마을 주민 106가구의 주택과 부대건물 및 시설을 바친다.

이 거액의 재산은 주로 제후들을 대상으로 하는 대부업과 무역업에서 창출됐다. 기독교 교회법의 '이자금지' 규정은 16세기에 상당히 완화됐다고 할 수 있는데, 그래도 대부업에 종사하는 상인들은 죄책감을 느끼고 있었다. 자선활동은 이에 대한 속죄의 의미로 실현됐으며 이는 기업윤리, 기업의 사회적 책임의 '살아 있는 교과서'라고 할 수 있다. 독일의 경제경영 분야 작가인 귄터 오거Gunter Ogger는 다음과 같이 평했다.

푸거라이 주택으로 푸거 가문은 오늘날까지도 독일 기업의 모범이 되고 있다. (…) 이는 야코프가 행한 최선의 투자임에 틀림이 없다. 그의 이름은 독일의 역사서와 교과서에 영원히 남아 있고, 주택 건설을 가능케 한 악랄한 거래(대부업)에 관한 기억은 잊혔다.

사진 II-1 ― 야코프 푸거

그 후 증축된 67개 동 140가구의 주택에는 현재 약 150명이 살고 있다. 연간 임대료는 건축 당시와 동일한 1라인굴덴이며, 이는 요즘의 88센트(약 990원) 정도다. 당시로서는 화려하게 지어졌고, 별도의 출입구가 있어서 입주자 개인의 독립성이 배려됐다. 유료로 운영하는 이유는 입주자에게 강제로 입주당한다는 느낌을 주지 않으려는 배려에서다.

입주 조건은 아우크스부르크 시민이나 주민일 것, 경제적 빈곤자일 것, 매일 세 번 기도할 것이다. 기도 중 하나가 개신교에는 없는 성모 마리아에 대한 것이므로, 실질적으로는 가톨릭 신자여야 한다. 오늘날에도 입주 대기 희망자가 많다고 한다.

이 주택이 오늘에 이르기까지 많은 빈곤자가 이용해왔다는 사실을 보면, 독일 기업의 사회적 책임이 얼마나 강조되는지를 알

사진 II-2 — 현재의 푸거라이

사진 II-3 — 푸거라이 주택

사진 II-4 — 부엌과 식당

수 있다. 이는 독일 기본법(헌법) 제20조 제1항 '독일은 민주적이고 사회적인 국가이다'라는 조항을 구체적으로 실현한 상징이라고도 할 수 있다.

철강 기업 크루프의 3세대 소유자인 프리드리히 알프레트 크루프Friedrich Alfred Krupp의 아내 마가레테Margarethe가 에센 시민을 위해 주거지역을 건설한 동기도 푸거라이의 영향이 아닐까 싶다. 푸거라이의 유명한 입주자로 작곡가 W. A 모차르트의 증조부인 프란츠가 있으며, 이를 기념하기 위해 그가 거주하던 주택 입구에는 1681년부터 1693년 사망 시까지 살았다고 적힌 명판이 있다. 견학자용 설명서에 따르면, 프란츠는 사형집행자를 매장하는 일을 했는데 그 일을 계속할 수 없게 되자 빈곤자가 되어 푸거라이에 입주했다고 한다. 증손자 모차르트가 이 거리에서 연주한 적이 있으니 아마 이 집도 방문했을 것이다.

∷ 푸거공익재단

현재 푸거라이는 푸거백작재단에 소속된 재단 중에서 가장 유명한 공익재단이 관리하고 있다. 그 밖의 재단은 역사적 건물이나 기념물의 보호 활동, 아우크스부르크대학교와 공동으로 주최하는 과학상 수여, 음악가들을 초빙한 콘서트 개최 등의 문화 활동을 지원한다. 또한 푸거라이 거주자들이 아우크스부르크 관광 안내를 하는 등 자원봉사 활동도 한다.

푸거재단의 주요 재산은 토지와 성城 등의 부동산으로 90% 이상이 삼림이며, 목재 판매 수입으로 자선주택이 유지되고 있다. 삼림 사업의 수익률은 낮지만, 지난 252년간 적자가 난 적은 없다. 이에 비해 전쟁공채 등을 포함한 모든 유동자산은 과거의 전쟁, 독일 경제의 파탄으로 사라졌다. 부동산은 제후들이 대출금을 현물로 상환하면서 취득한 것이라고 한다. 그 한 예로, 야코프가 막시밀리안 황제에게 군사비를 대출하고 그 상환 대가로 받은 영지가 바이에른 지구 내에 여러 개 있다. 이에 따라 야코프와 그의 승계자 안톤Anton Fugger이 귀족계급이 되었으며, 지금도 푸거 가문의 후예들은 작위를 계승한다.

이런 부동산은 삼림의 형태로 푸거재단의 기본 재산을 구성하고 있다. 제2차 세계대전 중 연합군의 폭격으로 푸거라이 주택 절반이 손상을 입었지만, 전후 재단의 삼림 수입을 투입해 자력으로 복구했다.

다른 중요한 수입원 중 하나는 푸거라이와 성의 입장료 등 관광 수입이며, 그 밖에 부유층을 대상으로 하는 은행업과 맥주·레스토랑 등의 사업을 영위하고 있다. 오늘날까지 이런 부동산이 존속될 수 있었던 요인은 첫째 푸거 부동산을 제삼자에게 양도하는 것이 금지되어 있다는 점, 둘째 남성만이 상속권을 가지고 있다는 점이다. 지금까지 여러 세대에 걸친 상속이 있었으나, 부동산은 한 번도 매각되지 않았다.

오늘날 푸거재단은 세 가문이 출연한 재산으로 설립되어, 각 가문의 가장이 각 가문의 대표로 푸거 가문 장로협의회를 구성하여 중요한 결정을 내리고 있다. 그 밑에 있는 재단이사회가 푸거라이, 푸거 가문이 설립한 교회, 삼림, 성, 거주용 부동산, 농업 등을 유지 관리하고 있다.

:: 푸거라이 설립 동기

대금업에 대한 속죄

야코프는 왜 이 주택을 건설했을까? 당시 독일에서는 착한 일을 많이 하면 죽은 뒤 가능한 한 빨리 연옥•을 벗어나 천국으로 갈 수 있다고 생각했다. 연옥이란 가톨릭 신학에서 천국과 지옥의 중간에 있고, 생전에 지옥에 갈 정도의 중한 죄가 아닌 가벼운 죄를 저지른 사망자가 천국에 가기 위해서 불로써 속죄하여 정결하게 하는 임시 장소라고 설명된다.

면죄부 판매로 악명이 높았던 도미니크 수도회의 설교수도사

• Fegefeuer, 'Fegen'은 '죄를 없애다'라는 뜻으로 'Feuer(불)'에서 유래했다. - 옮긴이

요한 테첼Johann Tetzel은 '동전이 헌금통에 떨어져 짤랑 소리가 나면 영혼은 천국으로 날아간다'라는 등의 문구로 면죄부 구입을 독려했다. 이에 대해 마르틴 루터Martin Luther는 〈95개조의 논제〉 제26항에서 '동전이 금고에 떨어져 소리가 나면 연옥에서 천국으로 날아간다'라는 건 잘못된 것이라고 밝히고, 제27항에서 '동전이 소리내는 만큼 돈에 대한 숭배와 탐욕이 증가할 뿐'이라고 비판했다.

당시 이탈리아의 수많은 부유한 상인들은 계정과목에 기부 계좌Spendekonto를 설정하고, 채무자한테서 입금된 이자소득을 이 계정에 기입했다. 그리고 이를 통해 예술가 가문을 경제적으로 지원했다. 메디치 가문이 대표적인 예다. 또한 교회 측과의 협상을 통해 대출금의 5%에 상당하는 이자를 받는 것을 인정받고, 이를 초

사진 II-5 — **면죄부 판매를 나타내는 그림**

과하는 금리는 이 계좌에서 교회 및 성직자에게 지급했다고 한다. 이런 방식으로 당시 대금업자들은 현세에서는 교회로부터 대부 사업에 관한 은혜를 받았고, 내세에서는 이자를 받는 것에 대해 신의 허락을 받았다고 생각했다.

교회법상 금지되어 있음에도 이탈리아 중세 말기 수백 년 동안 이자부 금융 거래는 일상적으로 이루어졌다. 그 방식은 이자에 상당하는 금액을 원금에 미리 가산하여 이자를 대신하는 명목으로 사례금으로 하거나, 빌리는 사람이 빌려주는 사람에게 그가 원하는 물품을 이자액만큼 싸게 팔거나, 빌리는 사람이 빌려주는 사람에게 이자 상당액만큼을 더한 가격으로 물품을 구입하는 등 다양한 방법이 사용됐다. 그러나 많은 상인은 금리를 취하는 것에 양심의 가책을 느꼈다고 한다.

이것이 기부금 계좌를 만들게 된 하나의 계기였다. 야코프도 1510년 이후 아우크스부르크의 수호성인인 성 울리히St. Ulrich 명의의 계좌를 만들어 이익 일부를 이 계좌로 이체하고, 이 기금으로 교회의 신축이나 개축공사에 기부와 헌납을 하면서 푸거라이를 건설했다.

거부에 대한 비판

그러나 푸거라이를 건설하게 된 보다 직접적인 동기는 푸거 가문의 고리대금업과 독점 행위 등을 통한 부의 축적, 교황의 면죄부 판매에 관여한 데 대한 비판이었다. 대부분의 민중은 아사 직전의 상태인데, 귀족들은 사치스러운 생활을 하고 있었기 때문에 부호 야코프와 같은 거부巨富에 대해서 민중은 큰 의구심을 품게 됐다.

야코프 푸거와 동시대 인물인 마르틴 루터가 그 가문을 규탄한 내용은 매우 유명하다.

푸거나 기타 이와 유사한 가문의 입에도 재갈을 물려야 한다. 1세대에서 왕과 같이 큰돈을 버는 것이 어떻게 가능하며, 신의 가르침과 법에 어떻게 어긋나지 않는지 나는 그 계산이 이해되지 않는다. 100굴덴으로 1년에 20굴덴을 벌고, 1굴덴으로 1굴덴을 버는 방법이 내게는 이해되지 않는다. 게다가 그 방법은 농사나 목축이 아니다. 신께서 기뻐하시는 것은 농업에서 나오며, 상업에서는 나오지 않는다. (…) 그리고 성경에 따라 토지를 경작하여 신이 아담에게 명하신 대로 '이마에 땀을 흘려 너의 식량을 얻기'를 실행하는 것이다. 아직 많은 토지가 개간되지 않고 경작되지 않았다.

그러나 야코프 자신은 대단한 검약가였다. 회사 재무 서류를 통해서 1개월의 생활비를 알 수 있는데, 1498년 서른아홉 살에 결혼할 때까지 월평균 19굴덴(연간 약 230굴덴)을 썼을 뿐이다.

시기적으로 차이가 있다고 해도 1520년경 학교 교사가 받은 연간 156~208굴덴의 급료와 큰 차이가 없다. 푸거라이의 총공사비 2만 5,000굴덴은 야코프의 결혼 전 연간 생활비로 치면 약 100년분에 해당한다. 결혼 후 야코프의 월 생활비는 54굴덴(연간 약 650굴덴), 1501년부터는 87굴덴(연간 약 1,040굴덴), 1505년부터는 225굴덴(연간 2,700굴덴)으로 실적과 지위에 상응하여 늘어났다. 푸거의 재무정보는 보수적이며, 계정과목의 숫자는 실제보다 낮게 표시됐다고 한다. 이것이 야코프의 생활비 숫자에 어느 정도 영향을 미쳤는지는 알 수 없지만, 윤택한 생활을 했다고는 생각하기 어렵다.

푸거라이 건설의 결정

야코프는 날카로운 비판에 대응하기 위해 인문학자에게 돈을 지급하고 어용학자를 통해 자신의 사업을 정당화하려고 시도했다. 그러나 그 결과는 부진했으며, 약간의 돈을 위해 마음에 없는 것을 주장하는 학자들을 경멸하기에 이르렀다. 그래서 얻은 결론이 푸거라이였다.

푸거라이를 건설하는 데 들어간 비용은 성 울리히 계좌의 적립금 1만 굴덴과 1만 5,000굴덴을 추가하여 총 2만 5,000굴덴을 넘지 않는 것으로 추정된다. 그러나 그 효과는 엄청났다. 푸거 가문에 대한 비판을 바로 잠재웠으니 말이다. 이 총공사비는 신성로마제국 황제 선거운동에서 야코프가 카를 5세를 옹립하기 위해 제후들을 매수하는 데 사용한 비용 54만 굴덴에 비교하면 너무나도 적은 금액이다.

푸거 가문의 세 형제가 소유하는 총자산에서 푸거라이 건설 비용이 차지하는 비율은 어느 정도일까? 푸거라이 정관이 제정된 1521년의 재무상태표가 없기 때문에 6년 후인 1527년의 수치에 따르면 자산총액이 300만 굴덴이다. 비교 대상 간에 6년 정도 차이가 있어 정확한 비율은 아니나, 푸거 가문 자산총액에 대한 푸거라이의 건설비는 0.8%에 불과하다.

오늘날 많은 사람이 푸거라고 하면 푸거라이를 떠올린다. 그러나 면죄부로 상징되는 부패한 로마교황청과 성직자, 제국 황제, 영주들과 푸거 가문의 유착에 대해 알고 있는 사람은 그리 많지 않은 것으로 보인다. 이에 대해 언급하기 전에 야코프 푸거의 인생을 살펴보자.

:: 푸거 가문

푸거 가문의 창시자는 한스 푸거Hans Fugger로, 베네치아에서 수입한 이집트산 면화와 독일산 대마를 혼합하여 옷감을 짜는 직공이었다. 그러나 한스는 단순한 직공이 아니었다. 그는 일찍부터 직물을 만드는 것보다 파는 것이 이익이 크다는 것을 알고, 직공에서 판매상으로 변신했다. 그는 우선 베네치아에서 이집트산 면화를 구입하여 이를 아우크스부르크의 직공에게 무상으로 지급하고 가공비만을 지급하여 완성품을 사서 베네치아에 판매했다. 이것을 경제사에서는 '선대제수공업先貸制手工業'이라고 하고, 이를 영위하는 상인을 '선대제도매상'이라고 한다. 한때 유럽에서 유행했다. 이 방식을 통해 한스는 직공들을 경쟁시킴으로써 가공비를 낮췄으며, 판매 가격도 자유롭게 결정할 수 있어 직공일 때보다 큰 이익을 얻을 수 있었다. 직공에게는 원료 구매나 판매가 제한됐기에 표면적으로는 독립적이었으나 도매상에 예속되어 있었다.

상인 한스는 사업에 성공하여 준프트Zunft(수공업길드)의 유력인사가 됐고, 이후 시市 자문의원으로 승격되면서 도시의 저택으로 이사할 수 있을 만큼 부유해졌다. 이런 점에서 한스를 푸거 기업의 창업자로 본다.

한스에게는 두 아들이 있었다. 그중 하나가 3대 야코프와 같은 이름인 야코프 푸거(야코프 2세)이고, 이 가계가 백합 문장을 사용했기에 '백합 푸거'라고 한다. 다른 아들 안드레아스 가계는 문장이 사슴이어서 '사슴 푸거'라고 한다. 사슴 푸거 가계는 일시적으로 번영했으나 2대째에 파산했고, 그 후의 가계는 불분명하다.

백합 푸거의 야코프 2세는 아버지 한스의 사업을 더욱 키워 아우크스부르크의 고액납세자 순위에서 7위를 차지했다. 야코프

2세에게는 아들 7명, 딸 4명 등 모두 11명의 자녀가 있었으며, 막내아들에게 자신의 이름을 넘겨주었다. 막내아들이 야코프 3세이며, 푸거 가문의 번영을 실현한 까닭에 '부호 야코프'라고 부른다.

야코프 2세가 죽은 후, 3명의 아들은 이른 나이에 세상을 떠났고 1명은 성직자가 됐다. 나머지 3명, 즉 맏형 울리히, 여섯째 게오르크 그리고 막내 야코프 3세가 합명회사 초기 형태의 출자자로서 가업을 이어갔다. 야코프 3세는 어린 시절 성직자로 키워져 가업에 참여하지 않다가, 나중에 푸거 가문을 번영으로 이끈 기업가가 됐다. 세 형제 출자자가 모두 3대이지만, 이 중 가업의 발전에서 야코프 3세의 공헌이 압도적으로 크기 때문에 그를 3세대 사업가로 본다. 4세대 사업가는 야코프 3세의 사위 안톤이다.

푸거 가문은 야코프 3세의 사업전략에 따라 1495년부터 그가 세상을 떠난 1525년까지 30년 동안 엄청난 발전을 이뤘다. 그 절정기는 야코프 3세의 말년 1511년부터 1527년까지 17년 동안이며 자본성장률 927%, 연간 성장률 54.5%라는 경영성과를 실현했다. 이는 경쟁 기업인 벨저Welser 가문의 16년간 성장률 142%, 연간 성장률 9%와 비교가 안 될 정도다. 야코프 3세가 사망한 후 4세대 사업가 안톤의 시대인 1546년에는 자산이 500만 굴덴에 달하여 한 세기 이전인 1440년 이탈리아 메디치 가문의 5배 이상이 됐다.

당시 황제 선거는 1356년에 신성로마제국 황제 카를 4세가 반포한 금인칙서Goldene Bulle●에 따라 신성로마제국 황제는 7명의 선제후選帝侯가 투표하여 결정했다. 이 7명은 마인츠 대주교, 트리어 대주교, 쾰른 대주교 등 3명의 성직제후와 라인백작(팔츠 제후), 작센 공, 브란덴부르크 변경 백작, 보헤미아 왕 등 4명의 세속제후였다. 후보자는 선거권을 가진 선제후에게 뇌물을 지급하는 것이 관습화되어 있었다. 야코프는 거액의 선거운동 자금을 쏟아부어 막시밀리안 1세, 카를 5세, 페르디난트 1세를 신성로마제국의 황제로 선임하는 데 실질적인 정치력을 발휘했다. 이 때문에 그는 '황제 결정자'로 불리기도 했다. 또한 많은 영주와 제후를 상대로 한 대출과 은행 업무를 통해 절대적인 영향력을 가지고 있었으며, 교황청에도 영향력을 행사하게 됐다. 16세기 유럽을 '푸거의 세기'라고 하는 이유가 이것이다.

푸거는 이러한 영향력을 발휘해 아우크스부르크의 발전에 기여했다. 이에 대해 루터의 협력자인 필리프 멜란히톤Philipp Melanchthon은 "아우크스부르크는 독일의 피렌체이며, 푸거 가문은 메디치에 비견된다"는 말을 남겼다.

● 신성로마제국의 황제인 카를 4세가 1356년 뉘른베르크 그리고 메츠의 의회를 통해 반포한 제국법. 황금 도장을 찍은 칙서라는 의미에서 '금인칙서'라고 불린다. - 옮긴이

:: 부호 야코프 푸거의 수업 체험

1473년, 열네 살의 야코프는 베네치아를 거점으로 견문을 넓히고, 최신 부기簿記, bookkeeping와 무역 및 금융 업무 등의 사업 기법을 습득할 기회를 부여받았다. 루카 파치올리Luca Pacioli가 1494년 복식부기의 원조로 불리는《산술, 기하, 비율 및 비례 총람Summa de arithmetica》을 발간하기 6년 전이다. 이런 수업을 받는 것은 당시 독일 남부의 부유한 사업가 가정에는 일반적인 관행이었다. 당시 베네치아는 '아드리아해의 여왕'으로 불렸고, 지중해 무역과 금융의 중심지이며 유럽 주요국 모든 통상경로의 출발점이자 종착점이기도 했다.

야코프가 체류한 1470년대에 베네치아에는 44개의 은행, 77명의 금 세공업자, 1만 6,000명의 비단·목면·양모 직공이 일하고 있었다. 야코프는 베네치아의 상인들이 어떻게 단시간에, 효율적으로 대규모 거래를 하는지 배울 수 있었다. 후에 푸거라이 안에 교회를 건축할 때 시계에 '시간을 효율적으로 사용하자'라는 가훈을 적어 넣은 것이 이때의 경험을 바탕으로 한 게 아닐까 추측해본다. 이런 시간 감각의 표현은 르네상스의 특징 중 하나라고 생각된다.

1479년 열아홉 살의 야코프는 5년간의 수업을 마치고 아우크스부르크 본점으로 돌아왔다. 베네치아 유학 성과는 이후의 성공 과정을 통해 나타났다. 그가 얻은 가장 중요한 교훈은 피렌체의 거대한 은행들이 창업, 발전, 쇠퇴, 붕괴해가는 과정이었을 것이다. 그 사례는 3대 은행과 메디치은행이었다. 이들은 모두 이탈리아는 물론 런던, 파리, 아비뇽, 브루게 등의 주요 상업도시에 지점을 설치했었다. 국제 거래의 확대에 따라 지점망의 확대가 필수적이었기 때문이다. 푸거도 이를 모방해서 지점, 대리점망을 확대했다. 베네치아의 은행들은 각 지점에서 수집한 정보를 모아 정보지를 만들어 본지점 간에 공유하고, 주요 고객에게도 제공했다. 이것이 야코프가 시작한 〈푸거신문Fuggerzeitung〉 모델이 됐다.

그러나 이런 피렌체 국제은행은 모두 파산했다. 먼저 3대 은행의 사례를 살펴보자.

중세 시대 피렌체 3대 은행의 흥망

13세기 전반부터 피렌체는 교황 그레고리 2세와 독일의 프레더릭 2세 간의 심각한 대립으로 교황파와 황제파로 분열되어 있었다. 그 후 프레더릭 2세가 병으로 죽고, 아들인 맨프레이드는 1266년 교황파인 프랑스 앙주 가문 샤를과의 전투에서 패했다. 교황파는 피렌체 상인들이 전쟁 비용을 풍부하게 대주었기 때문이다.

이에 따라 샤를은 교황으로부터 카를로 1세라는 칭호를 받고 시칠리아 왕국, 교황령, 프랑스 왕국, 영국 왕국 등 광대한 기독교 국가에서 징수인의 지위를 얻었다. 멀리 떨어져 있는 곳에서 로마로 송금을 해야 했기 때문에 국제적인 지점망을 가진 바르디Bardi, 페루치Peruzzi, 아차이올리Acciaioli 등 3대 은행이 크게 발전했다. 그 후 국왕이나 제후를 상대로 한 대출 업무는 상업적 특권으로 이어져 피렌체에서는 금융업·상업·모직물 공업이 발전했으며, 자본주의의 요람이 됐다.

그러나 페루치와 아차이올리는 1313년에, 바르디는 1346년에 도산했다. 가장 큰 원인은 1337년 프랑스와 백년전쟁을 치르기 앞서 영국의 에드워드 3세로부터 어마어마한 대출금을 회수하지 못한 것이었다. 대출액은 바르디가 90만 플로린, 페루치가 60만 플로린이었다. 이것만 합쳐도 '왕국도 살 수 있는' 정도의 금액이었다. 이 두 은행의 자기자본은 각각 10만 플로린 정도였으며, 대출금 대부분은 이탈리아 내외 예금자들의 예금이었다. 그 후 피렌체는 퇴색했고, 메디치 시대에 이르러서야 되살아났다.

메디치 가문의 흥망

메디치 가문의 도산은 야코프가 베네치아에 체류하는 동안과 귀국 후에 전개됐다. 이 경험을 통해 그는 정치에 관여하는 것이 얼마나 위험한지를 절감했다. 메디치은행은 조반니 디 비치 데 메디치Giovanni di Bicci de' Medici가 1397년에 설립했는데, 거의 1세기에 걸쳐 이 가문이 번영하는 데 기초가 됐다.

1400년대에 이 은행은 유럽의 주요 도시에 지점을 설립했다. 창업자 디 비치는 죽음을 앞두고 아들 코시모Cosimo de' Medici에게 '눈에 띄지 말고 살라'라는 취지의 가훈을 남겼다. 2대째 코시모는 메디치은행을 규모와 수익성에서 유럽 최대 은행으로 발전시켰다. 그러나 코시모는 아버지의 가훈을 무시하고 피렌체공화국의 정치권력을 독점하기에 이르렀다. 은행경영과 정치인으로서의 활동은 은행 몰락의 씨앗이 됐고, 다시 복구되지 못했다.

3대째 피에로Piero di Cosimo de' Medici는 통풍을 앓는 허약체질로 아버지의 정치적 지위와 은행의 지위를 상속했지만, 1464년부터 5년간 재임한 후 짧은 생애를 마쳤다.

4대째에는 피에로의 아들 로렌초Lorenzo de' Medici가 상속했다. 그는 '일 마그니피코Il Magnifico 호화왕'이라고 불렸고, 예술가나 작가 등에게 막대한 경제적 지원을 해서 피렌체의 문학을 세계적으로 유명하게 만들었다. 하지만 이미 은행은 파탄 상태에 있었고, 로렌초는 국가 자금을 횡령할 정도로 몰락했다.

마지막 5대째인 피에로 데 메디치Piero di Lorenzo de' Medici는 프랑스군의 침입 직전에 말을 타고 도망쳤다. 창립 100주년까지 4년을 남긴 1494년, 메디치은행의 모든 자산이 압류됐고 메디치 화랑은 민중들에 의해 약탈됐다.

지금까지 소개한 피렌체의 대상인이나 은행가의 쇠퇴는 제후에게 대출하는 것이 얼마나 큰 위험을 동반하는지 야코프에게 확실히 각인시켜주었다.

:: 지리적·정치적 배경

야코프의 사업 활동을 이해하기 위해 푸거 가문의 본거지인 아우
크스부르크와 베네치아 간 지리적 관계와 교역을 살펴볼 필요가
있다. 아울러 초기 자본주의의 요람으로서 이탈리아의 정치·경제
제도, 그리고 독일의 정치·경제적 환경으로서 신성로마제국의 실
태도 파악해보자.

지리적 배경: 지리적으로 가까운 아우크스부르크와 베네치아

남부 독일의 아우크스부르크는 뉘른베르크와 함께 독일의 도시
중에서 베네치아와 가장 가깝다. 이에 12세기부터 양 도시 간 교
역이 활발히 이뤄졌다. 15세기 당시 아우크스부르크에서 베네치
아로 가는 데에는 2개의 육로가 있었다. 하나는 인스브루크와 부
레나산을 경유하는 520킬로미터짜리 상행도이고, 다른 하나는 퓌
센과 보첸 토렌트를 경유하는 620킬로미터짜리 하행도였다. 상
행도가 압도적으로 많이 이용됐는데, 일테면 1430년에 상행도는
6,500대의 화물마차가 이용했지만, 하행도는 불과 700대만 이용

했다. 기간은 말을 타고 갈 경우 가장 빠르면 10일 정도가 걸렸다. 마차로는 하루에 30~40킬로미터를 간다고 보면 된다.

독일 남부와 베네치아 사이에 교역이 성행한 것은 이미 1228년에 베네치아에 독일 길드 상인관이 설치된 것으로 확인된다. 상행도를 경유하여 아마포, 양모, 모피, 소금, 동, 은, 철 제품 등이 수출됐다. 그리고 베네치아로부터는 중동 및 인도의 향신료, 견직물, 베네치아의 유리 제품. 피렌체의 가죽 제품, 시칠리아의 설탕, 북부 이탈리아의 과일(석류, 레몬, 무화과 등), 치즈, 귀금속, 동방의 상품 등이 수입됐다.

독일 길드의 베네치아 상인관은 베네치아 정부가 설치한 독일 상인 전용 공공시설이며, 베네치아에 도착하는 모든 독일 상인을 법에 따라 여기에 강제로 이송할 수 있었다. 독일 상인은 여기에서 숙박하면서 상품을 보관하고 전시하고 상담하고 매매했다.

사진 II-6 ― 현재의 독일 상인관 건물

또한 정부는 여기에서 통관 절차를 실시해서 독일 상인들이 들여온 상품에 대해 관세를 징수했다. 이 상인관의 56개 사무실에서는 관리의 감시하에 상담이 이루어졌고, 그 수익금은 모두 베네치아에서 상품을 구매하는 데 사용되어야 했다. 상인관에는 1층에 상품을 진열하여 판매하기 위한 80개의 점포시설과 창고가 있고, 위층에는 응접실과 사무실이 있었다. 유력한 상인은 장기적으로 점포를 확보할 수 있었다. 푸거 가문도 1484년에는 1개, 5년 후에는 2개의 사무실을 확보했다. 터키 등 기타 국가도 베네치아에 상인관을 가지고 있었지만, 독일 상인관의 규모가 가장 컸다.

독일 상인관은 1797년 나폴레옹이 베네치아를 점령한 이후, 오스트리아를 병합함으로써 그 역할이 끝났다. 상인관 건물은 2011년까지 중앙우체국으로 사용됐으나, 2008년에 의류 기업인 베네통Benetton에 매각됐다. 회사는 이 건물을 쇼핑센터 겸 전시장으로 개조하려고 했으나 '상인관 건물을 상업용으로 사용하는 것은 비역사적'이라고 주장하는 주민들의 반대에 부딪혀 수포로 돌아갔다.

정치적 배경: 신성로마제국

프랑스의 사상가 볼테르Voltaire는 프로이센 왕 프리드리히 2세의 초대로 베를린에 초빙된 적이 있으며, 왕과 10년에 걸쳐 서신을 주고발은 것으로 알려졌다. 그는 "과거에 신성로마제국으로 불렸고 요즘도 이 이름으로 불리는 통치 체제는 신성도, 로마도, 제국도 아니다"라는 말을 남겼다. 푸거와 루터 시대 신성로마제국의 성격을 정확하게 표현했다고 할 수 있다.

우선 '신성도 아니다'라는 표현대로 당시 로마교황청은 신성을 잃었고, 루터가 "옛날 소돔과 고모라나 바빌론보다 훨씬 사악하고 추악하다"라고 표현할 정도로 타락했다. 면죄부 판매가 루터의 종교개혁에 불을 댕겼지만, 이는 빙산의 일각에 불과했다. 이자를 금지하는 교회법은 유명무실해지고, 심지어 교황청 최상층부의 추기경도 야코프의 은행에 확정금리 예금을 들어둔 상태였다. 루터가 1510년 처음으로 로마를 방문했을 때 본 것은 이 같은 고위 성직자의 부패와 타락이었다. 교황청의 외모는 교회이지만 실상은 절대적인 권력을 가진 봉건제후와 다름이 없었고, 정치적·경제적·군사적으로 가장 큰 세력이었다. 교황청은 가톨릭의 총본산으로 교황이 전 유럽의 왕 위에 군림하고 있었다. 루터의 개혁은 이런 교황의 속세화를 타파함으로써 교회가 세속적 권력을 버리고 순수하게 성스러운 세계에 머무르게 해야 한다는 것이었다.

또한 '제국도 아니다'라는 표현 역시 사실이었다. 신성로마제국은 중앙정부 없이 7명의 선제후와 다수의 영주가 주권을 가지고 있는 독립국의 집합체에 불과했다. 영주는 각각 재판권·광업권·관세권·과세권·입법권·화폐주조권을 가지고 있었으며, 이 분권적 성격은 1806년까지 계속됐다. 야코프도 이런 제후들의 권력과 특권을 이용해서 주력 사업인 금융 및 은행 사업과 은·동 채굴 및 정제 사업을 영위할 수 있었다. 즉 푸거 가문은 구체제 측에 붙어 있었고, 이것이 루터가 푸거 가문을 비판하고 공격한 원인이었다.

루터는 교황청에서 시작된 '모든 기독교계의 타락'이 교묘하게 구축된 세 가지 '성벽'에 기인한다고 봤다. 첫째는 세속권력이 로마교황청에 종속되어 있는 것, 둘째는 성경의 해석을 로마 교황만이 결정하는 것, 셋째는 공회 소집권이 로마 교황에게 있는 것이라고 지적했다.

그러나 루터조차 "10분의 1이 금리 중에서는 최선이고 오래전부터 사용되어온 것이며, 종교법과 자연법에 따라 가장 정당한 것으로 인정되어온 것이다"라고 하면서 적절한 금리가 10%라고 했다. 이 점에서 루터는 매우 현실적이며 칼뱅의 금리긍정론과 연결된다고 할 수 있다.

:: 상업 기술

은행 및 금융 기능

알다시피 은행의 발상지는 이탈리아 피렌체다. 초기 이탈리아 은행가는 광장 큰 거리에서 의자banqui에 앉아 업무를 봤고, 파산하면 의자를 파괴banca rotta했다. 이것이 'bankrupt(파산)'의 어원이다. 이탈리아의 영향은 오늘날 독일어의 계좌Konto, 이체Giro, 당좌예금Girokonto 등에 여전히 남아 있다. 푸거의 대리점을 의미하는 독일어 'Faktorei'도 이탈리아어 'fattoria'에서 유래했다.

그 발전의 원천은 11세기부터 유럽 상업도시에서 열린 '대시장'이었다. 특히 프랑스 샹파뉴의 대시장은 유럽에서 가장 규모가 큰 원격상업의 중심이 됐다. 처음에는 동서 유럽을 잇는 원격지 교역이 중심적인 역할이었다. 플랑드르의 모직물을 이탈리아 상인이 구매하여 제노바를 통해 서아시아 각국에 수출하고, 대신 견직물·향신료 등을 수입해서 북유럽으로 수출했다. 이처럼 유럽 동서 간 국제 거래의 결제가 이뤄지는 데 따라 환전, 추심, 어음, 신용장 등의 기법이 태어났다. 이 대시장의 성격이 변화해서 13세기 중반에는 금융 거래가 상품 거래보다 중요해졌다. 샹파뉴의 대시장은 외환시장이자 국제적 투기 시장이 됐다.

이렇게 하여 1200년까지 이탈리아 거의 전역에 걸쳐 환전상이 활약하면서 내국 통화와 외국 통화 간의 단순한 환전 업무뿐만 아니라 오늘날 은행의 기능을 제공했다. 가장 중요한 기능은 현금의 지급과 수납을 대체하는 기장에 따른 은행 계좌 간의 결제 이체 업무였다. 즉 예금 계좌 주인이 송금할 때 은행에 가서 송금액과 수취인 이름을 말하면, 은행이 이체지시서를 작성하고 이에 따라 송금이 이루어졌다.

또한 당좌계정 소유자에게 보증금을 초과하는 당좌대월 계약도 제공됐는데 이를 이용하는 사람도 많았다. 이에 따라 다수의 고객 간 지급 및 수취나 본점과 지점 간 자금이동 등의 거래에 현금을 수반할 필요가 없어졌고, 현금수송에 따른 위험과 수고가 크게 줄었다.

그다음은 정기예금과 당좌예금의 개설, 고객에 대한 대출 업무다. 특히 교황청과 제후나 귀족을 고객으로 하는 대형 은행banqui grossi에 예금이 집중됐다. 이를 통해 은행은 국내외 금융 거래를 활발히 해나갔고, 특히 제후와 귀족에게 대출을 제공했다.

아라비아숫자와 복식부기

대형 은행 및 무역회사로서 푸거 가문은 아우크스부르크의 본점을 정점으로 로마·베네치아·안트베르펜(벨기에의 주요 도시 중 하나) 등 전 유럽에 6개 주요 지점을 뒀다. 또한 밀라노·리스본·마드리드·프랑크푸르트·빈·부다페스트 등 16개 지점, 대리점과 기타 60개소 등 총 83개 거점을 보유하게 됐다. 이는 메디치은행의 6개 지점보다 훨씬 많은 숫자다.

이처럼 다수의 국내 및 국외 지점, 대리점의 업무를 총괄하고 관리하기 위해서는 아우크스부르크 본점으로 올라오는 회계보고가 통일된 기준에 따라 작성되어야 했다. 이탈리아 고유의 로마숫자는 복잡한 거래 관계를 기록하는 데에는 적합하지 않았다. 그래서 인도에서 발상되고 아라비아에서 개량된 십진법 아라비아숫자가 도입됐다. 이탈리아의 수학자 레오나르도 피보나치Leonardo Fibonacci가 1202년에 《주판책(또는 계산책)Liber Abaci》을 펴내기도 했다. 아라비아숫자는 조작의 가능성이 크다는 이유로 법원에서 인정되지 않고 로마숫자만 사용됐으나, 점차 유럽 전역에 보급됐다.

　아라비아숫자의 도입으로 발달한 회계정보를 복식부기로 기록하게 됐다. 루카 파치올리가 부기와 관련하여 1494년에 책을 펴냈다는 얘기가 있는데, 이것은 하나의 학설에 불과하다. 또 다른 기원설도 있다. 가장 오래된 설은 피렌체를 원조로 하는 13세기 기원설이며, 그다음은 제노바에서 14세기에 기원했다는 설, 1495년 밀라노설, 15세기 베네치아설 등이다. 어쨌든 14세기의 이탈리아가 복식부기의 원조인 것은 틀림이 없다. 이들 도시는 모두 상업이 발전했고, 기업의 거래 규모가 확대됨에 따라 출자자가 일정 기간 기업의 경영성과를 인식하고 평가하기 위해 자료를 정확히 정리해야 할 필요성이 커졌다. 이것이 복식부기가 발전하게 된 주요 배경이다. 이 회계 기술과 은행의 탄생을 통해 이탈리아가 근대 자본주의의 발상지가 됐으며, 복식부기는 네덜란드를 거쳐 영국으로 건너갔다.

:: 기업가 야코프의 경영전략

1479년 베네치아에서의 수업을 마치고 본점으로 돌아온 야코프가 가장 먼저 한 일은 말을 타고 해외의 모든 지점을 방문하고 각 지점의 주요 고객과 면담하는 것이었다. 이를 통해 야코프는 본점과 국내 및 국외 지점의 실태를 파악했다. 또한 출자자 형제 2명의 동의를 얻어 베네치아에서 습득한 복식부기 방식을 개선한 독자적인 회계제도를 도입했다. 이로써 지점과 대리점의 성과와 재무 상황을 하나의 표로 파악할 수 있었다.

이제 야코프는 전략적 의사결정에 집중할 수 있게 됐으며, 사업전략으로 세 가지 분야를 추진했다. 첫째는 창업 이래 지속해온 베네치아와의 교역이며, 전통적인 제품 외에 새롭게 은 및 구리 등의 금속 수출을 늘렸다. 이들은 기존의 섬유 등 전통 제품에 비해 이익률이 높은 주요 수출 상품이 됐다. 두 번째 신사업은 은행 및 금융 사업, 특히 대규모 자금 대출 사업이었다. 그리고 이와 밀접하게 관련된 세 번째 사업이 광산 사업으로, 은과 구리를 채굴하여 정제한 후 이를 베네치아 시장에서 판매했다.

은행·금융 사업

교황청과의 금융 업무

푸거 가문이 아우크스부르크의 공문서에 의해 공식적으로 은행임을 인정받은 것은 1486년이다. 그러나 이미 1476년부터 스웨덴에서 교황청까지의 송금 업무를 시작으로 교황청과의 은행 업무에 진출해 있었다. 당시 교황청과 금융 거래를 하는 40개 이탈리아 은행이 있었다. 그 후 푸거은행이 교황청의 신뢰를 얻어, 외국은행으로서는 유일하게 교황청과의 거래를 허가받았다. 푸거 가문의 은행 및 금융 사업은 교역 및 광산과 함께 세 번째 중요한 사업부문으로 발전했다. 가장 중요한 업무는 독일, 북유럽, 동유럽의 성직자가 상위 계층으로 승진할 때 성직록의 명목으로 교황청에 송금한 헌납금Servitia을 송금하는 것이었다.

당시는 교회세가 없었기 때문에 성직자는 신자의 헌금에 의존해 생활했다. 교황은 모든 기독교 국가에서 고위 성직자에게 일정한 지역의 신자에게 헌금을 요청할 권리를 주는 대신 그 일부를 교황청에 송금하게 했다. 그리고 교황청에 송금하는 액수와 헌금 예상액을 세밀하게 분석하여 계층화했다. 푸거가 유럽의 주요 도시에 설치한 지점망은 고위 고객에게 필수적인 송금 수단이었다. 또한 푸거는 교황청의 동전 주조 사업도 영위했다.

오늘날의 바티칸 관광객에게 흥미로운 사실이 있다. 성 베드로

성당 경비병은 미켈란젤로가 디자인한 제복을 입는데, 이 일이 푸거은행에서 5,000굴덴을 차입하여 실현됐다는 점이다. 그 자금은 1505년 150명의 스위스 출신 경비병이 로마까지 700킬로미터를 3주간에 걸쳐 도보로 이동하는 비용으로 사용됐다. 2006년 교황청은 경비병 창립 500주년을 기념하는 행사를 개최하면서 이 행사에 푸거 가문의 자손도 초대했다.

교황청 상위 성직자 제후의 자금 운용 업무

앞서 언급한 바와 같이, 고위 성직자의 자산운용은 상당히 일반화되어 있었다. 물론 이것은 오늘날의 스위스은행과 마찬가지로 비밀이었다. 이들의 이름이 최근 밝혀졌는데, 그중 한 사람이 멜히오르 폰 메카우Melchior von Meckau다. 남쪽 티롤의 프리쿠센(현재 이탈리아 영 레사노네)의 영주 주교 메카우는 로마교황청 요직을 거쳐 주교가 된 유력자였다. 영내에 있는 광산 자원으로 부유해졌으며, 야코프의 고액 예금자였다. 그가 사망했을 때 예금 잔액이 무려 30만 굴덴에 달했는데, 이는 교회법에 따른 이자금지가 순전히 공염불이었음을 말해준다. 이런 종류의 비밀예금은 장부에 나타나지 않고 장기간 유지되기 때문에, 푸거는 타인자본으로 활용할 수 있었다.

메카우의 사후 이 예금 잔액이 교황에게 알려지자 교황이 소유권을 주장했는데, 푸거에게는 사활이 걸린 문제였다. 이미 다양한 대출 재원으로 이용되고 있어서 즉시 현금화할 수 없었기 때문이다. 그런데 메카우의 유서가 돌연 분실됨으로써 푸거는 예금을 그대로 유지할 수 있었다.

신성로마제국 황제의 선거운동 자금 대출

앞에서 설명한 바와 같이, 당시 신성로마제국의 황제는 3명의 대주교와 4명의 세속제후 등 7명의 선제후가 투표해 과반수의 찬성표를 얻은 자가 선임됐다. 막시밀리안 1세 황제의 후계자를 선출할 때, 2명의 유력한 후보가 그 지위를 다투게 됐다. 한 사람은 막시밀리안의 손자로 합스부르크 가문 출신의 스페인 왕 카를로스 1세였고, 또 한 사람은 프랑스 왕 프랑수아 1세였다. 선제후들은 지지의 대가로 돈을 요구했고, 그 액수는 양자의 선거전이 치열해짐에 따라 계속 상승하여 막대한 금액에 달했다. 마침내 어느 후보자도 자기자본으로 조달할 수 있는 한계를 훨씬 넘어섰다. 따라서 각각 부호 상인들에게 빌릴 수밖에 없었는데, 부호 상인이라고 하더라도 이 요청에 응할 수 있는 사람은 야코프 이외에는 없었다. 야코프는 2명 모두에게 요청을 받았고, 카를로스의 조부인 막시밀리안 황제와의 거래 관계를 중시하여 그를 지원했다. 1519년, 투표 결과 카를로스가 만장일치로 선출되어 카를 5세 황제로 즉위했다.

카를 5세가 제후들에게 지급한 선거 비용 총액은 85만 2,000굴덴이었고, 그 61%인 약 51만 5,000굴덴을 야코프에게 차입해서 충당했다. 당시 하층 시민 한 가족의 연간 생활비가 30굴덴으로 추정된다는 점을 고려하면, 이 선거 비용 총액은 1만 900가족의 연간 생활비에 달한다. 그 후 야코프가 대출한 금액은 이자와 기타 비용이 추가돼 60만 굴덴에 이르렀고, 카를 5세도 이 액수에 동의했다.

면죄부 판매대금 송금 및 관리 업무

푸거 가문은 1500년부터 시작된 면죄부 판매에서 교황청의 대리인과 동행하여 로마 지점을 통해 교황청에 면죄부 판매대금을 송금하는 업무를 담당했다. 그래서 면죄부를 판매할 때면 푸거 가문의 대표 1명이 반드시 동행했다. 금고가 면죄부 판매 동전으로 가득 차면, 푸거 대표자가 가지고 있는 열쇠로 금고를 열어 판매대금을 계산하고 기록한 뒤, 보고서를 작성했다. 그리고 판매대금의 50%는 푸거 로마 지점을 통해 교황에게 전달하고, 나머지 50%는 대출 상환금으로 푸거 가문이 확보했다.

광산 사업

1485년 스물여섯 살의 야코프는 푸거 가문에 가장 중요한 거점이었던 티롤 인스브루크 지사의 지배인으로서 일반경영을 담당하게 됐다. 이곳은 베네치아 가도의 주요 중계 지점이었으며, 유럽 유수의 은·금·구리 광산 소재지이기도 했다. 신성로마제국에서는 금인칙서에 따라 7명의 선제후가 광산의 채굴과 금속 가공 및 판매 등 광업특권Bergregal과 재판권, 관세권, 화폐주조권을 가지고 있었다.

많은 제후가 재정적 궁핍에 빠져 있었는데 사치, 전쟁 비용, 행정 비용 등의 증가가 원인이었다. 그래서 이들은 상인들에게 돈을 빌려야 하는 상황에 처해 있었다. 야코프는 제후와 영주에게 대출을 제공하고, 그 대출금의 상환 명목으로 은과 구리를 채굴하는 광산의 사업권을 받았다. 은은 수 세기 동안 국제 거래 통화였으며, 베네치아에서는 동방의 향신료를 비롯한 여러 상품의 결제에 쓰이는 화폐로서 막대한 수요가 있었다. 구리는 대포 재료로 수요가 급증했고, 주전자와 냄비 등 가정용품을 생산하는 데에도 이용됐다.

야코프에게 첫 번째 중요한 고객은 은과 구리 광산의 중심지인 티롤 지방을 지배하는 지그문트Zygmunt 대공이었다. 대공은 40명의 혼외 자녀를 둘 정도로 방탕하고 향락적인 성격이었으며, 그 욕망을 충족하는 데에는 비용을 아끼지 않았기 때문에 인스브루크 궁정은 항상 돈이 부족했다. 그는 부족한 돈을 보충하기 위해 야코프에게 대출을 받은 뒤, 풍부한 은 및 구리 광산으로 차입금을 상환했다. 야코프는 광산에서 채굴한 은과 구리를 베네치아에서 판매해 큰돈을 벌었다.

은의 채굴과 정제 및 판매

금인칙서에 따라 인스브루크 영주인 지그문트가 티롤 광산의 독점 채굴 특권을 가지고 있었으나, 실제로 갱도에서 채굴에 종사하는 사람은 독립적인 몇몇 광부였다. 이들은 오늘날의 주식회사 주식에 상당하는 지분Kuxe에 출자하여, 탐사회사Gewerke 출자자로서 채굴에 따른 위험과 손실을 출자 몫에 따라 부담하고 이익이 생겼을 때 배분을 받았다. 여기서 위험이란 광산에서의 사고와 광맥의 예측이 빗나가는 것을 의미한다. 광맥 예측이 적중했을 때, 지그문트가 은 1중량마르크(281그램)에 대해 사전에 합의된 가격인 8굴덴으로 매입할 수 있는 독점 우선권을 가지며, 그중에서 지그문트가 5굴덴을 채광회사에 지급하고 3굴덴은 자신의 이익으로 취했다. 이를 영주가 가지고 있는 '선매권'이라고 하는데, 은뿐만 아니라 구리 등의 모든 금속에 적용됐다. 광석을 용해하고 정련하여 최종 제품인 은괴를 얻는 데 드는 비용이 5굴덴에 포함되어 있었다.

1485년 야코프는 지그문트 대공에게 3,000굴덴을 대출해주고, 선매권을 양도받아 은 정제 사업에 진출했다. 구체적으로, 푸거는 은 1중량마르크를 8굴덴에 사서 그중 5굴덴은 채광회사에 지급하고 나머지 3굴덴은 상환금으로 회수한다. 따라서 3,000굴덴을 상환하기 위해 지그문트는 1,000중량마르크(281킬로그램)의 은 선매권을 양도한 셈이다. 푸거는 채광회사에 5,000굴덴을 지급하는데, 281킬로그램의 은 매입원가가 5,000굴덴이기 때문에 그 이상의 가격으로 베네치아 시장에서 판매하면 이익이 생긴다.

이런 자금조달로 티롤 행정부의 고위 관리부터 군인에 이르기까지 월급을 예정일에 문제없이 받을 수 있게 되었기에 야코프의 협력을 거부하는 사람은 없었다. 이렇게 하여 1488년 말 야코프는 티롤의 숨은 지배자가 됐다.

1490년 지그문트는 막시밀리안 1세가 참석한 회의에서 재정 파탄의 책임을 추궁당하고 사직했다. 그 후 막시밀리안 1세가 후계자가 되고, 지그문트의 부채를 모두 인수할 것을 약속하고, 대출을 상환했다. 1493년 막시밀리안 1세가 신성로마제국의 황제로 취임한 후 영토 확장을 위한 전쟁 자금이 필요해지자, 푸거의 대출은 더욱 증가함과 동시에 이익도 증가했다.

구리의 채굴·정련·판매

대포 생산량이 늘어나면서 구리 수요가 특히 증가했다. 구리 광석은 티롤 지방에서도 채굴됐지만, 이곳은 이미 경쟁 기업이 지배하고 있었다. 그 때문에 야코프는 오래전부터 독일인이 채굴에 종사하고 있다고 알려진 폴란드와 헝가리 두 나라의 경계 지역인 크라쿠프, 부륜, 오휀(현재 부다페스트) 삼각지대의 구리 광산에 주목했다.

이 광산은 갱도 굴착 작업 중 지하수맥을 부주의하게 파는 바람에 수많은 광부가 익사하는 사고가 자주 발생했고, 갱도는 수몰된 채 방치되어 있었다. 광산 기술자 요한 트르초Johann Thurzo라는 사람이 갱도의 물을 빼고 다시 채굴할 수 있는 입증된 기술을 가지고 있었다. 또한 그때까지는 구리를 포함한 납 광석을 용해한 후 구리를 분리했지만, 트르초는 납 광석에서 바로 구리를 분리하는 기술도 개발했다. 야코프는 유럽의 구리 광산을 독점하고자 했기 때문에 이런 기술을 높이 평가했다. 야코프는 트르초의 기술을 현물출자로 인정하고, 50:50 지분의 합작회사라고 할 수 있는 헝가리 공동상회를 설립해 트르초에게 경영을 맡겼다. 그리고 트르초 명의로 헝가리에서 구리 광산을 사들였다.

기대한 대로 트르초는 기술적 성과를 실현하고 3개의 구리 광석 용해시설을 증설했다. 또한 구리와 주석의 합금으로 구리 대포도 생산하기에 이르렀는데, 이는 최초의 산업수직화라고 할 수 있다. 1495년 야코프는 용해로 근처에 푸거 가문의 첫 번째 성을 건축하고 이를 푸거라우Fuggerau라고 명명했다. 이 성은 한 지역 내의 구리 광산, 용해로, 대포 제작소 등 원재료에서 최종 제품에 이르기까지 전체 사업의 총괄본부 기능을 했다. 현재 이 성은 폐허가 됐지만 탑은 남아 있다. 트르초와의 공동 사업으로 푸거는 150만 굴덴의 순이익을 거뒀다.

그 밖에, 푸거는 은과 구리를 분리할 때 필요한 아연을 남티롤에서 채굴했다. 또한 스페인에서는 금과 은을 분리할 때 필요한 수은 광산 사업을 전개했다. 수은은 다른 지역에서도 생산됐으며, 매독의 치료 등에 이용됐다.

:: 야코프의 공익사업 개시

1516년 쉰 살이 된 야코프는 얼굴에 깊은 주름이 생겼고 칠순 노인처럼 보였다. 그때까지 하루 16시간씩 일하고 모든 일을 직접 계획하고 경영해오던 야코프는 경영 업무의 협력자를 찾기 시작했다. 그 결과 채용한 인물이 열아홉 살의 마태우스 슈바르츠 Matthäus Schwarz였다. 야코프는 이 청년의 태도와 언행과 부기 실력이 마음에 들어 1517년 최고재무책임자로 임명했다. 요샛말로 표현하면 최고재무책임자CFO 또는 부사장이라고 할 수 있다. 슈바르츠는 야코프의 회계 방식이 베네치아 회계보다 앞서고 있어서 일부러 베네치아에 가서 공부할 필요가 없다고 말했다. 슈바르츠가 야코프의 회계 방식을 책으로 출판했는데, 이 책이 당시 독일에서 전문서가 됐다고 한다.

이제 야코프는 더 많은 시간을 공익활동에 집중할 수 있게 됐다. 이때부터 푸거라이 건설을 준비했다.

:: 푸거 가문의 몰락

야코프가 1525년에 사망한 후, 사위 안톤이 4세대 사업가로서 승계했다. 16세기 중반에 자본총액이 500만~600만 굴덴에 달했는데, 16세기 말까지 50년간 안톤과 그의 아들이 노력했음에도 자본 성장률은 낮았고 17세기 중반에는 토지와 성 등 부동산만 남게 됐다. 안톤은 신중한 성격으로 기존 사업을 확대하는 데 소극적이었고, 토지에 대한 투자를 우선시했다. 그 이유는 대출금 회수가 지연됐기 때문이다. 자금 회수가 여러 가지 이유로 지연됐고, 특히 스페인에서 난항을 겪었다.

이 문제는 이미 야코프의 생전에 발생했는데, 야코프는 카를 5세에게 "내 도움 없이 로마 황제의 지위를 계속할 수 없는 것이 분명하다"라는 내용의 독촉장을 보냈다. 이 일화는 야코프가 군주와 대등하거나 군주 이상의 힘을 가지고 있음을 상징하는 것으로 유명하다. 야코프가 인색하지 않다는 것을 보여주려고 차용증서를 난롯불에 던졌다는 이야기도 회자되고 있지만, 이는 사실이 아니다.

1570년대 이후 카를 5세의 아들인 스페인 왕 펠리페 2세가 스페인이 '해가 지지 않는 나라'라고 일컬어질 정도로 판도를 확대했지만, 재정 상황은 나아지지 않았다. 국내 산업 기반이 부족해 계속 세금을 올렸음에도 재정은 여전히 불안정했다. 또한 가톨릭의

무관용 정책이 네덜란드 개신교의 독립전쟁을 유발했다. 게다가 푸거 가문이 있던 아우크스부르크와 대등하게 금융 산업의 주요 기점이었던 안트베르펜이 네덜란드의 독립전쟁 시 스페인의 공격을 받아 1585년에 함락돼 쇠퇴했다.

1594년부터 1600년까지 푸거 가문은 57만 5,397굴덴의 이익을 기록했지만, 1607년에 발생한 세 번째 스페인 국가재정의 파탄으로 325만 굴덴의 손실을 봤다. 푸거 가문은 파탄을 피하려고 했고, 페리 3세의 모라토리엄 선언으로 최악의 상황은 피했다. 그 후에도 800만 굴덴의 채권을 가지고 있었지만, 스페인 왕실은 1굴덴도 갚을 의사가 없었다. 이에 따라 푸거 가문은 지난 100년 동안의 이익을 모두 잃었으며, 스페인 왕실과 쇠퇴의 운명을 같이하게 됐다. 30년전쟁이 종료된 1648년에 푸거 가문의 이름은 베네치아의 독일인 상관의 기록에서 사라졌다.

:: 맺는말

푸거 가문은 이탈리아 중세·근세의 메디치, 그 이전의 바르디 가문, 페루치 가문과 무엇이 다른가?

첫째, 푸거 가문의 공익활동 유산인 푸거라이가 오늘에 이르기까지 존재하고 독일 기업의 사회적 책임 또는 사회공헌의 의미를 구체적인 모범으로 알려주고 있다. 기업의 사회적 공헌이라는 관점에서 볼 때, 메디치 가문의 문학 및 예술 등에 대한 지원보다 사회공헌과의 관련성이 크다고 할 수 있다.

둘째, 푸거 가문은 오늘날까지 존속하고 있으며 푸거은행은 현대적인 부유층을 위한 은행으로서 영업을 계속하고 있다. 그리고 공익재단을 통해 다양한 공익활동도 펼치고 있다. 이에 비해 메디치 가문은 1737년에 단절됐으며, 바르디 가문과 페루치 가문도 그 후의 기록이 없다는 점에서 같은 운명이라고 생각된다.

셋째, 푸거 가문의 생활과 공익재단을 지탱해주는 자산이 토지와 삼림 자산의 형태로 오늘날까지 유지되고 있다. 이 점에서는 4세대 기업가인 안톤의 공헌이 크다고 할 수 있다. 그는 사업의 주축을 제후나 귀족을 위한 은행 사업에서 토지 취득으로 옮겼다. 이를 귀족화 또는 유한有閑 생활에 따른 기업가정신의 상실이라고 할 수도 있겠지만, 반드시 그렇진 않다.

야코프의 시대에 대출은 은·구리·수은·백반 등 광산 자원의 담보가 뒷받침되고 있어서 비교적 위험이 적었고, 광산 제품의 판매로 큰 이익을 얻을 수 있었다. 그러나 페루, 멕시코에서 세계 최대의 은 광맥이 발견되고 은이 대량으로 수입되면서 기존의 대출 사업은 사양산업임이 분명해졌다. 또한 특정 차주에 치중된 대출 사업은 리스크가 높았으며, 푸거 가문도 스페인 왕실의 재정 파탄에 따른 치명적인 피해를 입었다. 이 점에서는 피렌체의 은행들과 다를 바 없다.

푸거 가문의 자산은 부동산을 남기고 소멸했다. 그런데 그 재산의 1% 정도의 예산으로 건축된 푸거라이가 이후 30년전쟁, 페스트, 나폴레옹전쟁, 프랑스-프로이센 전쟁, 제1차 세계대전과 제2차 세계대전을 거치면서도 살아남아 500년 넘게 존속하리라는 사실을 야코프는 상상이나 할 수 있었을까? 그 유산은 불멸의 생명을 가지면서 선행을 기리고 있다.

크루프

푸거 가문 다음으로 크루프 가문을 살펴보는 이유는 이 기업이 19~20세기에 걸쳐 독일 기업의 종업원 복리후생제도와 공익활동의 선구적인 모범 기업으로서 막대한 영향력을 행사했기 때문이다. 크루프 윤리경영의 최종 도달점은 5세대 경영자인 알프리트 크루프 Alfried Krupp(1907~1967)가 1967년에 설립한 크루프공익재단이다.

∷ 철강으로 부를 이룬 크루프 가문

오늘날 크루프는 1990년대 회슈 Hoesch AG, 티센과의 합병 이후 티센

그림 II-1 ― 크루프 가문 계통도

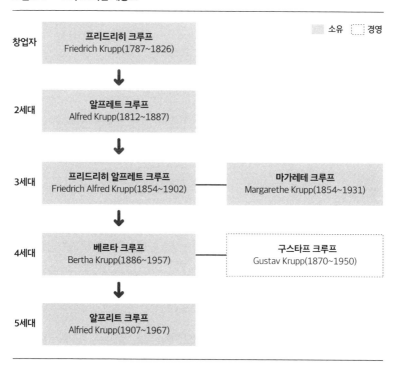

크루프라는 이름으로 철강, 특수 소재, 엘리베이터, 자동차 차체 등을 비롯하여 비료·합성수지 등의 플랜트 설계, 건설·광산 채굴 기계 등의 산업기계 사업을 영위하고 있다. 그런데 이 회사는 공익재단이 지배하고, 사업회사는 실질적으로는 공익재단의 최고책임자인 베르톨트 바이츠Berthold Beitz(1913~2013)의 집권적 경영 체제로 운영됐다. 이하에서 '크루프'라는 단어는 공익재단과 사업회사의 총칭으로 사용한다.

2세대 경영자이며 실질적인 설립자인 알프레트 크루프 (1812~1887)는 노동 의욕과 성취욕 그리고 무엇보다 종업원 복지의 추구에서 통상의 기업가와는 전혀 달랐으며, 이것이 크루프 가문과 회사가 발전하는 데 원천이 됐다.

비스마르크 총리 집권기에 1883년 질병보험법, 1884년 산재보험법, 1889년 노령 및 상해보험법이 제정됐는데 이런 정책은 크루프에서 알프레트가 이미 자체적으로 실시하고 있었다.

크루프의 복리후생시설과 그 제도를 가능하게 한 부富의 원천은 세계 최고 품질의 철강 생산이다. 알프레트는 시행착오를 거쳐 영국을 제치고 '강철왕'으로 불렸다. 그 뒤 이음새 없는 철도용 바퀴의 혁명적인 발명으로 특허를 취득했다. 그때까지의 바퀴는 이음새의 용접 부분에 틈새가 생기면서 사고가 많이 발생했다. 이 발명으로 알프레트는 '철도왕'이라고도 불렸다. 또한 대포를 개발하여 '대포왕'이라고도 불렸으며, 모두 세계 시장에서 판매됐다.

가족기업으로서 크루프만큼 독일의 국가 운명과 함께 파란 많고 극적인 운명을 거친 독일 기업은 없다고 해도 과언이 아닐 것이다. 크루프 가문의 발전, 추락, 부흥의 역사는 책이나 영화에서 많이 다루어졌고, 학자들에게 연구의 대상이 되어왔다.

그 번영의 정점은 4세대 경영인 시대이던 1912년이었다. 이 해에 빌헬름 1세 황제 부부가 참석한 가운데 창립 100주년 기념식이 열렸다. 그러나 불과 2년 후 제1차 세계대전 발발을 시작으로 격

동의 역사를 거쳐왔다. 패전, 공장 해체, 초인플레이션, 경기 회복, 미국의 주가 폭락으로 인한 불경기, 실업자 증대, 나치 정부 대두, 제2차 세계대전 발발, 패전, 공장 해체, 뉘른베르크 재판에서 크루프 가문 재산 몰수, 전범으로서 5세대 경영자 알프리트의 복역, 냉전이 격화되면서 미국 정부에 의한 석방과 가족자산의 반환, 회사 재출발, 거액의 적자, 후계자 문제, 공익재단에 의한 지배 체제로의 전환…. 이 기업의 역사는 독일 국민 자신의 운명과 비슷해서 많은 독일인이 크루프 가문과 그 기업의 운명에 심정적으로 동조하고 있다고 할 수 있다.

그러나 공익재단이 지배하던 크루프는 2013년 이후 중요한 기로에 서 있다. 첫 번째는 공익재단 설립 이후 평의위원회 회장으로서 티센크루프를 경영해왔던 바이츠가 2013년 7월 30일 아흔아홉의 나이로 사망한 것을 들 수 있다. 바이츠는 5세대 알프리트가 선택한 복심의 전권 대리인이었다. 둘째는 티센크루프가 직면하고 있는 심각한 경영 위기다. 주요 원인은 브라질과 미국의 제철소 건설과 관련된 거액 손실이다. 셋째, 철도용 레일, 에스컬레이터, 자동차용 강판의 가격담합이라는 카르텔법 위반 또는 그 의혹이다.

지금부터 크루프 가문의 융성의 역사를 살펴보고, 현재 처해 있는 부진의 원인을 공익재단과 사업회사의 지배구조, 그리고 가족의 지배 관점에서 검토해보자.

:: 일본의 이와쿠라 사절단과 크루프

일본 정부의 대표단●인 이와쿠라 사절단이 크루프를 방문한 것은 1873년 1월 8일이었다. 1871년 프랑스전쟁에서 승리한 직후 크루프는 더 발전하고 있었다. 호텔부터 회사까지의 이동, 호텔 예약 및 숙박비 결제 등을 크루프에서 부담하는 등 사절단은 극진한 환영을 받았다.

사절단의 보고서에 따르면 크루프의 종업원은 2만 명이며, '최근 10년 동안 세계에서 가장 큰 공장'으로, 노동자용 주택이 3,000가구에 달하는데 모두 크루프의 부담으로 건설됐다고 한다. 사절단은 종업원의 60%인 1만 2,000명이 일하는 대포 공장의 주조공정, 단조공정, 50톤 단조 해머, 사격연습장, 증기로 작동되는 6개의 철강 공장, 철도 레일 공장 등의 상황을 매우 세밀하게 기록했다. 일행은 1년 전에 영국 제강 공장을 견학한 터라 제강공정에 대해서는 이미 기본적인 지식을 가지고 있었다. 압권은 1,200개의 구멍에 용융강을 주입한 후 900명의 노동자가 일제히 주형을 넣는 공정이다. 그때 쇠의 불꽃이 튀어 공장 안이 모두 빨간 빛으로 물든다고 사절단은 묘사했다. 공장 견학 후, 크루프의 생가를 방문하고 미완성의 별장에서 저녁 식사에 초대됐다고 적었다. 이때

● 일본의 메이지혁명 후 과도정부가 1871년부터 1873년까지 유럽과 미국 등 12개국에 파견한 사절단으로, 특명전권대사인 이와쿠라 도모미의 이름을 따서 이와쿠라 사절단이라고 부른다. - 옮긴이

알프레트가 참석했는지에 대해서는 기록이 없다.

크루프의 복리후생 정책은 20세기 초 일본의 몇몇 기업에도 영향을 미쳤다. 1904년 가네보방직의 무토 산지武藤山治 사장이 크루프에서 종업원들을 위해 만들어진 복리후생제도와 시설에 관한 책자 〈직공에 관한 설비 조사서〉를 지인으로부터 입수하고 이를 번역했다. 이 책의 제1편은 노동자 주택 및 식료품 구매, 제2편은 위생시설과 병원, 제3편은 각종 기금, 구제재단과 사내 교육기관에 관한 것이었다. 이를 참고하여 가네보는 1905년 일본의 민간기업 최초로 공제구매조합을 설치했다. 직공 행복 증진, 사택, 기숙사, 식당, 의료시설, 학교, 탁아소, 구제원 등의 제도와 시설 등이 이 회사의 종업원 대우 규정에 명시되어 있는데, 크루프의 복리후생제도와 시설을 방불케 할 정도로 충실하다. 비슷하게 구라보방적의 창업자 오하라 마고사부로大原孫三郞도 크루프와 오웬 등

사진 II-7 — 종업원 복리후생제도 안내 팸플릿

외국 공장의 자료를 수집했다. 그러나 오하라에게 크루프의 영향은 제한적이었다. 기독교인이었던 그는 독자적으로 복리후생 정책을 실시하고 있었다. 오하라는 1908년 좁고 비위생적인 여성 종업원용 기숙사를 철거하고 2배 넓은 1층짜리 기숙사로 개축했다. 또한 진료소와 저가의 일용품 매점을 회사 내에 설치했다.

:: 크루프 가문의 기업이념

1945년 4월 5세대 계승자 알프리트가 체포돼 6년간 수감됐고, 1948년 뉘른베르크 재판을 통해 12년간의 금고형과 모든 재산의 몰수를 선고받았다. 그러나 1951년 미·소 간 냉전 격화로 독일의 부흥을 필요로 한 미국이 점령 정책을 전환함에 따라 나머지 형기가 면제되고 1953년에 석방됐다. 거의 동시에 알프리트가 전액 소유하던 크루프의 기업 자산이 반환되고, 알프리트 자신도 최고경영자의 지위에 복귀했다. 주요 중역들을 소집한 첫 회의에서 설비투자의 필요성을 강조하는 중역들에게 알프리트는 "종업원이 우선이고, 그다음이 기계다. 그것이 우리의 100년 전통이다"라고 선언해 중역들이 깜짝 놀랐다고 한다. 즉 1만 6,000명의 모든 종업원에게 전후 지급되지 못한 연금을 지급하는 것이 최우선이며, 새로운 공장, 새로운 설비투자는 그다음 순서라는 의미다.

이어 알프리트는 서면을 통해 중역들에게 선대 4세대에 걸쳐 계승된 다음의 원칙을 강조했다.

나의 미래 경영 방침과 과제는 고용 유지와 가능한 한 기업의 확대, 연금 급부의 확보, 종업원 주택의 신축, 크루프의 전통적인 기술, 경영과 노동 조건의 향상이다.

또한 장기 근속자 표창식 인사에서는 다음과 같이 말했다.

여러분은 소유의 사회적 책임이 우리 크루프 가문과 기업의 전통에서 얼마나 큰 의미가 있는지 알고 있을 것입니다. 우리 회사는 이 원칙을 준수하기 위해 과거에도 현재도 큰 희생을 하고 있는데, 나는 이것을 자랑스럽게 생각합니다.

그리고 알프리트는 사망하기 3개월 전인 1967년 4월, 회사기념일을 즈음해 공익재단 설립의 동기를 다음과 같이 발표했다.

사회적 복지에 대한 의무는 크루프 가문의 전통이다. 이익이 중요하다. 그러나 그것을 개인 소유권의 사명인 사회적 책임에서 결코 분리해서는 안 된다.

동시에 알프리트는 "사회적 공헌은 경제적 이익을 필요로 한다"라고 강조하며 재원이 없는 재단이나 수익이 없는 기업은 무용지물이며, 재단 설립회사인 크루프가 독립성을 유지하고 경제적으로 지속적으로 번영해야 비로소 공익활동을 전개할 수 있다고 밝혔다. 그는 이 양자가 "칼의 날과 손잡이처럼 일심동체"이며 회사를 경영해 이익을 실현하고 그 배당금이 있어야 비로소 공익재단의 활동이 가능하며, 반대로 공익활동을 통해 기업의 사회적 정당성이 인정된다고 역설했다.

이와 같이 공익재단이 사업회사를 지배하는 것이 알프리트의 정책이었다. 알프리트로서는 공익재단이야말로 사업회사의 대주주로서 설립 주체이며, 사업회사인 크루프의 영구적 독립성을 확보할 것으로 기대했다. 이런 이념은, 정도의 차이는 있지만, 이 책에서 소개하는 다른 창업 기업가들도 공통적이라고 할 수 있다.

:: 크루프공익재단

공익재단 설립은 크루프 가문의 종업원 복지와 공익 중시라는 전통의 논리적 연장선이었다. 알프리트의 사후 그의 유언에 따라 1967년 4월에 크루프공익재단 Alfried Krupp von Bohlen und Halbach Stiftung이 설립됐다. 이 공익재단은 독일 국내 및 외국의 연구와 교육을 기반

사진 II-8 ─ 크루프공익재단 이사장 바이츠 회장

으로 과학, 교육·훈련제도, 건강과학, 스포츠, 문학·음악·조형예술
을 지원함을 목적으로 하여 같은 해 11월에 감독 행정청의 승인을
받았다.

공익재단이 설립됨으로써 크루프의 영속성 확보와 알프리트의
의지 실현이라는 모든 책임과 권한이 유언집행인인 베르톨트 바
이츠에게 위탁됐다. 재단은 알프리트 본인이 소유하던 개인회사
크루프의 전 자산을 승계하여 설립됐다. 법정상속인은 6세대의 외
아들 아른트Arndt였으나, 기업경영에 관심이나 능력을 갖추고 있지
않았다. 이 때문에 아른트는 50억 마르크로 추정되는 유산의 상속
권을 포기하고,• 그 대가로 연간 200만 마르크의 종신연금이 지급
되도록 바이츠와 합의했다. 공익재단 설립에 따라 재산분할권을

• 크루프라는 성도 사용하지 못하게 했다. - 옮긴이

잃은 알프리트의 형제 4명과 나머지 가족 2명의 법정상속인에 대해서는 크루프에서 각각 1,100만 마르크의 보상금을 지급했다.

이에 따라 사업회사로서 크루프유한회사는 가족 소유에서 완전히 분리돼 공익재단이 100% 소유하게 됐다. 2012년도 이 공익재단의 자산 장부가액은 약 11억 유로(약 1조 5,000억 원)였으며, 자산 기준으로 독일 내 10위 정도를 기록했다. 크루프공익재단은 기업지배형 공익재단이다. 즉 기업 또는 그 주식 지분의 양도(출연)로써 설립된 공익재단이 공익활동을 영위하는 동시에 이 주식 지분의 의결권을 통해 설립기업을 지배한다(뒤에서 소개하는 자이스도 이와 유사하다).

기업지배형 공익재단은 재단지배구조, 기업지배구조와 관련해서 몇 가지 문제가 있다.

공익재단의 지배구조 문제

첫 번째 문제는 바이츠가 최고 의사결정기관 겸 이사회에 대한 감독기관인 평의회 회장과 집행기관인 이사회의 회장을 겸임한다는 점이다. 이것은 자신의 결정을 스스로 실행하고 스스로 감독하고 평가한다는 것을 의미한다. 실제로 바이츠가 2명의 전담 관리직원과 함께 일정액 이상의 모든 공익활동 지원 요청서를 검토하고 채택 여부를 최종 결정했다고 보도됐다.

공익재단의 티센크루프 지배

두 번째 큰 문제는 공익재단이 사업회사인 티센크루프를 지배한다는 점이다. 이것이 원래 공익재단의 설립 목적이며, 재단이 최대주주이기 때문에 당연하긴 하다. 바이츠는 티센크루프 감독이사회의 명예회장이었지만 감독이사회 인사와 전략적 의사결정에서 상식적인 범위를 훨씬 뛰어넘는 영향력을 행사해왔다. 바이츠의 오른팔 게르하르트 크로메Gerhard Cromme 감독이사회 회장은 공익재단평의회 부회장이자 티센크루프의 감독이사회 회장을 겸임했으며, 이 둘은 장기간에 걸쳐 강력한 바이츠-크로메 체제를 구축했다.

티센크루프의 최종 결정자는 바이츠였다. 그는 크로메 사장이 후임으로 결정됐다는 인사 결과를 인정하지 않고, 자신의 임기를 2년 더 연장했다. 회사의 감독이사회나 경영이사회의 임원은 바이츠의 심중을 잘 알고 있으며, 모든 주요 사항은 먼저 그에게 보고한 후 검토하는 관행이 정착돼 있었다. 보도에 따르면, 그가 동의하지 않은 안건은 제안되지 않았다.

2009년에 이르자 티센크루프에 대한 크루프공익재단의 지배력은 더욱 강화됐다. 지금까지 공익재단은 최대주주로서 평의회 임원 중 2명을 회사의 감독이사회 임원으로 선출했는데, 바이츠는 이를 주주총회 승인 없이 3명으로 증원할 권한을 달라고 주주총회에 요구했다. 이 요구는 승인됐지만, 일부 주주가 이에 불복하여 연방헌법재판소에 제소했다. 하지만 최종적으로 합헌 판결을 받아 회사 승소로 종결됐다.

공익재단과 티센크루프 간의 이해상충 관계

이는 앞의 문제에서 파생된 세 번째 문제다. 공익재단은 1976년 설립 시점에는 크루프의 지분을 100% 소유했다. 그런데 2개 회사를 매수하면서 자본금이 증가하자 공익재단의 지분이 크게 희석됐고, 2006년 적대적 M&A를 방어하는 데 필요한 저지가능소수지분비율이 25% 이하로 감소했다. 보도에 따르면, 바이츠는 일부 주주의 항의를 무시하고 지분율을 25.3%까지 높여 회사가 적대적 M&A 대상이 되는 사태를 해결했다. 이를 위해 재단은 약 5억 유로의 차입금을 조달하여 회사의 주식을 취득했다. 그리고 이 부채의 상환을 지원하기 위해 티센크루프는 적자인 상황임에도 재단에 배당을 해야 했다. 공익재단의 재원은 기본적으로 티센크루프에서 나오는 배당이다. 재단을 중심에 두는 바이츠의 경영 방침은 배당을 우선시하는 경향이 있었는데, 이에 따라 티센크루프의 내부유보금이 부족해질 수 있다.

이 문제는 공익활동을 목적으로 하는 공익재단이 수익 창출을 목적으로 하는 티센크루프를 지배하는 본질적인 모순 때문에 발

그림 II-2 — 크루프 공익재단(2013년 10월 이전)

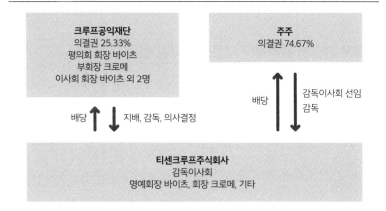

그림 II-3 — 크루프 공익재단(2013년 10월 이후)

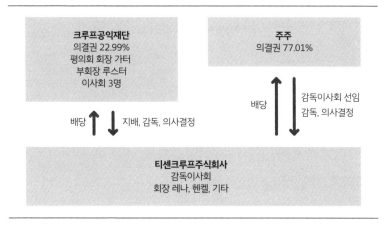

생했다. 이런 일은 국세기본법 시행규칙에 따라 금지되고 있다. 공익재단은 배당금을 받는 입장에서 티센크루프에 대한 감독 기능을 강화해야 하며, 티센크루프를 적대적 M&A에서 방어하고 감독이사회 인사에 개입하지 않아야 한다. 이 사례는 두 조직의 역할 분담과 상호 독립성이 중요하다는 점을 보여준다.

크루프 가문의 공익재단 사업회사 참여 배제

네 번째 문제는 5세대 알프리트의 유언에 따라 크루프 가문의 가족 대표가 공익재단이나 사업회사에 관여하지 못하게 됐다는 점이다. 알프리트의 희망에 따라 합병 전의 크루프뿐만 아니라 합병 후 티센크루프의 경영관리직에도 가족 참여가 금지됐다. 알프리트는 가족의 경영자 세습제를 기피했다. 알프리트뿐만 아니라 이미 2세대 알프레트도 가족이 최고경영자의 지위를 상속한다는 데 한계를 의식하고 있었다. 그는 가족 구성원 중 뛰어난 경영자가 배출될 가능성에 의문을 품고, 가족이 경영자를 세습해야 한다고 고집하면 한 세대 만에 회사를 파탄시킬 수도 있다고 우려했다. 이 점은 훗날 그의 외아들인 3세대 프리드리히 알프레트 크루프의 운명으로 증명됐다고 할 수 있다.

　5세대 알프리트의 가족 배제 결정은 본인의 경험과 유언 작성 당시 그가 처한 상황에 영향을 받았으리라고 짐작할 수 있다. 그는 자신의 성격상 경영자에 적합하지 않다고 생각했음에도 장남이라는 이유로 회사 승계자로 지목돼 부모로부터 엄격하게 양육됐다. 또한 자신의 결정으로 성사된 최초의 결혼도 어머니가 이혼과 상속 포기 중 하나를 선택하도록 강요해 어쩔 수 없이 이혼이라는 결말을 맞았다. 이혼까지 이르지는 않았지만, 프리드리히도 아버지 알프리트 밑에서 비슷한 경험을 했다.

1997년, 의도적인 가족 배제에 대해 가족 중 2명이 재단평의회에 가족 대표 3명의 선임을 인정한다는 내용으로 유언을 변경할 것을 요구하며 바이츠를 제소했다. 이 소송은 연방헌법재판소까지 갔지만, 2000년 12월 말에 가족 대표가 패소했다. 바이츠에 따르면, 알프리트의 유언 원안 작성 시 바이츠가 가족도 크루프의 경영에 참여할 기회를 준다는 조항을 추가했지만 알프리트가 연필로 이를 삭제했다고 주장했다. 재판에서 바이츠는 본인은 유언 집행인이지 유언변경인은 아니라고 진술했다.

그러나 어느 시점에 가족 중 경영자로서 적임자가 없다고 해서 나중에도 그런 인물이 출현하지 않으리라고 단정할 순 없다. 또한 만약 가족이 일정한 주식을 계속 보유하고 있으면, 사업회사에 대해 어느 정도의 감독 기능을 발휘할 수 있었을 것이다(이 점에 대해서는 뒤에서 소개하는 보쉬의 사례가 도움이 될 것이다).

바이츠의 가부장적 경영

바이츠는 가족 구성원이 아니면서 2013년 7월 아흔아홉 살로 사망할 때까지 크루프 가문의 가장처럼 중요한 결정을 대부분 혼자서 내렸고, 독일의 '마지막 가부장적 경영자'라고 자타가 공인해왔다. 그렇다면 99세 고령의 경영이 무엇으로 정당화됐을까? 이는 알프리트가 요구한 것이라고 한다. 세상을 떠나기 2~3일 전 알프리트가 "바이츠! 당신의 생명과 건강이 허락하는 한 회사를 이끌어주세요"라는 말을 남겼다고 한다. 바이츠는 이 약속을 이행하고 있는 것에 불과하다고 했다.

이런 19세기적이라고도 할 수 있는 기업지배구조에도 불구하고, 바이츠의 절대적인 권한이 정당성을 얻은 근거는 5세대 소유경영자인 알프리트에 대한 충실한 헌신에 있다. 알프리트는 전범으로 1945년 4월 미군에 체포된 후 1951년 2월 석방될 때까지 6년 동안 구속, 금고형 복역, 흡연으로 인한 건강 문제, 두 번의 이혼 등으로 회사 경영의 의욕을 점차 잃어갔다. 그래서 생존 당시부터 모든 권한을 바이츠에게 이양했다.

바이츠는 제2차 세계대전 후 미군의 크루프 해체를 묘책을 통해 해결하고, 1960년대에 파탄 직전에 이른 회사를 재건했다. 그리고 6세대 법정상속인인 알프리트의 외아들 아른트의 유산 상속권 포기를 설득하고, 부하 크로메와 함께 크루프보다 2배나 규모가 큰 티센을 합병했다. 또한 바이츠는 합병 후 경영진 간의 기업문화를 둘러싼 분쟁에서 크루프 가문의 전통문화를 유지하는 데 큰 공헌을 했다. 티센 출신의 현 최고경영자는 그를 '크루프 출신보다 더 크루프적'이라고 평가하기도 했다.

바이츠에게 예외적으로 권력이 집중됐다는 사실이 비판받지 않았던 가장 큰 요인은 그가 단순한 경영자 이상으로 높이 평가받고 있다는 것이다. 그는 전쟁 중 유대인 구제에 힘썼고, 이를 통해 이스라엘 정부의 신뢰를 얻었으며, 전후 소련을 비롯한 동유럽 국가들과 경제 관계를 재개하는 한편, 전후 독일의 국제 관계 정상화에도 크게 기여했다.

바이츠-크로메 체제에 대한 비판

그러나 티센크루프의 경영부진으로 바이츠조차 날카로운 비판에 직면하게 됐다. 유력 경영 잡지 〈매니저 매거진〉은 바이츠가 사망하기 1년 전인 2012년 5월 '크루프 병'이라는 제목의 특집 기사를 내놓으면서 그 병의 원인이 최고경영진 세 사람에게 있다고 보도했다. 첫째는 크루프공익재단의 최고책임자 겸 평의회 위원장 바이츠, 둘째는 티센크루프 감독이사회 회장 크로메, 셋째는 전 경영이사회 회장 슐츠Ekkehard D. Shulz라는 것이다.

이 잡지는 회사의 어려움이 크루프의 DNA에서 기인한다고 비판했다. 즉 크루프의 세계 시장지위는 2010년 기준 조강 생산량 14위이고, 2007년 이후 현금흐름은 마이너스를 지속하고 있으며, 40억 유로에 달하는 부채는 더욱 늘어날 것으로 예측되는 데다 자기자본 대비 부채 비율은 2007년 이후 계속 악화돼 2012년에는 59.4%에 달할 것으로 전망했다. 이 원인 중 하나로 북미와 남미에 신설한 제철 공장에 예상했던 것보다 많은 비용이 발생하면서 2010년과 2011년에 거액의 적자를 기록했다는 점을 들었다. 잡지는 독일에서 실적이 이 정도로 악화된 기업은 없다고 비판했다.

잡지는 이 상황이 독일의 다임러, 폭스바겐, BMW 등 자동차 기업의 실적 호조와 대비된다고 하면서 '크루프 병원균'을 다음 네 가지로 꼽았다.

첫째는 철강과 엘리베이터·자동차 부품·조선 등 산업기계의 병행이다. 이것은 5세대 알프리트의 전략으로, 제2차 세계대전 후에 시작된 철강 산업의 불황을 철강을 사용하는 산업기계에 하류 통합함으로써 해결할 수 있다고 봤다. 바이츠는 이 정책을 지금까지 유지해왔으나 실현하지 못했다. 그 이유는 산업기계 부문 어떤 것도 적정 규모를 유지하지 못하고, 전체적으로 거대한 잡화점에 불과했기 때문이다. 종종 닥치는 불황으로 철강 수요가 감소할 때도 회사의 고로와 압연 부문을 유지하는 데 막대한 자본을 투입해야 했다. 따라서 그때마다 엘리베이터, 자동차 부품, 콘크리트 등 산업기계 부문이 희생됐다고 잡지는 비판했다.

2006년 슐츠가 경영이사회 회장이 된 후 미국과 브라질에 철강 공장을 건설하는 데 100억 유로, 독일 철강 부문의 설비투자에 100억 유로의 예산이 지출됐다. 크로메 감독이사회 회장은 다른 기술 분야에 100억 유로를 투자하는 조건으로 이를 승인했다. 그러나 300억 유로로 잡았던 예산이 3배로 늘어났고, 이는 산업기계

부문이 각각 200만 유로에서 300만 유로를 부담해야 하는 결과로 이어졌다. 초조해진 슐츠가 미국과 브라질에 철강 공장을 건설하기로 하면서 재정 악화를 초래했다고 잡지는 비판했다. 크루프 시절부터 회사의 컨설턴트였던 한 인물 역시 철강과 산업기계를 병행하는 것은 무리라고 언급했다.

바이츠 사후 재단 및 기업의 지배구조 개혁

바이츠가 세상을 떠난 후인 2013년 8월, 도르트문트공과대학교 학장이자 통계학 및 수학을 전공한 우르줄라 가터Ursula Gather 교수가 그 후임으로 선임됐다. 새로운 재단 조직은 다음과 같은 점에서 바이츠 시대와 차이가 있다.

- 평의회 회장과 이사회 회장은 겸임하지 않고 2명의 인물이 각각 담당한다.
- 평의회 회장과 부회장은 티센크루프의 감독이사회 임원을 겸임하지 않는다.
- 이사회의 1명만 티센크루프 감독이사회의 임원으로 취임한다.

공익재단에서 의사결정 및 감독을 담당하는 평의회와 이에 따른 결정을 실행하는 이사회의 임원이 명확하게 분리됐다. 또한 평의회 의원은 사업회사의 감독이사회 임원을 겸임하지 않는다. 기존에는 공익재단에 속한 3명이 티센크루프의 감독이사회 임원을 겸임했지만 이제는 1명으로 축소됐고, 그 담당이 감사위원이 됐다.

더 중요한 변화는 2013년 12월에 증자가 실행된 결과, 티센크루프에 대한 공익재단의 소유 비율이 25%에서 22.99%로 감소했다는 점이다. 저지가능소수지분비율을 갖추기 위해 소수 지분을 유지하는 것보다 사업회사의 자금조달을 우선시한 결과다. 또는 계속되는 적자에 대처하기 위해 증자할 수밖에 없었는지도 모른다.

:: 창업자 프리드리히 크루프(1787~1826)

1810년, 헬렌 아말리Helene Amalie Krupp가 사망하면서 유언에 따라 손자 프리드리히 카를 크루프Friedrich Carl Krupp에게 유산이 분배됐다. 프리드리히는 이것을 밑천으로 이듬해 1811년 11월 '철강제작소'를 설립했다. 그는 영국의 강철에 뒤지지 않는 철강을 생산하는 것을 목표로 했다.

프리드리히가 철강 기술의 미래를 확신하고, 그 완성을 목표로 한 것은 창업자로서 최대의 공헌이다. 이 미션은 본인보다 아들에 의해 성취됐다. 강철은 현대 산업의 다양한 분야에 쓰이는 기본 소재로 철도, 차륜·차축 스프링, 레일, 교량, 선박, 공작기계, 그리고 대포 생산에도 필수적이기 때문이다. 당시 영국 강재의 품질이 세계에서 가장 뛰어났기에 유럽 대륙의 모든 국가는 영국에서 수입하고 있었다. 그러나 나폴레옹과 영국의 전쟁으로 대륙이 봉쇄되면서 독일은 영국제 강재를 수입할 수 없었다. 영국의 제강법도 경험을 바탕으로 한 것으로 시행착오의 결과였고, 이론적인 제강법은 없었다.

프리드리히가 만든 첫 번째 제품은 동전이나 귀금속용 각인기였다. 이것을 뒤셀도르프 조폐국에 은화 동전의 각인용으로 판매했다. 그 밖에 스푼, 포크, 나이프 등 고급 은 식기와 귀금속 장식의 각인용으로도 판매했다. 그 품질은 어느 정도의 명성을 얻었으나 수요 변동이 커서 경영은 매우 불안정했으며, 이것이 부채 증가의 원인이 됐다.

이런 상황에서도 프리드리히는 1812~1813년, 1817년, 1846년에 흉작이 닥쳤을 때 종업원들에게 음식을 나누어주었다. 또한 1836년에 창설한 공장건강보험제도에 따라 약이나 의료비를 지급했다. 종업원에 대한 이런 배려는 아들과 그 후의 크루프 가문에 계승됐다.

프리드리히의 제강 분야 진출은 결국 실패로 끝났다. 가장 큰 원인은 그의 충동적인 성격에 따른 의사결정과 실행이었다. 기술

사진 II-9 ─ 본사 사옥과 '창업가의 집'

이 확립되어 있지 않은 분야는 가능한 한 소규모로 투자하면서 기술을 갈고닦는 걸 최우선으로 해야 한다. 그러나 주위의 반대에도 불구하고, 그는 무모하다고 할 정도로 설비를 확대했다. 할머니가 남겨준 유산 전액을 투입했을 뿐 아니라 거액의 자금까지 차입했다. 차입금을 상환하기 위해 프리드리히는 에센 구시가의 저택과 그 외 부동산을 매각했고, 자녀 4명을 포함한 6명의 가족이 공장장이 살던 작고 허름한 집으로 이사해야 했다. 이 작은 주택은 오늘날 창업자의 뜻에 따라 '창업가의 집'으로 명명돼 티센크루프 본사 사옥 옆에 보존되어 있다. 1826년, 프리드리히는 폐결핵으로 쓰러져 1만 타라(약 120만 마르크, 약 9억 원)의 빚을 남기고 서른아홉 살의 나이로 생을 마쳤다.

:: 2세대 알프레트 크루프(1812~1887)

알프레트는 아버지가 돌아가시던 당시 열네 살이었다. 그는 학교를 자퇴하고 아버지가 남긴 파산 상태의 기업을 승계하여 62년 동안 경영하면서 세계적인 기업으로 발전시켰다. 이런 의미에서 그가 실질적인 창업자라고 할 수 있다. 그의 본명은 알프리트Alfried이지만, 1838년부터 이듬해까지 15개월 동안 영국과 프랑스에 머물면서 판로 확대와 특히 영국의 철강 기술의 비밀 정보를 얻기 위해 알프레트 Alfred라는 가명을 사용했다.

사진 II-10 ― 2세대 알프레트 크루프

알프레트는 1887년 7월 심장마비로 일흔다섯 살에 생애를 마감했다. 말년에 아내 베르타Bertha와 별거 중이어서 마침 집에 있던 사람은 집사뿐이었으며, 글을 쓰던 그의 손에는 몽당연필이 쥐어져 있었다.

알프레트의 경영이념: 공익

알프리트에 대해 쓴 책에 '반드시'라고 해도 좋을 만큼 자주 인용되는 말이 있다. '공장 승계 25주년'이라는 1873년 2월에 그가 쓴 다음과 같은 문장이다.

50년 전, 이 노동자용 주택에 가난한 우리 부모가 이사해 왔다.

이 공장이 우리 집이 경험한 고난을 상기시킬 때마다 나는 나의 종업원들은 그런 일을 경험하지 않기를 기도한다. 25년의 긴 세월에 걸쳐 사업은 안정되지 못했다. 그러다가 이제 겨우 궁핍, 노력, 확신이 보상받을 때가 왔다. 노동의 목적은 공익이어야 한다. 그럼으로써 노동은 축복이 되고, 기도가 된다. 이 집과 역사가 용기와 집념을 불어넣어 작은 일을 가볍게 여기거나 교만하게 되지 않기를 기도한다. 우리 기업에서 위에서 아래까지 모두가 공유하는 신념에 따라 기업의 토대를 구축하고 성공하는 것보다 나를 행복하게 하는 것은 없다.

19세기 중반부터 가속화된 독일의 산업혁명은 노동계급의 생활을 더욱 궁핍하게 했다. 알프레트가 도입한 복리후생제도는 프로이센, 이후 독일, 그리고 세계적으로도 선구적인 제도로 평가된다. 그 동기가 공익이다. 이는 다음과 같이 나타났다.

노동자에게는 깔끔한 옷, 통상적인 주택, 충분한 식사를 제공해야 한다. 이것이 이웃사랑이다.

15년간 나는 종업원에게 임금을 지급하기 위해 일했다. 내 직업과 노력의 목적은 의무를 이행하는 것 이외에 아무것도 없다.

1818년 알프레트는 노동자에게 임금을 지급할 수 없는 상황에 처하자 집안 대대로 전해져 온 은 식기를 공장의 용광로에 녹여 이를 팔아 임금을 지급했다. 노동자들이 감격했다고 하며, 이 사실은 기록으로 남아 있다고 한다.

알프레트에게 공익이란, 기업 내 종업원의 노동 조건을 개선하는 데서 출발해 사회와 국가에 대한 봉사로 발전했다. '이웃사랑'이란 말에는 박애·인도적·이타적이라는 의미가 있지만, 그에게는 더 현실적인 '실제 이익', 즉 유능한 장인을 계속 확보한다는 것이 가장 큰 동기였다. 초기 산업 사회에서는 기술이 과학적 분석에 따른 이론에 바탕을 둔 것이 아니라 현장의 장인이 시행착오를 겪으며 축적한 경험에 더 크게 의존했다. 따라서 제품의 품질을 높이고 유지하기 위해서는 기업 고유의 경험과 지식을 가진 장인이 오랫동안 근무하도록 하는 시책이 중요했다. 그래서 알프레트가 복리후생제도를 중시한 것이다. 크루프 인근에는 경쟁 기업이 존재했다. 경쟁 기업도 유능한 장인을 채용하고자 하기에 인재 확보 경쟁이 치열해졌고, 따라서 이직자를 줄이고 인력을 확보하는 것이 중요했다.

당연히 종업원을 위한 복리후생제도는 필요에 따라 실시됐다. 이것을 그는 "충성에는 충성을"이라는 말로 표현했다. 즉, 종업원이 알프레트의 온정에 응해야만 복지제도의 혜택을 준다는 의미다. 충성이 부족한 종업원에게는 해고를 포함한 엄격한 처벌이 돌아갔다.

　새로운 사업 분야가 성공하고 종업원과의 결속이 강해짐에 따라 알프레트는 근로 조건과 복리후생제도를 보다 충실하게 만들었다. 그 이념은 기업공동체로, 종업원들이 알프레트와 하나가 되어 '크루프 사람'이라고 자칭할 정도로 자부심을 가지게 됐고 높은 생산성과 뛰어난 기술 혁신도 뒷받침됐다.

　반면, 그는 19세기 후반부터 격화된 사회주의 운동을 경계했다. 가부장적 태도로 종업원의 노동조합 활동을 금하고, 종업원 주거지역에서 사회민주당 신문을 구독하는 종업원을 해고하는 등 개인 생활에 제한을 가했다. 그리고 '위반자들은 즉시 집을 비우라'라고 통보했다.

　지금까지 살펴본 알프리트의 경영이념은 1872년 발행된 '일반 규정'에 집대성됐다. 이것은 알프리트 당대만이 아니라 이후 크루프 가문의 '헌법'으로 대를 이어 실천되고 있다.

알프레트의 복리후생제도

질병 및 사망 보험제도

1936년 주조 공장에서 크루프 최초의 질병 및 사망 보험제도가 창설됐다. '질병과 사망에 대한 원조기금'이라는 이름으로, 노동자의 임의 가입 형태였다. 이 기금은 노동자들이 자발적으로 관리했다.

갹출금은 노동자들만 부담했으며, 회사는 간접적인 지원만 했다. 즉, 제도와 관련하여 채용한 의사의 연간 보수액 20탈러를 회사가 부담했다. 그리고 취업규칙을 위반한 근로자에게 징수한 벌금을 기금에 제공했다. 알프레트가 시행한 취업규칙에서는 5분 이상 지각할 경우 일당 25%가 차감되고, 1시간 이상 지각은 50%, 반일 결근은 1일분, 1일 결근은 2일분이 벌금으로 차감됐는데, 이 벌금을 기금에 적립했다.

1841년에는 모든 노동자가 기금에 강제 가입하도록 제도를 변경했으나, 가입자 수가 적어서 혜택이 불충분했다. 1853년에는 제도를 더 정비해 회사와 종업원이 50%씩 부담하는 형태로 바꿨고, 이름도 '질병 및 사망 보험기금'으로 바뀌었다.

1855년에는 노동자뿐만 아니라 모든 종업원의 가입으로 변경되고, 상세한 규칙에 따라 갹출액, 급부액, 관리제도, 노동자 대표에 따른 보험금 감사제도가 도입됐다. 1854년 공제금고법의 개정에 따라 질병·사망 보험은 임의보험에서 강제보험제도로 개편됐다. 또한 노동자 갹출금의 50%를 공장이 부담하도록 개정됐고, 갹출금은 노동자의 임금에 따라 산정됐다.

이 제도는 강제 갹출, 급부, 운영 조직 등의 측면에서 1885년 비스마르크가 도입한 질병·사망제도의 모델이 됐다. 임금이 4단계로 분류되고 금액이 커질수록 분담금이 더 많아졌지만, 급부액도 증가했다. 크루프 보험제도에서 피보험자는 발병 즉시 치료와 치료약을 제공받고, 일을 할 수 없는 경우에는 가입 기간에 따라 26주에서 39주에 걸쳐 임금의 60%가, 자녀가 있는 경우는 75%가 지급됐다. 소액의 추가보험료를 내면 가족 전원이 보험 혜택을 받을 수 있는 가족보험제도도 도입됐다. 또한 온천치료 및 중병에 대한 특별급부도 지급됐다.

노령연금

1850년대 초기 노령연금은 질병보험의 잉여금으로 사례별로 보장됐는데, 1858년에 본격적인 연금제도를 도입했다. 처음에는 소액이었지만 점차 액수가 늘어났다. 역사가 로타어 갈Lothar Gall에 따르면, 제1차 세계대전이 발발하기 전까지 오늘날 독일과 비교해도 놀랄 정도의 금액에 도달했다. 예컨대 근속 40년 노동자는 최고 2,000마르크를 한도로 평균임금의 75%가 지급됐다. 정년 전에 근무 불능이 되었을 때는 20년 근속한 노동자, 그리고 특히 어려운 조건에서 근무한 노동자는 근속연수에 따라 40%의 연금이 지급됐다. 미망인은 남편 연금의 50%, 15세 이하의 자녀는 부친 연금의 10%를 받았다.

1890년 종업원 수의 증가에 따라 이를 분리하여 연봉 2,000마르크 이상의 직원이 가입하는 연금과 과부寡婦·과부寡夫연금제도가 새로 생겼다. 평균보험료는 연수입의 3%였다. 가입 시점에 연봉의 12분의 1을 부담하면 근속 5년 후에는 최종 연봉의 15%, 35년 근속 시에는 75%가 지급되며, 미망인에게는 50%, 자녀에게는 부모 연금의 5%가 지급됐다. 그 외에 공적보험으로 보장되지 않는 중병과 사고에 대해서도 회사가 보장했다.

국가적으로 1985년에 연금이 질병보험에서 분리되기 이전인 1958년부터 크루프에는 연금제도가 도입됐고 연금수급 기간은 근속연수에 따라 결정됐다.

종업원용 사택 건설

1850년대 에센 지방의 산업이 발전함에 따라 많은 사람이 유입되면서 주택 사정이 악화되고 물가도 상승했다. 적은 수입을 보충하기 위해 여러 가족이 한방에서 같이 살기도 했기 때문에 콜레라가 유행할 정도로 위생상태가 열악했다. 이 상황을 개선하기 위해 크루프가 취한 전략은 사택을 건축하는 것이었다. 전략이라기보다는 그럴 수밖에 없었다고 하는 것이 더 정확한 표현이다. 왜냐하면 이런 상태에서 생활하는 노동자에게 완벽한 품질의 철강 생산을 기대하기 어려웠기 때문이다. 이런 의미에서 보면 꼭 복리후생제도라고는 할 수 없다.

알프레트는 상황을 개선하기 위해 1855년부터 먼저 수습노동자를 대상으로 200명을 수용할 수 있는 단신용 기숙사를 착공해 1856년에 완공했다. 유료 기숙사로, 방 하나에서 10~12명이 생활하고, 고기와 빵이 나오는 식사는 별도 요금으로 제공됐다.

사진 II-11 ― 크루프 사옥과 사택

그런데 시간이 갈수록 종업원에 대한 규칙이 점차 강해졌다. 노동자가 사회주의에 영향을 받는 것을 꺼려 엄격한 규칙으로 입주자를 단속했다. 밤 10시에 소등하고, 외출용 옷은 관리인이 자물쇠로 잠글 수 있는 장소에 따로 보관하게 했으며, 규칙을 위반할 때는 10마르크의 벌금을 부과했다. 낮에는 공장의 엄격한 규칙 아래에서 일하고 밤에는 사실상 외출을 할 수 없었기 때문에, 젊은 노동자들이 단신 기숙사에 들어가지 않고 1박 요금을 지급하고 다른 사람 집의 가족 침대에서 자는 것을 더 좋아했다고도 한다.

그 후 노동자용, 전문 기술자(마이스터)용, 직원용의 사택 건설이 시작됐다. 1863년 베스텐트 주택지에 2층의 방 2~5개짜리 사택 140호가 건설됐고, 1871년에는 96호가 증축됐다. 같은 해에 노르드호프 주택지에 157호가 신축되고, 1873년에는 쉐더호프 주택지에 153동 772호, 1872년 바움흐프 주택지에는 정원이 있는 주택 72가구 등이 건설됐다. 1874년에 완공된 1,400가구의 사택은 가장 큰 규모일 뿐만 아니라 거주면적이 넓어서 시장, 사원전용 대형 점포, 집회장이 있는 호텔, 음식점, 다양한 학교와 교육시설, 약국 등을 갖췄으며 본선 철도와 연결하는 역도 건설됐다. 1887년 알프 레트 사후에도 주택의 신축과 증축은 차세대 승계자가 계속했다.

이상과 같이 1874년까지 알프레트가 신축하거나 증축한 주택 은 2,400호에 달했다. 이후로도 건축이 계속돼 제1차 세계대전이 발발하기 전인 1910년까지 완성된 사택이 8,212가구였다. 입주자 수는 1만 8,166명으로, 전체 종업원 2만 4,767명의 75%가 입주했 다. 임대료가 시장가격보다 15~20% 저렴했기에 연봉을 5~6% 인 상하는 효과가 있었다.

다만 거주 규칙은 매우 엄격해서, 취업규칙이 거의 그대로 준 용됐다. 예컨대 거주자 규칙 제1조에는 '거주자는 주택관리부 직 원이 낮에는 언제든 거주자의 거실에 들어가는 것을 허락한다'라 고 규정되어 있었다.

사원용 대형 점포

1858년 공장이 직영하는 제빵소가 설치되고, 10년 후에는 소비조 합으로 발전했다. 소비조합은 여러 종류의 상품을 일반 소매점보 다 15~25% 싼 가격에 크루프의 종업원에게만 제공하는 대형 매장 이었다. 육류, 와인 등의 식품부터 의류, 신발 등까지 구비한 백화 점 수준의 규모였다. 또한 맥주홀, 간이음식점 등도 병설됐다. 오

사진 II-12 — 소비조합 식품매장

늘날 마가레테 언덕 주택에 이 소비조합 중 하나였던 건물이 남아 있는데, 현재는 크루프와 관계없는 가게가 들어서 있다.

교육·의료시설

사택단지의 증가에 따라 어린이들의 숫자도 증가하여 기존 학교만으로는 대응할 수 없었다. 이에 크루프는 공동주택 근처에 노동자 자녀를 위한 초등학교 4개를 설립하고 지방자치단체에 기증했다. 또한 1875년에는 2개의 공업학교, 1876년에는 다른 집합주택 근처에 2개의 공업학교를 설립했다. 그 외에도 1877년 가톨릭과 개신교별로 2개의 초등학교, 여성을 대상으로 하는 2개의 공업학교를 신설했다.

　의료와 관련해서는 1872년 전염병 전용 병원을 완공했다. 6개의 병동에 각 병동은 4개의 병실로 나누어졌고, 온천시설도 같이 지어졌다.

:: 3세대 프리드리히 알프레트 크루프(1854~1902)

알프레트의 유언에 따라 외아들 프리드리히 알프레트 크루프가 단독 소유자로서 후계자가 됐다. 그러나 1887년부터 시작된 그의 재임기간은 15년 만에 종료됐다. 비정상적인 상황이 이어졌고, 그는 1902년 마흔아홉 살의 젊은 나이로 갑자기 사망했다. 그래도 이 15년 동안 크루프는 높은 수익을 올렸고, 종업

사진 II-13 ─ 3세대 크루프 부부

원 수가 총 2만 200명에서 4만 3,600명으로 2배 증가하여 본격적인 콘체른Konzern●으로 성장했다. 회사의 종업원 복리후생제도와 공익활동도 더욱 확대됐다.

프리드리히는 어릴 때부터 천식 등을 앓아 몸이 약했으며, 부

● 법적으로 독립된 다양한 기업이 특정 은행이나 기업을 주축으로 긴밀하게 관련된, 집중된 기업 형태 - 옮긴이

모의 과보호를 받았다. 그의 일거수일투족을 대부분 부모가 결정했다. 천식 치료를 위해 종종 따뜻한 지역으로 가서 머물렀는데, 그가 이탈리아 카프리섬과 긴밀한 관계를 맺은 것도 이에 따른 것으로 보인다. 학교에 가지 않고 가정교사에게 교육을 받았다. 이런 영향으로 프리드리히는 감수성이 예민하고 겸손해서 사람들 앞에서 말하는 것을 어려워하는 사람으로 성장했다. 역사가 갈에 따르면, 그는 많은 사람과 담소를 나누어야 하는 사교 행사를 '병적으로' 싫어했다. 그러나 그는 배려심이 많았고, 학구적이고 대학 교육을 받은 덕에 합리적인 사고와 넓은 시야를 가지고 있었다. 일테면 해양동물에 관심이 많아서 나폴리 해양연구소에 많은 기부를 하고 자신도 조사선을 구해 직접 연구까지 할 정도였다.

1888년, 빌헬름 2세 황제는 식민지 확대 정책의 하나로 '신항로 정책'을 만들었다. 이에 따라 독일 해군의 대확장 계획과 대함대 계획이 결정됐다. 군함에 필요한 장갑판을 생산하려면 거금이 들어가는 설비 증강이 필요했는데, 프리드리히는 그 투자를 회수할 수 있을지 의문스러웠다. 하지만 빌헬름 황제의 강한 요청에 저항할 수 없었으며, 조국에 대한 의무로서 이를 받아들였다. 그래서 조선소를 인수하여 전함, 잠수함 등의 무기 생산에 협력하게 됐다. 이후 황제의 권유로 제국의회 의원에 출마했고, 회사 직원들의 강제투표로 당선됐다.

복지정책·공익활동

프리드리히는 선대 알프레트가 실현한 대규모 사택 건축과 기타 정책을 더욱 확장했다. 실질적인 설립자 알프레트가 공언한 '공익'이 크루프의 테두리를 넘어 에센 시민에게 확대되어 실시됐다. 부인인 마가레테도 이런 정책에 찬성하여 에센 시민을 대상으로 하는 주택재단을 설립하고 주택 공급에 나섰다.

그런 점에서 프리드리히는 회사의 수익성과 종업원 복지에 대해 선친을 뛰어넘는 의지를 가지고 있었다고 할 수 있다. 1887년 부친이 세상을 떠난 뒤 기존 제도에 급부를 더 개선할 목적으로 '노동자 특별곤궁지원기금', 1893년 '질병 시 생활보조금고', 1897년 '고령상해기금'을 설립했다. 그리고 1896~1897년에는 본인 재단에서 종업원 연금기금에 거액을 기부했다. 1900년 초에는 사회보장제도에 따른 크루프의 법정 갹출금 600만 마르크 이외에, 회사의 임의 갹출금으로 그 2배 정도 되는 1,100만 마르크를 지급하도록 했다.

교양과 문화를 중시하고 공익적인 성격

부친 알프레트가 정립한 복리후생제도는 종업원의 충성심 제고와 회사의 실적 향상이 주요 동기였고, 노동자를 종속자로 간주했다.

그러나 프리드리히는 교육을 통해 개인으로서의 교양을 높일 수 있다는 점을 중시했다. 즉 회사 업무와 직접 관계가 없는 일반교양·문화를 위한 시설과 활동을 지원했다. 이를 위해 1899년에 2만 7,000권의 장서를 갖춘 도서관을 완성했으며, 총 약 10만 권의 책을 대출할 수 있게 했다. 도서관 설립 자금 이외에 연간 6만 마르크의 예산으로 운영되게 했고, 크루프 종업원뿐만 아니라 에센 시민들도 이용하게 했다.

또한 크루프와는 관계없이 일반교양과 지적 쾌락을 위해 정치와 종교에서 중립적 입장인 크루프교양협회를 설립했다. 이 협회를 통해 전자공학, 화학, 부기, 외국어, 속기 등의 강의 이외에 음악회, 연극, 댄스밴드, 아마추어 합창단, 아마추어 오케스트라 등도 활약했다. 또한 다른 가문들과 함께 예술극장을 건설하고, 합창단을 초빙해 그곳에서 바흐의 〈마태 수난곡〉 등을 상연하기도 했다.

역사가 갈은 프리드리히와 그다음 세대인 장녀 베르타Bertha의 시대는 산업과 문화가 대립하는 것이 아니라 양립하고, 문화를 통해 노동자와 직원 계층이 공생하는 새로운 공동체를 구축할 수 있었다고 평가했다.

마가레테의 공익재단 설립

프리드리히가 세상을 떠난 뒤 아내 마가레테가 가장 열정적으로 추진한 것은 공익활동으로서 주택 건설이었다. 1906년 장녀 베르타의 결혼식 기념으로 마가레테는 50헥타르의 토지와 100만 마르크의 사재를 투입해 마가레테-크루프 주택부조공익재단을 설립했다. 이 주택은 노인과 장애자, 사망한 노동자의 부인을 대상으로 했다. 크루프 종업원들뿐만 아니라 에센 시민도 이용할 수 있었기 때문에 공익성이라는 측면에서 볼 때 기존의 사택에서 크게 진화한 것이었다. 크루프 종업원의 입주자는 50%로 정했다. 재단은 에센 시장을 의장으로 하고 에센 시의회 의원과 크루프 본사 임원이 동수로 운영하는데, 이 구조는 지금도 변함이 없다.

이듬해 1907년에는 공원용지로 50헥타르, 주택 건설용지로 15헥타르를 기부했다. 이런 토지 및 주택지는 시의회의 결정에 따라 '마가레테의 언덕'으로 명명됐다. 지금까지 남아 있는 주택지는 1909년과 1934년에 착공해 1938년에 완성된 구 알텐호프와 신 알텐호프다. 이런 주거지역을 방문하는 사람들을 위해 지도와 설명서가 길거리에 배치되어 있다.

프리드리히 알프레트 크루프의 갑작스러운 죽음

앞서 언급했듯이, 프리드리히는 개인적으로 심해어를 연구했다. 이를 위해 조사선을 건조하고, 종종 이탈리아의 나폴리와 카프리섬을 방문했다. 나폴리 수족관에 많은 기부를 했으며, 카프리섬에서는 생활이 어려운 자를 지원하고 공원을 건설하여 주민들에게 개방했다. 또한 거액을 들여 섬의 가파른 절벽에서 바다에 이르는 도로를 신설해 누구나 편안하게 그 경치를 감상할 수 있게 했다. 이런 활동은 그에게 취미와 기분 전환을 위해서도 중요했다.

사건은 1902년 이탈리아의 사회주의 계열 신문사에서 보도한 기사를 독일 사회민주당의 기관지국 신문이 게재하면서 시작됐다. 프리드리히가 카프리섬에서 소아동성애 행위를 저질렀다는 기사였는데, 이것은 독일 형법 위반이며 프리드리히로서는 기업가로서의 생명이 끊기는 사건이다. 보도 일주일 후 그는 갑자기 사망했고, 빌헬름 2세가 비가 오는 가운데 장례에 참석했다. 크루프 가문의 문서관리 담당자에 따르면, 이 일과 관련된 모든 서류는 폐기된 것으로 알려져 결정적 사인은 알 수 없다.

그러나 역사가 갈은 그의 소아동성애 괴벽이 나이가 들수록 심해졌다고 밝혔다. 이탈리아 당국이 이 행위를 중지하도록 본인에게 은밀히 경고한 적도 있다고 한다. 4명의 의사가 뇌출혈을 사인으로 진단했지만, 시체는 검시를 거치지 않은 상태로 단시간에 밀봉됐다. 사장으로서 그의 역할은 15년 만에 종료됐다.

:: 4세대 베르타 크루프(1886~1957), 구스타프 크루프(1870~1950)

4세대 경영자는 크루프 가문이 경험하지 못한 최대의 비극과 격동의 시대를 살았다. 경영 기간이 약 43년인데, 이를 2기로 나눌 수 있다. 제1기는 1902년 프리드리히 알프레트 크루프 사망 후 장녀 베르타가 크루프 전 재산을 승계하고 1906년까지의 어머니 마가레테의 후견하에 지배한 5년이다. 그리고 제2기는 1906년 베르타와 구스타프 할바흐_{Gustav Halbach}●의 결혼부터 그 장남 5세대 알프리트가 승계한 1943년까지 38년간이다.

제1기인 1902년부터 제2기에 들어선 1914년 제1차 세계대전 발발까지의 기간에 크루프의 번영은 정점에 달했다. 빌헬름 2세의 신항로 정책이 구체화되고, 군비 확장 경쟁이 심화됐으며, 특히 영국과의 함정 건조 경쟁에 따라 전함과 잠수함 등이 해군에서 대량 발주됐다. 그 뒤로는 제1차 세계대전의 발발과 패전, 경제·사회적 혼란, 초인플레이션, 베르사유조약에 따른 공장시설의 강제 해체, 배상금 지급, 프랑스군의 루르 점령, 1929년 대공황, 나치의 대두와 제2차 세계대전 등 창사 이래 최대의 고난과 격동의 시기를 보내야 했다.

● 구스타프 할바흐는 크루프 가문의 대를 잇기 위해 결혼과 함께 크루프 성을 쓰게 됐으며, 이에 아들 알프리트도 그 성을 물려받았다. - 옮긴이

장녀 베르타의 승계와 주식회사로의 개편

프리드리히의 유언은 사후 2세대에 걸쳐 장자의 단독상속과 상속인이 미성년자인 경우에는 어머니가 후견인이 된다고 규정하고 있었다. 이에 따라 장녀 베르타가 크루프의 전 재산을 단독으로 상속했다. 베르타는 아버지 프리드리히 사망 때 열여섯 살이었으므로 20세 성년에 도달할 때까지 어머니 마가레테가 후견인 역할을 맡았다. 마가레테는 5년간 후견인으로서 회사의 상황을 잘 이해하고 자신의 책임을 다했다.

유언에는 비공개주식회사로 개편하라는 조언이 담겨 있었다. 아내와 딸에게 경영자로서의 부담을 주지 않기 위해 소유와 경영을 분리한 결과로 추정된다. 이에 따라 베르타는 자본금 1억 6,000만 마르크, 주식 16만 주를 발행한 프리드리히크루프주식회사Fried. Krupp AG로 발족했다. 주식 일부는 4명의 감독이사회 임원에게 할당됐다. 감독이사회 회장은 구스타프 하트만Gustav Hartmann이며, 마가레테가 가장 신뢰하는 조언자였다. 하트만의 딸은 마가레테의 형제 중 한 사람과 결혼하여 인척 관계에 있었다. 이 개편에 따라 12명의 비가족 전문경영인이 집행이사회를 구성했다. 이들이 업무집행의 책임을 지게 되면서 후견인인 마가레테와 가족 대표자로서 베르타의 부담이 크게 줄었다. 실제로 마가레테는 재정 문제와 일상적인 경영을 경영이사회에 위임했다. 1902년 이후 1914년

제1차 세계대전 발발까지, 그녀가 소유자 대리인으로 재임하던 기간에 회사는 순조롭게 경영됐다.

크루프 발행주식 거의 100%를 베르타가 소유했으나, 경영은 신탁계약에 따라 남편 구스타프가 담당했다. 베르타와 결혼한 다음 해인 1907년 구스타프는 회사의 일반 업무를 파악하기 위해 감독이사회 부회장에 취임하고, 1909년 하트만의 후임으로 감독이사회 회장이 되어 경영이사회를 감독했다. 구스타프는 외교관 출신으로 귀족 출신인 아버지의 다섯째 아들로 태어났다. 하이델베르크에서 박사 학위를 받은 후, 베를린 외무부에 들어가 워싱턴 주재 독일 공사관의 서기관 등을 거쳐 바티칸 주재 프로이센 공사를 역임했다.

패전과 종업원의 협력

1918년 11월 독일이 항복하고, 1919년 6월 베르사유조약이 체결됐다. 이에 따라 독일은 기존 무기를 해체할 뿐만 아니라 무기를 생산하는 공장시설을 없애고, 배상금의 일부로 생산시설을 해체해 전승국에 이송해야 했다. 영토가 상실돼 석탄 약 20%, 철광석 약 80%도 빼앗겼다. 또한 군용기·전차 및 전투차량·중화기·잠수함·항공모함·화학 무기의 연구·제조·보유가 금지됐으며, 항공기 생산·보유 제한 및 금지와 함께 육군 총병력도 10만 명 이하로 제한됐다.

이로 인해 크루프는 심각한 위기에 직면했다. 구스타프는 "크루프의 특별한 지위에 따라 종업원의 권리인 모든 노동 조건을 존중한다"라고 공언했다. 그러나 전쟁 중 크게 증가한 종업원 11만 7,000명의 규모는 비현실적이었기에 종업원 약 5,000명이 자발적으로 에센을 떠났다. 회사는 이들에게 2주분의 임금에 상당하는 퇴직일시금과 철도 승차권을 지급했다.

종전 이듬해 12월, 긴급히 전환해야 하는 평상 생활을 위한 제품 사업에 관해 종업원들에게 제안을 공모했다. 1,300개의 제안이 접수됐고, 그중 치과용 의치 재료가 되는 스테인리스 합금 WiPla(Wie Platin)(플래티넘처럼 딱딱한 합금)을 채택해 개발에 성공했다. 그 밖에 크루프의 전통 기술을 가장 잘 활용할 수 있는 철도 분야의 제품으로 기관차가 결정됐고, 트럭·농업기계·건설기계·현금출납기 등의 생산도 시작됐다.

종업원의 자발적인 증자가 제안되어 1922년 1만 663명의 직원, 690명의 노동자, 11명의 정년퇴직자가 자발적으로 증자 자금을 납입했다. 의결권이 없는 주식인 데다 배당도 없었고, 다음 해인 1923년에 초인플레이션이 닥치자 가치가 제로가 돼 결국 증자 시도는 무산됐다.

프랑스군의 루르 지방 점령과 크루프

1923년 1월 프랑스와 벨기에 양국 군대가 영·미의 반대를 무릅쓰고 크루프가 있는 에센·루르 지방을 점령했다. 이 해는 제1차 세계대전 후 독일 최악의 해였다. 배상물자, 특히 독일 석탄의 수송이 지체됐기 때문이다. 이는 베르사유조약에 대한 독일 정부 주도의 파업, 보이콧 등 소극적 저항에 따른 결과였다. 3월 31일 일련의 프랑스군이 크루프 공장에 있는 트럭을 배상권에 따라 접수했다. 수천 명의 크루프 노동자가 현장으로 몰려왔다. 시끄러운 상황에서 노동자들에게 위협을 느낀 프랑스군 1명이 경고 없이 사격을 시작해 13명이 사망했다. 사업장협의회의 노동자 대표는 수차례에 걸쳐 프랑스 군대를 향해 평화적으로 철수하라고 설득하고자 했다.

구스타프는 5월 1일 프랑스 군사법정에서 15년의 금고형과 벌금형을 받았고, 경영이사회 임원도 장기 금고형을 선고받았다. 구스타프는 사건 전날 베를린에 있었기에 에센으로 돌아가지 않고 베를린에 머물렀더라면 체포되지 않았을 것이다. 하지만 "나는 그들(종업원)과 함께 있어야만 한다"라고 하며 에센으로 돌아왔고, 도착과 동시에 체포됐다.

구스타프가 뒤셀도르프 감옥에서 복역 중일 때 부인 베르타가 여동생의 남편인 폰 빌모스키von Wilmowsky와 함께 그를 면회했다.

그때 구스타프는 '이제 나도 크루프 가문의 한 사람이라고 진심으로 가슴을 펴고 말할 수 있겠지?'라는 취지의 말을 했다고 한다. 구스타프에 관한 책을 쓴 슈텐글레인Frank Stenglein은 구스타프가 복역을 통해 크루프 가문 여자 주인의 남편으로서 안고 있던 열등감에서 해방되어 평판도 높이고 진정한 크루프 가족의 한 사람이 됐다고 적었다. 프랑스 점령군 법정의 부당하고 자의적인 판결을, 위엄을 가지고 수용한 그의 태도와 행동이 알려지면서 그 일은 '기사서임식'이라고도 불리게 됐다. 구스타프와 경영이사회 임원은 바티칸 교황의 알선으로 7개월 복역 후 석방됐다.

실적 악화와 회복(1924~1929)

1923년 11월 마르크의 대달러 환율이 전쟁 전의 1조 분의 1로 가치가 떨어진 초인플레이션이 닥쳐 1924년과 1925년의 적자가 1,530만 라이히마르크에 달했다. 1923년 렌텐마르크의 도입으로 인플레이션은 점차 완화됐고, 드디어 경제가 회복되리라는 전망이 나왔다. 그동안 평화 제품을 생산하고, 보르베크의 제강·압연 설비도 가동을 개시했다. 특히 스테인리스 스틸과 초경특수강의 세계적인 매출 호조에 힘입어 1926년부터 1929년까지 다시 이익을 시현할 수 있었다. 그러나 1929년 10월 뉴욕 증권거래소의 주가 폭락과 함께 시작된 세계적인 공황이 크루프를 다시 강타해

1932년까지 적자가 이어졌다.

1933년 1월 민족공동체를 기치로 다양한 계층의 지지를 받은 히틀러가 정권을 잡았다. 크루프에 가장 중요한 정부 정책은 아우토반, 교량 등의 공공사업 이외에 군비 확장 정책이었다. 이에 따라 크루프의 경영성과는 다시 상승세로 돌아서 1943년까지 이익을 시현했다.

구스타프는 히틀러와 그의 정권에 거리를 두고 있었다. 그러나 수만 명에 달하는 종업원의 고용 유지를 의무로 생각하는 최고경영자로서 히틀러를 지원하지 않을 수 없었다. 1933년 그는 히틀러의 경제지원단체 대표자가 됐고, 이를 계기로 그와 나치의 관계가 긴밀해졌다.

사진 II-14 — 히틀러에게 첼제 체스를 보여주고 있는 구스타프와 베르타

제2차 세계대전 발발과 구스타프의 승계 문제

1939년 9월 히틀러가 폴란드를 급습하면서 구스타프와 크루프는 다시 전시체제에 휩쓸렸다. 군부의 요구와 간섭은 점차 직접적이고 강압적으로 변했고, 구스타프를 무시하고 현장의 무기담당간부와 곧바로 접촉하게 됐다. 회사에 대한 구스타프의 지배력은 갈수록 감소했으며, 나치의 '간판'으로 이용되는 것에 지나지 않게 됐다.

1942년 구스타프는 일흔둘이 됐다. 뇌졸중을 겪은 그는 일선에서 은퇴하고 장남인 알프리트에게 모든 것을 물려주겠다고 이전부터 생각해왔다. 그래서 1943년 12월 15일, 크루프주식회사의 마지막 감독이사회 회의에서 회사의 법적 형태를 주식회사에서 1902년 이전의 1인 회사로 되돌렸다. 동시에 회사의 모든 자산은 베르타로부터 5세대 알프리트에게 승계되어, 알프리트는 1943년 12월에 단독 소유자로서 최고경영책임자의 자리에 취임했다.

∷ 5세대 알프리트 크루프(1907~1967)

알프리트는 크루프의 최고경영책임자 직책을 승계한 지 1년 4개월도 안 된 1945년 4월, 미군에 체포됐다. 크루프의 여러 공장은 이미 1940년 10월에 첫 번째 공습을 받았고, 1943년 3월에는 주력 공장인 주조 공장이 영국 공군의 주요 폭격 목표가 되어 1만 개 이상의 폭탄을 받았다. 이런 상황이었기에 알프리트의 경영활동은 극히 제한되어 있었다. 나치 군부가 거의 완전히 의사결정권을 장악하고 있었고, 이에 저항하는 것은 죽음을 의미했다.

하지만 전쟁이 끝나자 그는 병상에 있는 아버지를 대신하여 뉘른베르크 국제군사재판에서 재판을 받았다.

공장의 파괴, 기계설비 압수

전쟁 기간에 공장은 55회 공습을 받았고, 종전이 되자 제1차 세계대전 후와 마찬가지로 전승국이 생산설비를 철저히 해체하고 압수했다. 1951년 해체와 압수가 끝난 시점에는 모든 기계설비의 70~75%가 사라졌다.

2만 명의 크루프 종업원 중 3분의 1은 해체 작업에 투입됐고, 생산적인 활동을 하는 사람은 나머지 인원뿐이었다. 이 중 보르베크 제철 공장에 있는 2개의 고로는 '나사 하나까지' 해체되어 소련이 배상물자로 가져갔다. 완성 당시 세계 최대 크기였던 1만 5,000톤의 단조프레스도 철거되어 유고슬라비아로 넘어갔고, 공작기계는 10톤짜리 철구로 내리쳐 철저히 파괴됐다. 전쟁 결과 크루프가 잃은 토지·사옥·주거 등을 포함한 피해 총액은 10억 마르크로 추정된다. 휘겔 저택도 영국군 진주군 사령본부가 사용했고, 크루프 가문이 소장하던 코냑, 와인 등을 포함해 절도나 파괴로 입은 개인 재산의 손실은 200만 마르크에 달했다.

패전, 체포, 재판, 유죄 판결과 복역

알프리트는 1945년 4월 저택에서 체포되어 1947년 11월 뉘른베르크 국제군사재판에서 11명의 크루프 경영자와 함께 12년의 금고형과 모든 개인 재산 몰수 판결을 받았다. 미군의 법정 통역에 따르면, 알프리트는 금고형을 선고받을 때 남의 일처럼 냉정하게 듣고 머리카락 하나도 움직이지 않았다고 한다. 그러나 재판장이 "그 외에 피고의 동산과 부동산을 포함해 전 재산을 몰수한다"라

사진 II-15 ─ 체포되어 연행되는 알프리트 크루프

고 선고했을 때는 안색이 하얗게 질렸다고 한다.

피소 내용은 ① 평화에 대한 범죄의 계획 또는 공동모의에 참여, ② 침략전쟁의 준비, 시작과 수행, ③ 전시국제법, 특히 헤이그협약과 제네바협약 위반에 따른 전쟁범죄, ④ 인류에 대한 범죄 등 네 가지였다. 주범으로 간주된 부친 구스타프가 고령 및 뇌졸중 후유증으로 면소되고, 그 대신 받은 형벌이었다.

석방

미·소 간 냉전이 격화되고 1950년 한국전쟁이 발발하자, 미국은 독일의 제조공업을 공산주의에 대한 방파제로 이용하기 위해 알프리트를 석방하기로 했다. 미국의 존 J. 매클로이John J. McCloy 고등판무관은 크루프 개인 및 전쟁범죄의 증거를 다시 심사한 후, 크루프라는 이름만으로 알프리트를 유죄로 볼 수 없다고 결론지었다. 또한 알프리트와 다른 경영자도 경영을 하는 데 영향력을 거의 가지지 못했음을 근거로 전원의 석방을 결정했다.

더 중요한 것은 알프리트 개인 재산 전액이 크루프에 속한다는 사실이 미국의 법제도상으로는 판단할 수 없다는 이유로 반환됐다는 것이다. 1951년 2월 절반의 형기를 마친 단계에서 알프리트는 석방됐다. 아이러니하게도 소련의 존재가 크루프 가문을 궁지에서 구한 셈이다.

소유와 경영의 분리: 전권 경영 집행대리인으로 바이츠 기용

회사 해체라는 문제를 해결하기 이전에 내부 조직의 개혁이 시급했다. 6년에 걸친 구속 기간에 크루프의 경영은 영국 주둔군의 지시에 따라 분권경영이 실시되어, 각 사업부문 및 관리부서의 관리자가 각각 작은 군주처럼 부서를 지배했다. 이 군웅할거의 상황에서 부서 간 의사 교류가 진행되지 않아 관료화와 경직화가 발생했고, 그 결과 전사적 시각에 따른 경영이 이루어지지 못했다. 이 상황을 타개하고 새로운 경영 방침을 제정하는 것이 알프리트의 첫 번째 과제였다.

이를 위해 알프리트는 강력한 협력자를 필요로 했는데, 그가 바이츠였다. 알프리트는 1952년에 바이츠를 처음 만난 이후 갈수록 높이 평가하게 됐다. 알프리트가 비극의 주인공으로서 과묵하고 낯가림이 심하며 6년간의 복역으로 나이보다 늙어 보이는 데 비해 바이츠의 성격은 그와 반대였다. 사람을 좋아하고 행동파이며 전시 중 나치 지배라는 가혹한 상황에서도 유대인 구제 등의 고결한 의지를 관철한 인물이다.

알프리트는 바이츠에게 자신의 전권 경영 집행대리인으로서 '단독 소유경영자와 같이' 모든 권한을 가지고 자신에게만 설명 책임을 지는 지위를 제안했다. 연봉은 100만 마르크로 당시 독일에서는 파격적인 보상이었고, 바이츠는 이를 승낙했다.

바이츠는 은행원인 아버지의 아들로 태어나 자신도 은행 근무를 거쳐 1939년 함부르크의 쉘석유에 입사했고, 같은 해 말 폴란드 자회사로 전근했다. 같은 해 독일의 폴란드 침략 후, 바이츠는 나치 점령하의 석유회사 영업부장으로 근무했다. 게슈타포가 이 공장에서 일하는 유대인 노동자 250명의 연행을 요구하자, 바이츠는 전쟁 수행에 필수 인력이라는 이유를 들어 보호하고 생명을 구했다. 종전 후 그가 이 사실을 스스로 말하지 않았으나, 점차 사회에 알려졌다. 그리고 1973년 이스라엘 정부가 홀로코스트에서 유대인을 구출한 인물에게 수여하는 '야드 바셈Yad Vashem(열방의 의인)' 상을 받으면서 처음으로 많은 독일인에게 알려졌다.

전후 바이츠는 서른여섯 살에 보험회사의 최고경영자로 취임했다. 그는 전쟁 중의 유대인 교육, 전후의 소련 및 폴란드와의 경제 외교 재개, 이란의 석유 자금 도입 등 독일의 국가 경제에 지대한 공헌을 하면서 기업 경영자를 뛰어넘는 활동을 전개했다.

1953년 11월, 크루프는 알프리트와 그의 '분신'으로서 바이츠의 이인삼각으로 추진되는 새로운 조직 체제를 가동했다.

크루프 해체 문제: 멜렘 계약

점령 당시 일본에서 이뤄진 재벌 해체와 비슷하게 독일에서도 루르 지방의 대기업, 특히 크루프를 표적으로 하는 거대 기업의 해체가 시작됐다. '집중지배'를 배제하는 고등판무관법 제27조가 발동된 것이다. 이것이 멜렘 계약이며, 1953년 3월 알프리트는 다음과 같은 사항을 목적으로 하는 계약에 서명했다(서명할 수밖에 없었다). 이 계약은 연합국의 총의를 대표하여 본 남부 교외의 멜렘에 소재하는 미국 고등판무관과 체결됐기 때문에 '멜렘 계약'이라고 불린다. 그러나 이 계약은 거의 실행되지 않았다.

이 계약에는 일부 사업부문의 매각과 함께 회사 재산 중 1,100만 마르크를 현금이나 주식을 통해 생존하는 알프리트의 네 형제와 알프리트의 누이동생인 클라우스Claus의 아들 아르놀트Arnold, 알프리트 자신의 외아들 아른트에게 늦어도 1963년까지 지급하게 되어 있었다. 이는 권력이 알프리트에게 집중되는 현상을 완화해 크루프에서 그의 지배력을 약화하려는 연합국의 전략이었다고 생각된다.

경영 위기

1960년대 초반부터 서독의 철강과 석탄이 공급 과잉에 빠져 가격 하락과 매출 침체가 이어지면서 1965년과 1966년에는 적자를 시현하게 됐다. 바이츠는 동유럽 및 소련과 수출 거래를 추진했다. 그러나 이런 국가는 외화 지급 능력이 낮고, 게다가 국제적인 가격 경쟁이 격화됐기 때문에 크루프는 지급기한을 장기화하면서 수주

할 수밖에 없었다. 이 자금 부담은 독일의 51개 은행이 설립한 수출금융회사에서 조달한 대출금으로 충당했다. 그런데 크루프의 차입금 잔액이 한도를 초과하여 추가 차입을 할 수 없게 됐다.

경영 위기는 두 가지 요인 때문에 생겼다. 첫째는 연합국이 강제한 석탄, 철강 부문의 매각 의무와 무기 생산 금지에 따른 매출 감소다. 크루프는 기관차, 객차, 산업기계, 건설기계, 선박, 준설기계 등의 각종 제품 판매와 사업 분야의 다각화로 보충하려고 했지만, 이런 제품들은 생산 규모가 작고 수익이 높지 않았다.

둘째는 크루프 가문의 고용 유지 전통이었다. 바이츠는 알프리트에게 수익률이 낮은 기관차 부문에서 철수하라고 제안했다. 이에 대해 알프리트는 다음과 같이 대답했다.

나의 증조부 알프리트는 기관차 부품을 만들었다. 우리도 기관차를 계속 만들어야 한다. 이익이 중요하지만, 사회적 책임을 무시할 수 없다.

바이츠도 이에 동의했고, 나중의 인터뷰에서 알프리트는 다음과 같이 보충했다.

나는 오늘의 노동자에게 책임을 지고 있다. 그들의 할아버지는 크루프에서 근무했으며, 전쟁 후 모든 것이 파괴되고 내가 감옥에 있을 때도 회사에 충실했다. 이런 크루프 사람을 나는 쉽게 해고할 수 없다.

1967년 실러Karl August Fritz Schiller 재무 장관이 도이체방크의 아브스 Hermann Josef Abs 행장과 함께 이 문제를 해결하기로 했다. 이들은 그 조건으로 알프리트의 크루프 단독지배를 폐지하고, 감독위원회를 소집해 재건 계획을 수립하고 신임 경영자가 이를 실행할 것을 요구했다. 1967년 2월 알프리트는 실러 장관과의 회담에서 이 요청에 동의했다. 동시에 바이츠가 연방정부에 자금투입을 요청했다. 이에 긴급지원으로 연방정부, 주정부 및 28개 은행이 서독에서 전후 최대의 지원 활동을 시작했다. 그 결과 크루프는 파산에서 벗어날 수 있었다.

위와 같은 지원을 하면서 은행 측에서는 다음과 같은 대출 조건을 제시했다.

- 알프리트와 바이츠 두 사람만에 의한 의사결정 폐지
- 1967년 4월 15일까지 주식회사의 감독이사회에 해당하는 의무와 권리를 가지는 지배기구 설립
- 회사 경영의 합리화와 가능한 한 신속하고 철저한 조직 개편
- 1968년 말까지 주식회사 또는 유한회사로 개편 또는 재단의 지배로 변경

후계자 문제

경영파탄에 못지않게 중요한 문제는 알프리트의 외아들이자 법적 승계자인 아른트 크루프의 문제였다. 1960년대 초에 이미 아른트가 알프리트를 이을 의지나 능력을 갖추고 있지 않다는 점이 분명해졌다. 그는 크루프 가문의 예절이나 휘겔 저택에서의 생활에도 익숙하지 않았다. 이 문제가 크루프재단이 설립되는 데 하나의 계기가 됐다고 한다.

그러나 재단의 재원을 확보하기 위해서는 알프리트가 단독 소유하고 있는 크루프 자산의 법정상속인인 아른트가 상속을 포기해야만 했다. 바이츠가 이 협상을 담당하여 매년 200만 마르크의 종신연금을 제시했고, 아른트는 상속 포기에 동의했다.

사진 II-16 — 승계권 포기각서에 서명하는 아른트 크루프

가족지배의 종언과 공익재단의 설립

앞서 언급한 은행단의 지원 조건에 따라 크루프는 1인 회사에서 유한회사로 개편됐고, 감독이사회 회장으로는 도이체방크의 아브스가, 경영이사회 회장으로는 귄터 포겔장Günter Vogelsang이 취임했다. 감독이사회는 공동결정법에 따라 노사 대표자 동수 20명으로 구성됐다. 알프리트는 1967년 4월 1일 연례행사인 장기근속자 표창식에서 재단 설립 의사를 공표했다. 그리고 그로부터 불과 3개월 뒤인 7월 20일 갑자기 사망했다. 1966년 9월에 공증된 유언에 따라 알프리트의 전체 개인 자산, 즉 크루프의 자산이 재단법인에 양도됐다. 재단은 공익재단이기 때문에 상속세와 기타 세금이 면제됐다.

1967년 11월 24일 자 재단 정관의 전문에는 다음 두 가지의 재단 목적이 명시되어 있다.

① 선조의 의지를 받들어 크루프의 통일성을 먼 미래까지 이어갈 것
② 연구, 연수, 교육, 건강, 예술 분야에서 공익 목적에 봉사할 것

①에 의해 재단평의회 회장인 바이츠가 사업회사 크루프를 감독하고 지배하게 됐다. 즉 크루프재단이 사업회사를 지배하게 된 것이다. 이렇게 하여 5세대에 걸친 가족지배와 경영이 끝났다.

알프리트의 말년과 사망

알프리트는 1967년 7월 기관지암과 심장질환이 악화해 사망했다. 예순 번째 생일을 2주 앞둔 시점이었다. 간호사 이외에 그를 간호하는 사람은 없었으며, 그의 죽음의 순간도 2세대 알프리트와 마찬가지로 고독했다. 생전에 제한된 소수를 제외하고는 친척과의 교류도 적었고, 두 번의 결혼 생활이 파탄 나면서 이렇게 고독해졌다. 그는 이미 소년 시절부터 비극적인 그림자에 휩싸여 있었으며, 타인에게 쉽게 다가서는 성격이 아니었다. 그 성격이 표정에 새겨져 있었고, 진심으로 웃는 일이 거의 없었다. 광대한 저택에서 홀로 거주했는데 집사와 관리인, 요리사, 운전기사 등은 그처럼 외로운 사람은 없으리라며 한숨을 내쉬었다. 애용하던 라이카 카메라로 사진을 찍고 외국 여행을 하는 것이 취미이며, 밤에는 암실에서 사진을 현상하고 좋아하던 바그너 음악을 들으면서 몇 시간 동안이나 담배와 술로 보내는 날이 많았다고 한다.

알프리트의 시신은 넓고 황량한 저택에 안치됐고, 크루프의 종업원을 포함한 수천 명이 찾아와 추모하고 경의를 표했다. 모든 추모자는 알프리트가 크루프에 대한 책임을 성실하게 수행했다고 강조했다. 특히 이런 사실을 종업원 대표가 이야기함으로써 그의 진실성이 다시 한번 증명됐다.

:: 맺는말

만약 알프리트가 오늘의 크루프 상황을 본다면 어떻게 생각할까? 아마도 '이건 아닌데'라고 생각하지 않을까?

첫째, 한 사람에게 공익재단과 사업회사의 운명을 평생 맡기는 것은 위험이 크다. 알프리트나 바이츠 모두 이런 의미에서는 구세대 사람이었다.

둘째, 사람의 카리스마화를 경계해야 한다. 카리스마 있는 인물이 장기간 권력의 자리에 있었던 기업들은 쇠퇴하거나 소멸했다. 카리스마의 가장 큰 결함은 비판과 평가를 허락하지 않는다는 점이다. 카리스마의 정의는 '적시에 카리스마의 지위를 버리는 것이며, 변화해야 한다'는 것이다. 그래야 진정한 카리스마라고 할 수 있다.

셋째, 선의만으로 기업의 영속화를 장담할 순 없다. 하나의 사업에 회사의 운명을 거는 것이 아니라 복수의 사업으로 다각화함으로써 도산위험을 회피하거나 감소시키는 전략적 경영이 꼭 필요하다.

넷째, 가족기업에서 가족이 기업경영에 관여하지 못하게 하는 것은 문제가 있다. 이런 결정은 자신의 출신과 부친, 나아가 선조까지 부인하는 것이 아닐까? 회사가 처한 상황에 따라 가족, 비가족 관계없이 가장 적합한 의사결정을 할 수 있는 인재에게 능력을 발휘할 기회를 주어야 한다.

자이스

카를자이스와 자이스공익재단은 세 기업가가 창업해 발전을 거듭하면서 현재에 이르렀다. 그 세 주인공은 창업자 카를 자이스Carl Zeiss(1816~1888), 이 회사를 세계적 기업으로 발전시킨 수학 및 물리학 교수 에른스트 아베(1810~1906), 렌즈 소재인 광학유리 기업을 설립한 프리드리히 오토 쇼트Friedrich Otto Schott(1851~1935)다.

자이스공익재단은 이 책에서 설명하는 공익재단의 가장 초창기인 1889년에 설립됐다. 그 특성은 공익재단이 사업부문인 자이스 광학 사업부문과 쇼트 광학유리 부문을 경영하는 형태로 발족했다는 점이다. 즉, 공익재단이 유한회사와 합자회사 등과 같은 영리회사와 유사한 법인 형태로 두 사업부문을 경영한 것이다. 따라서 양 사업부문은 독립법인이 아니라 공익재단 내에 있는 사업부다. 이런 종류의 기업 형태를 재단지배기업Stiftungsbetrieb이라고 한다. 19세기 후반 당시로서는 '유럽에서도 유례가 없는' 공익재단의 형태였다. 앞 장에서 살펴본 크루프도 실질적으로는 기업지배재단인데, 크루프는 사업회사가 주식회사로서 재단과는 법적으로

그림 II-4 ― **재단지배구조: 1906년 최종 정관**

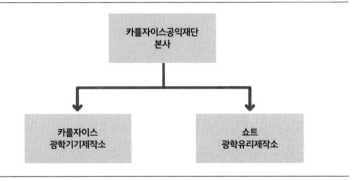

※ 출처: 카를자이스공익재단(1921)

그림 II-5 ― **재단지배구조: 2004년 개정 정관**

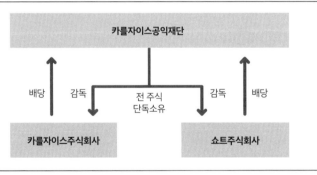

※ 출처: www.zeiss.de

독립된 형태라는 점에서 차이가 있다.

아베의 의사에 따라 공익재단이 사업부문을 직접 지배하고 경영하는 방식이 채택됐는데, 공익과 종업원 복지를 가장 중시하는 그의 윤리적 기업 개념에 기초한 것이다. 한편으로는 수학·물리학자로서의 역할과 같은 순수하고 이상가理想家다운 그의 성격을 반영한 것이기도 하다. 그러나 동시에 현실 경영에서 몇 가지 심각한 한계를 내포하고 있었다. 그 결과 2004년 두 사업부문이 각각 독립적인 회사로 개편됐다. 그리고 공익재단은 단독으로 100% 소유하는 주주로서, 자이스와 쇼트에서 공익활동 자금으로 배당을 받으며 양사의 실적을 감독하고 경영에는 개입하지 않는 형태로 변경됐다.

자이스는 카메라용 콘탁스CONTAX 렌즈, 조나Sonnar 렌즈, 테사

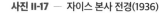

사진 II-17 — 자이스 본사 전경(1936)

Tessa 렌즈, 안경 렌즈 등을 생산한다. 일부 렌즈는 오늘날 디지털카메라에도 사용된다. 자이스는 전통적 광학기기인 현미경, 쌍안경, 천체망원경, 플라네타리움(천체투영기) 외에 진단 및 외과 수술용 현미경, 산업용 계측기, 반도체 제조장치용 렌즈 시장에도 진출했다. 자이스의 현미경을 이용하여 노벨상을 받은 연구자는 결핵균 발견자인 로베르트 코흐Robert Koch를 포함해 무려 7명이나 된다. 코흐는 자신의 연구 성과가 자이스 현미경 덕분이라며 아베 사장에게 정중한 감사장을 보낸 적이 있다.

먼저, 자이스와 아베의 협력 관계를 살펴보자.

:: 창업자 카를 자이스

자이스는 1816년 예나에 현미경을 제작하는 광학기계제작소Optische Werkstatte를 설립했다. 그의 아버지는 장난감 제조 공장의 소유경영자였다. 당시 예나대학교를 포함한 독일의 여러 대학에서 의학 연구자들이 병원균을 연구했고, 현미경이 필수적이었다. 자이스는 2,000개 이상의 현미경을 판매했다.

그러나 당시 현미경은 실제 사용할 수 있을 정도의 해상도가 나올 때까지 소규모 공장에서 여러 장의 렌즈에서 렌즈를 1장씩 교환하는 작업을 반복하여 만들어졌다. 이처럼 시행착오와 행운

사진 II-18 — 카를 자이스

에 의존하는 작업에는 오랫동안의 노력과 고도의 숙련도가 필요했다. 그럼에도 당시의 현미경에는 낮은 해상도, 초점 부분의 확대율 불균형, 렌즈 주변의 색 번짐, 광량 부족 등 많은 결점이 있었다. 자이스는 이런 결점을 극복하려면 렌즈의 지름, 두께 등 최적 솔루션을 얻기 위해 이론적 계산을 바탕으로 설계해야 한다는 사실을 절감했다. 자이스는 '수학적 확실성'으로 문제를 해결할 수 있는 전문가를 찾고 있었다. 이에 딱 맞는 학자가 수학·물리학자인 아베였다.

:: 프롤레타리아의 아들, 에른스트 아베

아베를 연구한 학자들은 "자이스제작소에 아베가 없었다면 오늘날까지 지속되는 글로벌 기업으로 발전할 수 없었을 것이다"라고 한목소리로 말한다. 여기서는 아베와 그가 설립한 재단을 중심으로 살펴보자.

아베가 활약한 19세기 후반은 온정적이고 가부장적이고 전제적인 기업가의 시대였다. 아베와 거의 동시대를 살았던 기업가인

사진 II-19 — 에른스트 아베

크루프의 알프레트 크루프가 전형적인 예다. 그러나 아베는 달랐다. 당시 독일은 계급 사회였다. 봉건 신분제의 잔재가 남아 있었고 유대인에 대한 차별이 심각했으며, 대학에서도 차별이 흔했다. 아베는 눈에 띌 만한 실적이 있음에도 정교수로 승진되지 못했다.

그 원인 중 하나가 프롤레타리아 출신이라는 것이었다. 당시 대학의 교수나 학생은 모두 상류 계층이었다. 가난한 이들은 학비나 생활비를 부담할 수 없었기 때문이다. 설령 대학교수 자격시험에 합격한다고 해도 정교수로 승진할 때까지 낮은 강사료로 생계를 꾸려가야 했기에 강사는 가족의 경제적 지원이 없으면 비참한 생활을 해야 했다. 그래서 당시 노동자나 농민 출신 대학교수의 비율은 10% 정도에 불과했다.

아베가 재단 정관에 신분과 무관한 종업원 채용 평가 기준을 규정하고, 유대인 찹스키Siegfried Czapski를 자신의 후계자로 지명한 것은 이런 차별과 편견에 저항하는 그 나름의 방식이라고 생각된다. 아베의 이런 근대적 인간관, 즉 개인의 자유와 권리를 존중하고, 노동자의 권리를 확립하며, 근로자의 채용과 평가에서 신분·종교·당파를 배제하는 중립 사상이 어떻게 형성됐는지를 알기 위해 어린 시절의 아베를 알아볼 필요가 있다.

그는 인상적인 두 가지 체험을 했다.

하나는 아버지가 일하던 방적 공장의 열악한 노동 조건이다. 아베는 1810년 독일의 공업도시 아이제나흐에서 '프롤레타리아의 아들'로 태어났다. '프롤레타리아의 아들'이라는 말은 아베 자신이 한 말이다. 아버지는 방직 공장 직공에서 감독으로 승진했다. 아베는 아버지가 직공이던 때의 노동 조건을 1901년 12월에 예나의 국가과학학회에서의 강연에서 다음과 같이 묘사했다.

아버지는 매일 14, 15, 16시간 동안 선 채로 계속 일했다. 새벽 5시부터 밤 7시까지 14시간, 바쁠 때는 새벽 4시부터 밤 8시까지 16시간 일했다. 작업 시간 중에 휴식 시간은 전혀 없었으며, 점심도 선 채로 해결했다. 나는 다섯 살부터 아홉 살 때까지 동생과 하루씩 번갈아 가며 공장으로 아버지의 점심을 날랐다. 아버지는 기계가 돌아가는 소리를 들어가면서 들이마시듯 급하게 식사했고, 빈 그릇을 나에게 돌려주면서도 작업을 계속했다. 아버지는 나보다 머리 하나 정도 큰 키에 당당한 체격으로 피로를 모르는 활력으로 일했다. 그러나 마흔여덟 살의 그 동작과 표정은 노인의 동작과 표정이었다. 아버지보다 체력이 약한 동료는 이미 서른여덟 살에 노인이 됐다.

그럼에도 가족의 소득은 겨우 먹고살 정도였다. 식사는 수프와 감자이며, 가끔 생선이 있었을 뿐 고기는 아주 드물었다. 아베는 어릴 때부터 머리가 명석하고 향학열이 대단했다. 그래서 아버지가 일하던 방적 공장 사장이 아베를 회사 영업사원으로 채용할 생각으로, 장학금을 주어 일류 수학·자연과학 실업고등학교에 입학시켰다. 그러나 졸업 후 아베는 회사 업무에는 적합하지 않다고 생각해 입사를 거절하고, 자연과학 김나지움을 거쳐 예나대학교에 입학했다.

또 다른 하나는 1848년 혁명의 경험이다. 파리 2월 혁명으로 촉발된 베를린의 3월 혁명은 노동자 보호, 생필품 확보, 교육 무상화 등을 기치로 내걸고 장인을 중심으로 각지에 퍼졌다. 이 움직임은 1849년 프로이센이 주도하는 군주제 제국 헌법 투쟁으로 비화됐다. 당시 아베는 튀링겐의 아이제나흐에서 살고 있었다. 인근의 작센 대공국(오늘날 드레스덴)이 주도(州都)이며 체코에 인접한 작센주의 영주는 이 헌법을 거부했다. 그 결과 장인 노동자를 중심으로 작센의 혁명 지지자들이 이웃 나라 아이제나흐로 도망쳤다. 아베의 아버지는 혁명에 반대했으나, 자유주의자였기 때문에 도망자를 자택에 숨겨주었다. 당시 아홉 살이었던 아베는 프로이센 경찰이 작센 도망자를 검거하기 위해 가택수색을 하려고 집 근처로 다가올 때, 휘파람 신호를 보내는 역할을 담당했다.

이 경험을 잊을 수 없었던 아베는 대학생이 됐을 때 물리학·수학뿐만 아니라 사회·정치 문제에도 관심을 기울였다. 이런 점은 아베가 정치학, 철학, 사회학 강의를 수강한 것으로도 추정할 수 있다.

아베가 서른여덟 살이던 1878년, 당시 비스마르크 총리가 사회주의자 진압법을 시행했다. 법 시행 후 2년 동안 수천 명의 사회주의자와 공산주의자가 대도시에서 추방됐고, 약 150종의 잡지 발행이 금지됐으며, 수천 권의 책이 압수됐다. 아베는 일시적이지만, 기업이 노동자의 권리를 개별적으로 실현하는 것을 '외딴섬 같은 해법'이라고 비판하고 국가의 입법으로 규정해야 한다고 주장했다. 그와 함께 비스마르크를 비판하는 자유주의 좌파의 자유사상가 인민정당에 입당했다. 아베는 이 정당의 예나 지역 조직 공동 설립자로서 노동자 보호 또는 세법 개정을 당 집회에서 주장하고 그 강연록을 인쇄해서 공개했다. 그러나 그의 주장이 당에서 채택되지 않았기 때문에 자이스재단의 정관을 통해 본인만의 '노동자 권리'를 실현하기로 했다.

:: 아베와 자이스의 협력 관계

아베는 예나대학교에서 수학과 물리학을 전공하고, 괴팅겐대학교에서 박사 학위를 받은 후, 예나대학교로 돌아가 1863년 대학교수 자격을 취득했다. 1870년에는 예나대학교의 정원 외 무보수 교수와 강사로 강의와 실험을 담당했다. 아베가 실험에 필요한 측정장비를 자이스에 주문하면서 카를 자이스와 서로 알게 됐다. 자이스는 과학적 이론에 기초한 설계를 통해 현미경을 제작하기 위해 아베에게 협력을 요청했다. 이후 두 사람의 평생에 걸친 뜻있는 협력이 시작됐고, 이것이 회사 발전의 기초가 됐다.

아베는 다양한 실패와 어려움에 직면했지만 3년 후인 1869년에 획기적인 렌즈의 계산 공식을 개발하는 데 성공했다. 1871년 이후 자이스는 모든 현미경을 이 방식으로 생산해 품질과 생산성을 크게 향상시켰다. 아베의 이론에 따라 설계된 현미경은 평판이 날로 좋아져 그에 대한 보상도 놀라울 정도의 금액에 달하게 됐다. 1876년 7월 22일 자 계약을 통해 아베는 자이스의 공동출자자가 됐다. 두 사람은 자이스의 자본금을 각각 절반씩 출자하는 것으로 합의했다.

회사의 법적 형태는 합명회사이며, 자이스가 무한책임출자자

사진 II-20 — 아베가 자필로 남긴 현미경 해상도 공식

$$d = \frac{\lambda}{2n \sin\alpha}$$

Die Auflösungsformel für Mikroskope von Ernst Abbe,
Faksimile der Abbeschen Handschrift

로서 경영 업무를 담당하고 아베는 유한책임출자자로 개발과 생산에 전념했다. 1879년 자이스의 아들 로데리히Roderich가 출자자로 참여했기 때문에 1883년 계약을 일부 변경해 자이스 부자 2명이 출자자일 때의 지분과 수익 배분 비율은 55:45(자이스 부자:아베)로 하고, 부자 중 1명이 출자자일 때는 50:50으로 하기로 했다.

그 밖에 아베가 개발한 렌즈 설계 자료와 방법은 회사 소유가 되나, 이론적 연구 성과를 공표할 권리는 아베가 갖기로 했다. 또한 아베가 자이스를 위해 사용한 시간과 노력은 학구적 활동 이외의 시간으로 하기로 합의했다. 다만, 대학에서 아베의 지위와 관련하여 계약 체결 당시(강사)보다 높은 지위, 특히 정교수로 취임하는 건 포기하도록 규정했다. 이는 자이스가 아베의 협력 시간을 확보하려고 제안한 것이었다.

그런데 왜 연구자인 아베가 이런 불리한 계약에 합의했을까? 아베가 그만큼 정교수에 미련이 없었기 때문인 것 같다. 정교수가 되면 연구 이외의 잡무가 많았다. 당시 대학에서는 매주 교수회의가 열렸고, 그 밖에도 매주 시험 2시간과 일반사무 2시간 등 총 4시간을 써야 했다. 강의와 학위심사까지 치면 연구 시간이 절대적으로 부족하다는 의견이 대세였다.

아베로서는 오히려 공장 현장이야말로 자신이 중시하는 과학기술의 이론과 실천을 융합하는 장소이자, 이론을 검증하기에 이상적인 실험실이었다. 실제 그는 자이스 공장에서 생산공정을 개선하는 현장형 개발자였다. 어린 시절부터 아버지가 일했던 공장 현장을 관찰할 기회가 많아 이론뿐만 아니라 현장에도 관심이 많았다. 베를린대학교의 헬름홀츠Hermann von Helmholtz 교수가 그를 초빙했음에도 거절한 것은 자이스와의 계약상 당연하기도 하지만, 그런 제약이 없었더라도 베를린대학교를 선택하지는 않았을 것이다.

:: 자이스의 기술력을 끌어올린 오토 쇼트

아베의 이론을 바탕으로 한 현미경 생산 기술은 그 이상의 해상력 향상을 기대할 수 없을 정도의 차원에 도달했다. 남겨진 혁신 분야는 렌즈 소재인 고급 광학유리의 확보였다. 당시 이런 종류의 광학유리는 프랑스와 영국에서 수입됐으며, 독일산 유리의 품질은 이에 미치지 못했다. 이 문제를 해결한 사람이 오토 쇼트다.

쇼트의 부친은 유리 장인이었고, 쇼트 자신은 화학에 관심이 있었다. 그는 공업고등학교 졸업 후 유리 장인으로서 기술 경험을 쌓기 위해 프랑스와 독일의 공장으로 가 현장에서 유리 용융 기술을 몸으로 익혔다. 그 후 자택 지하실에서 신종 유리를 개발하고 제조 기술을 확립하기 위해 연구개발에 집중했다. 광학 특성 측정을 위해 연구 성과를 아베에게 보내면, 아베가 그 측정 결과를 쇼

사진 II-21 — 오토 쇼트

트에게 알려주었다.

이런 관계를 통해 둘은 서로를 깊이 신뢰하게 됐고, 아베는 쇼트와 함께 광학유리 공장을 건설하기로 했다. 아베가 예순여섯 살이 된 자이스의 동의를 받아 매진했다. 그러나 공장 건설 자금은 자이스, 아베, 쇼트의 자금 능력을 초과하는 금액이었다. 다방면으로 알아본 끝에 유명한 학자의 도움으로 정부 자금을 지원받는 데 성공하고, 1884년 쇼트, 자이스 부자, 아베가 각각 3분의 1씩 출자하여 광학유리 공장을 가동했다.

그 후로도 쇼트는 다양한 신종 유리를 개발하는 데 성공하여 자이스를 세계적인 광학유리 기업으로 발전시켰다. 이 소재의 뛰어난 해상력은 현미경뿐만 아니라 1893년 쌍안경, 1910년대의 군용 광학장비, 1910년 이후의 안경 렌즈, 카메라용 렌즈, 1922년 천문관용, 1932년 카메라용 CONTAX, 1936년 CONTAX II, CONTAX III, 천체망원경, 측정기기, 안과 의료와 수술장비 등에 적용됐다. 그 덕에 자이스는 세계에서 가장 많은 광학 제품을 공급하는 기업이 됐다.

∷ 공익재단 설립: 아베의 설립 동기

이 재단은 설립자의 이름에서 따와 명명됐다. 법인격을 갖는 재단 하에서 재단지배기업이 사업을 영위하는 독일 최초의 재단이었고, 그 활동은 일부 수정된 형태로 오늘에 이르고 있다. 아베의 재단 설립 의향서는 작센 대공국 국무부에 제출된 1887년 12월 4일자 '건의서'의 부속서류인 '건의 동기'에 표현되어 있다.

1887년 12월, 아베는 바이마르 연방주 국무부 장관 등과 면담하고 개인 자산의 단독상속인으로서 예나대학교가 이를 관리하는 방안을 검토했다. 그러나 이 방안은 연방주와 예나대학교가 재단 산하의 영리기업인 자이스와 쇼트 2개 기업을 감독해야 한다는 어려운 문제가 있었다. 또한 아베 자신도 공적 기관에 재단을 맡기는 방안에 의문을 품고 있었다. 이때 카를 로테Karl Friedrich Bernhard Rothe 참사관이 공익재단 설립을 추천했고, 이것이 아베가 원하는 방식이라는 점이 분명해지자 자이스의 조직을 재단으로 전환하기로 결의했다.

아베가 공익재단 설립을 결심하게 된 동기는 다음의 다섯 가지로 요약할 수 있다.

'공공 재산'으로서의 영리사업

첫째, 아베는 기업을 사적 소유의 대상이 아니라 사회적 책임을 지는 '공공 재산'으로 봤다. 그는 자신을 비롯해 출자자들이 가지고 있는 두 회사의 지분과 그에 따른 수익이, 다른 많은 사람의 노동에 빚을 지고 있는 것이라고 강조했다. 그는 이 신념에 따라 자신이 소유하는 재산을 생전에 공익을 위해 제공하고, 사후에도 이를 지속할 방안을 찾는 것이 '자신의 양심에 따른 의무'라고 믿게 됐다. 아베는 "사적 영리기업의 일반적인 목적으로서 이익 추구는 결코 자이스와 쇼트 두 기업의 경영 원칙이 되지 못하고, 부차적인 의미만 가진다"라고 말했다.

기업의 지속성과 종업원의 경제적 기반 확보

둘째, 창업자 가족이나 기타 주주의 사적 이익에 얽매이지 않고, 기업의 지속적인 발전을 가능케 해야 한다고 생각했다. 아베는 재단 정관을 통해 노동자의 권리를 실현하는 것을 "내가 평생 활동한 중요한 분야에서 이룬 구체적인 성과"라며 가장 중요시했다. 재단 정관에는 종업원의 근무 시간, 임금 보상 등 노동 조건뿐만 아니라 건강보험, 질병 및 노령연금 등의 보장제도에 관한 조항이 48개나 되며, 총 122조의 정관 규정에서 거의 절반을 차지한다. 재단이 직접 2개 재단지배기업을 경영하기 때문에 불가피하게 정관은 상세한 취업규칙의 성격도 가진다고 할 수 있다. 아베는 자이스와 쇼트 두 기업에 소속된 종업원의 경제적 기반을 확보하고,

사진 II-22 — 천체망원경 제작 부문(1910년경)

사진 II-23 — 쌍안경 조립공정(1920~1930년대)

사진 II-24 — 현미경 최종 시험(1941)

과학 및 조국의 산업이라는 지위를 유지하는 방안으로 재단 설립과 국가의 감독이 가장 확실하다고 생각했다.

입지 기반인 예나에 기여

아베는 두 회사가 40년간 예나에 본사를 두고 성공을 이뤘다고 강조했다. 많은 사람이 광학 기술의 육성과 발전을 높이 평가해주었고, 이에 따라 다수의 예나 시민 및 가정의 생활을 지탱하게 할 수 있었다. 따라서 두 기업의 유지, 발전, 지속은 지역의 공공이익에 기여한다고 봤다.

프라운호퍼의 교훈

요제프 프라운호퍼Joseph fraunhofer는 19세기 초반에 과학적 이론에 따라 천체망원경을 설계하고 제작하여 성공한 뮌헨의 창업자다. 그 이전까지 영국과 프랑스 기업에 독점되어온 분야에서 성과를 이뤘다는 점을 아베는 높이 평가했다. 그러나 이 기업은 단기적인 이익을 중시한 후계 소유자들의 문제로 도산했고, 모든 설계 자료와 기술, 신종 광학유리 용융 기술도 사라지고 말았다. 아베는 이런 사태를 막는 가장 확실한 방안으로, 재단을 설립하고 국가에 감독을 위임하는 것이 가장 좋다고 판단했다.

후계자 위험

아베가 두 기업을 재단에 양도한 마지막 동기는 창업자 카를 자이스의 아들 로데리히의 문제였다. 1888년에 자이스가 사망했는데, 1876년 출자자 계약에서 자이스의 후계자는 장남 로데리히라고 명기되어 있었다. 그러나 아베는 후계자로서 로데리히의 자질에 큰 의문을 품고 있었다. 그는 외과 의사로서 교육을 받아 그 길을 걷게 되어 있었는데, 프랑스-프로이센 전쟁에서 오른손에 중상을 입어 의사라는 직업을 포기해야 했다. 또한 그 이유로 자이스의 출자자가 됐다. 하지만 그는 아베와 전혀 달랐다. 위험회피적이고 확실하면서도 높은 수익만을 원할 뿐 아니라 다각화 전략이나 노령·유족연금의 도입 계획에 반대하는 등 아베에게 큰 걸림돌이 됐다. 특히 그의 행동에 일관성이 없다는 점도 아베를 괴롭혔다. 협의하고 결정한 사항을 다음 날 철회한 적도 있었다. 아베는 이 문제를 공익재단을 만들어 해결하고자 했다.

:: 재단지배기업의 탄생

1891년 6월 공익재단이 자이스와 쇼트의 소유자가 되는, 근대 최초의 재단지배기업이 상업등기부에 등록됐다. 두 기업은 재단 산하의 공장이나 사업부문에 불과하고 주식회사와 같은 독립적인 법인격을 가지지 않으므로 법적으로 독립적인 존재가 아니었다. 즉, 재단이 오늘날 독일의 감독이사회 역할을 수행한다. 두 기업의 경영과 관련된 모든 최고 의사결정은 재단 정관에 따라 이루어진다.

같은 해 7월, 아베는 자이스와 쇼트의 본인 지분 97만 마르크 중 가족을 위한 유산분배금 30만 마르크를 뺀 나머지 67만 마르크를 재단에 양도했다. 유산분배금 30만 마르크도 5%의 이자로 그가 사망할 때까지 재단에 대출됐다. 자이스의 장남 로데리히는 자이스의 지분을 46만 8,000마르크에 재단에 매각하는 계약을 체결했다. 이로써 소실되는 배당소득을 보장하기 위해 재단에서 그에게 1901년까지 10년 동안 연간 2만 1,800마르크를 지급했다. 아베는 1888년 카를 자이스의 사망 후 1년이 채 되지 않은 1889년, 로데리히를 자이스에서 퇴직시키고 재단과의 관계도 청산하게 했다.

이후 아베는 카를자이스재단의 전권위임 대리인 겸 업무집행 책임자로서, 그 관리·운영에 대해 연간 급여 1만 2,000마르크와 연간 연금 6,000마르크를 재단에서 받게 됐다. 재단 감독청인 작센 대공국 국무부가 이에 관한 계약을 승인했다. 그리고 이 방안을 제안했던 로터 참사관이 재단 초대 대표자가 됐다.

재단 정관은 아베 스스로 초안을 작성했다. 이후 개정을 거듭하여 1889년 설립 정관이 완성됐고, 1896년 실질적인 최종 정관을 거쳐, 1906년 1월 1일부터 정관의 효력이 발생하게 하는 결실을 봤다. 아베는 2주 후인 1906년 1월 14일에 사망했다.

∷ 공익재단 종업원의 복지 향상 및 유지

아베는 렌즈의 과학적 설계 방법 개발과 종업원의 노동 조건 개선이라는 두 가지 측면에서 자이스에 공헌했다. 그가 노동 조건을 개선하는 데 힘쓴 것은 아버지가 열악한 환경에서 일하던 상황을 자신의 눈으로 봤기 때문일 것이다. 아베는 자신이 실시한 노동 조건 개선 정책을 모두 성문화했다. 공익재단 정관에서 '노동자 권리Arbeitsrecht'라고 명시된 제5장을 그가 가장 중시한 이유는 다음과 같은 그의 발언에서 드러난다.

정관에서 이 장이 나에게는 가장 중요한 부분이다. 왜냐하면 이것이 내가 평생 활동한 중요한 분야에서 이룬 구체적인 성과이기 때문이다. 또한 이 규정에 표명된 의지가 재단법인 자이스의 순조로운 발전에 결정적인 공헌을 하리라고 확신하기 때문이다.

제5장에는 '재단지배기업 종업원의 일반적인 이익(제94~제99

사진 II-25 — 기증된 시민회관(왼쪽)과 도서관(오른쪽)(1905)

사진 II-26 — 주택공급조합에서 건설한 사택(1930년대)

사진 II-27 — 소아과 진료소(1917)

조)', '재단지배기업의 직원과 노동자의 법적 관계(제113~122조)' 등이
포함돼 있다.

:: 예나대학교에 기부하다

1886년과 1887년 예나대학교에 연구 보조금 등을 기부한 것은 아
베의 첫 번째 대규모 사회공헌 사업이었다. 자이스와 쇼트의 실적
은 비약적으로 향상됐고, 아베가 양사에서 받는 배당금도 아주 많
은 금액이었다. 아베는 이 배당금으로 과학 연구 목적의 기금을
설립했다. 그리고 예나대학교에 6,000마르크를 기부하고, 2년 후
에는 이 기부금을 2만 마르크로 늘렸다. 1887년에는 이 대학 부속
천문대 설립을 위한 토지 구입 자금, 건축 및 장비 구입 자금을 후
원했다. 아베는 천문대 관장으로 임명되어 매월 900마르크의 보
수를 받았으나, 모두 천문대를 운영하는 데 사용했다.

　자이스는 호실적을 이어갔고, 1930년대에는 본사 건물과 공장
을 증축했다.

:: 제3 제국 시대부터 제2차 세계대전 후까지

1933년 나치 정권이 들어선 뒤, 같은 해 12월 자이스 경영자는 예나 경찰청으로부터 정관의 14개 항목을 변경하라는 지시를 받았다. 재단감사 자리에는 친나치 성향의 영업담당직원이 임명됐고, 제56조 채용·승급·승진에서의 정당·종교·신분의 중립성은 당연하다시피 삭제됐다. 그 밖에 해고 사유로 '국가의 적대시'라는 항목이 추가됐다. 변경된 정관은 1935년 1월부터 발효됐다. 이런 상황에서도 경영자들은 나치의 간섭을 줄이고자 노력했다.

1945년 5월 8일 독일이 항복했다. 2월의 얄타협정에 따라 7월 1일부터 소련의 점령하에 있게 됐다. 자이스 본사와 공장은 폭격을 받아 공장 94%가 파괴되고 나머지 생산설비는 자이스 기술자 336명과 함께 소련으로 이송됐다. 이 요원들은 1950년대 초반까지 소련에 억류됐다. 그 후 1948년 7월, 주독 소련군 사령부의 명령에 따라 자이스와 쇼트는 대가 없이 국유화되어 'VEB Optik Carl Zeiss Jena'로 개편됐다. 동시에 자이스와 쇼트의 소유자인 카를자이스재단의 이름이 튀링겐주 상업등기부에서 말소됐다. 재단은 존속했지만 그 역할은 사회복지 사업으로 한정됐다.

그런데 자이스의 기술적 가치를 잘 알고 있던 미국이 소련군이 점령하기 전에 엄청난 양의 희귀한 특허공고와 설계문서를 입수한다는 결정을 내렸다. 1945년 4월 미군이 소련보다 예나에 먼저 진주하여 이 서류들을 확보했다. 동시에 자이스 81명, 쇼트 41명 등 총 122명의 경영자, 연구자, 기술자 및 숙련된 장인을 트럭에 태워 미국 점령지인 하이덴하임으로 이송했다.

얄타협정에 따라 미군은 6월 30일 예나에서 철수했다. 하이덴하임에 정착한 자이스 이주자들은 1946년 오버코헨에 새로운 회사를 설립하기로 했다. 이를 위해 95%의 자본금을 예나의 카를자이스재단에서 조달했다. 기계설비는 전쟁 중 감옥에 보관되어 있었는데, 그것도 수송해 왔다. 이런 사실은 예나와 하이덴하임의 동료들이 동일한 경험과 기업문화를 공유하는 '자이스 사람Zeissianer'으로서 우호적인 관계였음을 보여준다. 동독에서 자금과 기계를 가져오지 못한다면 애초에 새로운 회사는 설립할 수 없었을 것이다. 소련 점령군이 예나에 있는 카를자이스재단의 보유 자금에 전혀 손을 대지 않았던 것도 이들에겐 행운이었다. 1947년 서쪽의 자이스는 '자이스옵턴Zeiss Opton Optische Werke Oberkochen GmbH'으로 변경됐다.

그러나 냉전이 격화되면서 1953년 3월, 동독 정부가 양사의 직접 거래를 금지했다. 이와 동시에 예나의 자이스 종업원 15명을 서방을 위한 스파이 활동 혐의로 체포했다. 그 후 양사는 동쪽과 서쪽에서 자신의 길을 걷게 됐다. 동쪽 자이스가 소련 점령 정부의 통치하에 들어갔고, 결정적으로 동서 자이스가 대립 관계로 바뀌었다. 그 상징적인 사건이 자이스의 상표 및 상호의 소유권과 사용권을 둘러싼 국제소송전이다.

1949년 1월 자이스옵턴의 경영자는 바덴뷔르템베르크주 교육부에 하이덴하임을 카를자이스재단의 유일한 재단 본적지로 하는 신청서를 제출했다. 이것이 인정을 받아, 1951년 1월 카를자이스재단법인의 상업등기부가 하이덴하임 상업등기부에 등록됐다. 전후 서독 카를자이스재단의 정관은 나치가 강제 변경한 부분을 되돌려 이전의 정관으로 복귀됐다.

:: 동서독 재통일부터 2004년 재단 정관 개정까지

1990년 독일이 재통일된 후 우여곡절 끝에 1991년 6월 카를자이스재단의 소재지를 하이덴하임과 예나로 하고, 동독의 카를자이스와 쇼트는 경제적 조건이 정비되는 즉시 카를자이스재단 산하로 편입하기로 합의했다. 1992년 6월 새롭게 에른스트아베재단이 설립된 후, 자이스와 쇼트의 생산 부문을 제외한 자산이 재단에 양도됐다. 이런 자산은 주택공급유한회사의 지분 95.7%, 카를자이스주택지유한회사의 100% 지분 등 이외에 카를자이스재단 소속의 시민회관, 도서관, 시민 수영장, 86호의 주택, 7동의 휴가용 별장과 휴양시설, 공익용 토지, 천문관, 스포츠시설, 병원 등의 부동산이었다.

정관 개정의 움직임

1990년 독일이 재통일되기 이전인 1978년에 처음으로 서독의 카를자이스재단과 그 재단지배기업 간에, 그리고 동서 자이스 통합 후 1996년 초에 정관을 개정하고자 하는 움직임이 있었다. 사회 전반적으로 근로 시간 등의 근로 조건, 근로자 대표 제도, 건강보험, 연금 등의 사회보장보험제도가 100년 전과는 비교할 수 없을 정도로 크게 개선되어, 이를 따라잡으려면 정관을 개정할 필요가 있었다. 신문이나 잡지에서는 '먼지가 쌓여 있는 정관'이라고 비판하기도 했다.

또한 경영자들도 재단 정관이 세계를 무대로 하는 성장이나 전략적 결정에 제약이 된다고 비판했다. 구 정관에서 자이스와 쇼트는 영리회사이면서 재단법인 산하의 법인격 없는 사업부문에 불과하고, 독립적인 회사가 아니었다. 따라서 정관 규정으로 인한 다양한 제약이 있었다. 구 정관은 재단의 공익성과 사회성의 지속을 목적으로 하는 아베의 경영 사상이 반영된 것이지만, 이제는 시대에 뒤떨어지고 말았다.

구 정관의 제약 요인은 다음과 같이 요약할 수 있다.

재단회사에 대한 지식 부족

2004년에 정관을 개정하기 전, 독일에서는 공익재단이 영리사업을 소유하고 경영하는 기업 형태인 카를자이스재단은 매우 희귀한 사례였다. 물론 유일하다고는 할 수 없을 테지만 독일의 다른 기업경영자, 관리자, 종업원들이 쉽게 이해할 수 있는 기업 형태는 아니었다. 이 때문에 다른 회사와 거래를 시작하거나 제휴협상을 할 때 상대 회사의 담당자가 자이스재단의 법적 형태와 거래의 법적 능력을 이해하지 못해 거래가 불발되는 사례가 많았다.

채무초과에 따른 강제해산 규정

구 정관 제37조에는 두 재단지배기업 중 하나가 채무초과 등의 이유로 존속 불능 상태에 빠질 경우, 그 영향이 다른 재단지배기업에 미치는 것을 방지하기 위해 다른 재단지배기업도 강제로 해산하는 공동책임맹약Haftungverbund이 규정되어 있었다. 이에 따르면 회사 재건이 불가능하기에 이 조항도 폐지했다.

다각화를 제한하는 규정

아베는 본업을 중시하고 다각화를 제한했다. 1886년 정관에서 카를자이스재단이 종사하는 영리활동은 광학, 광학유리, 계기 및 관련 사업으로 한정됐다. 그리고 그 밖의 사업 분야에 진출하는 것은 금지한다고 규정되어 있었다(제35조). 그러나 이 조항이 본업을 확대하는 데에도 지장을 준다고 판단하여 1906년 최종 정관에서는 재단이 생산한 제품의 판매 또는 그 제품에 필요한 원자재나

반제품 사업에 대해서는 재단의 지분참여가 가능하도록 수정됐다. 또한 상기 이외의 사업 분야로 진출하는 경우도 건전한 기업가정신을 통해 기업으로서 재단의 발전에 기여한다면 위의 제한은 적용되지 않는다고 규정했다(제36조). 다만 이 조항은 2004년 정관 개정 시 삭제됐다.

타사와의 합작회사 설립 제한 규정

구 정관에서는 타사와 공동으로 출자하여 새로운 회사를 설립할 때, '다른 회사가 파견한 초대 공동출자자가 경영에서 물러선 경우, 그 시점에 그 합작회사의 지분을 재단이 인수하여 재단이 그 회사를 운영한다(제38조)'라는 조항을 합작투자 계약에 명시하게 했다.

자이스의 디터 쿠르츠Dieter Kurz 사장은 이와 같은 전통적인 정관 탓에 타사와 합작회사를 설립하거나, 그에 따른 중요한 기술을 취득하거나, 그 합작회사를 상장할 길이 막혔다고 강조했다. 쿠르츠 사장은 안경 부문을 예로 들자면 자이스와 프랑스의 에실로Essilor International S.A는 같은 규모였지만 현재는 추월당했다며 불만을 표시했다.

이 문제도 2004년에 정관을 개정하면서 해결됐다. 개정 정관 제9조의 2에 따라 각 주식회사는 타사와의 자회사 설립, 타사의 인수 또는 타사에의 지분참여, 회사 자산의 전부 또는 일부의 매각이 가능해졌다. 또한 재단지배기업 최고경영자의 중요한 의사 결정에 관해 재단으로부터 사전승인을 받도록 하는 규정(제16조)도 폐지됐다. 이에 따라 사업회사만의 의사결정에 따른 경영이 가능해졌다.

경영자 보수격차 축소 규정

보수격차를 10배 이하로 정한 구 정관 제94조도 폐기됐다. 이 규정은 아베가 특히 신뢰하던 변호사도 비판했던 조항이다. 그러나 구 정관의 정신은 개정 정관의 다음 문구로 계승되고 있다.

> 감독이사회는 경영이사회 임원의 개별 연봉 등을 결정할 때 당해 경영이사의 책임과 실적 및 회사의 상황에 비추어 적절한 수준으로 유지해야 한다(제10조의 5).

이익지향 약화

마지막으로 구 정관에 의하면 자본시장에서 자본을 조달하기가 어렵다는 점, 경영자나 종업원의 이익 관념이 약화된다는 점, 기업 이익이 경시된다는 점 등에서 비판을 받았다.

재단지배기업에서 주식회사로 개편

앞서 살펴본 바와 같은 정관 개정의 필요성을 인식한 결과 재단 설립자의 의사와 경영, 기업, 사회 및 정치적 관점을 반영하여 2004년에 근본적으로 개정됐다. 이에 따라 자이스와 쇼트 두 재단지배기업은 각각 카를자이스주식회사Carl Zeiss AG와 쇼트주식회사Schott AG라는 독립적인 법인격을 부여받고 정관 목적을 실현하게 됐다(제9조의 1). 이전에는 재단이 소유 및 지배뿐만 아니라 기업의 일상적인 기능에도 관여했지만, 2004년 개정 정관에서는 '모든 경영은 2개의 주식회사가 독자적으로 수행한다'라고 규정됐다(제9조의 2).

또한 다음과 같은 조항도 신설됐다. '재단만이 2개의 재단주식회사를 단독으로 완전하게 소유하며, 재단은 양사의 지분을 양도할 수 없고, 2개 주식회사에 대한 제삼자의 자본참여는 허용되지 않는다(제9조의 3).' 이에 따라 재단의 소유구조는 변하지 않으며, 또한 주식회사는 비상장회사로서 소유구조가 변하지 않는다. 이 규정의 목적은 재단과 2개의 주식회사의 자본구조에 제삼자가 출자자로 참여함으로써 재단 목적이 변질할 가능성을 차단하고 그 수행의 연속성을 보장하기 위함이다. 그러나 2개 주식회사의 자회사는 상장이 가능하며, 실제로 자회사 중 하나인 카를자이스메디테크Carl Zeiss Meditec AG는 프랑크푸르트 증권시장에 상장되어 있다. 이로써 재단이 사업회사의 자금을 조달할 필요는 없어졌다.

정관이 개정되면서 양사가 회사법 및 기타 법의 적용을 받게 되어, 특히 제삼자에 대한 회사의 투명성이 향상됐다. 정관 조항도 122개에서 33개로 대폭 간소화됐다.

:: 재단지배기구의 개혁

정관 개정에 따라 2004년 재단의 지배기구는 다음과 같이 변경됐다.

1906년 정관에 따른 공익재단의 조직

재단평의회

재단평의회는 재단의 최고 의사결정기관으로, 작센 대공국 국무부가 두 재단지배기업의 업무집행책임자가 정관 및 규칙을 준수하면서 경영하고 있는지 감독한다. 또한 재단감사와 각 재단지배기업의 경영이사를 선임한다. 평의회의 역할은 오늘날 회사의 감독이사회에 해당한다.

재단감사

재단감사는 평의회에서 선임되는 행정 당국의 고위공무원이다.

그림 II-6 ― 재단지배구조: 1906년 초대 정관

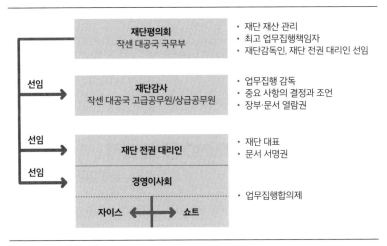

재단평의회
작센 대공국 국무부
- 재단 재산 관리
- 최고 업무집행책임자
- 재단감독인, 재단 전권 대리인 선임

선임

재단감사
작센 대공국 고급공무원·상급공무원
- 업무집행 감독
- 중요 사항의 결정과 조언
- 장부·문서 열람권

선임

재단 전권 대리인
- 재단 대표
- 문서 서명권

선임

경영이사회
- 업무집행합의제

자이스 ◄―► 쇼트

※ 출처: 카를자이스공익재단(1921)

그림 II-7 ― 재단지배구조: 2004년 개정 정관

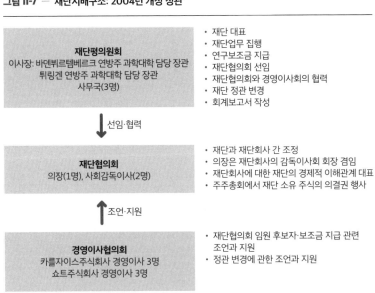

재단평의원회
이사장: 바덴뷔르템베르크 연방주 과학대학 담당 장관
튀링겐 연방주 과학대학 담당 장관
사무국(3명)
- 재단 대표
- 재단업무 집행
- 연구보조금 지급
- 재단협의회 선임
- 재단협의회와 경영이사회의 협력
- 재단 정관 변경
- 회계보고서 작성

선임·협력

재단협의회
의장(1명), 사회감독이사(2명)
- 재단과 재단회사 간 조정
- 의장은 재단회사의 감독이사회 회장 겸임
- 재단회사에 대한 재단의 경제적 이해관계 대표
- 주주총회에서 재단 소유 주식의 의결권 행사

조언·지원

경영이사협의회
카를자이스주식회사 경영이사 3명
쇼트주식회사 경영이사 3명
- 재단협의회 임원 후보자·보조금 지급 관련 조언과 지원
- 정관 변경에 관한 조언과 지원

※ 출처: www.carl-zeiss-stiftung.de

재단감사는 자이스와 쇼트의 2개 재단지배기업의 평의회 대표로, 재단 활동이 정관 및 설립자의 의사에 따라 이뤄지도록 감독하고 감시하는 의무를 진다. 또한 재단지배기업에서 전권 대리인과 함께 재단과 재단지배기업 간의 조정과 연락 업무를 담당한다.

전권 대리인

전권 대리인과 전권 부대리인은 재단에 소속되며, 각 재단지배기업에서 재단을 대표하고 재단의 목적과 기업 목표 사이에 이해충돌이 발생할 경우 이를 해결해야 한다. 전권 대리인은 평의회에서 임명되는 각 재단지배기업의 경영이사 중에서 선임한다(제9조). 경영이사는 정관에 따라 각 재단지배기업의 생산 활동을 지휘 및 관리하며, 그 수는 최소 2명, 최대 4명이고 적어도 1명은 자연과학자여야 한다.

실제로 경영이사는 과학자, 기술자, 영업담당자 등 3명으로 구성됐다. 자이스의 경영이사 1명은 쇼트 사업장의 경영이사를 겸임했다. 자이스의 초대 경영이사는 아베였으며, 그가 전권 대리인을 겸임했다. 그리고 부대리인은 아베의 후계자가 된 참스키였다. 다른 경영이사는 피셔Verlag von Gustav Fischer(영업담당)와 쇼트였다. 쇼트 사업장에서도 자이스에서와 동일하게 전권 대리인이 선임됐다.

이 조항은 공익재단이 직접 사업회사를 경영한다는 점을 단적으로 보여준다.

2004년 정관에 따른 공익재단의 조직

재단평의회

재단평의회는 재단 목적의 수행 상황을 감독하는 기관으로, 재단의 임원 선임 및 정관 변경 등의 업무를 관장하는 최고기관이다.

재단협의회

의장과 2명의 위원으로 구성되며 재단평의회가 임명한다. 위원을 선임할 때는 전문 분야 및 국제적 기업의 경영자나 감독자로서의 경험과 인품, 전문성·독립성, 정관을 준수하여 책임을 수행할 수 있는 자인지를 검토하게 된다(제6조 2). 의장은 카를자이스의 감독 이사회 회장이며, 다른 2명은 섬유 기업의 사장과 독일 상공회의소 명예회장이다.

재단협의회의 가장 중요한 역할은 재단의 경제적 이해를 실현하고 주주총회에서 의결권을 행사하는 것이며(제6조 a, b), 구체적으로는 이익 처분, 특히 두 회사에서 재단에 배당하는 비율을 결정하는 것이다. 이 기준은 두 회사의 합계 자기자본비율에 대한 배당비율로 정관에 규정되어 있다. 구체적으로, 자기자본비율이 20% 이하이면 무배당이며, 자기자본비율이 20%를 초과해야 이익의 최소 2%에서 최대 4%의 배당이 가능하다. 최고배당비율은 자기자본비율이 40%일 때 최소 5%에서 최고 14%의 배당률이 적용된다(제24조 1a). 2010년 9월 30일 현재 자기자본비율이 33%이기 때문에 배당률은 최소 4%, 최고 10%가 된다. 배당비율의 변동폭을 설정한 이유는 재단 산하 주식회사의 경제적 안정성을 고려하면서 재단 목적을 최대한 추구하기 위함이다(제24조 1b).

재단협의회의 다른 기능은 재단주식회사가 정관을 준수하는지 감독하고, 재단이사회에 정관 변경을 제안하는 것 등이다. 이를 위해 재단협의회 의장이 각 재단주식회사의 감독이사회 회장을 겸임한다(제11조 4). 2015년 기준 홈페이지에는 재단협의회가 재단과 재단주식회사 간의 조정과 의사소통을 담당하는 '통합기관Bindeglied'으로 소개되어 있다.

경영이사협의회

이 협의회는 상기 재단기관에 대한 자문 및 지원기관이며, 자이스와 쇼트 각 재단주식회사의 경영이사회 회장과 임원 2명 등 총 6명으로 구성된다. 양사의 경영이사회 회장은 의장으로서 공동으로 경영이사협의회를 대표한다. 경영이사협의회는 위 재단협의회 의장 및 위원의 임명 또는 임기 연장에 앞선 의견표명과 정관 변경에 관한 제안, 후원금의 배분 및 정관 변경에 관한 사전 의견표명과 조언이 그 역할이다(제7조).

:: 앞으로의 과제

전후 자이스를 포함한 독일의 카메라 업계는 일본 제품과의 경쟁에 패배하여 거의 전멸했다. 독일 산업계는 일본의 저임금이 원인이라고 비난했지만, 진정한 원인은 혁신이었다. 일본 기업이 리플렉스카메라, 디지털카메라 등을 통해 독일의 카메라 업계에 큰 타격을 주었다는 것은 주지의 사실이다.

또한 2010년 6월 독일의 한 신문 기사에 따르면, 자이스가 안경렌즈의 가격담합을 했다는 것이 독일 공정거래위원회 조사에서 밝혀졌고 1억 1,500만 유로의 벌금이 부과됐다.

:: 맺는말

공익재단이 영리사업 기업을 지배하고 경영한다는 아베의 구상은 19세기 말에서 20세기 초의 획기적인 조직 혁신이었다. 영리활동을 윤리적 이상 아래에 두는 개혁은 독일에서도 처음으로 시도됐다. 자이스의 세계적인 시장지위는 이런 기업윤리와 기업전략이 성공한 덕이라고 할 수 있다. 그러나 공익재단의 목적과 영리기업의 목표는 애초에 이해가 상충하기 마련이고, 이 때문에 2004년에 재단의 정관을 개정했다.

정관을 개정한 데에는 시대의 변화라는 요인도 작용했다. 제1차 세계대전, 나치 시대, 제2차 세계대전의 위기, 동서독으로 분열된 회사 등 수많은 우여곡절을 겪으면서 자이스는 새로운 변화의 길을 모색해나가고 있다. 학자와 기업가로서 아베의 일생과 실적은 앞으로도 계속해서 연구자와 기업가에게 하나의 길과 목표가 될 것이다. 이는 오늘날 산학공동체제에 대해 하나의 가능성을 제공하고 있다.

2004년 두 재단지배기업이 각각 독립된 주식회사로 개편되어 법인격을 취득했다. 공익재단의 정관 변경은 감독행정청이 인정하는 단계에서부터는 변경이 불가능하다는 것이 기본 개념이다. 이와 관련하여 자이스의 정관 변경은 최고 원칙인 설립자의 의사를 무시한 것이라는 비판도 있다. 그러나 공익재단이 재단지배기업에서 나오는 배당에 의존하는 이상 재단지배기업은 수익성을 확보해야만 한다. 이를 위해 재단지배기업은 경영 환경에 유연하게 대응하는 전략을 펼쳐야 한다. 아베가 재단 정관을 제정한 이래 한 세기가 넘게 지났다. 그리고 독일의 노동 조건, 노사 관계, 공동결정, 기술과 시장에서의 경쟁 조건 등은 비교할 수 없을 정도로 변화하거나 진화했다. 그런 만큼 정관 개정은 필수적인 일이었다고 하겠다.

아베는 불편부당, 불요불굴의 정신을 가지고 있었다. 당시 독일 정부가 위험한 단체라고 판단하던 독일 사회민주당이 전당대회를 개최할 장소를 물색하고 있었다. 모든 곳에서 거절당하던 와중에 아베가 예나의 시민회관을 전당대회 장소로 제공했다. 자신이 민주당을 지지하지 않았음에도 말이다.

아베는 공장의 전 재산과 자기 가족의 유산분을 제외한 모든 개인 재산으로 자이스공익재단을 설립했다. 이 재원으로 건립된 시민회관과 도서관 낙성식에 그는 참석하지 않았다. 이 공익재단에 자기 이름을 붙여도 충분한 상황이었지만, 그는 동업자인 자이스의 이름을 붙였다. 그는 직공과 거의 다름없는 옷을 입었으며, 작위나 명예직을 모두 거절했다.

또한 그는 놀랄 만큼 겸손했으며, 그 마음이 거의 신에 가까웠다. 학술 연구에만 전념하고 최선의 근로 환경을 만든 아베는 이상적인 기업가가 아니었을까.

사진 II-28 — **시민회관에서 열린 사회민주당 전당대회(1913)**

아베의 정신은 문구가 약간 다르지만 개정 정관 제1조에 충실하게 계승돼 실천되고 있다. 아베가 살아 있다면 아마 자이스의 정관 변경에 찬성했을 것이다. 아베의 공익재단 정관은 기업이념, 재단지배, 기업지배, 종업원 복리제도와 복리시설 등 회사 경영에 관한 대부분 기본 규정을 성문화했다. 이 점에서 가족기업이냐 비가족기업이냐를 불문하고 다른 기업에도 큰 도움이 될 것으로 생각된다.

보쉬

1886년 로베르트 보쉬Robert Bosch(1861~1942)는 기계직공과 수습생 등 2명의 직원과 함께 공장을 창업했고, 1902년에 기존 점화장치의 결함을 근본적으로 해소하는 기술혁신에 성공했다. 자동차용 엔진을 작동시키기 위해서는 연료와 공기의 혼합기체를 착화하는 점화장치가 필수적인데, 단순한 부품을 넘어 자동차의 보급과 해당 산업의 발전에 커다란 공헌을 한 기술혁신이다.

보쉬의 자기점화플러그를 기반으로 한 세계 시장 제패로 이 회사는 오늘날에 이르기까지 유한회사로서 재무적 독립성을 유지하고 있고 엔진 기술, 전기·전자 제어 기술, ABS, 스티어링 등 자동차 기기 세계 1위를 다투는 기업으로 발전했다. 이 밖에 전동공구, 냉장고 등의 내구 소비재, 포장기기 등 산업기계로 다각화를 추진하여 오늘에 이르렀다.

보쉬는 자동차 산업의 중심지인 슈투트가르트에 있으며, 그 규모와 기술력으로 같은 지역의 다임러, 포르쉐 등과 대등한 협상력을 발휘할 수 있는 가족기업이다. 2015년 잠정 보고서에 따르면, 세계 직원 수 29만 명, 매출액 약 489억 유로(약 60조 원)를 기록했다. 아마도 세계에서 가장 큰 유한회사 중 하나일 것이다. 이 회사는 창업 시기부터 외국 시장에 적극 진출하여 오늘날 50개국에 거점을 갖고 있다.

이 회사는 창업 이래 충실한 직원 복지제도와 그 연장선에 있는 공익재단을 통해 사회공헌을 해왔다. 이런 공익활동은 교육, 의료, 제2차 세계대전 중 유대인 구제를 포함한 국제이해,• 협력 등 광범위한 영역에 걸쳐 이뤄졌다. 지출액과 기본 재산에서 독일 최대 공익재단 중 하나로, 2014년 3월 창립 50주년을 맞이했다. 2010년에 공익재단이 받은 배당액 76만 유로는 가족에 대한 배당액 60만 유로를 훨씬 넘는다. 또한 이중재단에 기초한 공익재단과 사업체, 가족신탁회사에 따른 지배구조는 이상적인 규범으로 여겨진다.

• '세계인권선언'의 정신을 바탕으로 세계의 다양한 현상과 문제를 바라보고 인종이나 성별, 종교의 차이를 초월하여 발현하는 올바른 인간으로서의 이해 - 옮긴이

:: 기업이념과 기업문화

보쉬의 가정환경

보쉬는 아인슈타인의 탄생지와 세계에서 가장 높은 첨탑을 가진 대성당으로 유명한 울름에서 12킬로미터 떨어진 작은 마을 알벡에서 태어났다. 아버지의 가계는 16세기까지 거슬러 올라갈 수 있는 오랜 가문이며, 여관 크로네관을 운영하면서 삼림·우마牛馬목장, 맥주 양조까지 하는 꽤 부유한 겸업 농부였다. 아버지는 여관업을 운영하는 사람치고는 독서를 좋아하고 다수의 장서를 가지고 있었으며, 정의와 공정을 중시하는 민주주의적 성향이 강한 인물로 정치적 활동에도 관여했다. 이 때문에 비스마르크와 프로이센 기질을 싫어했다. 형제들의 학교 성적은 우수했지만, 보쉬는 실업학교에서의 성적이 신통치 않았고 7년 동안 여러 공장에서 일했다. 그는 뉘른베르크의 슈케르트 공장Johann Siegmund Schukkert에서 귀중한 경험을 했다. 소유경영자인 슈케르트는 발전기 분야에서 남다른 혁신 능력을 갖추고 있었다. 하지만 젊은 나이에 사망했고, 회사는 지멘스에 인수됐다. 보쉬는 1883년에는 아크 등 생산 공장에서 일하면서 슈투트가르트공과대학교의 청강생으로 통학했다.

이듬해인 1884년에는 민주주의를 신조로 하는 그가 동경하는 자유의 나라 미국으로 여행을 떠났다. 하지만 미국에서 보쉬는 법

앞에서 평등하지 않다는 현실을 발견하고 무척 실망했다. 그는 1885년까지 약 1년간 독일계 이민 노동자들이 많은 시카고 지역에서 열악한 근로 조건에서 일하면서 노조에 가입했다. 그리고 개선을 요구하는 많은 시위 참여자가 경찰의 총탄에 희생되는 상황을 지켜봤다. 일개 노동자로서 가혹한 경험을 통해 그는 사회주의에 눈을 떴다. 그는 독일의 약혼녀에게 보낸 편지에서 "나는 사회주의자다"라고 선언할 정도로 신조가 변화했다. 나중에 종업원의 시선으로 본 보쉬의 복지정책과 사회적 책임 이념은 이런 체험과 정치적 신조로 이해해야 한다. 보쉬는 발명가인 에디슨의 기계제작소 등에서 일했으나 경제 위기로 일자리를 잃고, 영국으로 건너가 지멘스의 영국 거점에서 일했다.

이들 공장에서 수습공으로 일하며 습득한 지식과 기술은 이후의 전문 분야에 크게 도움이 됐다. 보쉬는 1886년 독립했으며, 창업 당시 자신이 할 수 있는 범위 내에서라면 일이나 보수액을 상관하지 않고 전동 장비, 속도계, 만년필, 가스점화기 등을 수리하거나 제작했다.

어느 날 주력 제품을 결정하는 데 커다란 전환점이 된 주문을 받았는데, 바로 위치 고정식 내연기관용 자석 점화장치였다. 1880년대 슈투트가르트의 다임러와 만하임의 벤츠가 승용차의 개발과 개선에 필사적으로 매달렸는데, 가장 어려운 문제는 기화 연료의 점화장치였다. 당시의 가열식 점화장치는 분당 900회전을 하는

사진 II-29 — 로베트트 보쉬와 수습공

사진 II-30 — 보쉬 공장과 본사 전경(1906)

사진 II-31 — 점화플러그의 절연용 소자 생산 공장

사진 II-32 — 영구자석을 채택한 스타터와 발전기

엔진까지는 적용할 수 있었지만, 그 이상의 고회전에는 쓸 수 없었다. 보쉬는 유능한 기사 호놀트Gottlob Honold에게 고압 자석 점화장치를 개발하라고 했고, 1902년 마침내 완성됐다. 이에 따라 점화장치의 가격이 낮아졌고, 회전수가 아무리 높아져도 사용할 수 있게 돼 세계 시장에서 독보적 지위를 확립했다.

기업이념

보쉬는 사망 4년 전인 1938년에 유언에서 후계자를 위한 기업이념을 제정했다.

> 나의 진심 어린 소망은 로베르트보쉬유한회사가 후손 대대로 가능한 한 장기적으로 지속되며, 어떤 경우에도 재무적 독립성을 확보하여 자주독립을 유지하고 행동력을 발휘하는 것이다.

이 회사의 '재무독립성'이라는 기본 이념은 오늘날까지도 유지되고 있다. 즉 유한회사의 법적 형태에 따라 주식시장에 의존하지 않고 주로 회사의 유보이익과 감가상각, 은행 차입 등으로 성장을 이뤘다.

두 번째 이념은 '사회적 책임'으로, 이에 대해 그는 "보쉬 가문의 후손이 오랫동안 회사와 함께 회사의 이익 일부를 공익을 위해 사용하는 것이다"라고 밝혔다.

제1차 세계대전 직후 보쉬는 같은 공동주택에 살던 온건개혁파 사회주의자인 카를 카우츠키_{Karl Johann Kautsky}와 우연히 알게 돼 잠시나마 가족적인 친분을 쌓았다. 그 자신이 사회민주당 당원은 아니었지만 선거 자금을 기부하는 등 그를 후원했다.

이상의 기업이념은 다음과 같은 노동 조건의 개선으로 구체화됐다.

직원 복지정책

보쉬는 크루프, 자이스와 함께 직원 복지를 중시하는 인사 및 노무 정책을 펼쳐 독일의 모범적인 가족기업 중 하나로 유명하다. 그런데 그 정책은 초기 크루프에서 볼 수 있었던 19세기의 일반적인 모습, 즉 위에서 아래로 주어지는 가부장적이고 온정적인 제도가 아니라 어디까지나 직원의 자주적 독립과 존엄성을 중시하는 형태로 이루어졌다. 예를 들어 보쉬는 직원용 사택을 건설하지 않은 이유를 "그런 일을 하면 직원은 노사 관계에서 (경영자에 대한) 자유를 잃게 된다"라고 말한 것으로 알려졌다. 그 대신 보쉬는 기업 밖의 자사 입지지구에 빈민을 위한 공동주택을 지었다.

보쉬는 1906년에 8시간 근무를, 1910년에는 주 5일제와 유급 휴가를 도입했다. 1912년에 이 회사의 임금은 같은 지역 정밀기계

산업의 평균치를 62.4%나 웃돌았다. 이런 고임금은 보쉬 자신에게 이익이 됐다. 그의 유명한 말이 이를 뒷받침한다.

나는 부유하기 때문에 고임금을 지급하는 것이 아니다. 고임금을 지급하기 때문에 부자인 것이다.

1927년에는 회사가 출연금을 전액 부담하여 근속 10년 이상, 40세 이상의 직원을 대상으로 하는 연금제도와 유족연금제도를 개시했다. 이를 탐탁지 않게 여기는 타사 소유경영자는 그를 '빨갱이 보쉬'라고 야유했다. 그러나 현장 직원들은 일상적인 대화에서 그를 '보쉬 아버지'라고 불렀다.

보쉬는 자신이 '민주적' 가정환경에서 자랐다고 썼다. 젊은 시절에 스스로 기계공이자 노동자로서 생활한 경험이 무엇을 의미하는지 잘 알았다. 그래서 1870년대 독일의 노동쟁의 상황에 관심이 많았다. 그는 비스마르크의 '사회주의 진압법'이 사회적 안전판을 닫는 것이라고 비판하며, 그 때문에 노동자들의 불만 압력이 더욱 커질 것이라고 강조했다. 보쉬는 회고록에서 "노동운동 진영에서는 강경파와 온건파가 서로를 증오하고, 이들은 또 중도파를 증오한다. 나는 중도파다"라고 썼다.

파업 발생

근로 조건의 개선에도 불구하고 1913년 보쉬 공장에서 클라라 체트킨Clara Zetkin을 비롯한 급진파 사회주의자의 선동으로 파업이 발생해 6주 동안이나 지속됐다. 당시 슈투트가르트에서는 마르크스주의자 중 급진파와 수정파 또는 온건파 노조가 노조원 수를 늘리기 위해 경쟁하고 있었다. 보쉬의 아내는 사회주의자 화가인 츤델Georg Friedrich Zundel의 그림을 보고, 그에게 세 아이의 초상화를 그려달라고 했다. 그때 열아홉 살이던 맏딸 마르가레테Margarete와 열일곱 살이던 둘째 딸 파올라Paula가 츤델의 영향을 받아 급진적 사회주의자가 되고 말았다. 게다가 마흔여섯 살인 츤델이 서른 살이나 어린 파올라를 좋아하게 됐다. 츤델은 당시 자신과 마찬가지로 급진파 여성 사회주의자 클라라 체트킨과 결혼한 상태였다. 체트킨이 이혼에 동의하여 츤델과 파올라가 정식으로 결혼할 수 있게 된 것은 10년 후였다.

체트킨은 같은 급진파 기관지 기자 베스트마이어Friedrich Westmeyer와 함께 보쉬의 직원들을 선동하여 파업을 일으켰다. 적어도 보쉬는 그렇게 추측했다. 이때 그의 두 딸이 파업에 동조해 부모와 자식 간에 분열의 비극을 겪었다. 파업은 노동자 측의 패배로 끝났고, 지역 노조는 1만 5,000명 중 6,000명의 조합원을 잃었다. 이 경험으로 보쉬는 이제까지 입회한 적이 없는 경영자단체의 일원이 됐다. 그러나 그 후에도 보쉬의 직원들에 대한 복리후생제도는 변함없이 유지되고 확충됐다. 보쉬는 사회민주당과의 관계를 청산하고 온건파인 독일민주당DDP을 지원하기 시작했으며, 같은 당 프리드리히 나우만 제국의회 의원이 베를린에 세운 정치학 대학에 건물을 기증했다.

:: 기업전략

세계화

보쉬의 기업전략은 창업기 이래 국제화, 다각화 그리고 개방적 기술혁신으로 집약된다. 보쉬는 미국과 영국에서 7년에 걸친 수습수업과 노동 체험을 통해 국제적 안목을 갖춘 기업인이었다. 자동차가 보급되기 이전인 1899년 영국 투자자 심즈Frederic Simms와의 합작회사를 통해 파리, 런던, 미국에 영업 거점을 설립했다. 그러나 심즈가 부정한 회계조작을 통해 사익을 취하려 했다는 사실이 밝혀졌다. 보쉬는 그와의 관계를 청산하고, 앞으로 모든 외국 시장 진출은 단독으로 하겠다고 결심했다.

보쉬는 1909년 미국 스프링필드에 공장을 건설하는 등 직접투자를 통해 본격적인 국제 사업을 전개했다. 1914년 제1차 세계대전이 발발하기 직전 보쉬는 25개국에 5개 자회사, 8개 판매점을 보유하고 있었으며, 매출액 중 수출 비중이 88%에 달했다.

다각화

보쉬는 점화플러그에만 의존하는 위험을 피하기 위해 사업 다각화도 적극적으로 추진했다. 자동차의 발전과 함께 초반에는 승용차 주행의 안전성 확보에 필수적인 장비를 개발하는 데 노력을 집중했다. 1912년에는 스타터가, 1914년에는 전조등과 후미등 등 조명기기가 '보쉬 리히트Bosch-Licht'라는 이름으로 출시됐다. 그리고 1921년에는 '보쉬 호른Bosch Horn'으로 불리는 경적을 개발해 베를린 자동차 쇼에서 선보임으로써 높은 평판을 얻었고, 방향지시등과 와이퍼가 그 뒤를 이었다. 또한 디젤엔진의 발명자 루돌프 디젤Rudolf Diesel과 점화장치의 공동 개발에 힘써 1927년에는 디젤 연료 분사펌프를 실용화했고, 보쉬는 이 분야에서도 세계적 지위를 확보했다.

그 밖에도 1933년에 블라우푼크트Blaupunkt GmbH를 인수했는데, 오늘날 이 회사는 라디오, 자동차용 라디오, TV, 헤드폰 등과 같은 가전제품으로 보쉬의 매출 성장에 한몫을 했다. 또한 융커스Junkers를 인수해 급탕설비와 공조설비 분야에 진출했는데, 1933년에는 60리터짜리 드럼형 냉장고를 개발하여 판매를 시작했다. 가전제품으로는 이후 식기세척기, 바닥청소기, 전동공구 등이 이어졌다. 1936년에는 TV 카메라를 개발했다. 같은 해 베를린에서 열린 올림픽 상황을 베를린 시민들은 시내 곳곳에 설치된 27개의 TV로 시청할 수 있었다. 이들 사업의 많은 부분이 오늘날까지 계속되고 있다.

보쉬의 세 번째 전략적 특징은 자급자족주의를 천명했음에도 다른 회사의 기술을 적극적으로 이용했다는 점이다. 이는 지금까지 소개한 다각화 사례에서도 드러나지만, 가전제품을 타깃으로 지멘스와 합작회사를 설립한 일이나 일본의 야금학자 미시마 도쿠시치三島德七가 개발한 영구자석 MK강을 채용해 자석 점화플러그를 개발한 일 등에서도 알 수 있다.

재무전략에 관해서는 이미 언급했듯이 '재무적 독립성'이 기본적인 기업이념이 됐다. 보쉬는 유한회사이므로 증권시장에서 자금을 조달할 수 없고, 따라서 기업이 이익과 감가상각이 자금원이 된다. 그리고 이 이익이 공익재단과 유한회사 간에 어떻게 배분되느냐도 중요한 문제다. 1963년부터 1984년까지 사장직에 있었던 메르클Hans Lutz Merkle에 따르면, 보쉬의 정책은 우선 사업체의 유지와 발전에 필수적인 최소 자금을 배분하고 남는 수익을 공익재단에 출연한다. 공익재단에 대한 이익배분은 활동에 필수적인 금액으로 제한되므로 배분 금액은 얼마 안 된다고 한다.

재무전략

메르클은 보쉬 정도의 대규모 회사들이 어떻게 상장을 하지 않고 유한회사로 존재할 수 있는가에 대해 다음과 같이 이야기했다.

유한회사의 유보이익에 대한 세율이 주식회사의 배당에 대한 세율보다 높다. 그러나 유한회사에는 주주가 없기 때문에 배당 의무가 없다. 또한 유한회사는 세금을 공제한 후 내부유보를 강화함으로써 신용도를 높이고, 회사채와 채무증서를 발행해 자본시장에서 장기자금을 조달할 수 있다. 이 경우 이자를 비용으로 인정받을 수 있으므로 유리하다.

이상은 1971년 사내 관리자를 대상으로 한 발표이기 때문에 오늘날 어느 정도 타당한지는 불분명하다. 그러나 당시와 비교할 때 상장기업에 대한 감시가 엄격해지고 다양한 법적 공개 의무가 늘어남에 따라 상장기업 중 상당수가 증자를 하지 않고 내부에 유보하여 신규 투자에 활용한다. 이런 상황을 고려할 때, 독일에서 주식공개는 의미가 퇴색했다는 점을 알 수 있다.

:: 기업윤리

공익활동의 전개

보쉬는 공익재단을 설립하기 이전에도 공익적인 활동을 펼쳐왔다. 그 첫 번째 활동은 1910년 슈투트가르트공과대학교에 기계공학, 전기공학, 물리학의 연구·교육 지원을 목적으로 100만 마르크를 기부한 것이다. 또한 튀빙겐대학교에도 기부함으로써 명예공학박사와 명예의학박사 학위를 받았다.

1915년에는 호메오파티세Stuttgarter Homöopathische Krankenhaus GmbH 병원과 결핵요양소를 짓는 데 40만 마르크를 출연했는데, 그 동기는 아마도 30대에 외아들 로베르트Robert를 다발성경화증으로 잃었기 때문일 것이다. 자신의 후계자로 기대했던 장남이었다. 아내는 그 충격으로 입원과 퇴원을 반복했고, 결국 별거 후 이혼하게 됐다. 이후 재혼하여 두 아이를 낳았는데, 장남에게 로베르트라는 이름을 지어주었다. 병원 건설은 1914년 발발한 제1차 세계대전 이전에 시작됐고, 토대공사까지 마무리한 상태였다. 그러나 병원이 완성된 것은 전쟁이 끝나고도 몇 년이 지난 1921년이었다. 그 후 병원에서 연구 부문을 설립하자 기부액을 2배로 늘렸다.

또 1915년에 100만 마르크를 출연하여 슈바벤 주택가를 건설했고, 저소득층 서민을 위한 건강한 주거공간을 제공했다. 1916년

사진 II-33 — 로베르트보쉬병원 전경(1940~1973)

보쉬는 전쟁 중 희생된 이들 덕에 얻은 특수 이익을 떳떳하게 여기지 않고 그중에서 1,300만 마르크를 네카어강 운하 보수 자금으로 기부하여 지역 경제 발전에 공헌했다. 이로써 슈투트가르트와 만하임 간의 물자 수송이 급속히 증가했고, 그 공헌으로 보쉬에게 슈투트가르트시 명예시민의 영예가 주어졌다.

또한 영재 교육을 위해 200만 마르크를 기부하고, 호메오파티세 병원을 건립하는 데 240만 마르크를 추가로 제공했다. 이 병원은 로베르트보쉬병원The Robert Bosch Hospital으로 이름을 바꿔 다시 문을 열었다.

1918년 전후 독일과 교전국 간의 관계를 개선하기 위해 평화주의자 에르츠베르거Matthias Erzberger 재정부 장관이 창설한 국제연맹 독일 추진 단체에 30만 마르크를 기부하고, 국민교육 촉진 단체의 운영비 50%를 부담했으며, 에슬링겐 기계공학 학교에 25만 마르크를 기부했다.

1920년대에는 종업원을 위한 다양한 복리후생제도를 확충했고, 동시에 거의 매년 공공 활동에 기부금을 냈다. 1936년에는 호메오파티세 병원을 본격적으로 짓기 위해 550만 마르크를 출연했다. 또한 보쉬의 심복이자 지배인인 한스 발츠Hans Walz가 이 해부터 유대인을 위한 지원 활동을 개시했고, 독일 자유·저항·쇄신 운동에도 자금을 지원했다.

나치 시대인 1938년부터 1940년까지는 슈투트가르트의 조직을 통해 유대인의 탈출을 위한 자금을 지원했다. 지배인 발츠가 위험을 무릅쓰고 120만 마르크를 비밀리에 전달했다. 이 일로 발츠는 1969년 5월 야드 바셈 상을 받았다.

그 밖에도 보쉬는 30개 이상의 공익사업에 자금을 지원했다.

보쉬재산관리유한회사(1921)

1921년 보쉬는 기존 및 미래의 공익활동을 통합하는 조직으로 보쉬재산관리유한회사를 설립했다. 그 구체적 목적은 로베르트보쉬병원을 중심으로 한 공중위생, 병원경영, 임상약학, 임상의학사, 국제이해, 교육, 예술·문화, 인문·사회·자연과학의 연구·교육에 걸친 공익활동을 일원화하는 것이었다. 이것이 오늘날 보쉬공익재단의 전신이다.

보쉬는 제2차 세계대전을 전후하여 공익활동을 펼치면서 승계 문제를 둘러싼 친족 간 다툼의 가능성을 배제하고 기업의 장기적 지속과 성공을 확보하기 위한 방안을 계속 모색했다.

유언 제정(1938)

사망 4년 전 보쉬는 자신의 후계자를 선정하는 기본 방침에서 회사의 영속성과 재무적 독립을 강조하고, 가장 신뢰하는 7명의 회사 경영자를 유언집행인으로 지명했다. 유언집행인들은 보쉬 사후 법정 기간 30년 이내에 로베르트보쉬유한회사의 지분을 보쉬재산관리유한회사에 양도해야 할지, 만약 양도한다면 언제 할지를 결정해야 했다.

1942년 3월 로베르트 보쉬가 세상을 떠나자, 유언집행인 단체는 한스 발츠를 의장으로 선임하고 유산관리 업무를 개시하여 나치의 개입을 피하고 제2차 세계대전 이후의 혼란을 극복했다. 보쉬재산관리유한회사 조직은 전후 실적이 회복돼 안정화된 단계에서 다시 구축됐다.

로베르트보쉬공익재단유한회사로 개명(1969)

보쉬유한회사의 실적이 안정화된 1969년에 유언집행인 단체는 공익재단으로서의 사명을 분명히 하기 위해 보쉬재산관리유한회사를 '로베르트보쉬공익재단유한회사Robert Bosch Stiftung GmbH'로 이름을 바꾸고 새로운 조직을 결정했다. 이는 보쉬가 재혼하여 낳은 아들 로베르트까지 포함한 지배구조검토회의 결론이었고, 그 이름은 오늘날까지 이어지고 있다.

　이 공익재단의 첫 번째 특징은 공익재단이 유한회사라는 법적 형태를 갖는다는 점인데, 이것은 독일에서도 흔치 않은 일이다. 이것이 법적으로 왜 허용되는지 베를린의 독일재단연방연맹 담당자에게 문의했더니, '금지되어 있지 않으면 문제없다'라는 답변이 돌아왔다. 독일에서 법이 얼마나 유연한지를 다시 한번 인식했는

사진 II-34 — 유언집행인 단체의 공익재단 설립 회의

데, 보다 직접적인 이유는 다음과 같다. 공적 감독기관이 민법공익재단을 감독하는 범위와 엄격성을 보쉬가 신뢰하지 않았기 때문이다. 그가 유언에 공익재단 설립을 명시한 1938년에는 공익재단에 대한 주 행정부의 감독 기능이 초기 단계에 있었다. 이 때문에 보쉬는 신중을 기하여 감독기관의 인정을 받을 필요가 없고 감독의 대상도 되지 않는 유한회사법에 의한 공익재단을 선택했다고 한다.

두 번째가 이중재단이라는 점인데, 이에 대해서는 뒤에서 자세히 설명하겠다.

세 번째는 독일에서 가장 큰 규모의 공익재단이라는 점이다. 구체적으로 말하면, 2012년의 장부가격이 51억 5,000만 유로(약 6조 원)에 달한다. 공익활동 지출총액은 9,480만 유로(약 1,240억 원)이며, 폭스바겐재단(폭스바겐과 무관함)에 이은 2위다. 지출 용도는 교육·사회·문화가 최대 24%, 이어서 건강·경제가 18%, 서유럽·미국·터키·일본·인도 등의 국제이해 사업에 18%, 나머지는 중유럽·남아공·남동유럽·러시아와 그 주변국의 국제이해와 로베르트보쉬병원 등이다.

공익재단은 지분에 부수되는 92%의 의결권을 신설된 로베르트보쉬공업신탁합자회사Robert Bosch Industrietreuhand KG에 양도했다. 그 결과 신탁회사는 본래 가진 1% 의결권과 공익재단에서 양도받은 92% 등 총 93%의 의결권으로 사업회사인 로베르트보쉬유한회사

Robert Bosch GmbH를 지배할 수 있다. 그러나 의결권이 이유 없이 다른 법인에 양도되는 것은 생각하기 어렵다. 또한 신탁회사는 신탁계약 없이 존재할 수 없다. 이 신탁계약에 관한 보쉬유한회사의 회사 공표 자료는 없는데, 공익재단을 위탁자로 하고 신탁회사를 수탁자로 하는 신탁계약이 체결됐을 것으로 보인다. 이 신탁계약에 따라 신탁회사가 공익재단의 대리인으로서 사업회사 보쉬유한회사에 대해 최고 의사결정권과 감독권을 행사할 것으로 추정된다.

:: 보쉬 가족집단의 지배구조

사업회사인 보쉬유한회사, 공익재단, 신탁회사, 보쉬 가족집단(보쉬 가문) 각각의 역할과 상호 관계를 살펴보자.

로베르트보쉬공익재단유한회사

공익재단평의회는 9명으로 구성된다. 창업자의 의사에 따라 보쉬 가문 대표로 창업자의 손자이자 가족 대표인 크리스토프 보쉬 Christof Bosch와 가족 중 또 다른 1명인 에바 마델룽 Eva Margarete Madelung이 위원으로 참여하여 창업자의 의사가 실현되는지 확인하고 감독한다. 그 외 의장과 평의원은 모두 가족이 아니다. 의장은 보쉬유한

그림 II-8 — 로베트르보쉬의 이중재단

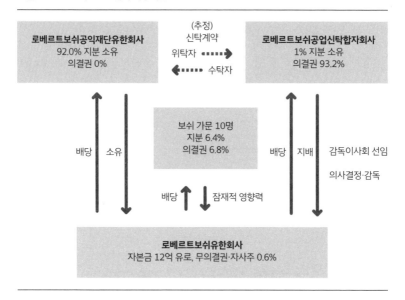

그림 II-9 — 비가족 경영자

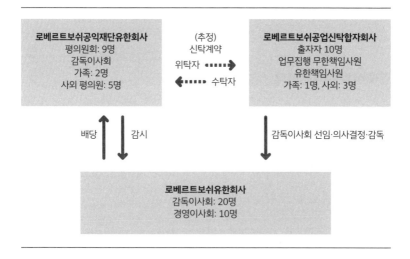

회사의 전 경영이사다.

보쉬공익재단은 보쉬유한회사 자본의 92%를 보유하며 이에 상당하는 배당수입이 재단의 활동 자금이 된다. 그러나 의결권이 없기에 설립회사에 대한 법적 영향력은 없다. 즉, 공익재단과 설립회사가 각각 독립적이다. 따라서 사업회사와 이해상충 관계가 생길 가능성은 작지만, 가족 대표인 크리스토프 보쉬가 보쉬유한회사 감독이사회의 일원으로서 배당금이 설립자의 유지에 따라 사용되도록 영향력을 행사할 수 있다.

로베르트보쉬공업신탁합자회사

보쉬유한회사의 사원총회에서 93%의 의결권을 가진 이 신탁회사는 최고 의사결정기관이자 감독기관이다. 그 역할은 연차보고서 등에서 '경영적 출자자 기능unternehmerische Gesellschafterfunktion'이라고만 언급됐고, 그 이상 자세한 사항은 공표되지 않았다. 신탁합자회사인 이유는 공익재단이 유한회사인 이유와 동일하다. 즉, 감독기관의 개입 가능성을 회피하기 위해 민법상의 가족재단이 아니라 신탁법 및 합자회사법이 적용되는 신탁합자회사를 선택했기 때문이라고 생각된다.

이 신탁합자회사에는 대규모 사업회사의 감독이사회와 유사하게 공동결정에 근거한 종업원, 노조 대표임원이 존재하지 않는다. 그 점에서 '순수하게 경영자적'인 조직체다.

이상의 상황을 바탕으로 보쉬공업신탁합자회사의 기본 기능, 구성원, 목적은 이렇게 추측할 수 있다. 합자회사이지만 실태는 일종의 비공식적인 감독이사회로, 직원 및 노조 대표가 존재하지 않는, 즉 공동결정법이 적용되지 않는 감독이사회다. 이 점에 대해 공동결정제도의 연구·옹호단체인 한스뵈클러재단은 이 신탁합자회사가 '공동결정이 없는 제2의 권력 핵심'이라고 비판하기도 했다.

신탁합자회사는 무한책임출자자 2명과 유한책임출자자 8명 등 총 10명으로 구성된다. 무한책임출자자는 출자자총회 의장으로서 전체 출자자를 대표하는 보쉬유한회사 감독이사회 회장과 임원뿐이다. 나머지 8명은 유한책임출자자이며, 가족 대표 크리스토프와 보쉬유한회사의 최고 업무집행책임자와 차석 업무집행책임자 등 총 3명, 보쉬유한회사 감독이사회 임원 3명, BASF 경영이사회 전 회장, 통신판매·유통 업계 최대 기업 중 하나인 오토그룹의 감독이사회 회장이다. 이 두 사람은 보쉬의 다른 임원직을 겸임하지 않으며, 완전한 사외이사다.

이와 같이 독립성이 기대되는 사외임원은 엄밀히 말하면 BASF 경영이사회 전 회장과 유통 대기업인 오토그룹의 감독이사회 회장 등 2명이다. 여기에 보쉬유한회사 감독이사회의 임원을 겸하는 3명의 사외임원도 외부 인사라고 정의하면, 전체적으로 구성원은 내부이사 5명, 사외이사 5명이 된다. 가족 대표 크리스토프를 어느 쪽으로 볼 것인지가 문제인데, 외부인으로 보는 것이 적절하다. 가족 대표는 공익재단의 평의회 위원으로서 사업회사와 신탁합자회사의 감독이사회 및 업무집행책임자를 감독하는 입장이기 때문이다. 이렇게 본다면 독립성이 높은 사외임원은 6명이 된다.

보쉬신탁합자회사의 설립 동기나 장점은 다음과 같다고 추측된다.

공익재단과 사업자 간 정보 공유·상호지원 기능

아마도 신탁합자회사를 설립하는 데 가장 큰 동기와 목적은 공익재단을 대체하는 사업자인 보쉬유한회사에 대한 감독과 영향력 행사일 것이다. 공익재단에는 자금 공급원인 보쉬유한회사의 경영자를 감독하는 전문적 지식 및 경험이 없으며, 또한 그럴 필요성도 법적 권능도 없다. 공익재단의 본래 책무는 공익활동이기 때문이다. 하지만 그 활동을 하는 데 필요한 자금의 유일한 원천은 사업회사다. 이 때문에 공익재단이라고 해도 사업회사의 경영 상태, 경영전략 등에 무관심할 수 없다. 물론 이를 위해 가족 대표인 크리스토프가 사업회사의 감독이사회 일원이 되어 있다. 그가 보다 효과적으로 그 역할을 수행할 수 있도록 신탁합자회사의 사업회사와 공익재단의 조언, 정보 공유, 협력 관계에 관한 의견 교환 및 구체적 결정을 가능하게 하는 것이 신탁합자회사의 가장 중요한 존재 이유라고 생각된다.

신속·적시 의사결정과 실행

비공식 기관이며 법적 제약이 없기 때문에 필요에 따라 회의를 소집할 수 있어서 긴급 사태나 경영 상황의 변화에 민첩하게 대응할 수 있다. 또한 종업원·노동조합 대표가 출석하지 않는 소규모 회의이므로 세부 사항까지 토의하고 신속히 결정할 수 있다. 나아가, 사업회사의 업무집행책임자 2명이 출석하므로 결의가 신속하게 실행될 것이다.

사업회사인 보쉬유한회사는 1976년 공동결정법의 적용 대상 기업이며, 감독이사회는 자본 측 임원 10명과 노동자 측 임원 10명 등 총 20명으로 구성된다. 의결권은 없지만 경영이사회 임원도 감독이사회에 참석하는 것이 독일에서는 일반적인 관행이며, 여기에 사무국 관리자를 포함하면 감독이사회 회의 규모는 총 30명 이상이 된다. 또한 비공개기업이므로 감독이사회의 법정 개최 횟수는 최소 6개월에 1회, 연 2회로(주식법 제110조 제3항) 공개기업의 6개월에 2회, 연 4회보다 적다.

경영자만의 자유로운 회의체

직원 및 노조 대표가 참석하는 법적 감독이사회의와 비교할 때 경영자적 관점에서 더 자유롭게 토의할 수 있다. 특히 생산능력의

그림 II-10 — 보쉬 가족 대표

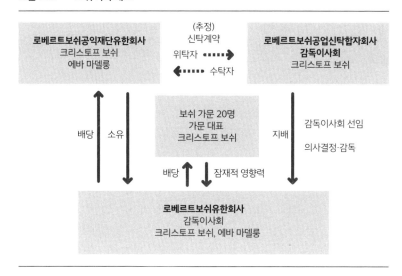

해외 이전 등 직원·노조 대표가 반대하는 문제에 대해서도 경영자의 관점에서 검토할 수 있다. 따라서 감독이사회 준비회의의 성격을 지니며, 감독이사회에 제출할 의제와 제안을 논의할 수 있다.

현장 상황에 기초한 의사결정

감독이사회와 현장을 아는 업무집행책임자가 한자리에 모임으로써 현장과 직결된 의사결정을 할 수 있다. 공동결정법에 의한 감독이사회에서 경영이사회 임원은 의결권을 가지지 않는다.

비가족출자자의 감독 기능

반수가 사외의 비가족출자자이므로 가족 대표와 함께 사업회사의 감독이사회 및 업무집행책임자에 대해 어느 정도의 감독 기능을 발휘할 수 있다. 즉, 양 기관에 대한 최상위 감독기관으로서 기능할 수 있다.

로베르트보쉬유한회사

전술한 바와 같이, 설립회사 겸 사업회사로서 보쉬유한회사는 보쉬신탁합자회사가 지배한다. 경영이사회는 감독이사회의 감독하에 있고, 감독이사회는 다시 보쉬신탁합자회사의 감독하에 놓이게 된다. 즉, 이중적인 감독하에 있다고 할 수 있다. 감독이사회의 임원으로서는 창업자의 손자 크리스토프가 가족 대표로 활동하면서 정보 공유와 전략적 의사결정에 참여하고 있다.

보쉬 가족집단

가족의 자세한 내용은 공개되어 있지 않지만, 창업주의 재혼을 통한 두 자녀 로베르트 보쉬 주니어와 마델룽 그리고 그 장남인 가족 대표 크리스토프를 포함한 8명의 손자들로 구성됐다고 전해진다. 크리스토프 가족 대표는 공익재단평의회, 공업신탁합자회사, 사업회사의 감독이사회 등 모든 기관에 참여한다. 이로써 가족의 정보 공유권과 잠재적 영향력을 확보할 수 있다.

창업자의 기본 방침에 따라 가족은 사업회사의 약 7%에 달하는 의결권으로 가족 대표와 그 외 1~2명의 가족이 감독이사회의 임원으로서 경영이사회를 감독한다. 앞서 살펴본 크루프공익재단처럼 가족이 사업회사의 감독이사회나 재단 활동에서 배제되지 않는다. 이 가족 지분은 사업회사 감독이사회의 의사결정에 영향력을 행사하기보다는 가족의 삶의 터전을 확보하고 창업자의 경영이념 및 기업문화가 지속되는지를 감시하기 위한 의결권이라고 생각된다. 사업회사에 대한 영향력 측면을 보자면, 신탁합자회사가 93%의 의결권과 사외임원의 경험과 능력으로 기업지배의 실효성을 충분히 확보할 것으로 추측된다.

보도에 따르면, 크리스토프 가족 대표는 차분한 성격으로 경영상의 의사결정에 적극적으로 참여하는 일은 적다고 한다. 또 자신은 남을 통제하는 역할에 부적합하다고 하며, 조정형·사회자형이라고 언급한 적도 있다고 한다. 가족 대표에 따르면 현재의 재단 형태와 조직 관계에 만족하며, 이를 개편하고자 하는 의도는 전혀 없는 것으로 알려져 있다

:: 기업지배와 재단지배: 이중재단

보쉬공익재단과 보쉬신탁합자회사로 구성된 이중재단은 독일에

서는 널리 알려져 있으며, 이중재단제도를 설명할 때 종종 소개된다. 그러나 보쉬의 사례는 표준적 형태라기보다는 변형이라고 할 수 있다. 표준적이고 일반적인 이중재단은 공익재단과 사익재단으로서의 가족재단으로 구성되며, 가족재단이 사업회사를 감독하는 구조로 되어 있다. 보쉬의 이중재단이 특이한 이유는 가족재단이어야 할 기관이 신탁합자회사이기 때문이다.

이 신탁합자회사가 가족재단인지 아닌지가 문제가 된다. 이와 관련하여 신탁합자회사가 가족재단에 해당한다는 주장이 있다. 그 근거로는 두 가지가 있다. 첫째, 보쉬신탁합자회사에 양도된 의결권은 원래 보쉬 가문의 상속자가 보쉬공익재단에 양도한 재산에서 유래하기 때문이다. 둘째, 신탁합자회사에 가족 대표 크리스토프 보쉬가 존재하기 때문이다. 따라서 보쉬의 조직 관계는 실질적으로 전형적인 이중재단 또는 이중재단의 기본 형태로 생각된다.

:: 맺는말

로베르트보쉬유한회사의 이중재단은 독일에서 가장 성공한 지배구조의 하나로 평가된다. 가장 큰 이유는 창업자 보쉬가 유언에 명시한 세 가지 목적이 명실공히 실현됐다는 점이다. 첫 번째 목적은 회사의 자주독립으로, 보쉬 창업 당시와 동일한 유한회사 형태를 유지하면서 주식시장에 의존하지 않는 독립성과 자율성을 유지해왔다. 두 번째 목적인 가족의 기업 관여라는 측면에서는 크리스토프 보쉬가 사업회사, 공익재단, 신탁합자회사의 모든 중추 기관에 임원으로 참여하고 있다. 세 번째 목적은 공익활동으로, 보쉬공익재단은 재단의 재산과 지출액에서 독일 최대 규모의 공익재단 중 하나로 평가되고 있다.

지배구조의 관점에서 볼 때, 공익재단과 사업회사의 상호 독립성이 확보됐다. 신탁합자회사의 가족 대표, 사내 경영자, 사외임원이 양자의 상호 감독을 수행하며 소수 지분을 보유한 주주로서 사업회사에 대한 영향력을 유지한다.

이 기업의 공익재단지배구조가 성공한 첫 번째 요인은 7명의 유능한 경영자에게 유언집행인으로서 보쉬 가족기업집단의 지배구조 설계를 위임한 것이다. 이들은 가족 대표인 크리스토프 보쉬를 회의에 초대해 가족들의 의견을 존중하면서 토의하고 결정을 내렸다. 공익재단에 대한 지식 및 경험이 오늘날보다 부족했던 1950년대 초에 공익재단과 가족재단으로 이중재단을 구축한 것은 커다란 제도 혁신이라고 할 수 있다.

이 회사의 경험은 비상장 가족기업으로서 주식상장에 의존하지 않고 성장하고 번영하여 공익재단의 활동을 통해 사회적 책임을 다할 수 있음을 실증했다. 보쉬에서 자유, 독립, 영속성, 공익은 경영이념의 한 가지 선택지로서 커다란 의미를 갖는다.

제6장

베텔스만

베텔스만SE주식합자회사는 프로테스탄트·복음파의 교리에 관한 소규모 서적 출판사로 시작하여 출판뿐 아니라 TV·라디오방송 사업, 신문·잡지, 인쇄 사업, 미디어 사업 분야에서 세계 최대 규모의 기업으로 성장했다.

세계 시장에서 베텔스만의 지위는 출판 부문의 사업 내용만 봐도 분명하게 알 수 있다. 베텔스만은 미국 최대의 랜덤하우스와 영국의 펭귄북스Penguin Books를 자회사로 두고 있는 세계 최대의 출판사이며, 본사는 독일이 아닌 미국 뉴욕에 있다. 회사에 따르면 랜덤하우스는 해마다 전 세계에서 1만 권 이상의 도서를 발행하고 있으며, 노벨상 수상자의 저서를 가장 많이 발행한 출판사이기도

하다. 또한 미국에서 포켓북으로 유명한 대기업 더블데이Doubleday, 밴텀북스Bantam Books, 전통적인 문학 서적 출판사 앨프리드 A. 노프Alfred A. Knopf 등 저명한 출판사를 인수했다. 그 결과 2010년에는 신간 서적 중 230점이 〈뉴욕타임스〉의 베스트셀러 리스트에 올랐다.

출판 산업은 국가의 언어·문화와 밀접한 관계가 있는데, 당시 이미 글로벌화된 제조업 등과 비교하면 크게 뒤지고 있었다. 그런데 이 문화 산업 분야에서 독일의 작은 출판사가 미국 기업도 달성하지 못한 세계적 성공을 거둔 것이다. 이는 매우 주목할 만한 일이다.

∷ 세계적인 복합 미디어 기업

2015년에 창업 180주년을 맞이한 베텔스만은 현재 전 세계 50개국 이상에 1,000개 이상의 자회사와 거점을 두고 11만 2,000명을 고용하는 유럽 최대, 세계 최대급의 복합 미디어 기업이다. 2014년 기준 매출액은 167억 유로(약 21조 9,000억 원)다. 이 회사의 본사 지주회사는 독일 북서부에 자리한 인구 약 10만 명의 중도시 귀터슬로에 있다.

베텔스만의 오늘에 이르는 성공은 2009년 작고한 5세대 소유경영자 라인하르트 몬(1921~2009)의 기여로 이뤄졌다. 그 기업 이념과 기업문화의 중심은 창업 이래 줄곧 '사회적 책임'의 실천 이었다. 높은 기업연금, 경영참여 및 경영 정보 공유를 위한 제 반 제도, 그중에서도 제일 획기적이었던 종업원 이익참여제도는 '베텔스만 모델'이라는 이름으로 독일에서 높은 평가를 받고 있 다.

이 이념의 연장선에서 독일 최대의 공익재단을 설립하여 독일 의 제반 제도 개혁을 목적으로, 정책 제안을 주로 하고 있다. 대상 분야는 정치·사회·교육·경제·건강·문화·국제협력 등이며, 그 제안 은 중앙정부의 정책실현에도 큰 영향을 미치고 있고 역대 대통령 을 포함한 주요 인사와의 인연도 튼튼하다.

라인하르트에게는 지금까지 살펴본 대규모 가족기업의 소유

사진 II-35 — 리즈·라인하르트 몬 부부

자와 크게 다른 점이 있는데, 첫 번째로 투명성을 들 수 있다. 그는 자신의 신조와 경영 방식 대부분을 책으로 엮어 공개했다. 두 번째, 그는 책에 쓴 대로 실천하고 그 결과를 서적과 잡지 인터뷰 등을 통해 발표했다. 전 사원에게 실시한 만족도 조사의 결과를 인터넷에 공개한 적도 있다. 전략적으로는 획기적인 서적 판매 방식과 지속적인 다각화, 기업인수, 글로벌화로 고수익을 실현했다. 내부 조직과 관련해서는 직원·관리자와 비가족 경영자에게 폭넓은 권한 이양과 이익 책임에 근거한 사업부제 경영을 실시했다.

이와 같은 전통을 유지하기 위해서 가족 일가의 완전한 소유, 지배, 경영이 관철되고 있다. 따라서 주식공개는 배제됐고, 종업원의 이익참여를 독려하는 독창적인 제도를 통해 종업원이 회사에 제공하는 차입금으로 자금을 조달하여 '자력 성장'을 실현하고 기업의 독립성을 유지해왔다.

이런 지배구조는 2009년 라인하르트 사망 후 그의 아내 리즈 몬Liz Mohn이 계승했다. 오늘날 베텔스만의 영향력이 커지면서 이를 비판하는 여론도 있다. 남편의 전권을 계승한 리즈에 의해 베텔스만의 전 조직은 역사적 전환기를 맞았다. 그녀와 두 자녀를 중심으로 한 3명의 지도력이 주시되고 있다.

:: 창업자와 5세대 라인하르트

베텔스만이라는 회사명은 창업자의 이름에서 유래했다. 이 회사는 1835년 루터파 교회 목사의 아들이자 석판 인쇄 장인이었던 카를 베텔스만Carl Bertelsmann이 프로테스탄트·복음파의 성경, 찬송가 같은 종교 서적의 출판·인쇄 기업으로 설립했다. 출판과 인쇄가 오늘날까지 이어져 온 것은 이런 전통 때문이다. 초대 사장 카를은 기업가정신과 사회적 공헌을 적극적으로 실천했다. 교회·관공서 등의 임원을 겸임하고 프로테스탄트 고등학교를 설립하는 등의 모범을 보였고 이를 2세대 하인리히Heinrich가 이어받았다. 3세대 요하네스 몬Johannes Mohn은 장로파 교회의 최고위직과 상기 고등학교의 요직에 앉았다. 이 선대 사장들은 종업원을 위한 기업 독자적인 연금제도와 건강보험제도를 도입했다.

'몬'이라는 성은 5세대 라인하르트의 조부인 3세대 요하네스 몬 때부터 쓰기 시작했다. 2세대 자손 3명 중 2명의 아들이 생후 얼마 되지 않아 죽었고, 장녀가 요하네스 몬과 결혼하면서 사위가 가업을 승계했기 때문이다. 요하네스 몬은 6명의 종업원으로 시작하여 1939년까지 440명의 종업원을 둘 정도로 회사를 키웠다. 그러나 제2차 세계대전 때 사옥, 공장, 창고 등이 연합군의 공습으로 치명적인 피해를 입었다.

종전 후인 1946년, 5세대 라인하르트 몬Reinhard Mohn은 거의 아무

것도 남지 않은 회사를 아버지로부터 물려받았다. 당시 그의 나이 스물다섯 살이었으며 '중흥의 시조'로 불리며 회사를 세계적인 미디어 복합 기업으로 발전시켰다. 따라서 그를 제2의 창업자로 불러도 좋을 것이다.

5세대 라인하르트는 사망 1년 전인 2009년에 간행된 《세상에서 배우다Von der Welt lernen》에서 인생을 회고했다. 그는 6남매의 넷째로 태어나 유소년기부터 엄격한 규율과 프로테스탄트적 가르침 안에서 자랐고, 이것이 그의 성격 형성에 큰 영향을 끼쳤다. 이 가정의 일상생활은 아버지의 아침 기도로 시작됐다. 그의 피아노 반주로 찬송가를 불렀고, 식탁에서도 기도가 우선이었으며, 일요일의 교회 출석은 의무였다. 그는 아버지로부터 알레르기 유전병을 이어받아 자주 감기에 걸렸으며, 고독을 즐기고 내성적이고 반항적이었다. 세상을 떠나기 직전까지 숲속에서 산책하거나 사색하는 것이 생활의 일부였다.

어머니 막달레나Magdalena는 라인하르트에게 특히 큰 영향을 미쳤다. 그녀는 프로테스탄트 목사의 딸로 강력한 규율과 책임감을 가진 사람이었다. 그녀는 친정어머니가 일찍 돌아가신 탓에 형제들을 보살펴야만 했다. 라인하르트는 어머니로부터 타인에 대한 헌신과 사회에 대한 책임감에 대해 들으며 자랐다. 라인하르트는 휴일에는 꽃다발을 들고 어머니를 찾아 뵙는 것이 습관이었고, 자신의 이혼 사실을 어머니께는 돌아가실 때까지 비밀로 하는 등 많은 배려를 했다.

이런 환경에서 성장한 라인하르트에게 프로테스탄트적 신조와 기업가정신은 '마치 빵처럼' 자연스럽고 필수적이었다. 그의 마지막 저서에는 열여섯 살의 고교 시절에 과제로 제출한 자필 원고 '나의 직업 선택'이 24페이지에 걸쳐 게재됐는데, 첫 글자부터 마지막 글자까지 한 자도 흐트러짐 없이 인쇄한 것 같은 필적은 그의 강건한 자기 규율과 엄격한 성격을 보여준다. 내용을 보면 그는 직업 선택에서 '사회에 대한 책임, 자신의 재능, 자신의 독립과 의미 있는 인생'이라는 세 가지 요소를 중시한다고 했다. 그리고 세상에는 자신을 넘어서는 힘이 존재하며, "이는 주위의 사람들과 사회다. 사회는 법과 질서를 보장하고, 사람들은 그 안에서 활동할 수 있다. 대신 각 개인은 자신의 의무를 힘껏 이행해야 한다"라고 썼다. 그는 열여섯 살에 이미 성숙한 어른이었다.

라인하르트는 엔지니어로서 진로를 모색했지만, 제2차 세계대전의 발발로 공군 소위로 군복무를 해야만 했다. 그는 튀니지에서 미군의 포로가 되어 2년간 미국 캔자스주의 사관 포로수용소에 수용됐다. 그곳은 미국 최초의 모범 수용소로, 포로에게 대학 교육을 실시했다. 라인하르트는 이곳에서 영어, 경영학, 엔지니어의 초보 공학을 배울 수 있었다. 이 수용소에서의 경험은 그에게 미국의 민주주의와 미국식 기업 경영에 대한 관심을 높이는 계기가 됐다. 미국 진출에 대한 그의 의욕은 여기서 비롯됐다고 여겨진다.

:: 기업이념과 기업문화: 자본과 노동의 동격성

이 책에서 다룬 기업가 중에서 라인하르트만큼 기업이념과 기업문화를 중시하고, 이를 기록하고, 끊임없이 개선하고 확장하며 충실하게 실천한 인물은 없다고 여겨진다. 그가 정리한 기업이념과 기업정신이 어떻게 구체적인 제도로 실현됐는지 살펴보자.

그 기본 이념은 '자본과 노동의 동격성同格性'이다. 이는 노동과 자본 사이의 공평성을 통해 실현되는데, 라인하르트는 "종업원의 동기부여를 위한 투자는 최대의 수익률을 올릴 수 있는 투자다"라고 했다. 여기서 '투자'란 공동체와 일체화된 종업원에게 적절한 임금, 안정된 고용, 재산형성과 승진의 기회를 주고 상하 계층 관계를 실현해주는 것을 말한다. 이럴 때 종업원의 자발적인 행동, 창조성과 기업가정신이 발휘되고, 직무와 회사 간 일체화, 자기실현의 기회가 제공된다. 종업원은 회사의 목표를 달성하기 위해 자신의 능력을 키우는 데 노력하고, 실적으로 회사에 공헌할 것을 요구받는다.

라인하르트는 기업 소유자, 종업원, 라인하르트가 임명한 비가족 전문경영인 및 중간 관리자를 제일 중요한 이해관계자라고 하

고 이들 3자를 '노동공동체'라고 칭했다. 이 용어는 라인하르트의
저서에서 빈번하게 등장한다.

노자협조, 그리고 공동체로서의 기업

노자협조勞資協調는 상기의 기본 이념에서 나온 베텔스만의 가장 중
요한 기업이념이다. 독일어 'Partnerschaft'는 일반적으로 '사회적
동반자제도'로 번역되는데, 이 책에서는 라인하르트의 이념을 드
러내기 위해 '노자협조'라고 번역하겠다.

　라인하르트는 자신이 창설한 '독서 서클'이 궤도에 오른 1955년
과 1956년 실적 보고에서 "회사의 운명은 종업원의 운명을 좌우하
므로 종업원은 회사의 운명을 결정하는 중대 문제를 해결하는 데
참여해주었으면 한다"라고 말했다. 그리고 기업은 공동체의 발전
에 협력하는 사람에 대해서만 책임을 진다고 끝맺었다.

　1960년 9월, 라인하르트는 회사 창립 125주년을 기해 〈기업이
념〉을 제정해 '베텔스만의 기본 원칙'을 최초로 성문화했다. 전문
은 '기업경영의 모든 과정에 사람이 중심에 있다. 사람에게 봉사하
는 것이 기업의 가장 중요한 의무다'라는 문장으로 시작된다. 여기
서 말하는 '사람'이란 회사의 종업원·출자자·경영관리자를 의미하
는데, 특히 종업원이 중시된다고 명시되어 있다.

　라인하르트는 1981년 "(회사의 성공이) 나의 공로라고 생각

하는 것은 큰 착각이다"라면서 "회사의 발전은 수천 명의 종업원에 의해 이루어진다"라고 했다. 이것을 그는 '공동체의 성과 Gemeinschaftsleistung'라고 표현했다. 이 평등 사상에 기초하여 노동자 Arbeiter와 사원Angestellte의 구별을 배제하고 모두 종업원Mitarbeiter이라고 칭했다. 그리고 만약 자신이 전제적 소유경영자의 관점으로 경영하면서 종업원의 경제적 공정을 실현하지 않고 종업원의 사회적 보장을 실천하지 않았다면, 베텔스만은 결코 오늘날의 지위에 도달하지 못했을 것이라고 강조했다.

2011년에 베텔스만의 기본적인 기업이념은 다음 네 가지 항목으로 규정됐다.

■ 노자협조(Partnerschaft)
- 종업원과 기업가 경영자의 협조는 우리 회사의 기본 가치관이다.
- 회사 및 회사의 가치관과 일체화된 종업원의 의욕은 품질, 효율성, 혁신 능력, 회사 성장의 원동력이다.
- 노자협조 경영은 상호 신뢰, 개인 존중, 책임 이양의 원칙에 따른다.
- 우리 회사의 종업원은 최대한 자유롭게 의사결정 과정과 경제적 성과 배분에 참여한다.
- 우리는 종업원의 발전과 고용 유지를 위해 노력한다.

■ 기업가정신(Unternehmergeist)
- 분권화는 우리 회사의 성공 열쇠다.
- 종업원의 적응 능력, 책임감, 효율, 기업가적 행동을 끌어낸다.
- 우리 회사는 기업가적 사고와 행동을 하는 경영관리자가 지휘한다.
- 경영관리자는 폭넓은 자유도degree of freedom를 가지되, 회사의 성과에 책임을 진다.
- 경영관리자는 소속된 개별 기업뿐 아니라 전사적 이익을 중시한다.

■ 창조성(Kreativität)
- 우리 회사는 예술가, 저자, 활동 영역의 모든 창조적인 재능을 지원한다.
- 우리 회사는 그들의 창조력이 향상되도록 돕고, 그 경제적 성공을 지원한다.
- 우리 회사는 지식재산권의 국제적 보호를 위해 공헌한다.
- 우리 회사는 예술·정신의 자유, 민주주의, 인권옹호, 전통과 문화적 가치를 유지·촉진한다.
- 우리 회사가 제공하는 지적·예술적 성과는 다양한 사상과 주장을 반영한다.
- 우리 회사가 고객의 요구에 부응하기 위해 상시 행하는 혁신이 성공의 기둥이다.

■ 사회적 책임(Gesellschaftliche Verantwortung)
- 우리 회사의 독립과 지속성은 베텔스만관리회사가 가진 의결권으로 확보된다.
- 우리 회사의 출자자는 '소유'에 사회적 책임이 따른다는 사실을 이해한다.
- 시장경제하에서 기업은 그 성과를 사회에 환원함으로써 정당성을 가진다.
- 이에 따라 우리 회사의 과반수 의결권을 가진 베텔스만재단은 정당성을 보장받는다.
- 우리 회사를 구성하는 개별 기업은 법규를 준수하고 윤리적 원칙에 따라 경영된다.
- 이들 기업은 회사의 환경에 늘 책임 의식을 가지고 행동한다.

이상의 항목을 실현하기 위해 다양한 종업원 경영참여제도 Mitarbeiterbeteiligung가 시행됐다.

종업원 경영참여제도

독일의 종업원 경영참여제도는 비경제적 경영참여 Immateriale Beteiligung 와 경제적 경영참여 Materielle Beteiligung로 나눌 수 있다. 비경제적 경영참여에는 제도화된 의사결정에 참여, 정보 공유, 의견 및 요구 사항의 표명 등이 있다. 그리고 경제적 경영참여에는 이익배분, 재산형성 등 금전적인 참여제도가 있다.

비경제적 경영참여

1960년대 초반 일본에서는 'QC 서클'*이 발전하기 시작했다. 라인하르트는 1963년 5월에 일본을 방문하여 일본 기업 현장의 개선 활동을 시찰하고 이를 베텔스만에서 실천한 경영자다. 오늘날 독일에서는 이런 소집단의 활동을 '집단활동Gruppenarbeit' 또는 '팀활동Teamarbeit'이라고 하는데, 어떤 형태로든 이를 실시하지 않은 회사는 거의 없다. 베텔스만에서는 다음과 같은 형태로 도입했다.

● 종업원협의회

종업원협의회(Mitarbeiterbesprechung, MAB)는 직장에서 일어나는 문제를 해결하는 데 가장 중요한 조직으로, 1974년 본사의 주력 사업인 인쇄 공장에서 처음으로 도입했다. 이는 1973년 8월 제정된 〈기업이념〉 중 '회사의 종업원'이라는 항목에 있다. 이 제도는 다음의 원칙에 기초한다.

책임과 권한을 대폭 이양하여 종업원 개인의 자유도를 높이고,

●   quality control circle, 자주적으로 품질관리 활동을 하는 소그룹 - 옮긴이

작업 현장에서는 공동결정을 추진한다. 이에 따라 종업원은 자기실현, 자기 달성, 전문 능력 계발, 승진의 기회를 획득한다.

1985년 창립 150주년을 기념하여 〈기업이념〉이 개정됐는데, 그 전문에 이상의 내용이 기존의 기업이념과 경영 원칙에 대한 보충 규정으로 들어갔다. 개정된 〈기업이념〉에 따라 종업원협의회의 목적과 세부적인 사항은 다음과 같이 규정됐다.

■ 목적

종업원협의회는 조직 내에서 부서의 장과 종업원이 회사의 중요 정보를 공유하고, 의사결정에 관한 의견을 교환함을 목적으로 한다. 구체적으로는 직장의 직무 규정, 작업 방법, 소음·청결 등 작업 환경, 작업 시간에 관한 규칙, 노동재해 방지 대책, 설비기계의 투자 계획, 신기술의 도입, 품질 유지·개선, 생산·판매 상황, 그 외 수시로 발생하는 제반 문제의 개선 및 해결이다.

■ 참여자

부장과 차장, 그 외 하위 관리자(이 중 1명이 협의회 의장), 기타 하위 관리자, 종업원(각 그룹에서 1명 선출), 훈련생(각 그룹에서 1명 선출), 해당 부서를 담당하는 사업장협의회 대표가 참여한다.

■ 운영

의장이 주제와 문제점을 사전에 참여자에게 명확하게 알리고, 해결 방안을 모색하도록 제안한다. 부서의 과장이 의장 자격으로 회의를 운영한다. 종업원 3분의 2 이상이 의사결정에 반대할 경우, 사업장협의회가 중재한다. 중재를 통해서도 해결이 안 될 경우에는 해당 의장의 상위 운영자가 최종적으로 결정한다.

상기의 내용은 일본의 개선 활동보다 사업장협의회의 영향을 더 크게 받는다. 생산 현장에 보다 직결된 문제를 해결하고자 할 때는 별도로 소협의회를 설치한다.

• 그 밖의 비경제적 경영참여제도

■ 직무·능력 계발 면담

상사가 1년에 한 번 직속 부하 직원과 개인적 면담을 실시해서 그의 직무집행 목표 달성도를 명확한 기준을 바탕으로 상세하게 평가한다. 앞으로 직무를 수행하는 데 업그레이드된 능력이나 지식이 필요하다고 판단될 때는 상사가 조언을 해주고 훈련 계획을 제시해준다.

■ 연차 목표·실적 결정 면담

직무·능력 계발 면담이 개인이 담당하는 직무의 목표와 그 달성에 관한 것이라면, 이 면담은 회사의 목적에 대응하는 목표와 그 달성에 관한 상사와 부하 직원의 대화다. 1년에 한 번 부하 직원이 달성한 상황을 상사가 평가하고, 다음 연도의 구체적 목표를 결정한다.

■ 1월 간담회

종업원이 직속 관리자의 태도를 평가하는 회의로, 매년 1월에 실시된다. 목적은 상사의 권위주의적 계층의식을 시정하는 것이다. 모임의 운영 방법은 상사가 맡고, 회사는 참고 자료로 지침과 질문집 등을 제공한다.

■ 추계 간담회

본사 경영이사회 임원과 본사 사업장협의회 대표의 간부 회의로 연 1회 가을에 실시되며, 중요 문제에 관해 솔직하게 토의한다.

한편 월 1회 열리는 감독이사회에서 라인하르트 감독이사회 회장은 사업장협의회 대표에게 감독이사회의 결정 사항을 설명한다. 라인하르트에 따르면, 이는 공동결정이 아니고 사업장협의회 간부에게 회사 목적과의 일체감을 높이고 목적을 수행하는 과정에서 종업원의 반대와 비판을 피하기 위해서라고 한다.

경제적 경영참여

• 기업연금제도

1955년 라인하르트는 베텔스만 자체의 독자적인 연금제도를 도입했다. 30년 근속한 종업원에 대해 마지막 세전 급여액의 42%를 지급하는 제도였다. 기업연금은 미망인과 환자에게도 적용됐다. 이 제도는 종업원에게 무척 유리했다. 이처럼 높은 지급률 탓에 베텔스만의 연금부채가 크게 늘었으며, 1971~2000년 재무상태표를 보면 부채총액의 10~15%에 이를 정도였다.

이 기업연금제도는 회사 소유자인 라인하르트의 '약속'으로, 따뜻하고 규율이 엄격한 그의 성격을 보여준다. 그는 파업을 할 경우 이 제도를 적용하지 않겠다고 밝혔는데, 실제로 그런 일은 일어나지 않았다. 시간이 가면서 이 제도는 종업원의 권리로 정착됐다.

1950년대에는 은퇴 후 빈곤하게 살아가는 고령자가 많았다. 그런 사회적 환경에서 이 기업연금제도는 라인하르트가 강조하는 기업공동체의 구체적 실현이었으며, 종업원과 기업의 일체감을 높이는 데 큰 공헌을 했다.

• 이익참여제도

이는 〈기업이념〉 중 '노자의 동격성'에 근거해서 '경제적 공평성'을 실현하기 위한 제도다. 여기서 공평성이란 오늘날 경영자에게 적용되는 스톡옵션과 달리, 출자자·경영자와 종업원 모두가 이익의 배분 대상이 되어 동일하게 보장받는 것을 말한다. 실적이 좋든 나쁘든 사내 이해관계자는 모두 같은 영향을 받는다. 이익참여제도는 1970년에 베텔스만이 최초로 실천한 획기적인 제도이며, '베텔스만 모델'이라고 불린다. 그 후 많은 기업에서 이 제도를 도입하면서 라인하르트는 '이익참여제도의 아버지'로 불리게 됐다.

뒤에서 자세히 다루겠지만, 라인하르트는 '독서 서클'이 성공하자 인쇄 공장 및 기타 시설의 증설·증축을 위해 막대한 투자를 감행했다. 그 결과 재무 위기에 봉착하여 모든 거래 은행에서 거래 정지를 당하기에 이르렀다. 그때 재무부의 젊은 관료 만프레트 쾨흔레흐너Manfred Köhnlechner의 조언으로, 세전이익 전액을 2,600명의 종업원에게 나누어주었다. 다만 종업원은 이 배분이익을 25년간 출금할 수 없으며, 전액을 회사에 연 2% 금리로 다시 대출하는 조건이었다. 1951년 당시의 세제에 따르면 종업원에게 배분된 금액은 비과세여서 절세 효과를 누릴 수 있었다. 회사의 절세액은 5년 동안 1,000만 마르크(약 86억 원)에 달했다. 회사가 사내에 '은행'을 설치해 종업원들에게 예금을 받은 것과 같다고 할 수 있다. 또한 분배받은 이익을 그대로 남겨두고, 그 금액의 25% 상당액을 회사에 추가대출금으로 제공하는 것도 의무화했다. 이 방법으로 회사는 배분한 이익의 125%에 달하는 장기차입금을 종업원으로부터 얻어 신규 투자를 해나갈 수 있었다.

종업원이 분배받은 이익의 합계액은 회사 내부에 설치된 관리회사가 관리하게 했으며, 25년 동안 인출할 수 없으나 만약 만기 이전에 현금이 필요한 종업원이 있다면 인사부가 월 1회 여는 사내 거래소에서 다른 종업원에게 자신의 이익참여권을 매각할 수 있었다. 매각하지 않고 계속 보유할 경우 이익분배금이 은퇴 시점에 공적연금에 추가되므로 종업원으로서도 만족할 만한 제도였다.

이상과 같은 제도를 취함으로써 절세, 자금 확보, 종업원의 동기부여, 종업원의 급여 외 수입과 퇴직 시의 연금 보조는 물론 라인하르트에게 가장 중요한 '상장 회피'라는 여러 마리의 토끼를 잡을 수 있었다. 이것이 그 후 회사 이익참여제도의 원형이 됐다. 라인하르트의 노자협조 이념은 그의 언행일치를 통해 종업원들에게 액면 그대로 받아들여졌다.

이런 경험을 바탕으로 1970년에는 본격적인 종업원 이익참여제도를 도입해 1969년부터 소급하여 실시했다. 이에 따라 배분이익은 의결권이 없는 우선주의 성격을 가지는 수익증권으로 변환됐다. 이 수익증권은 프랑크푸르트와 뒤셀도르프 증권거래 소에서도 채권으로 공개됐다. 이에 따라 종업원에게만 한정되어 있던 거래를 일반 투자들도 할 수 있게 됐다. 베텔스만의 종업원은 자회사인 신탁투자유한회사를 통해 수수료 없이 매각할 수 있었다.

1971년 베텔스만의 종업원 약 1만 3,000명 중에서 수익증권을 받을 수 있는 자격인 근속연수 3년 초과 종업원은 3,800명이었는데, 그중 84%가 수익증권을 취득했다. 고도성장기를 맞이해 실적이 상승하면서 종업원의 금리 수익은 대부분 월 급여액의 20% 정도에 달했으며, 많게는 1~2개월분의 급여에 해당하는 수익을 올리는 이들도 있었다.

이와 같은 상황에 대응하기 위해 베텔스만은 1971년 유한회사에서 주식회사로 개편됐다.

종업원 만족도 조사

1977년부터 종업원 경영참여의 하나로 종업원 만족도 조사가 시작됐으며, 2002년 이후에는 4년마다 전 세계의 베텔스만 산하 기업에서 실시되고 있다. 조사는 익명으로 진행되며, 종업원은 개인에 대한 결과가 아니라 최저 5명의 단체 및 소속 기업의 종합적인 결과를 알 권리를 가진다. 관리자는 그 결과에 관해 부하 직원과 솔직하게 이야기를 나누고 개선을 위한 구체적인 방침을 정한다. 개선 항목에 대해 이행 계획을 세우고 실천하는 것은 각 부문·기업·사업회사·본사의 의무이며, 종업원에게는 진행 상황이 고지된다.

최근 조사의 집계 결과는 인터넷에 공개되어 있지 않지만, 2002년에는 47개국 407개 산하 기업의 종업원 약 5만 명의 응답 결과가 인터넷상에 공개되어 있었다. 회수율은 78.7%였는데, 그 중에서 독일어의 질문지 응답률이 81%로 당시 최고 기록이었다. 다음은 그 결과다.

■ 만족·긍정적
- 회사의 업무: 만족, 매우 만족 74%
- 부하 직원을 대하는 상사의 태도: 정중, 매우 정중 72%
- 사외에서 회사의 평판: 높음, 매우 높음 70%
- 재취업할 때 베텔스만을 선택한다: 긍정 69%
- 인종과 국적의 차별 없는 대우: 긍정 67%
- 현 경영자는 앞으로도 성공과 안정을 확보할 수 있다: 긍정 68%

■ 불만·부정적
- 의사결정시 참여 기회가 불충분하다.   40%
- 종업원의 의견과 제안에 관심이 낮다.   35%
- 의사결정을 더 신속하고 효율적으로 해야 한다.   31%

라인하르트는 1986년 펴낸 저서에서 복리후생에 불만이라고

답한 비율은 1%, 업무에 불만이라고 답한 비율은 3%, 재취업할 경우 베텔스만에는 취직하지 않겠다고 답한 비율은 6%에 불과했다고 소개했다.

:: 기업전략

창업·발전기(1947~1956): '독서 서클'의 경이로운 성공

이 10년간은 1835년 창업에 이은 제2의 창업기라고 할 수 있다. 제2차 세계대전으로 사옥, 인쇄소, 기계설비, 창고 등이 공습으로 처참하게 파괴되어 거의 무無에서 다시 출발했기 때문이다. 라인하르트가 기업가로서의 생존을 걸고 많은 어려움을 극복한 시기이기도 하다.

이 경험을 통해 혁신적인 서적 유통 방식을 착안했는데, 이것이 그 후의 성장과 경제적 기반을 확립하는 발판이 됐다. 1950년 당시에는 대부분 서점과 출판사가 판매부진에 시달리고 있었다. 라인하르트는 이 난관을 극복하기 위해 빅스 폴트의 협력을 얻어 '독서 서클'을 창설했다. 당시 대부분의 독서 클럽은 출판사가 주재하는 서적 판매 방식의 일부로 운영됐으며, 일정 기간 일정액의 회비를 내는 회원이 출판사가 선정한 책 중에서 규정 권수를 서점 판매 가격보다 할인된 가격으로 구독하는 방식이었다. 고정 고객을 확보할 수 있는 전략으로, 출판사로서는 독자 수를 예측할 수 있고 재고 리스크를 줄일 수 있었으므로 가격 할인이 가능했다. 이런 판매 방식은 특별히 새로운 것도 아니었고, 제1차 세계대전 후에 이미 독일에 수십만 명의 구독 회원이 있을 정도로 널리 보급되어 있었다. 이 판매 방식은 당연히 서점의 고객을 빼앗아 갔으며, 이 점에서는 서점과 독서 클럽이 대립적인 관계가 됐다.

라인하르트의 독서 서클은 1950년 5월에 시작됐는데, 종래의 방식과 마찬가지로 월 정액 3.2마르크를 낸 회원은 연간 8권(가격 무관)을 서점의 통상적인 판매 가격보다 싸게 구입할 수 있게 했다.

많은 회원들로부터 다양한 요구가 쏟아져 나오면서 라인하르트는 해법을 고민했다. 결론은 다수의 출판사와 협상하여 저작권의 실시 허락을 얻어 자사 인쇄소에서 인쇄하고 제본해야 한다는 것이었다.

성공 요인

베텔스만은 소형 밴에 책장을 설치해서 서적을 전시하여 독일 전 지역을 돌면서 회원을 직접 확보했는데, 이것이 첫 번째 성공 요인이었다. 베텔스만은 소형 밴을 개량한 이동서점과 독점 대리점 계약을 체결했고, 소형 밴에는 '베텔스만 레저링Bertelsman Leserring'의

광고판이 붙었다. 처음에 15대였던 소형 밴이 1953년에는 200대
로 늘어났다. 이동서점은 회원, 비회원을 구별하지 않았고, 보행
자라면 모두 도로에 정차된 서점에서 부담 없이 책을 들고 볼 수
있었다. 이때 자연스럽게 영업활동을 하여 회원을 확보할 수 있었
다. 그때까지 책을 별로 좋아하지 않았던 사람들, 서점 출입을 껄
끄러워하던 사람들의 독서 욕구가 가벼운 분위기 속에서 불타올
랐다. 광고문구도 아주 좋았다.

글자를 읽을 수 있다면 베텔스만의 책을 본다.

두 번째는 서점의 협력을 얻기 위해 서점에 회원 모집 권리를
부여했다는 점이다. 서점은 베텔스만을 대행하여 회비를 받고 회

사진 II-36 — 이동서점

원에게 책을 건네고, 베텔스만은 서점에 대행 수수료를 지급했다. 자연스럽게 적대 관계에 있던 서점이 아군이 됐다.

세 번째는 '독서 안내지'다. 회원에게 추천 서적의 상세한 서평이 게재된 독서 안내지를 분기별로 제공하여, 회원이 그 정보를 바탕으로 책을 선택할 수 있게 했다.

네 번째는 블루오션 개척이다. 기존 독서 클럽이 회원의 대상층을 명확히 하지 않은 데 비해, 베텔스만은 그때까지 책에 익숙하지 않았던 저소득층에 초점을 맞췄다. 1960년대 초반 베텔스만은 "회원의 80%는 지금까지 책이 없는 생활을 해왔던 사람들이다"라고 발표했다. 이는 라인하르트가 사업을 시작할 때 서점에 보낸 인사말에도 잘 나와 있다. 사업 목적은 '독서를 좋아하는 독일 국민만이 아니라 저소득층의 사람들도 독서를 즐길 수 있게 한다'는 것이었다. 또한 다른 독서 클럽이 성인을 대상으로 한 데 비해 베텔스만은 대상 연령을 14세 이상으로 낮추고, 기존에 중시하지 않았던 소년·소녀를 잠재적 회원으로 평가했다. 이를 발전시켜 1955년에는 청소년 대상의 독서 서클을 독립된 사업 분야로 발족했다.

다섯 번째는 리메이크다. 이미 베스트셀러가 된 서적이나 영화의 원본을 낮은 가격에 제공하는 전략이다. 후자의 예로 1950년대에 영화화된 소설 《바람과 함께 사라지다》는 80만 부, 《레베카》는 50만 부가 팔렸다. 가격은 서점보다 8.10마르크 저렴했다.

여섯 번째는 자사 기획에 따른 출판이다. 라인하르트는 사전과 백과사전으로 유명한 두덴Duden 출판사의 백과사전을 후보로 선정하고, 서점 가격 39마르크보다 싼 33마르크에 판매할 계획이었다. 그런데 두덴이 서점들에서 항의할 것을 우려하여 거절했다. 이에 베텔스만은 자체적으로 편집자와 저자 팀을 꾸려 독자적인 백과사전을 출간하기로 했다. 손익분기점이 3만 3,000권으로 예상됐는데, 10만 권을 판매 목표로 삼았다. 1953년 10월 《베텔스만 백과사전》이 출간됐고 1966년까지 40만 권, 최종적으로는 300만 권이 판매됐다.

이처럼 혁신적인 사업 방식을 취함으로써 회원 수가 1950년 출범 후 1년 만에 10만 명, 1952년 15만 명, 1953년 50만 명, 1954년 4월 100만 명으로 빠르게 늘어났고 1959년에는 250만 명에 이르렀다. 최고 기록은 1979년 494만 명이다. 이를 정점으로 이듬해에는 433만 명으로 줄었다.

라인하르트는 6명의 자녀를 두었고 그중 3명이 아들이었는데, 그는 "내 아들이라는 이유만으로 후계자가 될 수는 없다"라고 공언했다. 그는 재무·세무·법무·조직·인사 등에서 자신에게 없는 능력과 경험을 가진 비가족 인물을 최고경영책임자로 채용하고, 그에게 의사결정 권한과 책임을 큰 폭으로 부여했다. 베텔스만의 성공은 이런 요소들이 합쳐진 결과라고 할 수 있다.

쾨혼레흐너(1956~1970): 단독 전권 대리인

급성장과 재무 위기

예상을 훨씬 뛰어넘은 독서 서클의 성공으로 인쇄 공장의 증설이 초미의 관심사가 됐다. 4,000만 권의 인쇄·제본 능력이 필요했지만 베텔스만 공장의 능력은 그 반 정도밖에 되지 않았기 때문이다. 그래서 인쇄 공장뿐 아니라 그 외 설비를 갖추기 위해 막대한 자금을 투자해야 했다. 그 결과 자기자본비율은 무려 7%로 내려가고 모든 거래 은행이 '파산 상태'라며 베텔스만과의 금융 거래를 거부하기에 이르렀다. 라인하르트의 회고에 따르면, 당시 어떤 작가가 베텔스만이 발행한 수표를 도이체방크에 가지고 갔더니 받아주지 않았다고도 한다.

이런 상황을 라인하르트가 자신과 같은 공군 출신의 재무부 관료 만프레트 쾨혼레흐너에게 털어놓았더니, 종업원에게 이익을 증여하고 종업원이 이를 다시 회사에 2%의 금리로 대출하게 하는 방책을 가르쳐주었다. 당시 종업원에게 배분되는 이익금에는 세금이 면제됐다. 라인하르트는 이를 바로 실행했고, 이것이 회사를 유명하게 만든 '베텔스만 모델'이라 불리는 종업원 이익참여제도의 발단이 됐다. 종업원에게는 해마다 이자가 지급됐고 퇴직 시에는 퇴직금이 더 많아졌다.

쾨혼레흐너는 종전 후 뷔르츠부르크대학교에서 법학과 경영·

경제학을 배우고, 법학박사 학위를 취득했다. 민간과 기관 양 분야의 실무 경험이 풍부했으며, 특히 재무부의 프랑크푸르트 재무국에서 거액 납세자의 이의신청 처리를 담당했기에 절세 대책에 관한 풍부한 지식과 경험을 갖추고 있었다. 라인하르트는 쾨혼레흐너의 폭넓은 지식·경험·능력을 높이 평가하고, 1956년 베텔스만으로 초빙하여 다음 해인 1957년에는 회사의 처음이자 마지막 단독 전권 대리인으로 임명했다. 그는 서른두 살로 연봉이 독일 경영자 중 최고액인 300만 마르크(약 26억 원)였다. 담당 분야는 최고 책임자로서 경영 전반에 걸친 다각화 전략, 재무, 세무, 조직, 인사 등 다양한 분야를 아울렀다.

다각화: 음악 산업과 영화 산업에 진출

1956년에는 다각화 전략으로 우선 독서용 안락의자와 독서조명 등 서적 관련 상품에 진출했다. 같은 해 출범한 독서 서클과 마찬가지로 독자적으로 '레코드 서클'을 발족해 '좋은 책에는 좋은 음악을'이라는 광고문구를 내걸고 성장을 꾀했다. 그러나 레코드 회사들이 라이선스 계약을 거부했다. 이에 1956년 백과사전 출판 때와 유사하게, 베텔스만은 레코드 전문 자회사 소노프레스Sonopress를 설립하여 독자적으로 레코드 프레스 공장을 만들었다. 그리고 자사 레이블 아리올라Ariola를 통해 음악출판 사업에 진출했다. 이 레이블은 신인 가수 외에도 독일어권뿐만 아니라 세계적으로 잘 알려진 차라 레안더Zarah Leander 등 인기 가수와 계약하여 1960년대 독일에서 가장 성공한 레이블로 발전했다. 기존 레이블이 라이선스 계약을 거절함으로써 스스로 강력한 경쟁 상대를 만들어낸 셈이다.

그 후 음악 사업은 BMG로 발전했고, 2004년 소니와의 합작회사 소니BMG를 설립하여 세계 3위의 음악출판 회사로 자리 잡아 고수익을 창출했다. 이에 탄력을 받아 1964년에는 영화 제작에 진출했다. 쾨흔레흐너는 UFA 등의 인수를 시작으로 2개사를 뺀 모든 영화사를 산하에 두고 한 해에 90만 편의 신작을 제작했다.

쾨흔레흐너의 최대 실적은 라인하르트를 설득하여 TV방송과 영화에 진출한 것이다. 특히 TV방송은 오늘날 베텔스만의 이익 중 57%를 차지하는 최대의 수익원이 됐다. 쾨흔레흐너는 라인하르트와 자신이 친형제라고 할 만큼 강한 신뢰로 맺어져 있고, 아주 친밀한 관계라고 했다. 실제로 라인하르트는 쾨흔레흐너가 100만 마리의 양계장 건설이라는 전대미문의 다각화 사업을 추진할 때도 묵인해주었다. 이 엉뚱한 사업은 일시적으로는 독일 내최대의 계란 생산 공장이 됐고, 1972년까지 존속했다.

조직 개혁: 기업이념, 회사 형태, 가족 간 관계

쾨흔레흐너는 절세 대책으로 베텔스만 지주회사가 산하 21개사를 지배하는 조직 형태를 쇄신하여 각사를 회계적으로 독립시켰다.

동시에 1960년에 처음으로 〈베텔스만 경영 기본 원칙〉을 제정했다. 이 원칙은 그 후 수차례 개정을 거쳐 분권 조직, 책임 이양, 노자협조제도, 사회적 책임으로 구성되는 〈기업이념〉으로 발표됐다.

또한 쾨흔레흐너는 라인하르트의 개인적 문제에 관해서도 유익한 조언을 했다. 라인하르트가 친인척들 사이에서 단독으로 지배적 위치를 확립할 수 있도록, 1957년 베텔스만의 합자회사 형태를 라인하르트가 주식 100%를 소유하는 1인 주식회사로 개편하는 방법을 제안하여 실현시켰다. 이 합자회사에는 5명의 형제와 그 외 유한책임출자자가 있었다. 그런데 지분 환매 가격의 협상과 합의도 쾨흔레흐너가 담당했기에 많은 가족기업에서 불거지기 마련인 가족출자자 증가, 그로 인한 자본의 분산화, 다른 일가와의 경영 방침 등을 둘러싼 대립을 회피할 수 있었다. 그 결과 라인하르트는 의사결정을 자유롭고 신속하게 할 수 있었다.

잡지 발행 사업 진출

1960년대 마지막 다각화는 1969년의 잡지 출판 사업 진출이다. 발행부수가 비교적 안정된 잡지를 출판함으로써 인쇄 공장의 가동률을 안정화하기 위해서였다. 처음에는 독일 최대의 주간 시사지 〈슈테른〉을 발행하는 그루너&야르Gruner+Jahr의 지분 25%를 취득한 후, 점차 출자비율을 증가시켜 최종적으로는 완전자회사로 만들었다. 이 잡지 사업부문은 오늘날 유럽 최대 기업으로 성장했다. 그러나 이는 엄격하고 올곧은 라인하르트에게는 받아들이기 힘든 일이었을 것이다. 1970년 8월 라인하르트는 쾨혼레흐너를 갑자기 해고해버렸다(자세한 이야기는 뒤에서 다룬다).

라인하르트 최고경영책임자(1971~1981): 주식회사로 개편

이 시기의 라인하르트는 자신이 1969년부터 진행해온 주식회사로의 개편을 진행하고, 베텔스만주식회사의 최고경영책임자인 경영이사회 회장에 올라 경영쇄신을 단행했다. 그는 조직을 정비하고, 기업이념을 확립하고, 글로벌화를 추진하고, 종업원 이익참여제도를 실시하고, 공익재단을 설립했다. 업무집행을 주된 업무로 하는 경영이사회와 이를 감독하는 감독이사회로 구성되는 복층형 이사회(이원형 이사회)가 발족돼 대기업에 어울리는 지배구조가 만들어졌다.

감독이사회 회장으로는 주간신문 〈차이트〉의 창업자 중 한 사람인 부체리우스Gerd Bucerius가 취임했다. 경영이사회는 라인하르트 회장 아래에 만프레트 피셔Manfred Fischer가 전반적인 관리와 법무·재무를 담당하고, 출판 부문의 최고경영책임자 벤도르프, 그 외 기술 부문의 책임자 3명으로 구성됐다. 이 혁신적인 변화는 1980년대 이후 베텔스만이 놀라운 기세로 발전하는 데 초석이 됐다.

뵈스너 최고경영책임자와 그 후임 미들호프(1981~1998)

미국 진출 본격화

이 20년간은 만프레트 피셔 경영이사회 회장, 마르크 뵈스너Mark Wössner 경영이사회 회장, 라인하르트 감독이사회 회장의 지휘하에 베텔스만이 미국에서 사업을 크게 확장하고 글로벌 미디어 기업으로 엄청난 발전을 이룬 시기다. 1981년 예순 살이 된 라인하르트는 정관에 따라 경영이사회 회장직을 퇴임하고, 후임으로 그루너&야르의 최고경영책임자 피셔를 임명했다. 동시에 자신은 감독이사회 회장으로 취임했다.

피셔는 3년간 재임한 후 1983년에 퇴임했고, 그 후 뵈스너가 이어받아 1998년까지 경영이사회 회장으로 재임했다. 뵈스너는 고교 시절부터 장래희망이 '최고경영책임자'라고 공언한 야심가였으며, 카를스루에대학교에서 기계공학을 전공했다. 그는 신문의 구인광고를 보고 베텔스만에 원서를 냈다. 라인하르트가 면접에서 회사의 경영 방침이 권한과 책임 이양이라는 점을 설명하자, 이에 감동을 받아 입사를 결심했다. 입사 후에는 당시 유럽 최대의 대량인쇄 공장과 생산 부문 경영책임자의 보좌역으로 배속됐다.

그 후 뵈스너는 역량을 인정받아 1981년에는 베텔스만 본사 경영이사회 부회장, 1983년 4월에는 회장이 되면서 피셔의 후임으로 최고경영책임자로 승진했다. 라인하르트는 마요르카섬에 별장을 소유하고 있었는데 뵈스너에게 근처의 별장을 구매하라고 권했고 뵈스너가 이를 따랐다. 그 덕에 휴가 중에도 업무상 만남을 지속할 수 있었다. 라인하르트는 뵈스너의 사업 실적과 부하직원을 대하는 태도를 높이 평가했으며, 휴가 때는 가족 동반으로 등산을 즐기기도 하고 상호 신뢰하는 사이였다고 말했다.

미국에서의 인수전략

베텔스만은 단행본으로 유명한 대기업 밴텀북스의 지분을 50% 소유하고 있었고, 1980년에는 100%를 소유했다. 1986년에는 더블데이도 100% 인수함으로써 미국의 2세대 단행본 출판사를 산하에 거느리게 됐다. 이어 1998년에는 미국에서 제일 큰 출판사 랜덤하우스를 완전 인수했다. 그런 다음에는 랜덤하우스, 더블데이, 밴텀북스 등을 통합하여 뉴욕을 본거지로 새 회사를 설립했으며 영어권 국가의 최대 출판사가 됐다.

　랜덤하우스 인수의 공로자는 차기 경영이사회 회장이 되는 토마스 미들호프Thomas Middlehoff였다. 그는 1998년 뵈스너의 후임으로 베텔스만 본사의 경영이사회 회장으로 취임했다. 취임 직전에 미들호프는 미국의 출판사 뉴하우스Newhouse의 창립 70주년 기념 축하연에 초대받아 미국으로 건너갔다. 뉴하우스는 베텔스만과 마찬가지로 가족기업이고 그 산하에는 세계적인 명성을 자랑하는 잡지와 서적 출판사를 두고 있었다. 잡지로는 〈보그〉·〈배니티 페어〉·〈뉴요커〉 등이 있고, 서적 출판사로는 랜덤하우스와 앨프리드 A. 노프 등이 있었다. 하나같이 고도로 세련돼 예술의 경지로 평가받는 편집 방침으로 유명하다. 특히 노프는 출판하는 모든 서적을 예술품으로 다뤘고, 지식인들은 이를 미국의 문화유산으로 여기고 있었다. 그리고 랜덤하우스는 어떤 출판사보다 많은 노벨문학상 수상자의 작품을 출판했다. 퓰리처상 수상자 67명 중 47명의 작품이 여기서 출판됐다.

축하석상에서 미들호프는 회사 대표에게 자신을 소개한 후 랜덤하우스를 매각할 의사가 있는지 물어보고, 만약 있다면 매수하고 싶다고 이야기했다. 돌아온 대답은 의외로 '예스'였다. 그 후 4개월간 양사는 외부 전문가의 도움을 배제한 채 변호사, 투자은행 등과 함께 협상을 진행했다. 그리고 1998년 3월 23일 기자회견을 열어 베텔스만이 인수하게 됐음을 발표했다.

뉴하우스의 소유자들은 서적 부문의 수익률이 낮았기 때문에 전부터 매각을 고려하고 있었다. 그런데 잡지와 서적의 국제적 평가가 너무 높다 보니 뉴욕에서는 매수를 생각하는 사람이 전무했다. 매수 가능성을 생각한 것은 미들호프와 같이 오히려 회사의 명성을 잘 알지 못하는 사람뿐이었다. 그 밖에 베텔스만은 1986년에 주요 음악 레이블인 미국의 RCA를 완전 매수하여 음악 사업을 BMG로 통합했다.

민간 TV방송 사업 진출

1984년 독일에서 민간 TV방송이 개시됨과 동시에 베텔스만은 1964년에 설립한 UFA영화·TV유한회사를 통해 유럽 최대 규모의 TV·라디오방송 사업사 RTL의 지분 37.1%를 취득했다. TV 광고 수입을 주요 수입원으로 하는 이 사업부문은 오늘날 베텔스만에 최대의 이익을 주는 부문으로 성장했다.

1997년 UFA영화·TV유한회사는 TV·라디오방송 사업을 영위하는 룩셈부르크의 CLT와 합병하여 CLT-Ufa를 설립했다. CLT-Ufa는 2000년 영국 피어선TV와의 합병을 통해 RTL그룹으로 다시 태어나, 유럽 10개국에서 22개의 방송국과 18개의 라디오방송국을 거느린 유럽 최대의 라디오·TV방송 및 TV 프로그램 제작 기업이 됐다.

인터넷 사업 진출

뵈스너는 뮌스터대학교의 마케팅연구소에서 자신의 경험담을 전하는 강의를 담당하고 있었다. 그때 박사 과정 조교 토마스 미들호프를 알게 됐다. 미들호프는 박사 논문을 마친 후 뵈스너에게 자신이 베텔스만에 입사할 수 있는지 조언을 구했다. 면담을 하고 좋은 인상을 받은 뵈스너는 자신이 경영자로 재임 중이던 인쇄 사업부의 베를린인쇄소 경영자 보좌역으로 채용했다.

미들호프는 1987년부터 그곳에서 일을 시작했고 성격 좋은 관리자 후보로 평가받았다. 뵈스너는 그를 인쇄 사업부의 경영이사회 임원으로 승진시키고 전략적 기획과 멀티미디어 부문을 담당하게 했다. 미들호프는 멀티미디어 현황을 답사하기 위해 미국으로 출장을 갔을 때 하와이의 피자파이 가게에서 일하던 청년과 알게 됐다. 후에 국제적으로 명성을 떨치기 전의 AOL 창업자 스티브 케이스Steve Case였다. 두 사람은 의기투합했고, 훗날 미들호프는 AOL에 자본 참여를 고려했다.

1998년 예순 살이 된 뵈스너는 사장직을 퇴임하고 감독이사회 회장과 베텔스만재단평의회 회장에 취임했다. 그가 최고경영책임자였던 1983년 이래 16년간 베텔스만의 매출은 4배, 이익은 5배, 기업 가치는 7배, 자기자본은 8배까지 성장했다. 그러나 뵈스너는 2000년 10월 사전 통지도 받지 못한 채 해고됐다. 후임으로는 뵈스너의 추천으로 입사한 미들호프가 취임했다.

미들호프 최고경영책임자(1998~2002)

인터넷 사업으로의 본격 진출

라인하르트는 〈기업이념〉에 따라 최고경영책임자 미들호프에게도 전권을 이양해 자유롭게 경영하도록 했다. 1995년 미들호프는 경영이사회의 승인을 얻어 스티브 케이스의 AOL 주식 5%를 5,000만 달러에 매수하고 이사로 취임했다. 동시에 베텔스만이

49.5%를 출자하여 인터넷 접속 서비스 회사 AOL유럽을 합작회사로 설립했다. 1999년 말에는 이 회사 서비스 이용자 수가 280만명에 달했다.

같은 시기에 AOL은 타임워너Time Warner와의 합병을 계획하고 다음 해 2000년 1월에 인수 의사를 발표했다. 같은 해 6월 양사는 합병에 합의했고, 새 회사 AOL타임워너는 다음 해 2001년 1월에 FTC(연방거래위원회)의 승인을 받았다. 타임워너는 영화, 음악, 잡지, TV방송 등 세계적인 미디어 기업으로 베텔스만과는 경쟁 관계에 있었다. 이 때문에 미들호프는 이해 충돌을 피하기 위해 AOL의 이사를 사임했다. 같은 이유로 베텔스만이 보유하던 AOL유럽의 주식 49.5%를 매각할 필요가 생겼다. 2001년 양사는 베텔스만의 주식 매각 조건으로 현금 또는 AOL타임워너 주식교환 중 하나의 선택권을 행사할 수 있는 계약에 합의했다. 또한 현금으로 매각액을 지급할 경우는 총금액에서 4억 달러를 할인하는 데 동의했다. 양자는 현금 지급에 합의했다.

미들호프는 2000년 10월 스탠퍼드대학교의 강연에서 베텔스만은 3억 1,000달러(약 3,565억 원)의 투자로 적어도 67억 5,000만 달러(약 7조 7,625억 원)의 수익을 얻게 될 것이라고 언급했다. 베텔스만은 2002년 이 발표대로 거액의 수익을 올렸다. 이는 지금까지 본 적이 없는 거금이었고, 자기자본이 대번에 3배로 증가했다. 이 건으로 미들호프는 라인하르트에게 2,000만 유로의 상여금을 받았다고 한다.

IT 사업부문 진출과 철수

미들호프는 위 자금을 1993년부터 소규모로 경영해온 Be-Capita(벤처기업의 자본참여를 목적으로 하는 회사)에 투자해 자본 규모를 2000년 10억 달러로 확대하고, 전 세계의 IT벤처기업을 투자 대상으로 하는 사업을 시작했다. 같은 해 8월, 미국에서 개인 간의 음악 파일을 인터넷으로 공유하는 사업을 시작한 벤처기업 냅스터 Napster에 5,000만 달러를 대출해주고, 과반수 주식 취득의 옵션계약을 체결했다.

그런데 1999년부터 시작된 미국 IT벤처기업의 비정상적인 주가 상승이 2000년 3월을 정점으로 폭락으로 돌아섰고 IT 버블이 붕괴했다. 이 때문에 Be-Capita는 적자를 내게 됐다. AOL타임워너 역시 거액의 적자를 기록했으며, 게다가 회계부정 의혹까지 불거져 SEC(미국 증권거래위원회)에 이어 법무부도 수사에 들어갔다. 그 때문에 회사 주가가 폭락을 거듭해 미국 각 주에서 주주 대표 소송이 제기됐다.

냅스터 사업도 미국 재판에서 위법으로 결론이 나면서 파산에 이르렀다. 베텔스만은 자금 제공자였기에 책임을 져야 했는데, 거대 음악 레이블들까지 집단손해배상 청구 소송을 제기했다. 동시다발로 쏟아지는 집단소송의 배상금을 지급하느라 베텔스만의 매출과 수익은 격감했고, 2001년에는 1억 2,300만 유로의 손실을 기록했다. 그래서 2001년과 2002년에는 이익참여제도에 따른 배당을 하지 못했다.

이런 상황에서도 미들호프는 미국의 음악 레이블 좀바_{Zomba}를 인수하고자 주식교환을 통해 매수 자금을 조달하려고 했다. 이를 위해서는 베텔스만의 상장이 전제가 되어야 했다. 하지만 이는 베텔스만의 기본 방침과 정면으로 대립하는 일이다. 이런 이유들로 2002년 7월 임시 감독이사회가 열려 미들호프의 해임이 의결됐고, 베텔스만은 IT 및 통신 서비스 부문에서 철수했다.

RTL의 과반수 주식 취득

베텔스만은 고수익을 올리는 TV·라디오방송 사업사 RTL의 지분 37.1%를 가지고 있었다. 2000년 10월 미들호프는 이 지분율을 67.1%로 올리기 위해 벨기에의 투자회사 GBL_{Groupe Bruxelles Lambert}이 보유하고 있는 RTL 주식 30%를 베텔스만의 주식 25.1%와 교환하자고 제안했다. 이 매수 계약에는 GBL의 사주 제랄드 프레르_{Gérald Frère}의 조건 하나가 붙어 있었는데, 2005년 이후에는 프레르가 베텔스만의 주식을 거래소에서 매각할 수 있게 한다는 것이었다. 즉 베텔스만의 상장이 주식교환의 전제 조건이었던 것이다. 프레르는 투자가였으며 주가 상승에 따른 매각 수익을 목적으로 하고 있었다.

2001년 1월 라인하르트가 이 조건에 동의해 GBL이 베텔스만의 주식 25.1%를 소유하게 됐다. 이는 라인하르트가 처음이자 마지막으로 주식공개를 결심한 사건이다. 그토록 주식공개를 꺼리던 라인하르트가 보여준 뜻밖의 반응에 미들호프는 어안이 벙벙했다고 한다. 라인하르트는 그렇게 결심한 이유로 독서 서클의 성장률 둔화와 TV방송 사업의 무궁한 장래성, 그리고 비가족 경영자에 대한 주주와 애널리스트의 평가 및 감시, 그에 따른 경영자의 역할을 언급했다고 한다. 또 라인하르트는 그렇게 하지 않으면 젊은 경영자와 관리자들이 회사를 떠날 거라고 기자단에게 말했다고 한다.

2002년 이후: 라인하르트의 사망과 부인 리즈의 사업 계승

2006년 7월 라인하르트는 주식공개 결정을 철회했다. 적대적 기업인수로 베텔스만의 영속성이 저해되고 전통적인 기업문화가 소멸할 위험이 있다는 이유였다. 이후 GBL이 소유한 베텔스만의 주식 25.1%를 45억 유로(약 6조 5,700억 원)라는 거액으로 환매하여 라인하르트 일가는 베텔스만의 100% 지배를 실현했다. 오늘날 베텔스만의 RTL 지분율은 98%다.

:: 기업윤리

베텔스만공익재단(Bertelsmann Stiftung)

1977년 라인하르트가 자신이 보유한 베텔스만주식회사의 주식 71.1%를 공익재단에 양도함으로써 재단이 설립됐다. 정치, 사회, 경제, 교육, 의료, 문화 등 6개 영역의 문제점 제기와 이의 개선을 위한 정책 제언을 목적으로 하는 자주기획형 공익재단이다. 다시 말해 사업비를 지원하는 재단이 아니다. 이 재단은 2012년 독일 최대급인 4,550만 유로(약 490억 원)를 공익활동에 지출했다. 재단이 보유한 베텔스만 주식의 배당금을 운용 자금으로 하며, 2012년도 배당액은 1억 1,150만 유로(약 1,200억 원)에 달했다.

총 328명의 조사 전문가가 투입돼 정책 제언을 위한 문제를 특정하고 그 개선을 위해 제안한다. 이들 전문가의 영역은 세분화되어 있다. 경제 분야를 예로 들면, 기업 입지 조건, 규제, 고용, 기업 문화, 가족과 사회, 기업의 사회적 책임, 사회적 시장경제 등이다. 정책 제언은 인쇄매체와 정부 위원회, 그 외 단체들에 보고된다. 이들 개별 분야의 작업은 재단이사회의 각 위원이 지휘하며, 재단은 독립적이고 정치적 중립성을 가진다.

소유권의 사회적 책임

공익재단 설립은 〈기업이념〉에서 네 번째 항목인 '사회적 책임'
의 윤리적 연장이다. 또한 1960년 9월에 제정된 〈베텔스만 경영
기본 원칙〉의 첫 번째 항목 '소유권은 의무를 동반한다'와 '기업의
궁극적인 목적은 그 성과물을 사회에 환원하는 것이다'를 골자로
하는 라인하르트의 기본 이념이 구체화된 것이다.

앞서 언급했듯이, 라인하르트는 열여섯 살 때 고등학교 작문
과제로 제출한 '나의 직업 선택'에서 직업 선택의 3요소 중 첫 번째
요소로 사회에 대한 책임을 들었다. 이 신념은 죽을 때까지 변하
지 않았으며, 세상을 떠나기 9년 전인 2000년에 출간한 저서에서
'사회적 의무'는 과거에도 현재에도 당연한 사명인데 이를 실천하
는 회사는 적다고 비판했다.

1954년 라인하르트와 형 지크베르트_Sigbert Mohn_는 5만 마르크를
각출해서 젊은 작가의 경제적 지원을 목적으로 한 카를베텔스만
재단(라인하르트 사망 후 라인하르트몬재단으로 개명)을 설립했다. 당시
독일에는 4,500여 명의 젊은 작가들이 있었는데, 그중 2,900명은
월수입이 400마르크 정도로 세금을 빼면 남는 게 거의 없었다. 이
재단은 이들 중 10명에게 1년간 매달 400마르크를 지급했다. 오늘
날 베텔스만재단이 지출하는 규모를 보면 보잘것없는 금액이지
만, 본격적인 공익재단을 설립하기 전에 라인하르트가 한 최초의

사회적 공헌 활동이었다고 할 수 있다.

가족 완전지배의 계속성

라인하르트는 재단 설립의 첫 번째 이유가 '기업의 계속성 유지'라고 했다. 재단의 설립 모체인 베텔스만, 그리고 가족경영에서 가장 중요한 기관인 관리회사의 성격과 기능을 이해하기 위해서는 가족지배를 영속화하고자 했던 5세대 라인하르트와 리즈의 강한 신념을 알아야 한다.

앞에서 다룬 4개의 기업 중에서 베텔스만만큼 오늘에 이르기까지 가족지배와 경영감시를 일관되게 관철하며 글로벌 거대 기업으로 성장한 회사는 없다. 크루프 일가는 대대로 주식공개를 꺼렸지만 지금은 공개가 됐다. 그리고 다른 회사와 합병했기에 가족경영의 흔적은 비가족인 바이츠가 간신히 이어가고 있다. 자이스는 가족기업에서 재단으로 혁신적인 개혁을 이뤘지만, 오늘날 창업자의 발자취는 회사 이름에만 남아 있을 정도다. 그나마 보쉬가 베텔스만에 가장 가까운 가족기업이지만, 창업자 가문이 경영감독까지 직접적으로 관여하지는 않았다.

라인하르트의 가족경영에 대한 신조는 베텔스만의 〈기업이념〉 중 '회사의 자립과 지속성은 베텔스만관리회사의 (100%) 의결권으로 보장된다'에서 명확하게 드러난다. 개정 전 〈기업이념〉 제12

조에는 직접적으로 '우리 회사는 기업의 자립과 계속성을 확보한다', '이를 위해 베텔스만재단은 우리 회사의 최대주주로 남는다'라고 명시돼 있다. 즉 회사의 독립이란 이름도 얼굴도 모르고 회사와 운명을 같이하지도 않는 주주에게 의존하길 거부함으로써 이루어지고, 가족에 따른 완전지배와 최종 의사결정권의 확보, 소유와 경영감독의 통합만이 몬 일가와 회사의 지속성을 보장한다는 뜻이다. 이 '기업 계속성'의 원칙은 1985년 제정된 〈기업이념〉을 통해 최초로 도입됐다.

후계자 문제

라인하르트는 베텔스만의 후계자로 자녀를 고려하는 것은 좋지 않다고 생각했다. 그 이유는 다음과 같다. 그는 두 번의 결혼으로 각각 3명 총 6명의 자녀를 얻었다. 두 번째 부인이 오늘날 라인하르트 일가를 대표하는 리즈 몬이다. 그녀가 낳은 3명의 자녀는 라인하르트가 첫 번째 부인과 1981년 정식 이혼하기 전인 1960년대에 태어났다.

리즈와 세 자녀는 관리회사, 베텔스만 본사, 재단 등 다양한 기관에서 위원, 임원 등을 맡아 사업에 관여하고 있다. 라인하르트는 첫째 부인의 양육비 청구권 등을 둘러싸고 2년간 법적 다툼을 벌였기에 양쪽 자녀들 사이에는 접촉이 없었을 것이다. 이와 같은 복잡한 가정사 문제로 후계자를 특정 자녀로 정하는 것은 곤란하다고 판단했을 것이고, 이것이 공익재단을 설립하는 데 하나의 이유가 됐으리라고 생각한다.

그림 II-11 — 베텔스만 공익재단의 지배구조

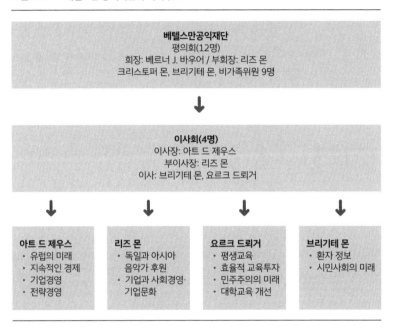

지배구조

평의회

평의회는 재단의 감독·자문기관으로 정관에 따르면 회의는 연

간 최소 2회 개최되며, 위원은 최소 6명, 최대 14명으로 구성된다. 2014년 2월 현재의 위원 수는 12명으로, 회장은 베텔스만관리유한 회사의 위원이다. 이 밖에 재단의 목적과 관련되는 분야에서 현저한 실적을 남긴 최소 3명, 최대 13명의 외부 인재가 참여한다. 위원은 재단 인사위원회의 제안에 따라 평의회에서 선임된다.

2014년 현재 기준 가족인 리즈 몬이 부회장이며, 그녀의 장남 크리스토퍼가 위원이다. 리즈는 이사회의 부이사장을 겸임하고 있다. 외부 인사인 베르너 J. 바우어Werner J. Bauer 교수가 회장이고 그외 외부 인사는 식품 기업 네슬레Nestlé의 최고경영책임자, 전기·가스 기업 E-ON의 경영이사회 전 회장, 정부기관 대표, UFA영화·TV, 그 외 베텔스만의 사업회사 대표자 등이다. 위원의 임기는 70세까지다. 단 라인하르트와 리즈의 임기는 사망 또는 사임에 의해 종료된다. 그 기능은 다음과 같다.

• **기본 기능: 이사회의 관리감독과 조언·전략 기능**
  • 이사회와 협력하여 재단의 목적 달성과 발전을 위한 기본 전략 수립
  • 재단의 계속성과 베텔스만의 기본 문화 유지

• **승인 기능**
  • 재단의 전략과 재단 업무 중점 결정

- 평의회 규정의 조성 금액을 초과하는 신규 과제
- 재무 계획과 유보 자금의 이용, 재단 연차보고서의 승인
- 재단이 지정한 감사인에 따른 회계감사
- 이사회의 활동보고서 수리와 이사회 위원의 책임 해제

이사회

2014년 2월 현재 이사회는 4명으로 구성되고, 임기는 3년이며 재임 가능하다. 평의회 임원은 이사회 임원을 겸임할 수 없다. 단, 이 규정은 재단 설립자와 그 후계자에게는 적용되지 않는다. 실제로 리즈는 평의회 부회장과 이사회 부이사장을 겸임하고 있다. 정년은 70세이지만, 이 역시 설립자와 그 후계자 리즈에게는 적용되지 않는다. 여기서도 가족지배구조의 의지를 볼 수 있다.

이사장은 OECD 사무차장 아트 드 제우스Aart De Geus, 이사는 리즈의 장녀 브리기테Brigitte Mohn와 함부르크시 정부 교육담당장관 요르크 드뢰거Jörg Dräger다. 각 이사는 전문 분야에서 부하 연구자들이 수행하는 조사·연구·정책 제언 등의 활동을 총괄하는 동시에 자신도 개인적 전문 분야의 연구에 종사한다. 드 제우스 이사장은 재단관리책임자로서 홍보전략, 재무관리, 인사·조직을 담당함과 동시에 유럽 문제, 경제, 재단 국제화 등을 담당한다. 리즈는 독일과 아시아·음악가 육성·사회적 기업·기업경영 및 기업문화 등을 담당하고, 장녀 브리기테는 환자 정보와 시민사회의 미래 등을 담당하

며, 드뢰거는 교육제도 투자의 효율성·평생교육·대학발전센터 등을 담당한다.

라인하르트와 계승자의 설립자 권한

라인하르트 일가의 지배권 확보 의지를 가장 명확하게 반영한 규정은 재단 정관 제27조다. 설립자 라인하르트와 후계자 리즈의 설립자 권한은 '평의회의 권한에 우선한다'라고 제일 앞에 명시되어 있다. 이들의 권한은 다음과 같다(일부 생략).

- 재단 공익성의 범위 내에서 정관 변경
- 베텔스만주식회사 감독이사회 회장 또는 그 임원인 평의회 회장 또는 위원 선임
- 이사회 임원 선임, 이사회 회장 임명, 부회장 선임, 이사장 선임
- 상기의 결과로 이사회 구성원 증가
- 외부 인재를 평의회 위원으로 선임
- 인사위원회에서 그 외 위원 선임
- 평의회의 결의에 대한 거부권 및 반대권
- 설립자와 그 후계자의 임기는 각각 사망 또는 사임까지로 한다. 그 외의 임원은 70세에 자동 퇴임한다. 취임 시 위원의 나이를 기준으로 평의회 평균 연령은 63세를 넘을 수 없다. 평균 연령 계산에 설립자 또는 그 후계자의 연령은 산정되지 않는다.
- 설립자는 상기 설립자 권한의 전부 또는 일부를 타인(후계자)에게 사후에도 양도할 수 있다.
- 후계자는 설립자의 부인 또는 친자로 한다.

공익성에 대한 비판

앞서 언급한 바와 같이 라인하르트 일가는 관리회사를 매개로 하여 베텔스만주식회사와 베텔스만재단에 지배력과 영향력을 미치고 있다. 저작물, 신문·잡지, 인터넷을 통해서 이에 대한 비판이 제기됐으며 이미 무시할 수 없는 규모로 커졌다. 내가 아는 한, 재단에서 일가의 반론은 나오지 않았다. 이는 재단의 정당성에 관한 기본적인 문제인데, 결과적으로 재단이 베텔스만의 이익 향상을 위해 존재하지 않는다는 비난이 쇄도했다. 여론이 공익성과 독립성에 대한 의심을 제기하는 것은 당연한 일이다.

베텔스만 저격수 슐러Thomas Schuler는 《베텔스만 공화국Bertelsmann Republik Deutschland》(2010)이라는 제목의 책에서 많은 비판을 전개했다. 그중 하나는 라인하르트가 1977년 공익재단을 설립한 가장 큰 동기가 '절세', 즉 사적 이익 추구라는 주장이다. 즉, 자손이 상속세를 내기 위해 회사 자본 일부를 매각할 필요가 없도록 하는 것이 재단 설립의 목적이었다는 것이다. 그러면서 라인하르트가 말하는 공익이란 가족의 이익과 동의어라고 규탄했다. 그러나 이는 상당히 무리가 있는 억지 주장이다. 가족의 이익만이 목적이라면 공익재단을 만드는 것보다 상장시키는 편이 창업자 가족에게 더 많은 돈을 가져다줄 것이기 때문이다.

또한 슐러는 재단이 라디오방송에 관한 정책과 감독의 개혁을 시도한 일을 꼽았다. 베텔스만 자신이 유럽의 최대 라디오방송국망 RTL을 소유하고 있기에, 재단의 이런 행동은 이해상충의 문제가 있다고 지적했다. 1998년 베텔스만재단의 지배구조가 문제시되어, 그 수정법의 입법화가 부상하게 됐다. 슐러는 재단이 이를 저지하기 위해 많은 전문가를 정부 전문가 위원회에 참여시켰고, 최종적으로 정부가 베텔스만재단에만 유리한 개혁안을 채택했다고 지적했다.

한편, 독립 법률가 3명은 재단이 '트로이의 목마'처럼 행정, 단체 등의 고객에게 침투하여 베텔스만을 위한 마케팅 활동을 전개한다고 비난했다. 예를 들어, 대학 평가와 관련해서 재단이 대학 학장 회의와 평가에 관한 공익재단대학발전센터를 구축하고, 이를 실시한 대학의 평가 결과를 자사의 자회사 매체인 〈차이트〉에 발표시킨 일 등이다. 세 법률가는 재단과 그 일가, 영리회사 간의 관계가 법적으로는 적법과 위법의 경계선상에 있어서 '머리카락 한 올 차이'로 적법의 테두리 안으로 들어간다고 주장했다.

:: 기업지배구조

베텔스만관리유한회사

1999년 설립된 베텔스만관리유한회사Bertelsmann Verwaltungsgesellschaft, mbH-BVG는 몬 일가의 비상장회사인 베텔스만SE주식합자회사, 베텔스만경영SE, 베텔스만공익재단을 100% 의결권 또는 그 영향력의 일원적·집중적 행사로 완전지배하기 위한 최고 의사결정기관이다. 베텔스만SE주식합자회사의 의결권은 몬 일가 주식 19.1%, 공익재단 보유 주식 80.9% 등 합계 100%의 주식에 부대하는 의결권으로 구성된다.

출자자는 가족 3명(리즈와 그 장남 크리스토퍼, 장녀 브리키테)과 비가족 3명 등 총 6명이다. 리즈는 자본금 6만 유로에 상당하는 80%의 의결권을 가지고 출자자총회 의장으로서 결의에 대한 거부권을 가진다. 따라서 리즈가 베텔스만SE주식합자회사의 최고 권한 소유자다. 비가족출자자인 디터 H. 보겔Dieter H. Vogel은 티센의 사장을 역임했으며 위르겐 F. 스트루베Jürgen F. Strube는 BASF 감독이사회 회장을, 바우어는 독일 네슬레의 감독이사회 회장 및 베텔스만의 감독이사회 회장을 역임했다. 보겔은 베텔스만재단평의회 회장도 역임했다.

6명으로 구성된 위원회가 다음에 열거된 의제에 대해 토의하고, 유한회사의 법적 결정은 리즈가 주관하는 출자자총회에서 이루어진다. 리즈는 공식적인 일가 대표로서 75세까지 관리회사의 최고책임자이며 그 후에는 그녀 자신이 후계자를 임명할 수 있다. 베텔스만은 홈페이지에 Q&A란을 만들어 각 여섯 줄짜리 대답으로 그 기능을 설명한다. 요약하면 다음과 같다.

- 베텔스만주식회사의 독립성 확보
- 공익재단으로서 베텔스만재단 및 몬 일가의 지분 이익 옹호
- 라인하르트 몬이 확립한 기업문화의 유지, 침투, 진화
- 베텔스만SE주식합자회사 주주총회에서 지배적 의결권 행사
- 관리회사 출자자총회에서 가족에 의한 의결권 행사 방침 결정

이상의 기능에 따라 가족 3명이 베텔스만관리유한회사, 베텔스만SE주식합자회사, 베텔스만경영SE의 감독이사회, 베텔스만공익재단의 의사결정·감독기관인 평의회와 이사회의 요직에 배치됨으로써 몬 일가의 '가족지배와 기업문화의 계속성'을 확보하도록 제도화됐다.

베텔스만경영SE

베텔스만경영SEBertelsmann Management SE는 사명에 들어 있는

그림 II-12 — 베텔스만의 소유구조

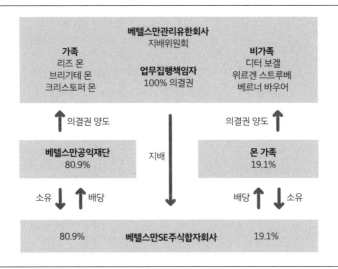

그림 II-13 — 베텔스만관리유한회사의 지배구조

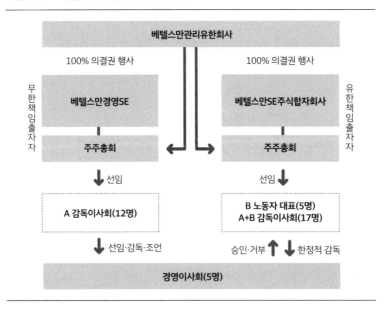

그림 II-14 — 베텔스만경영SE

무한책임출자자

베텔스만관리유한회사

100% 의결권 행사

베텔스만경영SE 감독이사회(12명)
베텔스만SE주식합자회사 경영·대표
가족(3명): 회장 크리스토퍼 몬, 리즈 몬, 브리기테 몬
비가족(9명): 대표가 SE Co. KGaA 감독이사회 겸임

경영이사회(5명)
회장, 3개 주요 사업회사 사장, CFO

RTL   Arvato   랜덤하우스 PG

그림 II-15 — 베텔스만SE주식합자회사

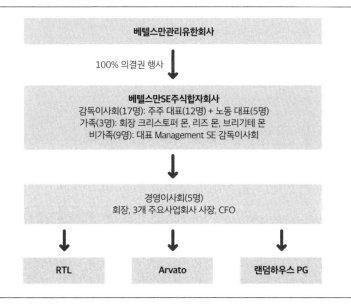

베텔스만관리유한회사

100% 의결권 행사

베텔스만SE주식합자회사
감독이사회(17명): 주주 대표(12명) + 노동 대표(5명)
가족(3명): 회장 크리스토퍼 몬, 리즈 몬, 브리기테 몬
비가족(9명): 대표 Management SE 감독이사회

경영이사회(5명)
회장, 3개 주요사업회사 사장, CFO

RTL   Arvato   랜덤하우스 PG

'Management'가 의미하는 바와 같이 경영 업무를 담당하는 회사이며, 주식회사의 경영이사회에 해당하는 조직이다. 경영 업무에 종사하는 경영자는 무한책임을 지는 대신 최대의 권한과 자유를 부여받는다. 유한책임회사, 즉 주식합자회사 감독이사회의 감독·제안 권한은 거부권 행사 등으로 한정된다.

그런데 무한책임출자자의 무한책임은 SE에 의해, 즉 유한책임출자자인 주식회사에 의해 유한화되므로 실질적으로는 유한책임회사다(제1부 제1장의 '기업 형태' 참고). 감독이사회의 임원 12명은 다음의 '베텔스만SE주식합자회사'에서 설명하는 감독이사회의 자본 측 대표임원과 겸임한다.

경영이사회

경영SE 감독이사회에서 경영이사회 회장, 즉 사장 및 임원으로 임명되어 이들 산하의 TV·라디오방송 RTL, 서적 출판 랜덤하우스, 잡지 출판 그루너&야르, 인쇄·저작권 관리 아르바토Arvato 등 사업회사의 최고경영책임자로서 경영 업무를 집행한다.

그 외 경영이사회의 스탭 부문으로 10명이 경영전략, 내부통제, 교육, 홍보, 법무, 세무, 인사, 재무, 회계, 감사·컨설팅을 담당한다. 그리고 사업부문으로 중국베텔스만·아시아투자, 클럽·직접서비스 사업, 디지털미디어 저작권 등의 책임자로서 사업회사에 지원 기능을 담당한다.

베텔스만SE주식합자회사(Bertelsmann SE & Co. KGaA)

감독이사회에서는 자본 측 대표가 12명, 노동자 측 대표가 5명 등 총 17명으로 구성된다. 가족 대표 리즈와 그녀의 장녀, 장남이 영향력을 행사한다.

감독이사회: 자본 측 대표 12명

크리스토퍼가 회장이고 리즈와 브리기테는 임원으로, 가족은 12명 중 3명이다. 그 외 비가족 임원으로 BMW의 밀베르크Joachim Milberg 사장, 다임러의 경영이사 우베Bodo Uebbe, 폭스바겐 경영이사 겸 포르쉐 CFO 푀치Hans Dieter Pötsch, 대규모 가족기업으로서는 제약회사 머크의 클레이Karl Ludwig Kley 사장, 생활용품 기업 헨켈의 로르슈테트Kasper Rorsted 사장 등 독일 산업계를 대표하는 쟁쟁한 경영자가 이름을 올렸다.

앞서 언급했듯이, 이들 12명은 베텔스만경영SE 감독이사회를 겸임한다. 또한 합자회사에서 유한책임출자자의 감독위원회 감독·제안 권한은 한정적이며, 경영이사회의 거부권 행사에 거의 제약을 받지 않는다.

감독이사회: 노동 측 대표 5명

노동 측 대표는 베텔스만 중앙사업장협의회 위원장 및 부위원장, RTL 유럽사업장협의회 위원장, 관리자 대표위원회 위원장, 기업·센터사업장협의회 위원장 5명이다.

라인하르트의 전문경영인에 대한 불신

독일어로 경영자는 2개의 단어로 표현된다. 하나는 소유 여부와 관계없이 리스크를 안고 혁신하는 기업가적 경영자로, 'Unternehmer'라는 단어가 사용된다. 다른 하나는 회사 지분이 적은 'Manager'로 전문경영자 또는 직업경영자를 의미한다. 라인하르트는 저서에서 이 두 단어를 구분해 쓰면서, 자신을 'Unternehmer'라고 하고 자신이 지금까지 임명했던 최고경영책임자는 'Manager'라고 지칭했다. 그러면서 전문경영자라고 해도 창업자의 열정으로 혁신의 의욕을 품고 리스크를 지는 경영자는 'Unternehmer'라고 할 수 있다고 덧붙였다. 그런 의미에서 이 두 단어는 가치 판단이 포함된 용어라고 할 수 있다.

라인하르트가 공익재단을 설립한 동기는 말할 것도 없이 사회공헌에 대한 책임감이며, 이는 지금까지 재단이 펼쳐온 활동을 보면 명확히 드러난다. 그러나 이것이 전부는 아니다. 다른 하나가 전문경영인에 대한 불신이라고 할 수 있다. 쾨흔레흐너, 피셔, 뵈스너, 미들호프 등 4명이 베텔스만에 큰 공헌을 했음에도 라인하르트는 명확한 이유를 설명하지 않고 해임했다. 또한 그들의 이름은 내가 아는 한, 마지막 회고록을 포함하여 라인하르트가 생전에 펴낸 모든 저서에 언급되어 있지 않다.

전문경영인에 대한 라인하르트의 비판은 쾨흔레흐너와 피셔를 해고한 뒤인 1986년에 쓰였다. 그가 쓴《파트너십을 통한 성공 Success through partnership》이라는 제목의 저서에서 제1장은 현역 소유경영자가 썼다고 보기에는 다소 괴상한 '전문경영자의 일상적 허영심'을 다룬다. 이 장만 별쇄본으로 출간한 걸로 보아 그가 이 주장에 얼마나 집착하고 있었는지를 알 수 있다. 이 장에 쾨흔레흐너와 피셔의 이름이 언급된 건 아니지만, 그들에 대한 실망이 동기가 됐던 것은 확실하다. 이 사실은 미래의 경영자를 경계한다는 것으로도 해석할 수 있다. 전문경영인에 대한 그의 비판은 다음과 같이 요약할 수 있다.

- 자신의 실적과 자기 자신을 과대평가한다. 교만은 파멸로 통하는 길이다.
- 무능력한 전문경영인은 자신의 열등감을 과도한 자기과시와 야심, 그리고 능력 이상의 책임을 짐으로써 보상받으려고 한다.
- 약점을 보이지 않으려 하고, 실패를 인정하고 사과하는 성실함이 없다.
- 회사의 이익보다 개인의 이익을 우선시한다.
- 대중매체에 자신의 평판을 형성시키는 데 급급하고 개인 숭배를 원한다.
- 많은 시간을 회사가 주최하는 사교 행사와 회의로 낭비한다.
- 회사의 높은 실적을 자신의 능력으로 돌릴 뿐 노동공동체의 성과로 돌리는 겸

손함이 부족하다.
- 허영심 탓에 상처받기 쉽고, 비판을 거부하며, 실책으로 체면을 구기는 일을 피하려고 회사 실적을 왜곡하는 등 모든 편법을 꾀한다.

라인하르트에 대한 비판

전문경영인에 대한 비판과 관련하여, 처음부터 그들을 채용하고 승진시키고 오랜 세월에 걸쳐 자유롭게 활동하도록 지원한 것은 라인하르트 자신이 아니었느냐며 그에게 책임을 묻는 목소리도 있다. 라인하르트는 경영자에 대한 불만을 당사자에게 전한 적이 많다고 한다. 그러나 당사자들은 이를 잘 이해하지 못했고, 따라서 이유도 모른 채 해고됐다. 그 후 라인하르트도 경영자도, 둘 사이에 어떤 일이 있었는지 전혀 말하지 않았다. 이 때문에 대중매체는 라인하르트를 가족기업 소유자들에게서 흔히 볼 수 있는 전제적 기업가라고 하고, 그가 표방하는 '노자공동체'를 언행 불일치라고 비난했다. 신문이나 잡지 기사들은 해고된 경영자가 침묵을 지키는 이유가 많은 퇴직금을 받았기 때문이라고 추측한다.

그들이 해고되기까지의 과정에는 공통점이 있었다. 채용 초기에는 '밀월기'라고 해도 좋을 만큼 친밀하게 신뢰 관계를 구축했다는 것이다. 그러나 최종적으로는 양자 모두에게 유쾌하지 않은 파국을 맞았다.

쾨흔레흐너

회사의 자금조달과 종업원 이익참여제도, 그 외에도 큰 공헌을 한 쾨흔레흐너와 라인하르트의 관계는 형제처럼 친밀했다. 그러나 라인하르트의 지시로 진행한 악셀슈프링거Axel Springer 인수가 실패한 책임을 물어 해고됐다. 라인하르트 자신이 실패의 책임자가 되는 것을 회피하기 위해서였다고 생각된다. 당시는 권한 이양의 초기 단계여서 라인하르트와 전문경영인의 권한이 명확하게 정의되어 있지 않았다는 것이 하나의 원인이었을 것이다.

뵈스너

뵈스너와도 마치 부모와 자식 간의 관계 같은 모습이었다. 라인하르트는 뵈스너가 부하 직원을 대하는 태도를 칭찬하고, 가족까지 동반하여 함께 등산을 즐겼다. 또 마요르카섬에 있는 자신의 별장 근처에 뵈스너도 별장을 사도록 하여 일과 여가를 공유했다.

뵈스너는 내규에 따라 1998년 60세로 경영이사회 회장에서 물러남과 동시에 감독이사회 회장에 취임하고 베텔스만재단의 이사장을 겸임하며, 재단 발전에 강한 의욕을 가지고 있었다. 그러나 다음 해 베텔스만관리회사가 설립되고 라인하르트가 재단 운영에 직접 관여하게 되자 모든 일을 사전에 라인하르트에게 상의해야 하는 입장에 처하게 됐다. 이 일 때문에 뵈스너는 라인하르트가 자신을 신임하지 않는다고 판단했고, 두 사람의 관계는 급속히 냉각된 것으로 알려졌다. 게다가 관리회사의 임원이 되어 영향력을 행사하기 시작한 리즈와의 관계도 악화됐다.

1999년 5월, 라인하르트는 뵈스너에게 어떤 연락도 취하지 않고, 뵈스너의 '자발적' 사임을 사내외에 발표했다. 잡지 〈매니저〉와의 인터뷰에서 해고의 이유를 질문받자 그는 "뵈스너의 사직은 괴로웠다"라는 짧은 대답만 했다. 그 후 재단은 라인하르트가 직접 운영했고, 감독이사회 회장에는 뵈스너의 부하 직원이었던 미들호프가 취임했다.

미들호프

미들호프는 눈부신 실적으로 경영이사회 회장으로 승진했다. 하지만 미국 AOL타임워너의 실적이 급속히 악화되어, 2000년 26억 달러였던 온라인 광고수주액이 2002년에는 5억 달러로 급감했다. 주가는 합병 당일 44달러에서 2002년 7월 중순에는 13달러까지 폭락했다. 이 때문에 AOL타임워너 주주들의 불만이 날로 심해지고 있었다.

앞에서 말한 바와 같이, 베텔스만은 보유 중인 AOL유럽을 매각하면서 주식교환이 아니라 현금으로 받는 쪽을 택했다. 할인된 가격으로 지분을 매각하고 그 대가로 받은 현금 4억 달러가 AOL

타임워너로 넘어갔다. 베텔스만은 급강하한 AOL타임워너의 실적을 부풀리기 위해 이 금액을 광고비 명목으로 회계처리하는 데 합의했다. 즉 AOL타임워너의 분식회계에 가담한 것이다.

2002년 7월 18일과 19일, 〈워싱턴 포스트〉가 AOL타임워너의 회계부정 의혹 기사를 게재했고, 증권거래위원회와 법무부 등이 수사를 시작했다. 베텔스만의 감독이사회는 상기 회계처리를 추궁당할 것을 우려해 임시 감독이사회에서 미들호프의 해임을 결의했고, 2002년 7월 28일에 리즈가 전화로 그에게 알렸다. 상기 안건은 임시 감독이사회의 승인을 받았음에도 경영이사회 회장인 미들호프에게만 책임을 물은 것이다. 더욱이 미들호프의 해임은 그의 경영이사회 회장직이 재계약을 통해 5년간 연장되고 나서 겨우 2주 뒤에 이뤄졌다.

:: 맺는말

베텔스만의 사례는 가족기업, 공익재단, 가족 등 3자 간 관계의 장점과 한계를 전형적으로 보여준다. 베텔스만은 이 책의 사례 중에서 가장 강력한 가족지배력으로 큰 발전을 이룬 기업으로, 독일에서 가장 존경받는 기업에 속한다. 그런 한편으로 그 영향력, 특히 정치적 영향력과 공익재단으로서 활동의 정당성이 여론의 비판을 받기도 했다.

베텔스만을 통해 제기된 문제를 요약하면 다음과 같다.

첫째는 소유와 경영의 분리에 따른 라인하르트와 비가족 최고 경영책임자 간의 인간관계다.

둘째는 회사가 내건 고도의 기업 성장률 달성이다. 이를 위해서는 주식을 공개할지 말지가 라인하르트와 최고경영책임자 사이에서 뿌리 깊은 문제였다. 라인하르트 사망 후 2012년 8월, 회사의 법적 형태가 주식회사에서 SE주식합자회사로 변경됐다. 이는 가족의 독립성을 계속 유지하면서 성장에 필요한 자금을 시장에서 조달하는 효율적인 수단이 될 수 있었다. 그러나 주식공개는 리즈의 한마디로 보류됐다. 공개를 할지 현상 유지를 할지, 이 문제는 앞으로도 끊임없이 제기될 것으로 보인다.

2011년 6월 베텔스만 본사를 방문했을 때, 홍보 담당자의 초대로 사내식당에서 점심을 먹게 됐다. 내 자리에서 대각선 방향으로 꽃이 장식된 4인용 테이블이 있었는데, 유독 그 테이블만 비어 있었다. 홍보 담당자가 설명하기를, 그곳이 2009년 10월에 사망한 소유경영자 라인하르트 몬의 지정석이었다고 했다. 라인하르트는 말년에 이르기까지 다른 사원과 마찬가지로 셀프서비스 식당에서 쟁반을 들고 차례를 기다렸다고 한다. 아마도 그가 자주 말하던 공동체 사상과 평등주의의 표현이었을 것이다.

라인하르트의 유산을 어떻게 하면 최고로 만들 수 있을까? 이는 리즈와 6세대에게 남겨진 막중한 과제다.

BMW

오늘날 BMW의 최대주주는 요하나 크반트Johanna Quandt와 그의 딸 주자네 클라텐Susanne Klatten 그리고 아들 슈테판Stefan Quandt이다. 이 3명의 지분총계는 2015년 5월 현재 46.7%에 달한다. 요하나 는 크반트 가문 3세대 소유경영자 헤르베르트 크반트Herbert Quandt(1910~1982)의 아내다.

크반트 가문이 BMW를 매수하여 지배할 기회는 1959년 12월 9일에 찾아왔다. 그날 개최된 BMW 임시 주주총회에서 채무초과 에 빠진 회사를 다임러가 흡수하여 합병한다는 의안이 사실상 부 결됐다. 그 뒤 1년 후인 1960년 12월의 주주총회에서 헤르베르트 에 의한 BMW 재건을 목적으로 하는 신주 발행 의안이 표결됐다.

크반트 가문은 기존 기업 BMW를 인수했다는 점에서 일반적인 창업자 또는 기업가와는 다르다. 헤르베르트는 회사를 인수하여 재건한 중흥 시조다. 본래 BMW의 주거래은행인 도이체방크가 주간사로서 증자에 참여할 투자자를 모집하고 인수 업무를 해야 했지만 이를 거절했다. 그래서 헤르베르트는 단독으로 증자 자금을 조달할 수밖에 없었다. 발행한 주식이 팔리지 않고 남으면 크반트 가문이 사들여야 했는데, 이는 큰 리스크였다. 그러나 그는 이 위험을 감수했다. 바로 이 점이 그를 창업자와 동일한 기업가로 인정하게 해준다. 헤르베르트가 BMW를 구원하지 않았다면, 오늘날 BMW는 (많은 주주가 우려했던 것처럼) 다임러 산하의 일개 공장이나 일개 사업부문에 머물러 있을 것이다. 그런 의미에서 헤르베르트는 초대 소유경영자로 생각해도 좋을 것이다.

가족기업에는 일반적으로 창업자와 그 뒤를 잇는 모든 세대 사이에 경영이념, 기업문화, 소유구조, 회사명, 로고, 사업 분야 등에서 명확한 일관성과 계속성이 존재한다. 또한 기업의 설립일도 논란의 여지가 없다. 창업자가 회사를 세운 날이기 때문이다. 그러나 BMW에는 그처럼 단일 개인이나 가문으로서 BMW에 직접 연결되는 창업자는 존재하지 않는다. 또한 창업 날짜에 대해서도 이견이 존재할 수 있다. 이런 점에서 BMW는 이 책에서 다룬 나머지 가족기업과 크게 다르다.

그러나 오늘날 BMW의 전신이 되는 기업과 그 창업자가 존

그림 II-16 — BMW주식회사의 소유구조

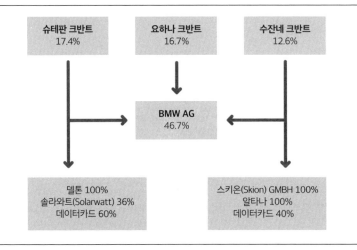

재하는데, 바로 카를 랩Carl Rapp(1882~1962)이다. 그에 대해 알아보기 전에 BMW가 크반트 가문의 기업이 된 시점부터의 역사를 살펴보자.

:: 전후 기업 존속의 위기(1945~1959)

1945년 5월 독일의 패전으로 BMW는 소련 점령지구의 모든 공장을 잃었다. 아이제나흐 주력 공장(자동차), 베를린 공장(항공기 엔진), 베를린 근교 슈판다우 공장(오토바이) 등이었다. 뮌헨의 주력 공장과 교외 알라흐• 공장은 폭격으로 인한 손해만이 아니라 연합군이 공작기계와 기타설비를 해체하고 수용함에 따라 대부분의 생산능력을 상실했다. 이 때문에 공장은 조리용 냄비 등 일용품과 농기구 등의 생활필수품만 생산하게 됐다.

이상의 악조건에 차종 선택의 잘못이 겹쳐 1945년부터 1962년까지 18년 동안 적자가 계속됐다. 1959년에는 존속 위기에 직면했고, 1963년에 겨우 이익을 내 배당이 실현됐다. 전쟁 중의 폭격으로 뮌헨과 그 주변이 광범위하게 파괴돼 교통수송망이 단절됐으며, 공공수송 수단도 부족했다. 그 때문에 직장인들은 오토바이나 자동차로 출근해야 했다. 이것들은 사치품이 아니라 많은 독일인에게 필수적으로 필요한 이동 수단이었다.

BMW에서는 미 점령군에게 해체 및 수용 처리 명령을 받은 3명의 자산관리인으로 임시 경영진이 조직되어, 전후 부흥 체제가 시작됐다. 1946년 3월 점령군으로부터 자전거와 오토바이의 생산 허가가 떨어졌다. 당연히 오토바이의 생산을 결정했다. 하지만 생산설비가 부족한 데다 도면과 각종 기술 자료가 전쟁 중에 아이제나흐 공장으로 이전됐기 때문에 큰 어려움에 직면했다. 그럼에도 250cc 오토바이 R24의 생산에 성공했고, 1948년 제네바에서 열린 국제 전시회에 출품까지 했다.

전쟁 전에 높이 평가받은 BMW의 항공기 엔진·오토바이·승용

- 뮌헨 교외 지역으로 나치 정권 시절 대규모 집단수용소가 있었는데, 포로들이 수용소 인근의 BMW 공장에서 강제노동에 동원됐다. - 옮긴이

차의 스포츠성과 기술적 신뢰성은 전후에도 독일 국내외에서 여전히 유지됐으며, 제네바 자동차 전시회에 출품한 일은 수출을 촉진하는 데에도 큰 역할을 했다. 그 후 대형 엔진에 관한 점령군의 규제도 폐지돼 1950년에는 500cc 오토바이 R51을 출시했다. 이 모델은 1951년 12월 누적 판매 대수 5만 대를 기록했다. 그야말로 축배를 들 만한 일이었다.

:: 대형차 우선 전략의 실패

오토바이 생산의 부활과 거의 동시에 1946년 자동차의 생산 개시가 결정됐다. 그러나 뮌헨 공장은 항공기 엔진 공장이었고 자동차는 생산한 적이 없었다. 같은 이유로 자동차 생산 숙련공도 없었기에 문제는 오토바이 생산보다 훨씬 심각했다. 소형차의 양산설비를 갖출 만큼 자금상의 여유가 없었기 때문에 경영진은 오토바이 판매 이익을 투입해 대형차의 소규모 생산을 시작하고, 그 이익을 소형차 생산에 투자해 차종을 늘리기로 했다.

그래서 1948년 5월의 감독이사회에서는 1930년대 후반의 차종 326에 가까운 2,000cc의 대형차 501 차종을 생산하기로 결정했다. 이 차종은 1951년 프랑크푸르트 자동차 전시회에서 발표됐다. 그러나 1,340킬로그램의 차체 중량에 비해 낮은 마력의 엔진이어서

사진 II-37 ─ BMW501

좋은 평가를 받지 못했다. 그래서 마력이 높은 502와 그 파생 차종으로 6개의 차종을 출시했고, 1952년 2,500대로 출발해 1956년 2만 4,000대까지 증산하기로 계획했다.

그러나 1956년의 생산 실적은 3,000대에 머물렀고, 1955년까지의 누적 판매 대수도 1만 대에 불과해 계획의 50%에도 미치지 못했다. 전시회에서 가장 인기가 있어서 전문지로부터 높은 평가를 받은 투어링 스포츠 507(1956년 출시)도 겨우 251대를 끝으로 생산 중단이라는 기대 밖의 결과를 얻었다.

이는 새로운 생산설비와 숙련공의 부족, 품질의 결함, 너무 높은 가격, 단기간의 개발과 생산 때문이었다. 이들 대형차는 수많은 수작업을 거쳐 생산됐고, 원가도 높았다. 판매 가격도 1만 5,000마르크로 고가였는데, 당시 중간 관리직의 평균 월급 350마르크로는 엄두도 못 낼 수준이었다. BMW 사사社史는 '(이들 대형차가) BMW가 전쟁 전에 쌓아 올린 고객의 기대에 부응하지 못했다'라고 분석했다. 그 기대란 '스포츠성과 기술적 신뢰성'이며, 나아가 당시 사회가 필요로 한 자동차는 저가의 소형차 아니면 중형차였다.

:: 초소형차 이세타 생산

BMW는 1955년 새로운 전기를 맞았다. 대형차의 부진으로 1953년경부터 적자폭이 커졌을 뿐만 아니라 알라흐 공장에서 미 점령군의 차량 수리 및 정비 업무가 종료돼 그 수입마저 끊겼다. 더욱이 전쟁이 끝난 지 10년이 지나 경제 상황이 호전돼 오토바이 시대에서 자동차 시대로 옮겨가면서 오토바이 판매가 감소했다. 그 결과 1955년에는 적자를 기록했다. 회사로서는 숙련공을 위한 일거리를 어떻게 확보하느냐가 중요한 과제가 됐다. 그 해결책으로 이탈리아 기업 이소Iso의 초소형차 이세타250의 라이선스를 사 와 1955년 3월부터 생산을 시작했다.

BMW는 이세타의 단기통 2공정 엔진 대신 260cc R25 오토바이 단기통 4공정 엔진을 탑재한 개량형을 1955년에 출시했다. 판매 가격은 2,250마르크이며, 2인승 자동차였다. 1955년에는 히트상품이 되어 같은 해 11월까지 1만 대가 판매됐다. 12월에는 이세타

사진 II-38 — 이세타250(1955)

300을 출시했고, 1966년 생산이 종료되기까지 16만 대가 팔렸다.

BMW에서 이세타는 중형차 사업으로 전환하기 위한 전 단계 차종이었다. 이 역할을 하기 위해 생산된 차종이 BMW600이다. BMW600은 4인승에 전통적인 수평 엔진을 탑재했다고는 하지만, 외관은 여전히 2인승의 초대 이세타였다. 그럼에도 1957년 가을까지 4만 대가 팔렸다.

BMW의 1950년대 차종 구성은 성공적이지 못했다. 시사 주간지 〈슈피겔〉은 '일용직과 사장만을 위한 차만 만드는 기업'이라고 비꼬기도 했다. 1957년 9월의 경영회의에서는 BMW600의 생산 중단과 BMW70의 개발이 결정됐다. 1959년 6월 이세타의 디자인을 완전히 없애고 '수평대향Flat Engine' 엔진을 탑재한 2인승 쿠페 BMW700이 출시돼 전후 최초로 본격적인 BMW 차가 등장했다.

그러나 초소형차는 판매 대수는 많지만 이익의 절대액은 적어서 대형 차종의 적자를 보전하고 남을 만큼의 이익을 시현하지 못했다. 독일의 경제가 살아남과 함께 이세타도 자동차의 대체재로서 역할이 종료되어, 1957년 이후에는 재고가 산을 이뤘다. BMW700은 출시된 지 얼마 되지 않아 1959년 실적에는 공헌하지 못했다.

이상의 이유로 1950년대 말 BMW의 손실액은 1958년 1,200만 마르크, 1959년 1,500만 마르크에 이르렀다. BMW700이 실적에 기여할 시간이 없었고, 회사의 재무상태는 막대한 차입금 탓에 자본잠식 상태가 되어 존속의 위기를 맞이했다.

:: 경영파탄과 임시 주주총회

이런 배경에서 1959년 12월 9일 9시간에 걸쳐 개최된 BMW 임시 주주총회는 독일 경제사에서 가장 기억에 남는 주주총회라는 이름을 남겼다. 압도적인 의결권을 가진 은행과 기타 기관투자가 그리고 그들이 선임한 감독이사회와 경영이사회의 제안이 개인 주주와 대리점 소유경영자에 의해 부결됐기 때문이다. 이 주주총회의 중요한 의의는 이를 계기로 오늘날 가족기업으로서의 BMW가 탄생했다는 점에 있다.

플릭과 다임러의 인수 제안

한편 다임러 공장은 생산량이 판매량을 따라가지 못해, 주문 후 고객에게 자동차를 인도하기까지 1년이 넘을 정도였다. 당시 이 회사 최대주주는 40%의 주식을 보유하고 있는 프리드리히 플릭 Friedrich Flick이었다. 플릭은 오늘날 쾰른대학교의 전신인 유러피언 비즈니스 앤드 랭귀지 아카데미European Business and Language Academy에서 경영학과 경제학을 전공한 투자가적 기업가다. 제1차 세계대전 후의 초인플레이션 시대에 은행에서 자금을 차입해 기업을 매수하고, 가치가 내려간 마르크 통화로 차입금을 상환하는 방법으로 부를 쌓았다. 그는 독일에서 전전과 전후를 통틀어 가장 부유한 기업인 중 한 사람이었으며, 다임러는 유럽 최대의 가족기업으로 알려졌다. 1972년 플릭이 사망한 시점에 그의 지주회사 산하에는 330개 회사가 있었다. 그중에는 레오파르트 전차를 생산하는 기업 크라우스마페이Krauss-Maffei와 제철 기업 막시밀리안Maximilian 등이 있었다.

다임러의 최대주주인 플릭으로서는 거액의 부채에 허덕이는 BMW를 헐값에 매수할 절호의 기회였다. 부채 상환 때문에 자본금이 50%로 줄어들기 때문이다. 게다가 BMW 공장이 확보하고 있는 6,000명에 달하는 고도의 숙련공은 다임러의 생산능력을 강화하는 데 귀중한 자원이었다. 이런 이점은 양사의 주거래은행인

도이체방크로서도 환영할 만한 것이었다. 도이체방크는 BMW의 경쟁 기업인 다임러의 대주주이기도 했다. 주주총회에서 플릭과 도이체방크의 보유 주식과 기탁된 의결권을 합치면 의결권 총수가 70%에 달하기 때문에 다임러의 BMW 흡수합병은 쉽게 의결될 수 있었다.

재건 구상을 둘러싼 분규

다임러가 BMW를 흡수합병한다는 안은 플릭과 도이체방크의 한스 페이트Hans Feith가 구상했다. 페이트는 도이체방크의 경영이사회 임원으로서 다임러의 감독이사회 임원을 겸임했고, 동시에 BMW의 감독이사회 회장도 겸임하고 있었다. 즉, 매수자인 다임러와 매각자인 BMW 양사의 감독이사회 임원을 겸임하고 있었다. 이 이해상충 문제가 임시 주주총회에서 커다란 논란이 됐다.

페이트는 BMW 감독이사회 회장으로서 다임러 감독이사회와 경영이사회의 동의를 얻어 다음과 같은 제안을 BMW 주주총회에 제출했다.

• BMW의 채무변제를 위해 3,000만 마르크에서 1,500만 마르크로 감자한다. 즉, 자본금을 50%로 감소시킨다. 그 뒤 도이체방크와 다임러가 7,000만 마르크의 BMW 신주 전액을 인수하여 8,500만 마르크로 증자하고, 양자가 BMW

한편, 헤르베르트는 투자가로서 다임러와 BMW 양사의 주식을 소유하고 있었다. 그도 총회에서 다임러의 BMW 흡수합병이 문제없이 승인될 것이라고 낙관하고 있었다. 뒷좌석에 앉아 임원의 보고, 질의응답, 야유를 열심히 관찰했다.

그러나 도이체방크와 BMW의 감독이사회 및 경영이사회는 기관투자가 외 주주의 속성을 충분히 파악하지 못했다. 기관투자가 이외의 BMW 주주는 개인 주주와 BMW 차량을 판매하는 독립 대리점 경영자들이었다.

개인 주주는 대부분 바이에른과 그 주도 뮌헨의 자산가들이었는데 BMW의 항공기 엔진, 오토바이, 스포츠카 부문의 눈부신 명성과 기술적 전통을 자랑스럽게 생각하며 BMW와 심정적으로 긴밀하게 연결돼 있었다. BMW 주식은 바이에른의 많은 전통적인 가문이 소유하고, 부모로부터 다음 세대에 가보처럼 상속되고 있었다.

둘째로, BMW 대리점주들 입장에서는 BMW가 없어지고 다임러의 공장 중 하나로 전락하면 생활 수단을 잃게 되므로 사활이 걸린 문제였다. 주주총회 개최 이전부터 이 가능성은 신문 등에서 이미 보도됐다.

셋째, 종업원을 대표하는 BMW의 사업장위원회도 다임러의 BMW 흡수합병에 반대했다. 대부분의 종업원은 뮌헨과 바이에른 출신으로 BMW의 전통에 자부심을 갖고 있었고, 합병 후의 처우에 불안을 느꼈기 때문이다.

그래서 이 주주들은 감독이사회의 제안에 반대해 도이체방크와 다임러의 BMW 인수제안 결의를 24시간 이후로 연기하고자 했다. 그 이유는 페이트가 주주총회에 제출한 제안서에 명시되어 있듯이, 임시 주주총회 당일 가결되지 않으면 그 제안은 무효가 되기 때문이다.

도이체방크의 이해상충과 BMW 주주의 승리

예정된 임시 주주총회에서 뮌헨 지역 주주들이 강경하게 반대할 것이라는 점은 신문이나 잡지 등의 보도를 통해 충분히 예상됐다. 그런데도 도이체방크와 다임러의 대표자들은 총회가 단시간에 끝나리라고 낙관하고 있었다. 거액의 부채를 가진 BMW를 인수하는 것은 종업원으로서는 고용 유지를, 주주들로서는 배당과 주가 상승을 기대할 수 있기 때문이다. 투자가로서 헤르베르트도 그렇게 기대했다.

BMW 경영진이 출석 주주들의 반발에 부딪혀 수세에 몰리게 된 하나의 계기는 도이체방크의 이해상충 문제였다. BMW의 페이트 감독이사회 회장이 위기적 재무 상황과 주주의 주가 하락 손실은 다임러가 재건함으로써 회복될 수 있다고 설명하기 시작했다. 그때 어떤 개인 주주가 던진 도발적 질문이 대결의 발단이 됐다.

　　개인 주주: 당신은 도대체 누구입니까? 당신 이름은요?
　　페이트: 제 이름은 페이트입니다. 저는 BMW 감독이사회 회장이자 도이체방크 집행임원입니다.

　　이 순간, 회의장이 조용해졌다. 그리고 이내 참석자들 사이에서 야유의 목소리가 들렸다. "그렇군요, 당신은 두 군주를 섬기고

사진 II-39 — BMW 임시주주총회(1959)

있네요. 양쪽에 눈가림을 하면서 말이죠." 폭소와 비웃음이 뒤섞이면서 회의장이 술렁거리기 시작했다.

주주들은 도이체방크가 그 경영자를 경쟁 관계에 있는 두 기업, 즉 다임러와 BMW 양쪽의 감독이사회에 파견했다는 사실을 알아챘다. 도이체방크는 BMW 감독이사회 임원으로서 이 회사의 매각자이자, 다임러의 감독이사회 임원으로서 매수자이기도 하는 이해상충 관계에 빠져 있었던 것이다. 페이트는 어느 기업의 이익을 우선할 것인가? 이 야유는 페이트에게도 자신의 지위가 정당한가를 되돌아보게 하는 통렬한 비판이었다.

이 상황은 많은 개인 주주가 품고 있던 우려를 확신으로 바꿔놓기에 충분했다. 즉, 페이트가 도이체방크와 다임러의 이익을 중시하여 BMW가 다임러의 일개 공장이 되고 독립성을 상실하리라는 우려 말이다. 9시간에 걸친 총회 후에 경영진과 도이체방크의 의안은 부결됐다. BMW 직원들, 사업장위원회, 대리점 경영자, 개인 주주의 강경한 반대와 석탄 사업자인 개인 주주 대표 놀트Erich Nold, BMW 대리점 사장들을 대표하는 변호사 마테른Friedrich Mathern이 승리했다.

결정적인 것은 부적절한 감가상각 처리에 대한 지적이었다. 1958년도의 손익계산서에 따르면, 신형 차종 BMW700의 개발비 1,250만 마르크가 해당 연도에 일괄 상각돼 그해 회사의 수익 상황이 실제 이상으로 나쁘게 나타난 것이다. 마테른은 신차종이 이익을 가져오는 기간에 걸쳐 매년 균등 상각해야 한다고 주장했다. 이를 이유로 변호사는 다음의 의제인 재건 대책의 표결 연기를 제안했다. 이런 안건의 동의는 출석한 주주의 10%가 찬성하면 통과된다. 총회를 연기하자는 제안은 다수의 찬성으로 가결됐고, 감독이사회 회장인 페이트는 그다음 안건이었던 회사의 재건 계획 심의를 취소해야 했다. 그 순간 회의장에서는 개인 주주와 대리점 경영자 주주들의 격렬한 박수가 그치지 않았다고 전해진다. 이는 헤르베르트가 BMW를 구제하기로 결정한 순간이기도 했다.

:: 헤르베르트의 구제 결단

헤르베르트에게 이 주주총회의 경과는 예상을 뛰어넘는 것이었다. 특히 바이에른의 개인 주주가 BMW에 가지고 있는 애착에 강한 인상을 받았다. 주주들 중에는 바이에른주의 전통 복장을 하고 참여한 사람들도 있었다. 이들 주주는 다임러에 항복하는 안정된 길을 선택하지 않았다. 헤르베르트는 자신이 BMW의 구제에 나서겠다고 결심했다. 다임러는 최대주주인 플릭이 모든 것을 지배하고 있어서 헤르베르트가 설 무대가 없었다. 그에 반해 BMW에서는 임시 주주총회의 책임을 지는 형태로 감독이사회 회장인 페이트가 사임하고, 다른 임원도 뒤를 따랐다. 경영이사회 회장도 사임했기 때문에 최고경영기관은 무기능 상황에 빠졌다. 그런 터라 헤르베르트가 자유롭게 실력을 발휘할 수 있는 기회는 다임러보다 BMW가 훨씬 컸다. 다임러는 완성된 기업이었지만, BMW는 지금부터 성장해나갈 기업이다. 헤르베르트는 자신이 기업가정신을 발휘할 절호의 기회로 봤다.

헤르베르트는 아버지 귄터 크반트Günther Quandt가 설립한 기업의 후계자일 뿐, 스스로 창업한 기업가는 아니었다. 헤르베르트는 단순한 상속자가 아니라 새로운 길을 개척하는 것이 자신에게 주어진 사명이라고 생각했다. 진정한 기업가로서 자타가 공인하는 존재가 되려면 BMW의 재건에 성공하는 것이 가장 좋은 방법이라고 생각됐다. 1959년 BMW 재건을 결심한 헤르베르트는 이렇게 말했다.

내년은 지금까지 내가 했던 의사결정 중 가장 중대한 결과를 마주하는 해가 될 것이다. 그 의사결정에 대해서 BMW, 내 가족, 나 자신도 모든 위험을 감수해야 할 것이다.

그로부터 20년 후 헤르베르트는 이렇게 회상했다.

나는 결단으로 행운을 끌어당겼다고 말할 수 있다.

사진 II-40 — 쿠르트 골다와 헤르베르트

　헤르베르트의 구제 결정에는 BMW 노동자 대표인 쿠르트 골
다Kurt Golda 중앙사업장위원회 위원장의 재건에 대한 강한 협력이
약속되어 있었다. 골다는 상기 임시 주주총회에서 총회 연기에 찬
성표를 던졌고, 다임러의 BMW 인수를 사실상 저지했다. 그 후 헤
르베르트에게 BMW를 단독으로 재건하라고 권유했다. 동시에 노
동자 대표로서 모든 장애를 극복하고 협력하겠다고 약속함으로써
헤르베르트의 의사결정에 큰 영향을 미쳤다. 골다와 헤르베르트
는 상호 신뢰로 연결된 사이였다. 타사에서는 생각할 수 없는 일
이지만, 종업원 대표인 골다와 헤르베르트가 서로 전화 통화를 하
고 헤르베르트의 집무실에서 만나는 일도 잦았다.

　그리고 결과적으로, 두 사람의 협력 관계가 BMW의 재건에 크
게 기여했다.

　실적이 본격적으로 회복된 1973년, 직원들의 재건 협력에 보답

하기 위해 골다·헤르베르트·사장 에버하르트 폰 쿠엔하임Eberhard von Kuenheim으로 구성된, 노동자 측 대표와 주주와 경영자 간 3자 협의로 종업원 재산형성제도가 도입됐다. 이에 따라 최소 7%의 확정이자 회사채와 BMW 주식의 투자수익률(1973년 16%)과 동률의 이익참여형 채권이 종업원에게 제공됐다.

:: 재건 계획과 자금조달

헤르베르트가 최초로 몰두한 일은 1959년 출시한 신차종 BMW700의 장래성을 속속들이 들여다보는 것이었다. 차에 대해 문외한이었던 그는 BMW700 차체의 감촉을 손으로 더듬어 확인하고, 운전석에 앉았다. 시운전은 할 수 없었지만, 재무부장이 헤르베르트에게 기술적으로 완벽하고 아름답다고 설명해주었다. 이 차종은 다음 해인 1960년에 전체 매출의 58%를 차지했다. 그후 리무진과 카브리올레컨버터블이 더해져서 1965년 생산 종료 시까지 19만 대가 판매됐다. 이 차는 BMW에 많은 이익을 안겨주었으며, 그 덕에 배당이 부활됐다. BMW700는 전후 BMW의 부흥의 상징이 됐다. 이이 따라 700형의 본격 생산이 결정됐다. BMW의 특징을 갖춰가는 차종으로, 이후에는 BMW1500으로 이어졌다.

자금 계획으로는 우선 채무 상환을 위해 감자를 실시하고, 신주 발행에 의한 증자를 기본 방침으로 한다는 점에서는 이전 주주총회에서 다임러와 도이체방크가 내놓은 제안과 동일하다. 그러나 감자 규모를 50%가 아니라 33%로 축소했다. 또한 다임러의 안에서는 기존 주주들에게 신주인수권을 부여하지 않았지만 헤르베르트는 부여했다. 이는 분명히 주주에게 유리한 조건이었다.

재건에 필요한 자금은 6,000만 마르크로 예상됐다. 헤르베르트는 단독으로 자금조달을 하는 데 따르는 위험을 조금이라도 줄이기 위해 크라이슬러Chrysler, 포드Ford, 피아트Fiat 등 외국 자동차회사에 자본 제휴를 제안했다. 협상이 진행됐지만 한 군데에서도 긍정적인 답변을 얻지 못했다. BMW의 독립성을 존중해야 한다는 조건으로 다임러에 51%의 주식 보유를 타진해봤지만, 이 역시 거절당했다. 이와 같은 상황은 헤르베르트에게도 재건이 큰 리스크임을 보여준다.

그래서 BMW는 당장의 자금난을 극복하기 위해 항공기 엔진을 생산하는 자회사의 주식을 담보로 바이에른주에서 단기자금을 조달했다. 또한 이 자회사의 주식 50%를 만MAN에 매각하여 자금을 조달했다. 이렇게 해서도 자금 부족을 해결하지 못했기 때문에 최후의 수단인 신주 발행을 고려해야 했다. 이를 위해서는 주거래은행인 도이체방크의 협력이 필요했다. 그러나 임시 주주총회 사태를 겪은 도이체방크는 협력하기를 거부했다. 이 때문에 헤르베르트는 스스로 주간사가 되어 주주 모집, 신주 발행과 인수 업무를 해내야 했다. 앞서와 같은 자금조달 노력이 있었기에 발행액은 애초 예상보다 크게 줄어든 4,000만 마르크면 충분했다. 그러나 만약 팔다 남는 주식이 생기면 헤르베르트가 모두 떠안아야 했다. 이는 큰 위험이었다. 그러나 헤르베르트는 리스크를 감수하기로 하고 증자를 결정했다.

이 사실을 알게 된 개인 투자자들은 헤르베르트의 재건 약속이 진심이라는 걸 확인하고 너도나도 신주 발행에 응모했다. 100에 근접하는 99.7%의 주주가 참여했다. 물론 헤르베르트 자신도 매입했다. 신주 발행으로 조달된 자본금이 6,000만 마르크에 달했다. 이와 같이 비금융 기업의 기업가가 단독으로 자사의 신주를 인수한 예는 독일 경제사에서 일찍이 볼 수 없었던 사건이다. 이로써 1926년 이후 계속된 BMW와 도이체방크의 자본 거래 관계가 끝났고, 더는 도이체방크가 감독이사회에 임원을 파견하는 일도 없어졌다.

1959년 12월의 극적인 임시 주주총회로부터 1년이 지난 1960년 12월 1일의 주주총회에서 96%의 주주가 헤르베르트의 회사 재건 계획에 찬성했다. 헤르베르트의 인도로 독자적인 길을 걷는 BMW의 역사적인 첫걸음이 기록됐다. 이로써 사내 분위기가 크게 바뀌어 재무적으로도 밝은 장래가 전망됐다. 크반트 가문으로서는 이날이 창립기념일이라고도 할 수 있을 것이다.

:: 헤르베르트의 인사 정책

하네만의 틈새전략

헤르베르트는 BMW의 과반수 주식을 소유한 최대주주이지만 회사의 감독이사회에도, 경영이사회에도 참여하지 않았다. 즉, 소유와 경영을 분리했다. 그 대신 최대주주로서 경영이사회의 최고경영책임자 선임을 비롯한 중요한 의사결정에 개입했다.

그가 채용한 경영자 중에서 BMW의 기업전략과 기업문화에 가장 큰 영향을 남긴 인물은 파울 하네만Paul G. Hahnemann(1912~1997)이다. 그는 판매담당부사장으로서 오늘날 '틈새전략market niches'이라고 불리는 기업경영 및 마케팅의 기본적 전략을 명확히 정의하고 실천하여 BMW의 발전에 지대한 공헌을 했다. 그는 카를스루

사진 II-41 — 쿠엔하임과 하네만

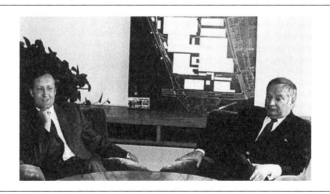

에대학교에서 전기공학을 전공하고, 미국으로 건너가 디트로이트의 GM에서 일한 뒤, GM의 독일 자회사인 오펠Opel의 마케팅 책임자로서 아우토 유니온Auto Union AG의 재건에도 기여했다. 그 뒤 헤르베르트의 요청으로 1961년 가을 BMW 영업담당이사로 취임했다. 하네만은 BMW 재직 당시 판매담당부사장(경영위원회 부회장)을 지내면서 'BMW 경영자 중에서 가장 중요한 인물'로 평가됐다. 대외적으로도 TV·잡지 등에서 '미스터 BMW'로 칭송받았다.

그의 파격적인 개성은 입사와 동시에 전사에 알려졌다. 판매담당임원으로서 그의 첫 임무는 BMW700 차종의 과잉재고 해소였다. 그는 부하 직원에게 판매 실적이 가장 저조한 대리점이 어디인지 알아보라고 했다. 덴마크의 대리점으로 판명되자, 그 대리점에 BMW700 40대를 구입하라고 요청했다. 예상대로 거절하자 곧

사진 II-42 ─ BMW1500(1962)

바로 대리점 계약해지를 통보했다. 이때부터 본사 영업담당자들은 국내 대리점에 전화로 구매 의무 대수를 전달하고, 이것을 실행할 수 없는 대리점과는 계약을 해지한다고 전달했다. 이미 덴마크 대리점 해약 사실을 모두 알고 있었기에 요구를 거절하는 대리점은 하나도 없었다. 이렇게 해서 단기간에 BMW700 1,000대의 재고가 처분됐다. 이 행동은 BMW에 놀라움과 찬사 속에 전해졌고, 그에 대한 평가도 결정됐다.

하네만의 최대 공헌은 틈새전략을 발굴하고 실천했다는 것이다. 그는 BMW의 판매 대상 고객을 결정했다. 바로 자동차 운전에서 희열을 느끼는 고객층이었다. 즉, 빠른 속도와 높은 가속 능력에 따른 스포츠카 성능 '스포티'를 중심으로 하고, '젊음', '조작성'과 '마무리의 고도 완성도'를 강조했다. 그는 이 특성을 명확하게 표현한 캐치프레이즈 '앞지르는 기쁨'을 〈슈피겔〉 1965년 2월 17일에 발행된 호의 인터뷰에서 강조했다. 하네만은 이 기본적 전략을 1962년 출시한 신차종 1500에서 더욱 구체화했다. 그 후 출시된 1600, 1800 시리즈 제품도 자동차 전문지들로부터 높은 평가를 받았다. 신형 차 노이에 클라세(뉴 클래스)는 1963년에 2만 8,000대가 판매됐고, 이듬해에는 그보다 1만 대가 더 팔렸다. 이로써 회사는 1963년 18년 만에 배당을 실시할 수 있었고, 주주들은 예상보다 이른 실적 회복에 크게 만족했다. 1965년부터는 생산능력이 수요를 따라가지 못해 신차의 인도기일이 점차 길어질 정도였다.

1960년대 독일에서 이런 종류의 차종은 다임러나 폭스바겐에도 없었다. 가격 측면에서 GM 자회사 오펠의 카데트로 대표되는 대중차의 가격 6,000마르크와 고급차 메르세데스 1만 마르크의 중간 가격대, 즉 중급 중에서 상층으로 판매 가격을 설정했다. 이로써 하네만은 바이에른주 출신으로 BMW 차의 애호가였던 당시 슈트라우스Franz Josef Strauss 국방부 장관으로부터 '틈새전략의 파울Niche Paule'이라는 별명을 받았다.

그는 TV 인터뷰에서도 메르세데스와 비교하며 BMW의 특성을 알기 쉽게 설명했다. 메르세데스를 타는 사람은 운전수가 없는 것을 수치스럽게 생각한다. 왜냐하면 부유하고 사회적 지위가 높은 사람들을 위한 차이기 때문이다. 그러나 BMW 소유자에겐 운전수가 없는 것이 당연하다. 왜냐하면 운전을 즐기는 사람의 차이기 때문이다. 이런 비교 광고로 마케팅을 펼쳐 BMW는 큰 성공을 거두었다.

이 전략을 2003년 BMW 헬무트 판케Helmut Panke 사장은 다음과 같이 정의했다.

중요한 문제는 '우리 회사의 브랜드를 어디에 위치시키느냐, 어디에서 구분하느냐' 하는 것이다. 특정 고객층을 조준하여 그들의 기대를 100% 만족시키는 것이 많은 고객의 기대를 일부밖에 충족하지 못하는 것보다 낫다. 모든 사람의 기대를 겨우 따라가는 건 누구의 기대도 채워주지 못하는 것이다.

오늘날 마케팅의 기본 개념 중 하나인 포지셔닝은 이 틈새전략의 파생 개념이라고도 할 수 있다. 마케팅의 대가 필립 코틀러_{Philip Kotler}는 포지셔닝을 '대상 구매 고객의 마음에 경쟁 제품과 비교해서 명확하고 특유하고 바람직하다는 확신을 줄 수 있는 제품을 제공하는 것'이라고 정의했다. BMW는 '스포츠성'이라는 키워드로 이런 느낌을 주는 여러 특성을 상기시키는 데 성공했다고 말할 수 있을 것이다.

하네만 문제

하네만의 기질을 잘 알 수 있는 또 다른 사례로 BMW 본사 건물의 설계 과정을 들 수 있다. 이 유명한 본사 사옥은 '4기통'이라고 불리는 고층 건물로, 뮌헨 중심가에서 지하철로 쉽게 갈 수 있는 올림픽 경기장 옆에 우뚝 솟아 있다. 세계적인 자동차 기업의 본사 사옥 중에서도 가장 개성적인 건물로 마케팅, 즉 입소문을 노리고 하네만이 구상한 것이었다. 이것이 하네만의 성격을 단적으로 보여준다고도 말할 수 있다.

당시 헤르베르트는 크반트 기업집단 전속 건축가가 제안한 다른 구상을 가지고 있었다. 하네만은 자신의 건축 안이 채택되게 하려고 직접 설계자를 결정하고, 모형을 만들게 했다. 그런 다음 이를 헤르베르트에 이어 BMW의 두 번째 대주주에게 보여줬다. 예술적 감각이 뛰어났던 그 대주주는 하네만의 모델을 극찬했다. 이어서 하네만은 감독이사회 회장을 만나 설득했다. 헤르베르트가 투표로 표결하기 위해 회사 수뇌부를 모은 것은 하네만이 이들 주요 참석자들과 사전조율을 마친 후였다. 그들이 하네만의 구상에 열광적으로 찬성하자, 나머지 참석자들에게도 찬성의 기운이 전염됐다. 패배를 예감한 헤르베르트는 마지못해 4기통 양식에 찬성표를 던졌다고 한다. 상식적으로는 가족기업 소유자에게 결정을 맡겨야 하는 일이었지만, 하네만에게는 그런 상식이 통하지 않았다.

사람의 장점과 단점은 동전의 양면처럼 함께한다. 하네만은 조직, 상하 관계, 규칙, 상식 등의 틀에 빠지는 것을 싫어했다. 목적을 이루는 방식이 독창적이기는 하지만, 상당히 파격적이고 거친 수단을 취하는 일이 많았다. 또한 마케팅을 할 때는 메르세데스를 깎아내림으로써 BMW 차종의 특성을 돋보이게 하는 방법을 사용했다. 그 효과는 컸으나, 헤르베르트를 포함한 보수적인 경영간부는 품격이라는 측면에서 속으로는 탐탁지 않게 여겼다. 이런 경향은 틈새전략이 크게 성공하면서 더욱 심해졌다. 존네Karl Heinz Sonne 사장은 부하 직원인 하네만과 여러 면에서 갈등을 빚다가 사직하고 다른 회사로 옮겼다.

그가 심지어 헤르베르트 앞에서조차 자신의 주장을 꺾지 않았음은 본사 사옥의 양식을 결정하는 데서도 드러난다. 아마 헤르베르트는 자기 안이 하네만 때문에 채택되지 못하자 씁쓸했을 것이다. 하네만은 일단 아이디어가 떠오르면 상대방이 어떻게 생각하든 개의치 않고 말하고 행동하는 직설적인 성격이었다. 하네만은 외부 매체에서 "BMW는 여하튼 헤르베르트가 가장 마음에 들어하는 장난감이다"라고 언급했고, 당시 최대 발행부수를 자랑하던 주간지 〈슈피겔〉은 이 발언을 그대로 인용했다.

쿠엔하임과의 충돌과 사임

헤르베르트는 1969년 중요한 수뇌부 인사를 발령했다. 이 인사 조치에서 눈에 띄는 사실은 최고경영책임자에 하네만이 아니라 동프로이센 출신 귀족인 쿠엔하임을 기용했다는 점이다. 쿠엔하임은 당시 마흔한 살이었고, 독일 대기업의 가장 젊은 사장으로 알려졌다. 그는 보쉬 공장에서 교대제 노동에 종사하면서 슈투트가르트대학교에서 기계공학을 배웠다. 그 후 공작기계 기업 길데마이스터Gildemeister를 거쳐 1965년에 헤르베르트의 지주회사 본사로 옮겨왔다. 이 회사에서 그는 사업부문의 매각과 산하 금속무기 생산 회사인 IWKA의 실적 향상에서 두각을 나타내 본사 상층부로부터 높은 평가를 받았다. 그리고 1969년에 BMW 사장으로 발령

받았다.

　귀족 집안 출신인 쿠엔하임을 사장으로 기용할 무렵, 헤르베르트는 또 한 사람의 귀족 출신 변호사 한스 폰 데어 골츠Hans von der Goltz 백작을 헤르베르트의 법적 분신이라고 할 만큼 중요한 자리인 포괄적 대리권자로 임용했다. 그의 가계는 13세기까지 거슬러 올라가는 명문가다. 헤르베르트가 귀족들을 초빙한 것은 가족기업집단의 영속화와 귀족의 세대 간 계속성에서 공통점을 발견했기 때문일 것이다.

　하네만은 그동안 사장으로 승진할 기회가 여러 차례 있었지만, 부사장 이상으로는 올라가지 못했다. 지금까지 그의 언동으로 보면 당연한 결과인지도 모른다. 1970년 쿠엔하임이 사장에 임명되면서 부사장 하네만과의 충돌은 불가피했다. 두 사람의 기질과 경영 방침은 정반대라고 할 정도로 달랐다. 쿠엔하임은 귀족으로서 전통적인 '냉정한 프로이센인'으로 유명했으며 균형 잡힌 기질, 조심스러운 언동, 안정된 감정, 눈에 띄지 않는 복장이 특성이었다. 또한 담배를 피우지 않고, 고객을 홍차로 응대하는 것이 일반적이었다. 이에 비해서 하네만은 호탕한 언행이 특징이었다. 두 사람이 잡지 기자와 인터뷰를 할 때면 하네만이 자신의 주특기인 농담을 던지면서 열여섯 살이나 어리고 업계에서는 거의 알려지지 않은 쿠엔하임 사장을 '고액 연봉의 수습생'처럼 대했다. 두 사람 사이는 금세 험악해졌고, 쿠엔하임은 헤르베르트에게 '하네만인지

자기인지' 선택하라고 재촉하기에 이르렀다.

쿠엔하임과 하네만의 대립은 경영전략 측면에서도 발생했으며 두 사람의 간극은 좁혀지지 않았다. 결정은 헤르베르트가 출석한 감독이사회 회의에 맡겨졌다. 하네만은 예고된 11시에 본사에 출근했는데, 회의는 3시간 전인 8시에 시작돼 계속되고 있었다. 회의 종료 후 감독이사회 회장과 임원 2명만이 하네만을 만났다. 그들은 회의에서 전략 안건과 그의 문제점 그리고 앞으로의 처우에 대해 토의됐다고 알렸다. 하네만은 그 자리에서 사표를 내고 뮌헨 본사로 돌아가 자기 책상을 정리한 뒤 귀가했다.

세계화와 적정 규모

쿠엔하임은 1970년부터 1993년까지 23년 동안 사장을 지냈고, 그 뒤 감독이사회 회장이 되어 1999년까지 6년간 재임했다. 그의 재임 중 BMW는 글로벌 기업으로 성장했고 1981년에는 일본 시장에도 진출했다. 일본 시장에 진출한 목적을 그는 이렇게 밝혔다.

우리는 일본에 진출한다. 목표가 무엇일까? 한 대라도 팔려고 가는 것이 아니다. 일본에 새로운 고급차 시장을 창조하러 가는 것이다. 이 일에 성공하면 전 세계에서 일본 차와 공존할 수 있다.

1996년 컨설팅 회사 맥킨지McKinsey는 BMW에 세계 자동차 업계의 미래에 관한 상세한 보고서를 제출했다. 이에 따르면, 확실히 독립을 유지할 수 있는 기업은 GM, 포드, 토요타 등 3사뿐이었다. 가족기업으로서는 독립성 유지가 가장 중요한 목표다. 크반트 가문도 예외는 아니었다. 그러려면 기업 규모를 키워야 한다는 것이 중요한 전략으로 부상했다. 이 목적을 달성하기 위한 전략을 둘러싸고 BMW 경영자는 둘로 나뉘었다. 하나는 규모를 추구하지 않고 BMW의 전통적인 틈새전략을 따르는 것이고, 다른 하나는 틈새전략에 사로잡히지 않고 생산대수를 늘리는 기업매수 전략이었다.

이 두 전략의 대립은 쿠엔하임의 후계를 선택하는 과정에서도 나타났다. 전자를 대표하는 것이 쿠엔하임의 두터운 신뢰를 얻고 있던 볼프강 라이츨레Wolfgang Reitzle였다. 뮌헨공과대학교에서 기계공학과 경제학을 전공하고, 대학원에서 두 분야를 통합해 박사학위를 취득했으며, 기술 및 전략에 정통했다. 게다가 자동차 스타일에 필요한 심미적 감성까지 지닌 경영자로서 높은 평가를 받고 있었다. 사외에서도 그는 세계 자동차회사를 통틀어 가장 뛰어난 설계자 중 한 사람으로 존경받고 있었다. 그는 가장 유력한 후계자로 꼽혔고, 자신도 그렇게 생각하고 있었다. 라이츨레는 틈새 차종만으로 좁혀서 매수전략을 모색했다. 당시 유럽에서 틈새 차종을 가진 기업으로는 독일 포르쉐와 영국 로버Rover그룹(소형차 미니), 랜드로버Land Rover(SUV), 롤스로이스Rolls-Royce(SUV)가 있었다. 그 밖의 그룹에는 실적부진으로 생산성이 낮은 로버를 포함한 MG, 트라이엄프Triumph의 자동차 부문이 있었다. 라이츨레는 로버 부문을 제외하고 미니와 랜드로버만 매수하려고 했으나 가격과 조건 등이 맞지 않아 협상에 실패했다.

이 과정에서 라이츨레는 포르쉐로부터 파격적인 조건으로 이적을 제의받았다. 그가 제의를 받아들임으로써 쿠엔하임의 역린을 건드려, BMW에서 사장으로 승진할 가능성은 사라졌다. 그 결과 1994년에 사장으로 취임한 사람이 확대 노선을 주장하는 베른트 피스체치리더Bernd Pischetsrieder였다. 이 선택은 BMW의 경영진을 분열시키고, 급기야 거액의 손실을 발생시키는 사태로까지 번졌다.

로버 매수 실패

쿠엔하임이 감독이사회 회장을 지낼 때 최대의 실책은 그가 임명한 피스체치리더 사장이 실행한 로버 매수 실패와 그에 따른 거액의 적자다. 피스체치리더는 회사 역사에 자기 이름을 새겨 넣으려고 했다. 대기업 간 매수는 국제적으로도 큰 이슈이기에 매수 거래를 기획한 사장의 이름이 널리 보도되어 위신이 높아지기 때문이다. 그런데 이것이 회사에 위험인 이유가, 그 동기가 회사의 전략으로서가 아니라 경영자 개인의 이름을 높이려는 이기적 동기에서 출발하는 경우가 많기 때문이다. 이는 믿음의 과잉과 함께 다른 사람을 깔보는 태도로 이어진다.

피스체치리더의 이런 인품은 당시 혼다의 가와모토 노부히코川本信彦 사장에게 보낸 서한에서 엿볼 수 있다. 혼다는 경영부진 상태의 로버 부문을 지원하기 위해 로버 주식 20%를 소유하고 라이선스 계약을 통해 기술 지도를 하고 있었다. 피스체치리더로서는 로버그룹 전체를 매수하려면 혼다가 보유한 지분을 취득할 필요가 있었다. 그러나 그는 로버를 매수하겠다는 의사를 카와모토 사장에게 한 번도 정식으로 제시하지 않았다. 그의 서한은 'BMW가 로버를 매수하는 동안 혼다는 물러나 주었으면 한다'라는 취지로 쓰였다.

1994년 피스체치리더 사장은 로버 전 차종을 20억 마르크에 매수했다. 그러나 그 후 로버그룹, 특히 영국 롱브리지 공장의 적자가 매우 컸고, 게다가 파운드 환율마저 급등해 1998년 말까지 BMW의 누적적자가 19억 마르크나 됐다. 1999년 2월 감독이사회는 피스체치리더 사장의 해임을 결정했다. 2000년 초 크반트 가문, 쿠엔하임 회장, 요하임 밀버크Joachim Milberg 사장도 거액의 적자를 계속 내는 로버를 재건하는 데 더는 자금과 인재를 투입할 수 없다고 결단했다. 그리고 로버를 매각하겠다는 의사를 폭스바겐, 토요타, 혼다, GM, 포드에 전했다.

로버 매각과 새 사장의 결정

피스체치리더의 로버 인수는 대실패로 끝났다. 2000년 3월 밀버
크는 다른 경영자들과 함께 공식 기자회견을 열어 미니만 남기고
로버·MG·트라이엄프를 포함한 로버 부문을 영국 투자회사 피닉
스Phoenix Consortium에 매각한다고 밝혔다. 매각 가격은 겨우 10파운
드(약 1만 8,000원)였다.

문제는 사장 후계자를 결정하는 일이었다. 라이츨레는 사내외
에서 차기 사장 후보로 급부상했다. 그러나 6시간에 걸친 토의 결
과, 밀버크로 결정됐다. 대중매체는 당연하게도 이 인사를 놀라워
했다. 밀버크는 BMW에 입사하기 이전부터 크반트 남매와는 이
미 알고 있는 관계였다. 그는 뮌헨공과대학교에서 교수를 역임했
고, 유럽과 북미의 자동차 관련 기업과 인맥을 가지고 있었으며,
생산 및 제품기획의 전문가였다. 조용하고 차분한 성격에 두뇌가
명석하며, 크반트 남매와 마찬가지로 눈에 띄는 언동을 싫어했다.
한마디로, 크반트 가문과 서로 잘 맞는 인물이었다.

2000년에는 영업이익 흑자를 기록했지만, 로버 인수 실패에
따른 거액 손실을 특별손실로 처리했기 때문에 1959년 이후 처음
으로 24억 8,700만 유로에 달하는 적자 상태가 됐다. 로버 인수가
BMW 본사의 독립성을 위기에 빠뜨리는 상황이 되어도 쿠엔하임
회장은 피스체치리더를 적시에 경질하지 않았고, 그 때문에 그도

책임을 엄중히 추궁당했다.

이 비판에 대해 쿠엔하임 회장은 자신을 강하게 변호했다. 한 경영지와의 인터뷰에서 그는 이 문제가 BMW 역사에서 '암흑의 금요일'이 아니라며, 모든 것은 결과가 증명할 것이라고 언급했다. 그의 말대로 2001년에는 회사 사상 최대의 순이익을 기록해 건재함을 증명했다. 쿠엔하임에 대한 비판은 사장 취임부터 퇴임 때까지 매출을 18배나 성장시킨 실적으로 진정됐다.

:: 크반트 가문

초대 에밀 크반트(1849~1925)

크반트 가문의 조상은 1740년경에 네덜란드에서 프로이센의 브란덴부르크로 이주했다고 알려졌다. 초대 에밀 크반트Emil Quandt는 열여섯 살에 드뢰거Dräger 형제의 직물 공장에 취직한 뒤, 부지런함과 뛰어난 공장 경영 능력으로 업무집행대리인까지 빠르게 승진했다. 오너의 신뢰도 두터워 그 딸과 결혼했다.

결혼 후 아내의 형제와 함께 직물 공장을 매입하고 공동 소유자로서 2세대 때부터 거대 기업집단의 기초를 닦았다. 에밀은 공장 방직기를 영국제 최신 기계로 교체해 생산성을 향상시켰다. 얼마 안 가 성장의 기회가 찾아왔다. 북독일연방 해군에서 군복 주문이 들어온 것이다. 그 후에도 설비를 계속 개선해 공장은 독일제국에서 가장 뛰어난 생산설비를 갖춘 공장 중 하나가 됐다. 이 군수품 시장 진출은 그 후 제2차 세계대전까지 크반트 가문의 사업이 성장하는 데 든든한 밑바탕이 됐다.

2세대 귄터 크반트(1881~1954)

크반트 가문의 융성에 직접적인 공헌을 한 인물이 귄터Günther Quandt다. 동시에 나치 시대에 그를 둘러싼 상황이 오늘날의 크반트 가문에 어두운 그림자를 드리우고 있기도 하다. 외국인 포로를 강제노동에 썼고, 유대인 기업을 수탈한 전력 때문이다. 게다가 그의 아내는 이혼하고 자진해서 나치 고관인 요

사진 II-43 ─ 귄터 크반트

제프 괴벨스Joseph Goebbels 선전장관과 재혼하여 6명의 딸을 두었다. 이들 부부는 소련군이 밀려들던 베를린의 히틀러 총독 관저 지하벙커에서 딸들과 함께 자살했다.

권터가 열일곱 살 때 부친이 간질환을 앓게 되면서 후계 준비를 시작했다. 제1차 세계대전의 발발은 기업 발전에 절호의 기회

가 됐다. 군복 생산을 중심으로 그 외에 섬유, 피혁 제품을 정부에 공급하는 기업으로 발전했다. 전후에도 행정·정치계와의 인맥을 통해 1922년까지 연방 경제부의 전문위원직을 지냈다. 같은 해 귄터는 전지회사 AFA를 설립하여 사장이 됐고, 이 회사는 제2차 세계대전 때 잠수함 등에 사용하는 대용량 전지 공급 기업으로 발전했다. 독일 병기 탄약주식회사인 DWM을 매수했으며 그 밖에도 제조업, 보험 부문 등 다양한 산업에 걸친 기업의 주식을 취득했다. 나치 시대이던 1937년에 그는 군수사업 관련 공적으로 국방경제의 공직 책임자로 임명됐다.

나치 시대의 귄터는 룩셈부르크의 유대인 레옹 라발Leon Laval이 소유한 전지 기업을 싼 가격에 인수했다. 이 기업은 나치가 룩셈부르크를 점령한 후 귄터가 비밀경찰 게슈타포의 도움으로 매수했다고 여겨진다. 게슈타포가 라발에게 회사 주식을 귄터에게 매각하라고 강요했다. 하지만 그는 거절했고, 그 때문에 강제 수용소로 보내졌으나 전후까지 살아남았다. 게다가 귄터는 전쟁 중에 강제 수용소에 끌려온 1만 명의 러시아인, 프랑스인 포로를 데려다가 열악한 조건하에서 일을 시켰다.

제2차 세계대전 와중인 1945년 4월 소련군이 베를린을 맹공하여 함락이 목전에 이르렀을 때, 그는 베를린을 탈출하여 바이에른주의 작은 마을에 숨어들었다. 그러나 이듬해 1946년 7월 미 군정부에 체포되어 2년간 수용소에 구류됐다. 뉘른베르크 재판에서는 룩셈부

르크 기업을 강제로 빼앗겼던 유대인 레옹 라발도 공동 고소인이었
으나, 귄터는 나치의 '동조자'로서 가벼운 판결을 받는 데 그쳤다.

3세대 헤르베르트 크반트(1910~1982)와
하랄트 크반트(1921~1967)

1954년 12월 사망 당시 그가 3세대 헤르베르트와 하랄트Harald에게
남긴 유산은 다임러와 BMW 지분을 포함하여 200개에 달하는 복
합 기업체였다. 1955년 귄터의 유언에 따라 헤르베르트가 승계한
지분은 전지 기업 AFA(후의 바르타VARTA), 자동차 기업 다임러 등이
다. 하랄트에게는 그 기술적 지식과 경험에 맞춰 상기 이외의 금
속 가공 기업 IWK 등이 상속됐다. 다만 BMW, 다임러, 바르타 등
대기업의 지분은 형제의 공동 소유로 했다. 즉 이들 지분의 매각
이나 추가 매입은 두 사람이 동의해야 이뤄질 수 있었다.

그 밖에 귄터는 형제가 서로 감독하고 조언하는 제도를 유언
에 규정했다. 가령 전지 기업 AFA에서는 헤르베르트가 사장이며
최종 결정권을 가지고, 동생 하랄트는 이 회사의 감독이사회 회장
으로서 헤르베르트를 감독하고 조언한다. 마찬가지로 IWK에서
는 하랄트가 최종 결정권을 가진 사장이지만, 헤르베르트가 감독
이사회 회장으로서 하랄트를 감독하고 조언한다. 두 사람 사이에
는 나이, 기업가로서의 현장 경험, 교육 등에서 큰 차이가 있었다.

헤르베르트가 기업가로서 귄터에게 오랫동안 현장 교육을 받은 데 비해 하랄트에게는 그런 경험이 거의 없었다. 이 때문에 두 사람이 경쟁 관계가 될 수 없었다고 한다. 하랄트는 자신이 조종하던 항공기 사고로 마흔다섯 살에 사망했다. 사망 당시 22개 기업의 감독이사회와 경영이사회의 임원직을 겸임하고 있었으며, 형인 헤르베르트에 버금가는 독일 유수의 자산가였다.

헤르베르트와의 상하 관계를 오랫동안 경험한 쿠엔하임은 이런 말을 했다. "헤르베르트는 아랫사람이 업무상 그를 실망시키면, 잔인하다고까지는 할 수 없지만 갑작스럽고 냉혹하게 자신이 그에게 종속되어 있다는 것을 똑똑히 깨닫게 했다."

요하나 크반트(1926~)

헤르베르트의 세 번째 아내인 요하나는 1950년대에 헤르베르트가 일하는 지주회사 본사의 비서로 채용됐다. 헤르베르트는 1959년 두 번째 아내와 이혼하고 이듬해 요하나와 결혼했다. 당시 헤르베르트는 쉰 살, 요하나는 서른네 살이었다.

그해는 헤르베르트가 BMW의 매수를 결정하고, 그 재건을 위한 자금을 조달하느라 정신없이 바쁘게 돌아다니던 해였다. 헤르베르트의 시력이 점차 쇠약해져 가던 시기에 회사 경영에 관한 신문, 잡지의 기사를 그에게 읽어주고 가벼운 간호를 하는 등

비서 이상의 일을 헌신적으로 하는 사이에 두 사람은 친밀해졌고 마침내 결혼에 이르렀다. 비서 일을 하면서 요하나는 경제·경영 지식을 많이 쌓았다. 또한 저널리스트로서 평가할 수 있는 수준이 됐고, 이런 경험이 후에 설립한 공익재단의 목적이 됐다. 두 사람 사이에서 태어난 아이가 누나인 주자네와 남동생인 슈테판이다.

헤르베르트가 일흔한 살로 세상을 떠난 1982년, 쉰다섯 살의 요하나는 크반트 제국의 재산을 계승하고 후계자로서 BMW의 감독이사회 일원이 된다. 감독이사회 회장은 지난 10년간 헤르베르트가 가장 신뢰했던 귀족 출신 골츠였다. 요하나는 바로 자신의 임무에 익숙해졌고, 다른 임원으로부터도 평가를 받았다. 모르는 것은 주저 않고 질문한 것으로 알려졌다.

유산 상속과 관련하여 요하나와 장남 슈테판이 BMW 주식을 물려받았고, 장녀 주자네는 BMW 주식은 적게 받았지만, 그 대신 같은 집안의 유일한 주주로서 제약 기업 알타나Altana AG의 주식 50.1%를 상속했다. 다만 두 자녀 모두 서른 살까지는 유산을 사용할 수 없다고 유언에 명기되어 있었으며, 이 조항은 유언집행인인 전권 대리인이 집행했다. 요하나는 겸손한 성격으로, 남편 헤르베르트처럼 대중매체의 취재를 좋아하지 않았고 남 앞에 나서는 것을 싫어했다. 그 대신 가족과의 생활을 중시하고, 조용히 지내고 싶어 했다. 그러나 1978년 딸 주자네가 유괴될 뻔한 사건이 발생하면서 경호를 받는 생활을 피할 수 없게 됐다.

4세대 주자네 클라텐(1962~), 슈테판 크반트(1966~)

주자네는 부모로부터 진로에 대해 구체적인 지시나 권유를 받은 적이 없고, 보통의 아이로서 길러졌다. 아버지 헤르베르트가 사망한 1982년에 그녀는 스무 살이었고, 아버지로부터 기업 경영의 경험과 지식을 전수받기에는 너무 어렸다. 주자네는 열성적인 노력파로, 어학 및 경영학을 의욕적으로 배웠다. 영어는 런던에서, 프랑스어는 파리에 익혔다. 버킹엄대학교에서 경영학을 전공한 후 스위스 로잔의 국제경영대학원에서 경영학 석사 MBA를 취득했다.

기업 경험을 쌓기 위해 영앤루비컴Young & Rubicam에서 광고 업무를 익히고, 은행에서 실습을 했으며, 아버지 회사인 BMW에서 인턴으로 일했다. 그녀는 신분을 숨기고 '칸트'라는 가명으로 일했다. 구매·물류 부서에서 함께 실습하던 동료 클라텐Klatten과 친밀해져서 결혼했다. 그녀가 자기 신분을 밝힌 것은 사귀기 시작한 지 7개월 후였다.

결혼 후 남편이 MIT에 다니는 동안 두 사람은 보스턴에서 살았다. 독일로 귀국한 후인 1993년 그녀는 헤르베르트에게 승계한 제약 기업 알타나의 감독이사회 임원으로 선출됐다. 이 회사는 특히

사진 II-44 ─ 슈테판, 요하나, 주자네

위궤양 관련 의약품으로 크게 성장하여 2002년에는 독일의 주가 지수 DAX에 편입됐고, 같은 해 뉴욕 증권거래소에도 상장됐다.

남동생 슈테판은 카를스루에대학교에서 경제공학을 전공했고 졸업 후 뮌헨의 보스턴컨설팅그룹Boston Consulting Group에 취직했다. 얼마 후 미국 미네소타주로 건너가 신용카드와 신분증 등의 작성 기기를 제조하는 데이터카드그룹Datacard Group에 입사했다. 크반트 가문이 1987년에 인수한 회사다. 슈테판은 데이터카드 홍콩 지사로 옮겨 태평양 지역 마케팅을 담당한 후, 1996년에 귀국하여 BMW 감독이사회 임원으로, 또 사업지주회사 델톤주식회사의 유일한 주주로서 경영에 종사했다. 이 지주회사의 산하에는 의약품 기업과 일용품 기업 등이 있으며, 최대 규모의 기업으로는 노키아Nokia· 지멘스·소니 등이 있다.

:: 기업지배에서 크반트 가문의 역할

1997년 감독이사회 임원인 골츠와 요하나는 신세대에게 자리를 물려주기 위해 퇴임하고, BMW의 대주주로서 서른네 살의 주자네와 서른 살의 슈테판이 감독이사회 임원으로 동시에 선임됐다. 슈테판은 2년 후에 감독이사회 부회장이 됐다.

두 사람의 취임 직후 BMW는 1959년 이래 최대의 경영 위기에 직면했다. 이 시련에 어떻게 대응했는지를 알면 가족 대표자로서 그들의 역할을 이해할 수 있다. 가장 큰 사건은 1994년 피스체치 리더 사장이 강행한 로버그룹 매수 실패다. 이런 상황에서 1998년 여름 폭스바겐의 페르디난트 피에히 사장이 BMW와의 제휴를 제안했다. 그는 BMW의 가족을 향해 일부 주주가 지분을 매각하기를 원한다고 공공연히 말했다. 그리고 폭스바겐은 자본 제휴를 통해 소수 지주의 지위가 되더라도 만족한다고 덧붙였다. 이에 대해 슈테판은 이 가문의 오랜 전통인 침묵을 깨고 크반트 가족을 대표하여 단언했다.

BMW에 대한 크반트 가문의 40년에 걸친 불변의 책무와 관련하여 세간의 추측은 모두 잘못된 것이다.

후에 슈테판은 이를 회고하며, 큰 시련이었지만 소유자로서 유

그림 II-17 — BMW주식회사

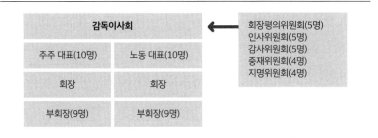

감독이사회		회장평의위원회(5명) 인사위원회(5명) 감사위원회(5명) 중재위원회(4명) 지명위원회(4명)
주주 대표(10명)	노동 대표(10명)	
회장	회장	
부회장(9명)	부회장(9명)	

※ 2015년 1월 기준
※ 출처: www.bmwgroup.com/investor_relation/fakten_zum_unternehmen/aufsichtsrat/aufsichtsrat

익한 체험이었다고 말했다.

"회의에서 중요한 안건에 관해 의장이 '이 건에 대해서 여러분은 어떻게 생각합니까?'라고 묻자, 모든 시선이 일제히 우리(대주주인 슈테판과 주자네)에게 향했다."

로버의 경험은 두 사람에게 소유자의 의견이나 생각이 얼마나 중요한지를 깨닫게 해주었다.

크반트 가문은 경영자가 제안한 기업전략을 일단 승인하고 나서는 단기적인 실적 변동에 그다지 관심을 보이지 않는다. 이런 대주주의 성향이 회사에 매우 큰 이점을 가져다주었고, 마찬가지로 크반트 가문에도 유익했다. 슈테판은 "이런 계속성을 대주주가 유지하는 것은 자동차 기업처럼 중기적 시야를 요구하는 BMW로서는 큰 자산이다"라고 말했다.

BMW에서 가족지배가 언제까지 계속되느냐는 질문에 슈테판은 "그것이 회사에 유익한 한"이라고 대답했다. 그리고 주자네는 "우리 가족은 우리의 이익을 위해서 지배적 주식을 가지는 것이 아니다. 우리의 존재가 회사에 안정을 주기 때문이다"라고 말했다. 슈테판은 이런 가족이 있음으로써 BMW가 독립성을 확보하고, 종업원과 회사의 일체감이 형성된다고 강조했다. 그리고 이런 양자의 일체감이 오늘날의 독일 산업계에 매우 적다고 지적했다.

가족 대표로서 슈테판은 감독이사회 부회장 외에 모든 감독위원회 위원을 겸임하고 있으며, 매우 의욕적으로 활동하고 있다. 요하나와 주자네, 슈테판 모두 경영이사회의 임원을 겸임하지 않기 때문에 소유와 경영이 분리되어 있다. 요하나는 공익재단 활동에 매진하고, 남매는 각각 소유한 기업을 감독하고 경영하기 때문에 BMW 본사의 집행이사를 겸임할 여유가 없기도 하다.

:: 공익활동

BMW는 거의 50%에 달하는 자본금을 가족 3명이 보유하고 있으며, 또한 실적도 양호해서 회사의 독립성과 계속성에 관한 문제가 없다. 따라서 가족지배, 후계자 문제 등의 목적을 위해 공익재단을 설립할 필요가 없다. 그들의 공익활동은 순전히 개인적 목적에서 펼쳐지며, 사업회사로서 BMW와는 인적 관계 이외는 관련성이 크지 않다. BMW, 경영자, 가족 소유자가 관련된 공익재단으로는 다음의 세 종류가 있다.

■ **BMW헤르베르트크반트공익재단(BMW Stiftung Herbert Quandt)**
BMW가 설립한 공익재단이며, 헤르베르트가 생존 중인 1970년에 설립됐다. 1959년 헤르베르트가 BMW를 구제하고 재건한 공적을 기리기 위해 설립된 것으로 보인다. 이 재단의 활동 목적은 국제 관계, 사회 혁신, 리더십이다. 가족 소유자인 슈테판이 평의회 의원으로 참여하는 유일한 재단이다.

■ **에버하르트폰쿠엔하임재단(Eberhard von Kühnheim Stiftung)**
BMW의 비가족 사장 및 회장으로서 오랫동안 이 회사를 글로벌 기업으로 발전시킨 쿠엔하임의 공적을 기리고자 2000년에 설립됐다.

■ **요하나크반트재단(Johanna Quandt Stiftung)**
1995년 요하나가 개인적으로 설립했다. 요하나가 1986년 창설한 '요하나 크반트 미디어 상'이 그 전신이다. 모든 미디어의 언론인과 문필가를 대상으로 기업과 시장경제에 큰 역할을 한 기사, 서적, TV방송 프로그램 등을 표창하며 매년 4명 정도에게 총 5만 유로의 상금이 수여된다. 요하나크반트재단은 이 제도를 계승하여 경제계와 언론 간 의견 교환, 기업인과 기업의 사회적 의의 전파, 뛰어난 경제 저널리스트 표창, 젊은 언론인의 판단력 향상 지원, 세계 및 경제 전망 소개 등의 활동을 펼친다.

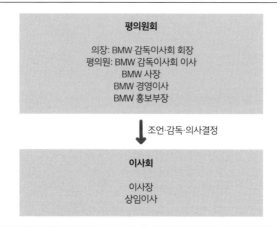

평의원회

의장: BMW 감독이사회 회장
평의원: BMW 감독이사회 이사
BMW 사장
BMW 경영이사
BMW 홍보부장

↓ 조언·감독·의사결정

이사회

이사장
상임이사

※ 2015년 1월 기준
※ 출처: www.bmw-stiftung.de/ueber-uns/gremien

:: BMW의 전통

구스타프오토항공기제작소유한회사

구스타프 오토Gustav Otto(1883~1926)가 1911년 3월 15일에 설립한 회사로, 사명은 'Gustav Otto Flugmaschinen Werke GmbH'다. 구스타프 오토는 4공정 내연기관의 발명자로 알려진 니콜라우스 오토Nicolaus Otto 아들이다. 그러나 그는 창업자로서 자질이 부족했고, 회사는 파산했다. 이런 이유로 그는 기업자산을 현물로 출자하는 방식으로 선회했다. 자신 외에 2명의 주주와 함께 자본금을 출연하여 회사 이름과 법적 형태를 변경해서 새 회사 바이에른항공기제작소주식회사Bayerische Flugzeugwerke AG, BFW를 설립하고, 1916년 3월 7일에 등기했다. 오늘날의 BMW는 이날을 창립기념일로 하고 있다. 그런데 이에 대해서는 이견이 있으며, 이어서 소개하는 랩엔진제작소유한회사Rapp Motorenwerke München GmbH가 BMW유한회사로 개명한 1917년 7월 21일이 타당하다고 하는 견해도 있다.

아무튼 BFW 역시 새 주주이자 최대주주 사장의 방만한 경영으로 실적이 계속 저조했다. 구스타프는 아내와 이혼하는 등 불행에 시달리다가 마흔세 살에 자살했다. BFW는 1922년 오늘날 BMW의 전신이자 같은 이름의 BMW에 흡수합병되면서 사라졌다.

랩엔진제작소유한회사

이 회사가 오늘날 BMW의 전신으로, 카를 랩이 설립해 1913년 10월 27일 뮌헨법원 상업등기부에 등기했다. 그러나 랩이 설계한 항공기 엔진에는 큰 결함이 있었고, 이 때문에 회사의 신용이 실추되고 실적이 하락해 그는 쫓기듯 퇴직했다.

1914년 제1차 세계대전 발발과 동시에 긴급하게 다수의 군용항공기가 필요해졌다. 그러나 이 회사의 항공기는 공군 조종사들과 독일 국방부로부터 낮은 평가를 받아 발주 기업에 포함되지 못했다. 이 회사에 주문을 넣은 유일한 기관이 오스트리아·헝가리

제국 해군이었는데, 그 나라에는 항공기 엔진을 제작할 수 있는 기업이 없었기 때문이다.

1916년 12월 독일 제국 해군이 이 엔진의 납품검사를 위해 위원회를 제작소에 파견했다. 위원장은 기계·전기기술자인 프란츠 요제프 팝Franz Josef Popp(1886~1954)이었다. 팝은 1918년 이 회사의 사장 지위에 올라, 생산과 관련하여 발생하는 모든 문제를 해결했다. 그러나 활동 초기에는 여러 생산 문제를 겪을 수밖에 없었다. 팝은 1918년 10월부터 1942년 6월까지 25년에 걸쳐서 사장 또는 공장장으로서 창업기의 모든 곤란을 극복하고, 오늘날 BMW의 기초를 닦았다. 이런 의미에서 팝은 이 회사의 소유자는 아니었지만, 전문적 경영자로서 창업자에 버금가는 공헌을 했다고 말할 수 있다.

제1차 세계대전을 거치면서 역사상 처음으로 항공기가 첩보, 전투, 폭격에 이용됐다. 전투기가 갖춰야 하는 가장 중요한 요소는 산소가 희박해지는 3,000미터 이상의 높은 고도에서 엔진 출력을 유지하고 기체 상승 능력을 향상시키는 것이었다.

1917년 2월 다임러 엔진의 기술자 막스 프리츠Max Friz(1883~1966)가 자기가 개발하고자 하는 엔진이 회사에서 인정받지 못하자 BMW로 전직해 왔다. 팝은 그가 개발한 IIIa 엔진의 설계에 주목하고, 개발을 독려했다. 마침내 프리츠는 엔진을 개발하는 데 성공했다.

1917년 7월 프로이센군의 기술자 일행이 이 회사를 항공기 엔진 수리 공장의 후보로서 조사를 위해 방문했다. 그들은 IIIa 엔진의 설계도를 보자마자 장점을 간파했다. 그래서 통상 요구하는 시제품 제작을 생략하고, 한 달 기한으로 600기의 엔진을 발주했다.

그 후 프리츠는 IIIa의 개량형 엔진 IV를 개발했다. 1919년 이를 탑재한 쌍엽기 DFW-F37111이 비행고도의 세계기록 9,760미터를 달성했다. 비행시간은 2시간이었고, 조종사는 그 이상의 비행도 가능했지만 너무나 추워서 강하했다고 말했다. 이 세계기록은 국제항공연맹FAI에서 인정받지 못했는데, 그 이유는 전후 독일이 이 연맹에서 제명됐기 때문이다.

창업자 및 기술자로서 랩은 여러 가지 엔진을 개발하는 데 손을 댔지만, 모두 품질에 결함이 있어서 회사 실적에 공헌하지 못했고 회사의 존속마저 위태롭게 했다. 이 때문에 자주 병이 들어

사진 II-45 ─ BMW-IV 엔진을 탑재한 Fokker DV2

결근하는 날이 많아졌고, 결국 실의 속에서 퇴직했다. 랩 퇴직 이후 팝은 1917년 7월 21일 자 서한에서 그 사실을 외부에 전했다.

지금까지의 사장으로서 랩은 등기부에서 말소된다. 랩은 당사를 퇴직했다.

이 간결하고 사무적인 문구로 랩이 회사를 떠난 경위를 추측할 수 있다. 그러나 그가 랩엔진제작소를 창립하지 않았다면 그 후의 팝도, 플리츠도, BMW도 존재할 수 없었으리라는 점은 분명하다. 그런 의미에서 랩은 불운한 창립자라고도 할 수 있을 것이다.

바이에른엔진제작소유한회사

1917년 7월 21일부로 팝은 사명에서 랩의 이름을 삭제하고, 바이에른엔진제작소유한회사Bayerische Motoren Werke GmbH로 변경하여 등기했다. 법적 형태가 유한회사라는 점을 제외하면 오늘날 BMW라는 사명이 최초로 등장한 시점이다. 팝이 새로운 회사의 사장이 됐고 프리츠는 기술부장으로 승진했다.

사명 변경의 최대 목적은 랩이 설계한 엔진의 나쁜 평판과 절연하는 것이었다. 둘째로는 발주자인 국방부 당국과 '전투기의 격추왕'으로 불리는 에른스트 우데트Ernst Udet 등에게 높은 평가를 받은 프리츠의 IIIa 및 IV형 엔진이 옛 랩 엔진의 악평에 영향을 받는 것을 저지하기 위해서였다.

사장직을 계승한 팝이 훌륭한 기술자인 막스 프리츠와 함께 오늘날 BMW의 전통 대부분을 만들었다고 할 수 있다. 항공기 엔진에서 오토바이와 자동차로 분야를 다각화했고, 각각의 사업 분야에서 고도의 기술 수준을 갖췄으며, 자동차와 오토바이의 스타일도 향상시켰다. 그 결과 회사는 명성이 높아지고 신뢰받게 됐다. 이런 의미에서 이 회사가 설립된 1917년 7월 21일을 BMW의 창립일로 삼는 것이 타당할 것이다.

나아가 1917년 10월 5일에는 오늘날에 이르기까지 BMW를 상징하는 로고가 특허청에 등록됐다. 회전하는 항공기의 프로펠러를 청색과 흰색의 바이에른주 상징색으로 표현한 로고로, 오늘날까지 사용되고 있다. 바이에른주를 강조한 이유는 주 당국으로부터 보조금 등의 지원을 얻기 쉽게 하기 위해서라고 한다. 그러나 그 이상으로 중요한 결과는 바이에른주의 주주들이 BMW를 고향의 자랑으로 삼고, 그 독립과 영속성을 희망하고, 회사와 강한 일체감을 느끼게 됐다는 것이다. 앞서 살펴봤듯이, 이런 사실은 1959년의 임시 주주총회에서 바이에른주 개인 주주들이 보여준 행동으로 분명해졌다.

제1차 세계대전 말기인 1918년 8월 13일 BMW는 유한회사에서 주식회사로 개편됐다. 독일과 오스트리아가 패전하기 3개월

전이다. 신주 발행 금액은 1,200만 마르크이며, 세 주주가 3분의 1씩 인수했다. 이들은 기폭장치 등을 생산하는 기업의 사장 프리츠 뉴메이어Fritz Neumeyer, 옛 유한회사의 채권자인 2개 은행[바바리안뱅크Bavarian Bank(Bayerische Bank)와 노스저먼뱅크North German Bank(Norddeutsche Bank)], 그리고 이탈리아계 오스트리아인 투자가 카밀로 카스틸리오니Camillo Castiglioni다. 카스틸리오니는 오스트리아·헝가리 제국의 영토인 트리에스테 출생이며, 그 후 1929년까지 투자가로서 BMW의 운명에 지대한 영향력을 미쳤다. 매각, 환매, 합병 등 BMW의 복잡한 변천사가 그와 관련돼 있다(그에 대해 이야기하자면 많은 지면이 필요하므로 이 책에서는 생략한다).

:: BMW에서 얻는 교훈

로버 매수로 인한 적자 시대를 제외하면, BMW는 1960년 헤르베르트의 매수와 증자 이래 반세기에 걸쳐 순조롭게 성장해왔다. 이 기업의 성공 요인은 다음과 같이 요약할 수 있다.

재건 과정

헤르베르트의 기업가정신

헤르베르트는 아버지가 남긴 기업을 감독하는 것에 만족할 수 없었기에 적자를 지속하던 BMW를 매수하기로 했다. 주간사 역할을 해줄 은행과 증권사가 없어서 자신이 직접 리스크를 부담하며 증자를 감행했다. 그의 결의를 촉구한 가장 큰 요인은 주주총회에서 뮌헨과 바이에른주의 주주들이 보여준 모습이었다. BMW의 역사를 자랑스럽게 생각하고, 이웃 주의 다임러에 흡수합병되는 것에 감정적·경제적으로 강하게 저항했다. 헤르베르트의 등을 떠민 것은 아마도 BMW 존속을 향한 이 지역 주주들의 강고한 결의였을 것이다. 이 사례는 3세대 자손 중에도 기업가정신의 소유자가 있다는 사실을 보여준다.

종업원 대표의 협조

적자 기업을 구제하고 재건하는 데에는 종업원의 협력이 필수적이다. 중앙사업장위원회의 골다 위원장은 헤르베르트가 다임러와 공동 출자하여 재건하는 안을 고려하고 있을 때, 헤르베르트 단독으로 재건하라고 조언했다. 이것이야말로 독일에서 사업장과 공동결정제도가 진가를 발휘한 대표적인 사례가 아닐까 생각한다. 노사 간 협력 관계가 기능하기 위해서는 양자 간에 강한 신뢰가 존재해야 하며, 그러기 위해서는 정보 공유와 의견 교환이 상시적으로 이뤄져야 한다. 헤르베르트가 BMW 재건에 성공한 것이 바로 그 결과라고 할 수 있다.

소유와 경영의 분리

소유자 가족은 어머니와 장녀, 장남 등 3명으로 연령상으로도, 경험적인 면에서도 BMW 같은 대기업을 이끌어가기는 어려웠다. 그래서 이들은 자신의 역할을 감독이사회 임원으로 한정했다. 그랬기에 비가족 사장이 기업을 자유롭게 경영해나갈 수 있었다.

슈테판과 주자네의 경영자 경험

두 사람은 아버지 헤르베르트에게 물려받은 기업에서 소유경영자로서의 경험을 쌓았다. 이 경험은 이후 대주주로서 BMW의 감독이사회 임원으로 활동하는 데 유용했으리라고 추측된다. 또한 그 덕에 BMW의 비가족 사장, 경영자는 두 사람의 간섭을 받지 않고 자유롭게 경영에 종사할 수 있었다고 생각된다. 슈테판은 50대에 가까워지면서 BMW의 감독이사회와 각종 위원회, 공공재단평의회 등의 임원을 다수 겸임하게 됐다. 그러면서 무게중심을 점차 BMW로 옮겼다.

기업전략

틈새전략

헤르베르트가 채용한 경영자 중에서 하네만만큼 BMW의 마케팅 전략 발전에 기여한 인물은 없을 것이다. 틈새전략이라는 용어조차 없었던 1960년대에 이를 실천했으니 말이다. 그가 내세운 광고 문구 '앞지르는 기쁨'은 그 자신에 대한 이야기이기도 하다.

전통적인 기업 평판 이용

제2차 세계대전 이전에 막스 프리츠가 항공기 엔진 IIIa를 개발한 일을 시작으로 R32 오토바이, 328형 스포츠카 등 탁월한 기술이 꾸준히 개발됐다. 그리고 기술 개발은 이 회사의 기업문화로서 세계적으로 평가됐다. 틈새전략이 성공할 수 있었던 것은 이 기업의 평판이 뒷받침해주었기 때문이다.

다변화

항공기 엔진에서 오토바이로, 이어서 자동차로 다변화가 이루어졌다. 기존 기술의 연장선에서 새로운 고객층을 확보하는 연관형 다변화로 모두 성공했다.

라이선스 계약으로 타사 기술 도입

회사 내부에서 모든 것을 개발하는 대신, 라이선스 계약을 통해 타사의 기술을 도입했다. 자동차로 다각화할 때는 영국 기업 오스틴Austin Motor Company과 라이선스 계약을 맺었고, 항공기 엔진을 제작할 때는 프랫&휘트니Pratt & Whitney로부터 성형星型 엔진 기술을 도입해 융커스에 적용하여 큰 성공을 거뒀다.

:: 맺는말

쿠엔하임은 약 30년에 걸쳐 사장과 감독이사회 회장 등 요직을 지냈다. 그 기간에 피스체치리더를 사장으로 기용하고, 그가 로버를 매수함으로써 회사가 적자의 늪에 빠진 적도 있다. 이처럼 아무리 우수한 인물이라도 장기적으로 요직에 있으면 의사결정 지체 등의 폐해를 초래하기 쉽다. 이것은 슈테판이 풀어가야 할 과제다.

한편, 크반트가에 관한 책을 쓴 뤼디거 융블루트Rudiger Jungbluth는 "크반트가의 비밀주의는 심상치 않다"라는 말을 했다. 독일의 가족 기업 중에서 크반트가의 비밀주의가 유독 심하다는 의미다. 그런데 2007년에 NDR(북독일 방송국)에서 방영된 〈크반트가의 침묵〉을 보면 그 전통도 어느 정도 붕괴했다고 볼 수 있다. 〈크반트가의 침묵〉은 제2차 세계대전 중에 BMW가 자행한 강제 노동, 기업 수탈 등에 관한 다큐멘터리로 독일에서 큰 반향을 불러일으켰다. 다큐멘터리가 방송된 이후 크반트가의 사촌 남매 슈테판과 가브리엘레Gabriele가 본대학교의 역사학 교수 요아힘 솔티제크Joachim Scholtyseck에게 할아버지와 아버지가 나치 시대에 유대인 강제노동에 관여했는지에 대해 조사를 의뢰했다. 그리고 그 결과가 귄터의 전기에 실렸다.

이 책을 읽은 두 사람은 주간 신문 〈차이트〉와의 인터뷰에 응했다. 〈차이트〉는 크반트가의 첫 인터뷰라며 기사를 게재했는데, 기사 중에서 가브리엘이 마지막으로 한 말이 애처롭다.

"귄터 크반트가 나의 할아버지라는 사실이 슬프다. 나는 할아버지가 다른 사람이기를 원했다."

과거를 극복하는 건 크반트가 사람들에게 고통스러운 일이겠지만, 그래야 BMW의 신뢰가 높아질 수 있을 것이다.

포르쉐

포르쉐주식회사의 911 고급 스포츠카는 독일에서는 숫자인 '나인 엘프'라는 약칭으로 불린다. 911의 매력은 세계적으로 수많은 애호가와 그들의 공동체인 클럽을 만들어냈다. 고도의 기술과 유선형의 완성된 디자인으로 오늘날까지 불후의 스포츠카로 불리며, '911이 없으면 포르쉐도 없다'라는 말까지 있다. 애호가들 간의 유대는 매우 강력해서 서로 스쳐 지나갈 때는 라이트를 깜빡여 인사를 나눈다고 한다.

:: 명품 스포츠카의 대명사, 포르쉐

나는 프랑스에서 교수로 생활하던 1984년 8월 초에 처음으로 가족과 함께 슈투트가르트에 있는 포르쉐 박물관을 찾았다. 그러나 공장 일부의 기다란 방에 차를 나란히 세워둔 정도로, 박물관이라고 하기는 무색했다. 안내 게시물도 없었고, 여름 휴가철인데 관람객도 없이 썰렁해서 실망했다.

15분 정도 만에 다 보고 밖으로 나왔는데, 깜짝 놀랐다. 박물관 옆 좁은 통로에서 포르쉐 신차가 연달아 나왔기 때문이다. 작업복을 입은 사람이 운전하고 있었는데, 알고 보니 공공도로에서 당당하게 시운전을 한 것이다. 그 광경은 수작업이 많은 동네 작은 공장 같은 초창기 포르쉐의 상황을 상징하는 것처럼 생각됐다.

그로부터 약 30년 후인 2013년 10월, 포르쉐 박물관을 다시 찾았다. 우연히도 911 차종 탄생 50주년이어서 박물관 안팎 여기저기에 '50 Jahre Porsche 911'이라고 쓰인 현수막이 자랑스럽게 걸려 있었다. 식장에서는 911 차종의 특별전시가 행해지는 등 축하 분위기로 들썩거렸다. 세련된 건축, 전시 차종, AV기기를 통한 설명 등 이전의 회사 박물관과는 완전히 다른 모습이었고 BMW, 메르세데스 벤츠, 폭스바겐의 박물관과 비교해도 아주 흥미로웠다.

50여 년 전인 1964년에 나는 프랑스의 인시아드INSEAD 비즈니스 스쿨에 입학했다. 아직까지 인상에 남아 있는 것은 1963년부터 본격 생산된 911인데, 최소한 3명의 재학생이 판매가 개시되자마자 이 차로 등교했다.

한편 폭스바겐은 제2차 세계대전 후 케이퍼Käfer(딱정벌레, 이하 '비틀'•)형의 국민차를 전 세계에서 총 2,150만 대를 판매하여 포드의 모델T가 기록한 1,479만 대를 크게 앞지르는 차종으로서 역사에 이름을 남겼다. 비틀은 이후에도 신형이 계속 출시돼 오늘날까지 생산되고 있는 최장수 차종이다.

페르디난트 포르쉐(1875~1951)는 스포츠 레이스카인 911 차종의 원형과 대중차 비틀을 설계한 기술자로, 지금의 포르쉐와 폭스바겐을 연결하는 아버지와 같은 존재다. 그러나 회사의 창립자는 다르다. 포르쉐는 자신이 창립했으나, 폭스바겐의 실질적인 창립자는 나치 독재자 아돌프 히틀러다. 물론 히틀러 본인이 폭스바겐을 소유하거나 경영하지는 않았다. 그러나 다음 장에서 보여주는 바와 같이 그가 없었으면 폭스바겐은 존재할 수 없었다는 것은 사실이다.

폭스바겐은 법적으로는 별개의 독립된 회사이고, 2012년 포르쉐가 폭스바겐에 합병되기까지는 각자 별도의 운명을 걸어왔다(그림 II-19). 그러나 포르쉐와 폭스바겐의 관계는 포르쉐가 개발한 국민차 비틀로 한정되지 않는다. 제2차 세계대전 후에도 라이선스 계약과 신형 차의 공동 개발, 폭스바겐에서 포르쉐에 부품 소

• '비틀'은 영어식 표현이고, 독일에서는 '케이퍼'라고 하는데, 이 책에서는 영어식 표현을 사용한다. - 옮긴이

그림 II-19 — 포르쉐와 폭스바겐의 관계

포르쉐		폭스바겐
페르디난트 포르쉐 Dr.Ing.h.c.포르쉐유한회사	• 히틀러가 포르쉐의 국민차 설계 선택 • 'KdF Wagen'으로 명명 • 1938년 5월 26일 공장 기공식	**아돌프 히틀러** 폭스바겐유한회사

제2차 세계대전 후

포르쉐		폭스바겐
페리 포르쉐 포르쉐유한회사	• 라이선스 계약 • 기술협력 계약 • 1948년 9월 17일	**하인리히 노르트호프** 폭스바겐유한회사
페르디난트 피에히 이직 1972년 8월	• 폭스바겐 자회사 아우디로 전직 • 1993년 1월 폭스바겐 사장 • 2002년 4월 이사회 의장	**페르디난트 피에히** 아우디·폭스바겐주식회사
볼프강 포르쉐 포르쉐주식회사	• 포르쉐의 폭스바겐 인수 실패 • 폭스바겐의 포르쉐 역인수와 완전자회사화 • 2012년 8월 1일	**페르디난트 피에히** 폭스바겐주식회사

재 공급 등 경제적·기술적 관계가 계속되어왔다.

우선 세계적 명성을 얻은 양 차종을 설계·개발한 기술자 페르디난트 포르쉐의 발자취를 짚어보자.

:: 페르디난트 포르쉐의 발자취

유소년기: 전기기술에 관심 많은 소년

페르디난트 포르쉐는 1875년 오스트리아·헝가리 제국의 오스트리아령 보헤미아의 작은 마을 마파스도르프에서 태어난 오스트리아인이다. 오늘날 이 지역은 체코공화국에 속하고 부라티슬라프로 불린다. 그의 부친 안토니우스 포르쉐Antonius Porsche는 판금공 장인이었다. 판금공은 강철, 구리, 알루미늄 등의 박판을 가공해서 조리기구, 장식품 등 다양한 제품을 만드는 사람을 말한다. 당시에는 물론 오늘에 이르기까지 정식 수공업 직종으로, 장인제도가 적용되고 있다. 부친은 그가 판금공의 길을 가기 바랐지만, 포르쉐는 전기기술에 관심이 컸다. 당시는 석유램프를 쓰던 시대였음에도 전기기술이 발전을 지속하고 있었고, 포르쉐는 열네 살 때부터 이미 혼자 힘으로 뒷방에 전기조명을 설치할 정도의 기술력을 갖추고 있었다.

수업기: 자동차 기술에 눈뜨다

얼마 후에는 아버지의 공장에 자기가 만든 발전기로 전등시설을 설치했다. 이에 아버지는 아들의 재능을 확신하고 열여덟 살인 그

사진 II-46 ─ 페르디난트 포르쉐

를 스물세 살까지 빈의 전기기기 회사 벨라에거Bela Egger에 수습 기술자로 보냈다. 이 시기에 그는 전기자동차와 하이브리드차의 개발에 성공해서 자동차 업계뿐만 아니라 일반 사회에서도 자동차 설계 기술자로서 평판이 높았다.

1895년 스무 살이 된 그는 전문 잡지에서 당시 가장 획기적이라는 평가를 받은 전기자동차를 설계하여 특허를 취득했고, 4년 후에는 실험실장으로 승진했다. 어느 날 마차 차체에 모터를 탑재한 원시적인 전기자동차를 시운전할 기회가 왔다. 그 차체는 자동차 시대의 도래를 예측하고 있던 황제용 마차제조 회사 소유자 야코프 로너Jakob Lohner가 제조한 것이었다. 로너는 포르쉐를 스카우트했다.

스물네 살에 포르쉐는 자기가 개발한 전기자동차의 제작에 성공했다. 2개의 전륜 허브에 부착된 모터로 구동되며 통상 주행 가능 거리는 50킬로미터이고, 20마력에 최저 시속은 17킬로미터, 최고 시속은 50킬로미터에 달했다. 차량 중량은 축전지 410킬로그램을 포함하여 1톤이었다. 이 차는 1900년 파리 만국박람회에 출품되어 큰 호응을 얻었다. 포르쉐는 하룻밤 새에 유명해졌고, 그의 전기자동차는 가솔린차보다 비싼데도 로스차일드Rothschild 가문 등 부유층을 중심으로 약 300대가 판매됐다.

오늘의 전기자동차와 같이 당시에도 전기자동차는 20~30킬로미터 달리면 충전해야 한다는 것이 큰 과제였다. 스물다섯 살의 포르쉐는 하이브리드차를 개발하여 '셈페비부스Semper Vivus(라틴어로 '항시주행'이란 뜻)'라는 이름으로 1901년 파리 자동차살롱에 출품했다. 각각 2기의 가솔린엔진과 전륜 허브에 모터를 장착한 차로, 주행 중에 가솔린엔진이 발전기를 작동시켜 축전지를 충전했다. 그 덕에 이 차의 주행 가능 거리는 200킬로미터에 달했다. 그러나 전륜의 축전기가 무거워서 핸들 조작이 어려웠고 가격이 이전 차의 2배로 매우 비쌌기 때문에 보급되지는 않았다.

발전기: 다임러

1899년 독일 슈투트가르트에 설립된 다임러는 빈에 오스트리아 자회사인 아우스트로-다임러Austro-Daimler를 설립했다. 포르쉐는 약 17년간의 재직 기간에 레이스카와 소형차를 개발하고, 후에 폭스바겐 비틀의 엔진 원형이 되는 항공기용 공랭空冷 수평대향 4기통 엔진을 개발하는 등 중요한 기술을 혁신했다. 또한 제1차 세계대전 중 운반용 견인차량을 개발하여 5대 이상의 차량을 연결해 무기와 병사, 대포 같은 중화기를 운반하는 데 쓸 수 있도록 했다. 이 공로로 포르쉐는 빈공과대학교에서 명예공학박사를 받았다.

사진 II-47 — 1900년 파리 만국박람회에 출품한 포르쉐 전기자동차

포르쉐를 다임러로 초빙한 메르세데스Emil Jellinek Mercedes는 외교 관이면서 실업가로서도 성공한 부자였다. 외교관 퇴직 후에는 다 임러 본사의 감독이사회 이사가 되어 레이싱 스포츠에 큰 흥미를 드러냈고, 자신의 딸 이름을 붙인 메르세데스 차종의 명명자로서 유명하다. 포르쉐가 그의 요청으로 개발한 레이스카는 1,945킬로 미터를 7일간에 주파하는 성능으로, 당시 독일에서 가장 어렵다는 장거리 레이스에서 상위 3위까지를 독점했다.

1922년에 포르쉐는 소형차의 중요성을 인식하게 해준 인물 을 만난다. 그는 영화 제작자인 콜로라트 크라코프스키 백작Count Alexander "Sascha" Joseph von Kolowrat-Krakowsky으로 보통 '자샤'라고 불렸다. 미 국에서 귀국한 직후의 자샤는 포드와 같이 작고 움직임이 기민한 차를 만들어야 한다고 주장했다. 폭스바겐 이사회 의장이었던 페

르디난트 피에히는 자샤의 말이 포르쉐가 1,100cc 엔진을 이상적으로 하는 경량 소형차(국민차)를 설계하는 데 중요한 계기가 됐다고 훗날 저서에서 밝혔다. 그러므로 자샤는 대중 자동차 시대의 예언자라고 말할 수 있다.

1923년 포르쉐는 독일 다임러 본사로 전근하는 게 어떠냐는 요청을 받아들여 빈에서 슈투트가르트로 주소를 옮겼다. 경영이사회 이사로서 설계 부문의 최고책임자였다. 그러나 소형 자동차 시대는 아직 오지 않았고 그는 스포츠카, 레이스카의 설계와 항공기 엔진 등의 개발을 담당했다. 그의 설계로 세상에 나온 스포츠카로 메르세데스S(Sport), SS(Super Sport)가 있고, 최상급 차종 SSK(SS Kurz)는 250마력으로 최고 시속 200킬로미터인 스포츠카였다.

1926년 경기가 침체하면서 독일 자동차 산업은 곤경에 빠졌고 다임러와 벤츠가 양사의 주거래은행인 도이체방크의 주도로 합병하여 다임러벤츠가 탄생했다. 합병 기업 이사회는 스포츠카 사업에서 철수하기로 결정했는데, 그 이유는 포르쉐가 최고의 성능을 구현하기 위해서 비용을 도외시하고 끊임없이 설계를 변경하여 생산 비용이 증가하고 이익이 올라가지 않았기 때문이다. 이 때문에 그는 메르세데스 부문의 설계 담당자에서 해임되고 임원 계약도 갱신되지 않았다. 이렇게 비용을 무시하고 성능만 추구하는 집념은 손자인 피에히에게 계승됐다. 피에히도 나중에 같은 이유로 다임러를 그만뒀다.

사진 II-48 ─ 포르쉐가 설계한 메르세데스 벤츠 SSK

그 후 포르쉐는 오스트리아의 자동차 기업 슈타이어Styer에 스카우트됐다. 그러나 1929년의 뉴욕 증권거래소 주가 폭락과 이를 신호탄으로 불어닥친 세계공황 때문에 이 회사의 주거래은행이 도산하고 말았다. 결국 슈타이어는 포르쉐의 이전 직장인 아우스트로-다임러에 흡수됐다. 이에 포르쉐는 슈타이어를 퇴직하고 독립하기로 마음먹었다.

창업기: 포르쉐

1933년 4월 25일, 쉰여섯 살의 포르쉐는 슈투트가르트에 엔진과 차량의 설계·진단·지도를 목적으로 하는 'F·포르쉐공학명예박사 유한회사'를 창립했다. 자본금의 70%는 포르쉐가, 15%는 장녀 루이제Louise Piëch의 남편인 안톤 피에히Anton Piëch가, 15%는 영업을 담당하는 로젠 벨가가 출자했다. 사원으로는 스물두 살의 장남 페리

Ferry와 설계주임, 변속기·엔진·차체의 설계 기술자가 있었다.

회사 이름이 보여주는 바와 같이 포르쉐는 타사의 의뢰를 받아 승용차·스포츠카·레이스카와 엔진을 설계했고, 완성차는 의뢰 기업의 상표로 생산되어 판매됐다. 췬다프Zündapp가 발주한 소형차 포르쉐 12형, NSU의 중형차 포르쉐 32형 및 16기통 그랑프리 레이스카, 나중에 전설이 되는 국민차 비틀이 그런 차들이었다. 따라서 시험제작차나 특정 개인을 위한 1대 또는 소수의 레이스카 제작 외에 자가 공장을 설립하여 생산하거나 판매하지는 않았다. 포르쉐가 자기 이름으로 차를 생산하고 판매를 시작한 것은 1948년부터다.

1931~1932년은 세계공황 탓에 독일에서만 600만 명의 실업자가 생기는 등 심각한 상황이었고, 사업 환경도 악화돼 포르쉐는 큰 리스크에 직면했다. 그러나 이런 어려움을 극복하고 목표를 달성하고자 하는 사원들의 사기는 높았다. 1931년 8월 포르쉐는 타이어에 가해지는 상하 충격을 흡수하는 혁신적인 스프링을 고안하여 특허를 취득했다. 오늘날에도 토션바torsion bar로 사용되는 자동차의 표준적 기술로, 작은 부품에 간단하고 가벼운 구조로 되어 있다. 이 기술의 개발로 포르쉐에서는 특허료 수입이 중요한 수입원 중 하나가 됐다.

이 시기 주목할 만한 수주 설계는 1932년 췬다프에서 주문받은 소형차 포르쉐 12형과 1933년에 NSU가 주문한 32형으로, 후일 국민차 비틀의 원형이 됐다. 둘은 보닛과 뒷부분 모두 하방 경사의 유선형 외관, 공랭 수평대향 4기통 엔진, 엔진 차대 후부 배치, 4륜 독립 현가장치 등의 공통점을 지니고 있었다. 이 설계는 1925년 열여덟 살의 체코인 공업전문학교학생 벨라 바레니Bela Barenyi가 착안한 수평대향 공랭 엔진의 차대 후부 배치라는 차대 설계에 기반한 것이다(제9장 참고). 그러나 이 차종은 NSU의 사정 탓에 양산에는 이르지 못했다.

포르쉐가 세운 회사는 창업 2년째인 1933년부터 발전하기 시작했다. 즉, 히틀러 정권에 의한 국민차 비틀의 개발이다. 그의 활동 무대는 일거에 독일의 국가 정책 차원으로 확대됐다(제9장 참고).

비약기: 전쟁 휴지기에서 전시로

1936년 일본은 독일과 일·독방공협정을 체결했다. 이탈리아는 1936년 에티오피아 병합으로 국제적으로 고립된 후 독일에 접근하여 같은 해 10월 베를린-로마 추축이 형성됐다. 이를 배경으로 나치 정부는 1939년 9월에 베를린-로마 간의 장거리 경주 대회를 개최한다는 계획을 세웠다. 이를 위해 포르쉐가 설계하고 폭스바겐 국민차 비틀의 부품을 사용하여 시험제작한 스포츠카가 포르쉐 64형이다. 그러나 제2차 세계대전의 발발로 대회는 무산됐다.

포르쉐 64형은 오늘날 911의 할아버지뻘이 되는데, 포르쉐 자신이 자가용 차로 애용했다. 911의 아버지뻘이 되는 356형을 거쳐, 전후 장남 페리의 지휘하에 3세대 설계를 통해 911로 탄생했다.

1939년 세계대전 발발과 동시에 포르쉐는 군부로부터 전차개발위원장으로 임명되어 레오파드 전차를 개발했다. 오프로드 험지주파 주행용 사륜 큐브라, 수륙양용차, 그리고 무인 장거리 로케트탄 VL, V2의 부품도 개발했다.

전쟁 말기가 되자, 슈투트가르트는 연합군의 공습 위험에 노출됐다. 군부는 무기개발 기술자를 보호할 목적으로 포르쉐와 그 가족, 사원에게 슈투트가르트를 떠나라고 했다. 이에 1943년 포르쉐 직원 전원이 오스트리아의 체코 국경에 가까운 그문트의 제재소 자리로 옮겼다. 이때 폭스바겐의 시험제작차, 사용 개발을 마친 조종계, 브레이크계 기기, 구동계 부품, 엔진, 기타 부품 등을 공구와 함께 운반했다.

시련기: 전후

포르쉐와 그의 아들 페리는 1945년 5월부터 1947년 8월 사이에 프랑스 정부 관리에게 체포돼 프랑스에 억류됐다. 포르쉐는 1945년 8월 영미 군정부에 넘겨졌으나 증인의 증언에 따라 전쟁 책임을 벗었고 9월 중순에 석방됐다. 그러나 같은 해 12월 포르쉐는 아들 페리, 사위 안톤과 함께 프랑스 군정부가 있는 바덴바덴에서 다시 체포됐다. 페리는 무죄가 증명되어 7개월 후인 1946년 7월에 석방됐다.

전쟁 중 프랑스 땅 대부분은 나치의 점령하에 있었고, 포르쉐는 폭스바겐 차의 부품 생산을 푸조Peugeot에 위탁하고 있었기에 양사의 관계는 매우 양호했다. 그러나 프랑스 법무부는 포르쉐를 푸조 작업자에 대한 강제노동과 전쟁범죄 용의자로 단정했다. 포르쉐와 안톤은 처음에는 파리의 르노Renault 창업자 저택의 하인 방에 구금됐다가 이후 뫼동과 디종의 형무소에 투옥됐고, 이동 때는 수갑이 채워졌다. 포르쉐는 지병이 있었던 데다 특히 디종형무소의 독방은 한겨울에도 난방이 되지 않아 건강이 급속히 악화됐다.

포르쉐에 대한 최종심문은 푸조의 관리자 2명이 증인으로 출석한 가운데 행해졌다. 증인들은 나치의 공장 개입을 저지한 일 등 포르쉐에게 유리한 진술을 했다. 이로써 포르쉐의 무죄가 증명되어 1947년 8월 1일 100만 프랑의 보석금을 내고 마침내 석방되어 그문트로 돌아왔다. 보석금은 이탈리아 치시탈리아Cisitalia에서 받은 설계 계약금으로 지급했다. 송금수속이 쉽지 않았으나 2명의 프랑스인 자동차 잡지 기자의 도움을 받아 수속을 마칠 수 있었다.

페리는 아버지가 귀환할 때까지 회사의 최고경영책임자로서 누이인 루이제와 함께 많은 고난과 싸우면서 기업 유지에 힘썼다. 사원 수가 200명에 달해 이들의 경제적 기반을 확보하는 것이 사활이 걸린 문제가 됐기에 수차水車, 탄광에서 쓰는 권상기, 농업기계 등 수요가 있는 것이라면 뭐든지 만들었다. 또 독일군이 버리고 간 군용차를 수리해서 농민이나 삼림 소유자에게 팔기도 했다.

재생기: 세대교체

포르쉐가 프랑스에 억류되어 있는 동안 장남 페리는 1946년 12월 전후 최초로 이탈리아의 치시탈리아와 중요한 설계 계약을 체결하고 레이스카를 제작했다. 이 수입은 포르쉐에 매우 귀중한 것이었다. 페리는 360형 그랑프리, 370형 스포츠카, 그리고 소형 트랙터를 설계했다.

페리의 자서전에는 1947년 8월 석방되어 그문트에 돌아온 포르쉐의 변화가 적혀 있다. 페리가 아버지에게 그랑프리 설계도를 보여주며 평가해주길 바랐는데, 포르쉐는 그걸 뚫어지게 쳐다보면서 오랫동안 아무 말도 하지 않았다고 한다. 페리가 어떻게 생각하는지 반응을 재촉하니 "나도 너처럼 설계했을 거라고 생각한다"라고 말하며 페리의 어깨를 두드리더라는 것이다. 아버지는 프랑스 억류 후유증에서 회복되지 못해 이전의 문제 해결 능력과 의욕을 상실했기에 자신이 의지할 수 없게 됐다고 페리는 회상했다. 그래서 회사의 존폐가 페리 자신의 양어깨에 달려 있다는 점을 자각했다. 포르쉐는 귀환하고 나서 4년 반 후인 1951년 1월 30일 일흔다섯 살의 나이로 사망했다.

이탈리아 치시탈리아와의 레이스카 개발 계약에 따른 수입은 포르쉐의 귀환을 가능하게 했을 뿐 아니라 356형의 스포츠카 개발·설계·제작에 커다란 기술적 공헌을 했다. 이는 치시탈리아가 피아트의 엔진을 스포츠카에 적용했다는 사실로 입증된다. 이에 페리는 폭스바겐 차의 엔진과 부품을 사용하여 356 스포츠카를 개발하기로 했고, 결국 성공시켰다.

이는 두 가지 관점에서 포르쉐의 역사에서 매우 중요하다고 할 수 있다. 첫째로 356이 911의 가장 가까운 원형이 됐다는 점이다. 두 번째는 356는 포르쉐의 설계일 뿐만 아니라 그의 이름으로 직접 생산하여 판매한 최초의 차종이 됐다. 356 기종으로 포르쉐는 다른 회사를 위해 자동차의 설계·진단·지도 사업을 전개하는 회사로서뿐만 아니라 스스로 자동차를 생산하는, 새로운 차원으로 발전했다. 그것은 동시에 페리가 부친의 협력자라는 입장에서 독립된 기술자이자 경영자로 성장했다는 점을 의미한다. 포르쉐 부자에게 프랑스 억류는 페리의 말을 빌리면 "인생 최대의 불행"이었지만, 장남을 경영자로 크게 성장시킨 계기도 됐다. 이는 곧 세대교체를 의미한다.

사진 II-49 — 포르쉐64

사진 II-50 — 포르쉐356

사진 II-51 — 포르쉐911

:: 포르쉐 가문과 피에히 가문

창업자 포르쉐에게는 딸 루이제(1904~1999)와 아들 페리 포르쉐 (1909~1998) 등 2명의 자식이 있었다. 동생 페리는 포르쉐 가문을, 누나 루이제는 변호사인 안톤 피에히와 결혼하여 피에히 가문을 세웠다. 2세대인 페리와 루이제는 각각 4명의 자식을 두었다. 이 8명의 3세대에서 각각 가문 대표자가 선임되어 포르쉐 가문은 볼프강 포르쉐Wolfgang Porsche(1943~), 피에히 가문은 페르디난트 피에히 (1937~),[•] 그 후 동생인 변호사 미헬Hans Michel Piëch이 오늘까지 각각 가문의 대표 기능을 맡아왔다. 이상의 양 가문 가족 전체를 '포르쉐 가문'이라고 칭한다.

1951년 창업자 포르쉐가 사망했을 때 2개의 회사가 있었는데 이들이 오늘날 포르쉐 가족의 자산을 형성한다. 하나는 포르쉐, 즉 F·포르쉐공학명예박사주식회사이고 회사의 공문서에서는 '포르쉐주식회사'로 약칭된다. 스포츠카와 레이스카를 개발·생산·판매하는 회사로, 슈투트가르트에 본사가 있다. 2015년의 종업원 수는 2만 2,300명으로 소규모 자동차회사 중 하나다. 그 전신은 1931년 설립된 F·포르쉐공학명예박사유한회사다.

다른 하나는 1949년 설립된 포르쉐지주유한회사이고 잘츠부르크에 본사가 있다. 이 회사는 폭스바겐의 총대리점으로서 승용

[•] 페르디난트 피에히는 2019년 8월에 사망했다. - 옮긴이

사진 II-52 ― 볼프강 포르쉐와 페르디난트 피에히

차와 상용차를 오스트리아, 동유럽, 남유럽 등지에 수출하는 판매 독점권을 가지고 있다. 2014년 이 회사는 약 60만 대의 폭스바겐 승용차와 상용차를 판매하는 회사로 성장했다. 현재 종업원 수는 약 3만 2,000명으로 유럽 최대의 자동차 판매대리점이다.

유언에 따라 포르쉐와 포르쉐유한회사의 재산은 페리와 루이제가 50:50의 균등분할로 승계했다. 재산분할 비율이 보여주는 바와 같이, 포르쉐는 누나인 루이제와 동생인 페리가 균등 의결권에 따른 합의제를 통해 각각의 회사를 공동 경영하는 것으로 규정되어 있다. 또한 중요한 문제에 관해서는 표결을 하기로 정해져 있다. 따라서 양 가문의 협의와 합의가 없다면 회사 경영의 의사결정은 불가능해진다. 즉 창업자 포르쉐는 지배적 의결권을 보유하는 가족이 충분한 협의를 거치지 않고 힘으로 의사결정을 하길 바라지 않았던 것이다. 그는 동일한 의결권 비율을 가지는 가족이 상호 신뢰를 바탕으로 충분한 협의를 거쳐 합의를 이루길 바랐다고 추정된다.

실제로 페리는 자서전에서 누나인 루이제와는 높은 신뢰 관계로 맺어져 있다고 밝혔다. 부친 포르쉐는 이를 가족의 일상적인 생활을 지켜보면서 알고 있었기 때문에 이런 인식에 바탕을 두고 균등분할과 그에 따른 합의 형성 방식을 정해놓았을 것이다.

포르쉐 사망 후에는 페리가 포르쉐 경영을 맡고, 루이제가 잘츠부르크의 총대리점 경영을 담당하는 것으로 합의했다. 페리는 누나와의 상호 신뢰를 바탕으로 계약서 없이 구두로 결정했다고 자서전에서 술회했다. 상기의 균등분할과 합의제에 따른 의사결정 방식은 페리와 루이제, 그리고 각 4명의 3세대 자식 등 총 10명에게 적용되어 각자가 10%의 의결권을 상속했다. 다시 말해 양 가문에서 각각 50%의 의결권을 가지고 있는 것이다. 의결권 소유자는 발언권과 제안권을 행사하는데, 이것이 훗날 양쪽 가문 간 불화와 분쟁의 큰 요인이 됐다.

가족·기업의 지배구조

그림 II-20에서 보여주는 것처럼 포르쉐와 피에히 양 가문으로 구성되는 가족주주총회가 상장기업 포르쉐자동차지주(포르쉐SE) 총 발행주식의 의결권 있는 보통주 50%를 소유한다. 그리고 나머지

표 II-1 ─ 포르쉐가와 피에히가

초대 페르디난트 포르쉐(1875~1951)	
포르쉐 가문	피에히 가문
2세대	
페리 포르쉐(1909~1998)	루이제 피에히(1904~1999)
3세대	
알렉산더(1935~2012)	에른스트(1929~)
게르하르트(1938~)	루이제(1932~2006)
페터(1940~)	페르디난트(1937~)
볼프강(1943~) 대표	한스 미헬(1942~) 대표

※ 출처: Fürweger, 2011, p. 207

그림 II-20 ─ 포르쉐의 지배구조(2012년 8월까지)

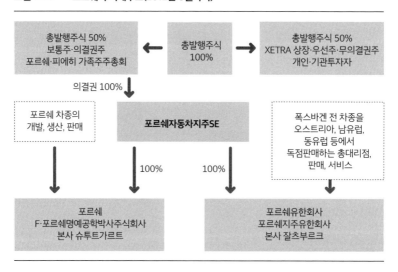

50%는 의결권 없는 우선주로, 시장의 일반 투자가나 기관투자가가 소유한다. 따라서 포르쉐·피에히 가족이 포르쉐SE를 의결권으로 완전지배하고 있다.

그림 II-21 — 포르쉐자동차지주SE

1. 페르디난트 피에히	14%
2. 한스 미헬 피에히	14%
	28%
3. 포르쉐 닥사 피에히가족지주유한회사	27%
4. 포르쉐유한회사	9%
5. 포르쉐가족지주유한회사	26%
	62%
6. 카타르지주유한회사	10%*
합계	100%

* 2013년 6월 17일 카타르지주유한회사는 보유 지분 10%를 가족에게 매각한다고 발표함
※ 출처: 독일연방금융감독청

    포르쉐·피에히 양 가문의 최고 의사결정기구는 가족주주 간의 주주 계약에 바탕을 둔 가족주주총회다. 그 의사결정 사항은 SE(유럽주식회사) 형태로 설립된 포르쉐SE를 통해서 포르쉐와 포르쉐유한회사가 수행하고, 그 성과는 가족주주총회가 평가하고 감독한다. 일반 주주가 가지는 우선주에는 의결권이 없으므로 포르쉐SE에 대한 지배력은 없다. 가족주주총회 의결권이 양 가문 내에서 어떻게 보유되는지는 공개되지 않았다.

    그런데 독일연방금융감독청의 자료에 따르면, 실제로는 포르쉐 가문이 의결권에서 과반수를 가지고 있다(그림 II-21). 그 원인은 피에히 가문 중 1명이 임의로 자기 보유 주식을 가족 이외의 제삼자에게 매각했고, 이것을 포르쉐 가문에서 사들였기 때문이다. 포르쉐SE 설립 당시의 소유구조는 양 가문이 50:50이었지만 지금은

포르쉐 가문의 합계 지분율이 피에히 가문의 지분율보다 높은 것으로 추정된다.

그러나 피에히 가문의 실질적인 가장 페르디난트 피에히는 의결권을 근거로 의사를 결정하는 사람이 아니다. 폭스바겐에서 20% 이상의 의결권을 가지고 있는 니더작센주를 제쳐두고 페르디난트가 자기 아내를 이사회에 선임하는 등 마음대로 의사를 관철해왔다는 사실을 보더라도 분명하다. 뒤에서 자세히 다루겠지만, 포르쉐는 폭스바겐 인수에 실패하고 오히려 역으로 인수당해 2012년 8월 이후 포르쉐유한회사와 함께 법적 독립성을 상실하고 폭스바겐의 완전자회사가 됐다. 또한 포르쉐SE가 폭스바겐의 의결권 있는 보통주의 과반수인 50.7%를 보유함으로써 이 회사에 대한 페르디난트 피에히 이사회 의장의 권력은 더욱 강화됐다. 마찬가지로 양 가문의 가족주주총회에서도 페르디난트의 영향력은 강화됐으리라고 추측된다.

양 가문의 분쟁 배경

창업자 포르쉐 사후 1950년대에서 1960년대에 걸쳐 포르쉐는 2세대인 페리의 경영하에 폭스바겐과 기술적·업무적으로 제휴하면서 발전을 지속했다. 마찬가지로 폭스바겐도 비틀을 통해 세계적인 성공을 거두어나갔다. 그런데 1960년대 초 포르쉐 가문과 피에히 가문 사이의 불화가 표면화되는 사태가 발생했다. 이 일은 양 가문뿐만 아니라 포르쉐와 폭스바겐 사이의 관계에도 어두운 그림자를 드리웠다.

포르쉐SE 이사회 의장인 볼프강 포르쉐와 폭스바겐 이사회 의장(2015년 4월 퇴임)인 페르디난트 피에히는 조부인 초대 포르쉐의 손자이며 사촌 간이다. 그러나 양자 및 양 가문 사이에는 오랫동안 감정적 대립이 존재해왔으며 현재도 마찬가지다. 이것이 폭스바겐이 포르쉐를 인수하게 된 주요 배경이다. 오늘에 이르기까지 양 가문 3세대인 사촌 동기 간의 기질은 물과 기름처럼 달라서 개인적으로도, 가문 대표자로서도 분쟁에 휘말릴 수밖에 없었다.

대립의 발단은 911형 스포츠카의 개발 작업에서 3세대의 내부 대립과 페리의 지위 승계를 둘러싼 권력투쟁이었다. 1960년대 초반 356형의 후속 차종으로서 포르쉐, 피에히 양 가문의 3세대에게 처음으로 신차종을 설계할 기회가 주어졌다. 그것이 신차종 911이다. 이 개발팀은 포르쉐의 장남이며 2세대인 페리가 총괄하고, 포르쉐 가문의 3세대 2명, 피에히 가문 2명 등 4명, 합계 5명으로 구성됐다. 페리는 개발의 기본 구상을 '누가 보더라도 포르쉐라고 확실히 식별할 수 있는 차의 외형'으로 결정했다. 개발팀 중 포르쉐 가문에서는 맏형 알렉산더Ferdinand Alexander Porsche가 차체디자인을 맡고 페터는 생산을 맡았다. 그리고 피에히 가문에서는 취리히공과대학교를 갓 졸업한 페르디난트가 엔진 설계·개발의 책임을 맡았다.

다음이 상황을 요약한 것이다. 당시 개발팀 구성원을 밑줄로 표시하고 1963년 기준 나이를 밝혔다.

■ **2세대**
페리 포르쉐(53세) 개발총괄, 슈투트가르트 포르쉐 소유경영자
루이제 피에히(58세) 잘츠부르크 총대리점 소유경영자

■ **3세대**
• **포르쉐 가문**
알렉산더(27세) 포르쉐 차체디자인부장
게르하르트(24세) 목장 경영
페터(22세) 포르쉐 생산부장
볼프강(19세) 빈대학교 재학 중
• **피에히 가문**
에른스트(33세) 포르쉐유한회사 공동출자자
루이제 닥사(30세) 무직
페르디난트(25세) 포르쉐 개발부장
미헬(20세) 법학 전공 후 입사

페르디난트는 창업자의 전통에 충실하게 배기량 2,000cc, 공랭 수평대향 엔진, 종래의 4기통을 6기통으로 강화한 엔진을 개발했다. 이 엔진은 나중에 배기량 3.8리터까지 강화됐지만 그 외의 특징은 1998년까지 거의 바뀌지 않고 생산됐다.

분쟁의 표면화

양 가문의 대립은 피에히 가문의 페르디난트와 포르쉐 가문의 생산 담당자 페터 사이에서 가장 먼저 발생했다. 원인은 엔진 피스톤 내 가솔린 혼합기체의 점화를 제어하는 캠샤프트를 둘러싸고 기술적 측면에서 의견이 대립한 것이었다. 엔진의 시험제작은 이미 완료되어 양산 개시를 기다리고 있었다. 그럼에도 페터가 이에 이의를 제기했다. 페르디난트는 대학교 졸업시험 때 배기량 1.5리터, 6기통의 F1용 엔진을 대응 크랭크축을 계산해서 설계했다. 그 결과는 지도교수가 포르쉐의 기술자가 도와준 것이냐고 물어볼 정도로 놀라웠다. 페르디난트는 포르쉐에 그런 기술자는 없다고 대답했다고 자서전에 썼다.

분쟁은 포르쉐 가문 내부에서도 생겼다. 페리의 후계자를 둘러싸고 맏형 알렉산더와 동생 페터가 충돌했다. 페르디난트에 따르면, 페리의 후계자로는 911 차체를 설계한 알렉산더가 최적이었지만 추진력은 다섯 살 아래의 페터가 나았다.

그러나 객관적으로 볼 때 페리의 후계자로는 페르디난트가 최고 적격자였다. 그는 포르쉐와 피에히 양쪽 가문 중에서 자신이 유일한 기계공학 학위 보유자라는 점에 자부심을 가지고 있었다. 또한 자동차 기술은 물론 능력 면에서도 3세대 중 가장 뛰어나다고 주위에서 인정도 받고 있었다. 그에 대해 떠도는 '캄캄한 데서 차를 분해하고 수리해서 조립할 수 있는 유일한 경영자'라는 전설이 이를 잘 말해준다.

가문 이름과 정통성

양 가문이 불화하는 근본적 원인 중 하나가 포르쉐라는 가문 이름이다. 창업자의 장남인 페리 포르쉐는 네 자녀를 두었는데, 이 3세대는 자신들을 포르쉐의 '가명家名 승계자Namensträger'라고 하면서 직계로서의 정통성에 자긍심을 가졌다. 반면 피에히 가문 3세대를 낮추어 보면서 '비가명 승계자Nicht-Namensträger' 식으로 불렀다고 한다. 또한 피에히 가족을 본가에 대한 '반대 가족Gegenfamilie'으로 보기도 했다. 〈슈피겔〉은 이런 알력이 양 가문을 넘어서 폭스바겐과 포르쉐의 종업원 그리고 각각이 속해 있는 주州들의 관계에까지 전염됐다고 보도했다.

그렇다면 페르디난트 피에히 자신은 포르쉐라는 가문 이름을 이어받지 못한 것을 어떻게 느끼고 있었을까? 훗날 그의 사장 시대에 부사장이었던 게데벨트는 "페르디난트가 피에히라는 성에 자부심을 가지지 않았다고는 할 수 없지만"이라고 하면서도 "그에게 한 가지 바라는 게 뭐냐고 물으면 아마도 '할아버지 포르쉐의 천재적 재능을 상징하는 포르쉐라는 성을 물려받았다면 좋았을 것'이라고 대답하지 않았을까?"라고 말했다.

그는 포르쉐라는 성을 계승하지 못했으므로 페리의 후계자 자격이 없었고, 경쟁도 해볼 수가 없었다. 따라서 당연히 이 차별을 불쾌하게 느꼈다. 그는 어릴 적부터 비슷한 나이의 알렉산더 등과 사이가 좋았다. 또 창업자 포르쉐의 오른팔로서 현장에서 차근차근 밟아 올라간 기술자인 페리와도 서로 잘 이해하고 있었다. 그러나 나머지 사촌과는 사이가 좋지 않았고, 특히 페터와의 관계는 최악이었다. 페르디난트는 1968년 레이스카 917을 설계·개발하여 포르쉐의 명성을 높이는 데 크게 기여했음에도 사촌들로부터는 '예산 대폭 초과', '엉터리차'라는 험담을 들었다고 자서전에 썼다.

양 가문 3세대의 성격

신사 볼프강

포르쉐 가문의 대표인 볼프강은 페르디난트와는 대조적으로 나머지 3명의 형제와 같이 낙제나 성적 평가, 교과서도 없이 자유롭고 독특한 교육 방침으로 유명한 12년제 슈타이너학교에서 교육을 받았다. 이 학교는 아동의 자유와 자주성을 존중하여 예술, 문화, 일반교양 중심의 교육을 했다. 1963년 빈의 상경대학교에서 상학사를, 1973년에는 상학박사 학위를 취득했다. 명예박사가 아니라 자력으로 박사 학위를 취득한 이는 2세대, 3세대를 통틀어 볼프강 혼자다. 또한 그는 수렵에 취미를 가지는 등 인생을 즐기는 사람이다. 온유하고 성격 좋은 인물로 협조적이며, 회의에서 긴장되는 상황에 농담으로 분위기를 부드럽게 하는 재능이 있다고 한다.

양 가문 가족 간에 의견이 대립할 때, 표결을 하면 의결권이 많은 포르쉐가 당연히 유리한데도 페르디난트가 강력히 주장해 표결 이전에 타협으로 결정하는 경우가 많았다고 한다. 이 때문에 '포르쉐가에는 가문 이름Namen이 있지만 피에히 가문에는 결정력Sagen이 있다'라는 말도 생겨났다.

들판의 무사 페르디난트 피에히

페르디난트는 자서전에서 초등학교 2학년 때 낙제한 원인이 읽고 쓰는 데 심리적 언어장애가 있었기 때문일 거라고 말한 적이 있다. 자기 자식에게도 그런 경향이 나타나는 걸 보면 맞는 것 같다고 인정하기도 했다. 오늘날에도 그는 3개의 문장을 연속해서 말하기를 어려워해서 그의 발언은 대체로 짧다.

모친 루이제는 그가 싫어하든 말든 그를 스위스 생모리츠 산속에 있는 기숙학교에 넣었다. 엄격한 심신단련을 목적으로 하는 이 초·중등교육 사립학교는 철저한 성격 형성을 중시했다. 폐문 시간을 엄격히 정해두고 있었고, 기숙사 밖에서 돈 쓰는 법 등까지 비밀리에 감시했으며 위반자는 가차 없이 퇴학시켰다. 페르디난트는 규칙에 순순히 따르는 남자가 아니었다. 폐문 시간을 넘겨서도 들키지 않고 기숙사에 잠입하는 방법 등으로 적응했다.

자서전에 구체적으로 쓰진 않았지만, 그는 기숙학교에서 급우들에게 괴롭힘을 당했다. 부모의 보호 없이 자기만의 힘으로 경쟁적 인간관계와 생활 환경에 적응할 수밖에 없었던 기숙학교 경험이 그에게 '타인에 대한 극단적인 불신감'을 심어주었다고 한다. 그 결과 "모든 면에서 자신만을 믿게 됐다"라고 썼다. 이것이 페르디난트의 강렬한 자의식, 개성, 노력과 의사관철 능력, 때때로 비상식적이라고도 할 수 있는 태도와 행동을 강화했을 것으로 보인다.

그의 자유분방한 성격은 대학 시절인 스물두 살 때 여자친구가 임신해서 결혼했다는 점에서도 잘 알 수 있다. 그 후 이혼과 재혼을 반복해서 모두 4명의 부인과의 사이에 12명의 아이를 두었다. 부인들 중 2명은 포르쉐 가문이었는데 두 번 다 이혼으로 끝났다. 이 일들로 포르쉐 가문 사람들은 큰 상처를 받았다고 한다.

페르디난트는 취리히공과대학교에서 가정을 꾸리고 살아가면서 자기만의 공부 방법으로 최단기간인 4년 만에 졸업했다. 스무살 때부터 받을 수 있었던 조부의 유산이 없었다면 일찍이 경제적으로 파멸했을 거라고 자서전에 썼다.

전문 분야와 실적

볼프강 포르쉐는 대학 졸업 후 일본 야마하 오토바이의 오스트리아 총대리점을 경영했고, 후에 다임러벤츠에 입사하여 영업과 관계회사 관리에 종사했다. 1978년에 포르쉐의 이사회 이사로 취임했고, 1981년 이후 2015년 현재까지 포르쉐 가문의 대표를 맡고 있다. 2007년 이후 포르쉐의 이사회 의장이 되어, 같은 해 이 회사를 SE(유럽지주회사)로 개편함과 동시에 이사회 의장에 취임했다. 같은 해 11월에 폭스바겐 인수에 실패하고 오히려 역인수당한 후에는 폭스바겐의 이사회 이사와 포르쉐SE의 이사회 의장을 겸임했다.

페르디난트 피에히는 대학 졸업 후 1963년에 포르쉐에 입사하여 1971년까지 재직했다. 그가 자동차 설계 기술자로서 처음으로 독일 업계에서 인정받는 계기가 된 것이 레이스카 917의 설계와 제작이었다. 엔진은 공학학사 시험 주제였던 F1 엔진 설계 경험을 바탕으로 수평대향 6기통 엔진 2개를 결합하여 12기통 엔진으로 했다. 이 엔진을 탑재한 포르쉐 917이 1969년 처음으로 르망 24시간 내구 레이스에서 우승했다. 주행거리 4,607킬로미터, 평균 시속 192킬로미터, 직선에서 시속은 384킬로미터였다. 다음 해 1970년에는 두 번째 우승을 거두었다. 이것으로 그는 뛰어난 자동차 설계 기술자라는 명성을 확립했다. 동시에 포르쉐 역시 원하기만 하면 어떤 고도의 기술력도 발휘할 수 있는 회사라는 평가를 얻게 됐다고 자서전에서 얘기했다.

페르디난트에게 이 레이스카를 개발·제작하는 일은 기술자로서 자신의 생명뿐만 아니라 포르쉐의 운명을 건 첫 무대였다. 당시 레이스에 참여하려면 25대의 동일한 차량을 제작해야 했는데, 그 비용은 소규모 기업인 포르쉐로서는 커다란 부담이었다. 그럼에도 페르디난트는 비용을 생각지 않고 성능, 속도, 공기역학, 배기량 등 모든 면에서 한계에 도전했고 917을 처음에는 500마력, 나중에는 1,000마력까지 강화했다. 이 때문에 속도가 어느 수준을 넘어서면 차체가 뜨는 경향이 생겨서 레이서들은 위험해서 조종할 수 없다고 했는데, 나중에 개선됐다.

자서전에서 그는 917 차종 개발을 자기 일생에서 최대의 리스크를 건 모험이었다고 얘기했다. 그가 말하는 리스크는 경제적 리스크는 물론 기술적 리스크이기도 하다. 엔진 자체는 이미 시운전을 마쳤지만 엔진과 크랭크축, 기타와의 접합 방법은 완전히 새로 설계해야 했다. 그런데 르망 출전 일정에 맞추려면 시운전을 해볼 시간적 여유가 없었고, 그래서 도면상에서 바로 완성차가 제작됐다. 자서전에서 그는 지금이라면 도저히 그런 무모한 리스크를 짊어질 용기는 없다고, 917 개발과 제작 경험은 '유익하지만 무모함의 극치'였다고 썼다.

해결책과 실패

이상의 모든 요인에 따라 3세대 내부와 양 가문 간의 질투와 반목,

분쟁이 발생했다. 그 긴장감은 2세대인 페리와 루이제에게까지 파급되어 양 가문은 대혼란에 빠졌다. 이 상황을 개선하기 위해 페리는 빈에서 집단역학 전문가를 초빙하여 관계자 화해를 위한 연수를 실시했다. 결과는 완전한 실패였고, 양 가문의 인간관계는 한층 더 악화됐다.

이것은 '가장 불쾌한 경험'이었다고 페르디난트는 말한다. 이 상황을 수습하기 위해 페리와 루이제는 동일한 경영자 직위에 포르쉐 가문 가족과 피에히 가문 가족을 2인 1조로 임명하기로 했다. 페르디난트는 어릴 적부터 잘 아는 알렉산더와 같은 조를 했으면 하고 그 뜻을 페리에게 전했다. 그런데 페터가 "페르디난트만 아니라면 누구라도 관계없다"라고 선언하는 바람에 양자 관계는 더욱 악화되고 말았다.

페리와 루이제는 상황을 재검토한 후, 3세대 3명을 현직에서 전원 퇴임시키고 가족이 아닌 관리자를 기용하기로 했다. 그리하여 디자이너인 알렉산더는 자신의 디자인 스튜디오를 설립했고 페터는 마흔한 살에 연금 생활자가 됐다. 페르디난트는 다임러벤츠의 권유를 받아 그 회사로 옮겼다. 처음으로 소유와 경영이 분리됐고, 그 상태는 지금까지도 계속되고 있다.

:: 포르쉐와 폭스바겐의 관계

라이선스 계약

앞의 그림 II-19에서 본 것처럼 양사 간에는 제2차 세계대전 후 경제적 관계와 기술적 관계가 유지되어왔다. 경제적 관계는 라이선스 계약에 따른 협력 관계다. 폭스바겐 공장은 종전 직후부터 비틀 생산을 시작했다. 하지만 라이선스 비용이 포르쉐에 지급되지 않았는데, 이는 위법이었다. 왜냐하면 1934년에 포르쉐와 독일자동차공업연맹RDA 사이에 '독일 폭스바겐 생산에 관한 각서'가 있고, 그 각서에는 '이 자동차가 양산되는 경우에는 포르쉐의 특허를 사용하는 대가로 1대당 라이선스료를 받기로 한다'라고 되어 있기 때문이다. 페리의 회상에 따르면, 초대 사장 하인리히 노르트호프 Heinrich Nordhoff(1948~1968 재직)와의 면담에서 폭스바겐은 비틀의 개량과 기타 기술지원에 대한 대가를 포르쉐에 지급하기로 합의했다.

부품 공급과 공동 개발

포르쉐는 폭스바겐에서 부품과 소재를 공급받았기 때문에 소규모 인원과 최소한의 설비투자로 효율적 경영과 고수익을 실현할 수 있었다. 이 점은 특히 2000년 초반에 있었던 SUV 카이엔과 폭스바겐의 동종 모델 투아렉의 공동 개발 사례에서 잘 알 수 있다. 투아렉은 폭스바겐이 포르쉐에 설계를 의뢰한 차종으로 포르쉐는 이 차종에 마력이 보다 큰 엔진을 탑재해서 설계하고 생산·판매하는 것을 허락받았다.

이 두 차종에 폭스바겐의 자회사 아우디의 Q7 차종을 합해 3사가 차체를 공유하고, 생산은 폭스바겐의 슬로바키아 브라티슬라바(구독일의 프레슬라우) 공장에서 집중적으로 담당했다. 그리고 카이엔의 최종 조립은 포르쉐의 라이프치히 공장이 맡았다. 카이엔과 투아렉의 엔진, 내장, 외장은 포르쉐와 폭스바겐이 각각 독자 개발하지만 차체, 서스펜션, 스티어링, 구동, 제동 등은 양사 공통으로 했다. 또한 양 차종의 최종 조립을 포르쉐의 라이프치히 공장에 집중시킴으로써 제조원가를 절감했다. 이로써 카이엔의 판매 가격을 5만 유로까지 낮출 수 있었다.

:: 경영파탄에서 고실적으로(1992~1996): 일본식 생산방식 도입

1992년 포르쉐는 파탄에 직면했다. 너무 많은 차종과 차종별로 너무 다양한 사양이 존재한다는 점이 원인이었다. 스포츠카는 공랭식과 수냉식 엔진, 엔진은 전방 배치와 후방 배치, 기통수는 4기통·6기통·8기통 등 여러 종류의 사양 탓에 비용이 증가했고, 차종 간 공통 부품도 적었다. 그 결과 개발비용과 생산원가가 상승했다. 1980년대 중반에는 연간 판매 대수가 5만 3,000대였지만 1988~1989년에는 2만 9,000대로 떨어졌다. 이 시기에 최대 시장인 미국에서의 판매 대수는 2만 8,000대에서 7,850대로 격감했다. 1992년의 적자는 1억 2,200만 유로에 달했고 포르쉐는 적자를 줄이기 위해서 다임러벤츠의 스포츠카 500E의 하청 생산까지도 했다.

1991년 가을에는 외국 자동차 기업의 M&A 대상이 되어 혼다가 40억 마르크, 토요타가 150억 마르크의 인수 가격을 제안했다는 소문이 있었다. 또 메르세데스의 베르너 니퍼Werner Niefer 사장도 인수자금 준비금을 재무상태표에 계상했다고 발표하면서 폭스바겐 인수 의향을 밝혔다. 그 외 피아트 등 당시 세계 대형 자동차 기업은 거의 전부가 포르쉐 인수에 관심을 보였고, 포드의 당시 CEO 자크 나세르Jacques Nasser도 인수 의사를 보였다고 한다. 이에 대해 페리는 "우리 회사에 포르쉐 이름을 붙인 것은 장래에 매각하기 위해서가 아니다"라고 거절했다.

벤델린 비데킹Wendelin Wiedeking 사장은 포르쉐의 생산방식에 구태의연한 수작업이 많다는 점을 의식하고 있었다. 이에 비해 일본 자동차 기업의 린Lean 생산방식이 미국과 유럽에서 높게 평가받고 있었다. 그는 1983년 8월 사장으로 승진함과 동시에 일본의 토요타와 혼다를 방문하기로 했다. 두 회사에 경계심을 주지 않기 위해서 그는 포르쉐가 소규모의 '스포츠카 영세기업'이라고 강조했다. 이것이 먹혀들어 기술자와 마이스터들이 토요타를 방문할 수 있었고, 정중한 응대를 받았다고 한다. 그 후 15명의 토요타 관리자가 포르쉐를 방문하여 공장의 전체 생산공정을 시찰했다. 그때부터 포르쉐 공장에서는 일본어 '가이센改善', '간반看板' 등의 단어가 사용되고 실천됐다.

비데킹은 아헨공과대학교 공학박사 출신이라고는 생각하기 어려울 정도로 열렬하게 일본식 생산방식을 도입했다. 토요타의 '저스트 인 타임Just in Time'을 철저히 구현하기 위해 작업장의 부품 선반을 작업자들이 보는 앞에서 부숴버리고, 자존심이 강한 직공이 저항하면서 지시에 따르지 않을 때는 거친 언어로 야단쳤다. 우연히 이 광경을 본 페르디난트마저도 그 기세에 압도됐다고 한다.

그런 노력의 결과 2003년경에는 일본식 생산방식을 완전히 체득했고, 그 사상과 방식은 포르쉐의 일상적 업무에 기본적 요소로 정착됐다. 포르쉐는 이 노하우를 별도 회사를 통해 판매하기로 했다.

:: 30억 유로의 보유현금과 비데킹의 자만심

이렇게 해서 비데킹은 1990년대의 경영부진을 떨쳐냈다. 2000년 이후 생산방식이 개선되고 911형의 진화 모델이 등장한 데 이어 신차종인 카이엔, 박스터, 카이맨의 판매도 호조를 보였다. 유럽에서는 미국보다 SUV 보급이 늦어서 SUV를 원하는 경우 랜드로버를 살 수밖에 없었는데, 신차종 카이엔은 이런 욕구를 충족시켜 주었다. 더구나 5만 유로라는 가장 저가의 포르쉐 차종이어서 입문용으로 포르쉐 차를 사본 적이 없는 사람들에게도 인기를 얻어 생산 첫해에 4만 대가 판매됐다.

실적은 급상승하여 보유현금이 30억 유로에 달했고, 포르쉐가의 자산도 대폭 증가했다. 포르쉐 가문은 비데킹에게 포르쉐 세전이익의 0.87%를 상여로 지급하기로 했다. 이에 따라 2007년 그의 보수는 6,000만 유로(약 1,000억 원), 다음 해인 2008년에는 7,700만 유로(약 1,200억 원)로 유럽 경영자보수 최고액에 달했다. 그는 업계와 대중매체에서 시대의 기린아로 인기를 모았다.

이 성공에 자신감을 얻은 비데킹은 점차 자신을 과대평가하게 됐다. 〈슈피겔〉에 따르면, 그는 회사에 관한 얘기를 할 때도 일인칭인 '나'를 쓰는 경우가 많았고 고용사장이 아닌 기업가로서 행세했다. 그가 하는 말은 족족 대중매체서 보도됐고, 여기에 편승해서 그는 책도 출판했다. 그는 배포가 점점 더 커졌다.

포르쉐는 당시 독일 증권거래소 중견 기업 50사로 구성된 주가지수 MDAX의 편입 기업으로서 의무적으로 분기보고서를 제출해야 했다. 그러나 2004년 11월 비데킹은 "이런 보고서는 경영자가 장기적 전략을 추구하는 데 방해가 된다"라면서 유럽 최대의 런던 증권거래소에서는 분기보고서 제출이 의무화되어 있지 않다는 이유로 제출을 거부했다. 이 때문에 포르쉐는 상장이 폐지되고 말았다.

또 다음 해에는 경영이사 개별보수의 공시 의무가 예정됐는데. 이에 대해서도 "경영이사회에 사회주의를 도입하는 것"이라며 반대성명을 발표했다.

한편 폭스바겐은 경영이 취약해졌다. 2000년 전후의 폭스바겐은 고비용과 금속노조의 영향력 등으로 주가가 40유로를 밑도는 등 경영 상황이 악화됐다. 그래서 국내외 자동차 기업들이 이 회사의 인수나 출자에 관심을 보이기 시작했다. 2000년 미국 포드의 CEO 나세르가 당시 슈뢰더 독일 총리에게 이 회사에 출자할 수 있을지 타진해봤는데 슈뢰더가 거부했다. 당시 사장이었던 페르디난트 피에히는 포르쉐에서 투자를 유치하는 방안을 고려했지만, 포르쉐는 고수익을 안겨줄 자회사인 아우디밖에 안중에 없었기 때문에 성사되지 않았다. 다음으로 폭스바겐에 관심을 보인 기업이 다임러였는데, 다임러의 상호출자 제안을 페르디난트가 거절했다.

2005년에는 페터 하르츠_{Peter Hartz}* 폭스바겐 노무담당이사와 클라우스 폴카트_{Klaus Volkert} 폭스바겐 유럽 콘체른사업장소위원회 위원장이 배임 사건으로 체포되는 사고가 발생했다. 포르쉐로서는 폭스바겐을 인수할 기회가 무르익은 것처럼 보였다.

:: 폭스바겐 인수에 도전하다

양 가문 간의 불화가 2005년 포르쉐가 적대적 성격의 폭스바겐 인수 작업을 개시하게 한 요인이었다는 분석도 있는데, 부정하긴 어렵다. 포르쉐 가문 볼프강을 필두로 양 가문의 사촌 간 대결이 시작됐다. 폭스바겐 인수기획자는 비데킹 사장과 홀가 해터_{Holger P. Härter} 재무담당임원이었고, 그 목적은 다음과 같았다.

폭스바겐 자금으로 개발비용 확보

비데킹은 폭스바겐과의 협력 관계를 확실히 하는 것이 포르쉐의 존속과 지속 가능성에 필수적인 조건이라고 봤다. 폭스바겐이 타사에 인수되거나 폭스바겐의 새로운 사장이 포르쉐와 경쟁하는 폭스바겐의 고급차 자회사인 벤틀리_{Bentley}, 부가티_{Bugatti}, 람보르

● 하르츠에 관하여는 제9장 폭스바겐에 자세히 언급되어 있다. - 옮긴이

기니Lamborghini를 강화하여 포르쉐와의 협력 관계를 끝낼 가능성은 없을까? 이런 위협이 폭스바겐 인수를 기획한 첫째 이유였다.

비데킹은 포르쉐의 규모로는 언젠가 스포츠카 세계 1위의 지위를 유지하기 위한 연구개발비를 조달하기 어려워질 수도 있다고 걱정하고 있었다. 이런 인식은 이미 1960년대에 사내에서도 공유되어 있었고, 그런 일이 생긴다면 이미 제휴 관계인 폭스바겐과 통합하는 것이 바람직하다는 의견이 있었다. 포르쉐와 폭스바겐은 법적으로는 독립된 기업이지만 경제적으로는 긴밀한 협력 관계에 있었다. 그러나 그 관계는 완전한 동격이 아니라 포르쉐가 폭스바겐에 보다 많이 의존하는 관계였다.

1만 2,000명 정도의 직원을 둔 포르쉐는 자동차 기업으로는 세계 최소에 가까운 규모인데, 폭스바겐에서 연구개발 관련 협력과 부품 및 소재를 공급받기 때문에 소규모 인원과 최소한의 설비투자로도 고수익을 낼 수 있었다. 폭스바겐에 더는 의존하지 않으려면 폭스바겐을 인수하여 포르쉐에 통합하는 것이 가장 확실한 방법이었다. 이는 오래된 양 가문의 대립에도 종지부를 찍는 방법이 될 것이다. 그러나 갑작스럽게 인수 시도를 하면 폭스바겐도 저항할 것이기 때문에 일단 인수 의도를 숨기고 소수 주주로 자본참여만 하기로 했다.

한편 페르디난트도 포르쉐와 폭스바겐의 통합을 기본적 과제로 생각하고 있었다. 폭스바겐으로서도 포르쉐에 부품, 소재를 판매하는 건 수입원으로서 가볍게 볼 수 없었다. 그 이상으로 중요한 동기는 포르쉐의 설계 능력이었다. 즉 폭스바겐과 포르쉐는 중요 기능이 상호보완적인 관계였다. 그 전형적인 사례가 SUV 카이엔의 공동 개발과 생산이었다. 다만 경영통합은 어디까지나 피에히 가문 그리고 페르디난트 피에히 자신이 주도하여 회사 경영의 최종 책임을 지는 형태여야 한다고 생각하고 있었다. 그는 한 인터뷰에서 피에히 주도의 통합이 이뤄져야 하는 근거가 "연간 생산대수가 불과 10만 대인 포르쉐는 존속 가능성이 전무"하기 때문이라고 밝혔다. 그러면서 "비데킹이 실현하고자 하는 양사 통합에는 전적으로 찬성하지만 누가 누구를 통합하느냐가 문제이며, 이런 점에서 생각이 다르다"라고 인수 의향을 공공연히 밝혔다.

두 번째 이유는 자동차 기업의 최고경영자는 자동차 기술자여야 한다는 것이 페르디난트의 신조였기 때문이다. 즉 문과 출신인 볼프강이 나설 무대는 아니라는 것이다. 세 번째로 페르디난트는 포르쉐에서는 쓰라린 기억이 있지만 대조적으로 폭스바겐에는 애착을 가지고 있었다. 한 인터뷰에서 그는 "나는 폭스바겐에서 뿌리를 내리려 한다"라며, "9년간 포르쉐에 있었지만 한 몸이 됐던 적은 한 번도 없다"라고 이야기하기도 했다.

그러나 피에히 주도로 포르쉐를 대중차 기업인 폭스바겐으로 통합하는 것은 911형 같은 세계적 고급 브랜드를 가진 자부심 높은 포르쉐 가문으로서는 도저히 받아들일 수 없었다. 게다가 양 가문의 오랜 대립 관계도 장애물이었다. 포르쉐 가문도 자기 주도에 따른 폭스바겐 인수에 의욕적이었다.

볼프강과 비데킹은 폭스바겐의 경영에 대해서도 비슷하게 비판적인 생각을 하고 있었다. 즉 폭스바겐의 차종에는 벤틀리, 부가티, 람보르기니 등 고급차가 많지만 이런 차들은 이익률이 낮기 때문에 생산을 중단해야 한다고 봤다. 두 번째로 폭스바겐의 사업장위원회에서 종업원의 영향력이 너무 크다고 판단하고 있었다. 이것은 하르츠 노무담당이사조차 조합원 수 226만 명에 달하는 독일 최대의 산별노조인 금속노조의 조합원이라는 점을 보더라도 명백했다.

주식 취득 개시

이런 이유로 포르쉐에서 폭스바겐에 대한 출자가 급속하게 현실화됐다. 2005년 9월 19일 페르디난트 피에히 이사회 의장은 폭스바겐 지분 약 20%를 취득하는 출자 건을 이사회에 상정하여 승인받았다. 이는 종래의 기술적 협력 관계를 확보하기에 충분한 수치였다. 폭스바겐 사업장위원회 베른트 오스텔로Bernd Osterloh 의장은 "훌륭한 발상"이라고 했고, 금속노조 니더작센주 대표도 "헤지펀드보다는 유리하다"라고 평가했다. 이로써 '독일 경제사에서 가자 대담한 인수 계획'이 시작됐다. 한편으로는 볼프강과 그의 복심 비데킹 사장, 해터 재무담당임원이 진짜 목적인 75% 지분 취득을 비밀리에 기획하고 있었다. 이를 외부에 절대 발설하지 않았는데, 왜냐하면 페르디난트가 반대할 것이 분명했기 때문이다. 두 사람은 볼프강에게 폭스바겐을 인수하여 포르쉐 지배하에 둘 수 있다고 보고했다.

두 사람의 인수 계획 제1단계는 포르쉐가 보유하는 30억 유로의 현금, 은행 및 투자은행들과의 옵션계약과 차입금으로 폭스바겐 주식의 75% 이상을 옵션거래로 취득하는 것이었다. 제2단계는 그 지분율을 활용하여 폭스바겐과 지배계약 및 자금이전계약을 체결하고, 폭스바겐이 가지고 있는 130억 유로에 달하는 여유자금으로 이 차입금을 갚는 것이었다.

볼프강은 비데킹 사장이 포르쉐를 재건한 능력에 전폭적인 신뢰를 보내고 있었기에 이 방안에 동의했다. 포르쉐는 매출액으로 15배 크고 종업원 수로는 30배 큰 폭스바겐을 타깃으로 실질적인 적대적 인수를 감행하게 됐다.

목적이 실현되려면 다음과 같은 두 가지 조건이 충족되어야 했다.

① 최대주주인 니더작센주가 포르쉐의 폭스바겐 인수에 찬성할 것 또는 저지가능소수지분비율이 20%에서 25%로 변경될 것. 즉 80%가 아니고 75%의 의결권 취득으로 지배계약과 자금이전계약이 가능해질 것
② 포르쉐가 폭스바겐 주식의 75% 이상을 취득할 때까지 은행단이 옵션계약 및 융자를 계속할 것

폭스바겐법에 의한 제약

포르쉐에서 폭스바겐 인수가 기획되고 있던 2005년 시점에 폭스바겐법 제4조 제3항이라는 커다란 제약이 있었다. 이는 상기 ①에 관한 것으로 주주총회에서의 정관 변경, 증자 또는 감자 등 중요사항을 결정할 때는 출석주주에 의한 의결권의 최저 80% 찬성이 필요했다. 구체적으로 말하자면, 20%를 조금 넘는 지분을 가진 니더작센주가 찬성하지 않는 한 75%의 주식 취득은 의미가 없었다.

통상적인 기업에서는 주식법에 따라 75% 찬성이 필요하지만 정관에서 이를 더 높일 수가 있기 때문에(주식법 제179조 제2항), 폭스바겐법에 있는 80% 이상이라는 저지가능소수지분비율은 위법이 아니다. 이 경우 니더작센주의 지분은 거부권Vetorecht 또는 황금주Goldene Aktien로 해석될 수 있다. 그러나 EU위원회는 이것이 EC법에 따른 자본유통의 자유와 개업의 자유에 관한 규정을 위반하는 것으로 보고 독일연방정부에 대해 이를 포함한 3개 규정의 삭제

를 요구했다. 독일연방정부가 이에 반론을 제기하고 따르지 않았기 때문에 EU위원회는 2005년 3월에 독일연방정부를 유럽사법재판소에 제소했다. 이런 상황이어서 비데킹은 80% 조항도 폐지될 거라고 낙관적으로 본 것 같다. 이는 비데킹이 75%의 주식 취득을 인수 목적을 실현하는 데 핵심으로 삼았다는 점으로도 알 수 있다. 더욱이 비데킹은 폭스바겐의 이사회 의장인 페르디난트 피에히와 크리스티안 불프Christian Wulff● 니더작센주 총리 겸 폭스바겐 이사회 이사의 사이가 좋지 않아 불프가 포르쉐의 인수제안에 찬성할 거라고 예측했던 듯하다.

그러나 이 예상은 빗나갔다. 피에히가 불프를 설득해서 포르쉐의 인수에 반대함과 동시에 불프를 통해 메르켈 총리에게서 폭스바겐법 유지에 대한 지지를 얻어냈기 때문이다. 그리고 실제로 메르켈 총리에 대한 설득이 주효해서, 2008년 11월 연방의회에서 폭스바겐법 유지 의안이 압도적 다수로 가결됐다.

옵션거래에 따른 주식 취득

통상 다른 회사를 인수하는 수단은 현금 또는 주식교환이나 두 가지를 동시에 사용하는 것인데, 이 사례는 옵션거래를 활용했다는 특징이 있다. 포르쉐는 보유현금 30억 유로를 초과하는 인수자금

● 불프는 나중에 독일연방공화국 대통령으로도 취임했다. - 옮긴이

을 조달하기 위해 옵션거래와 차입계약을 미국의 투자은행 메릴린치가 주도하는 은행단(바클레이즈은행, 코메르츠은행, ABN암로은행 등 5개 은행)과 체결했다. 이것은 현금결제 옵션계약으로, 주요 국가에서 폭넓게 이용되는 결제 수단이다. 주식옵션이란 주식을 일정 기간 내에 일정 가격으로 살 수 있는 권리(콜옵션) 또는 살 수 있는 권리(풋옵션)를 의미한다. 포르쉐가 폭스바겐 주식을 취득하기 위해 은행단으로부터 콜옵션을 사는 경우 기준주가는 코메르츠은행과 머크핑크은행의 애널리스트가 제안한 100유로로 하기로 옵션계약 당사자 간에 합의됐다. 그 외에 당사자 간의 구체적인 거래 조건에 관한 정보는 기업비밀 및 법적분쟁 우려로 공개되지 않았다.

비데킹의 은폐·교란작전

비데킹은 비밀리에 75% 주식을 취득하기 위해서 은폐와 교란이라고 할 만한 공작을 개시했다. 폭스바겐 주식의 취득 의도를 조금씩 흘려서 주가를 서서히 상승시키는 발표를 했다. '지금으로서는' 20% 이상의 주식은 취득하지 않는다고 말하면서 옵션거래와 주식 취득에 유리한 주가에 이를 때까지 유도하며 은밀히 폭스바겐 주식을 사들였다. 단 주식 보유 비율이 30%를 넘으면 전체 주식에 대한 강제 공개매수가 요구되기 때문에, 주가가 오른다 싶으면 하락을 유도하는 발표를 했다. 포르쉐가 주가조작을 했다고 나중에 많은 기관투자가나 헤지펀드로부터 소송을 당한 것이 이 때문이다.

이런 공작으로 지분율이 2005년 3월 20%에서 2006년 6월에는 25.1%까지 올라갔다. 그 2~3개월 후에는 약 30%까지 추가로 매수했다. 같은 해 12월 비데킹은 일요신문 〈벨트 암 존탁〉과의 인터뷰에서 "우리 이익을 추구하는 데에는 이 지분율로 충분하다"라고 말했다. 그런 다음에도 4개월 후 30.9%까지 늘렸다. 타사 주식 취득이 30%를 넘는 경우 주식법에 의해 나머지 70%의 주식을 공개매수해야 하는 의무가 발생한다. 이때 매수가는 과거 3개월간의 평균 주가로 한다. 그래서 주가가 높게 형성되는 것을 막기 위해 포르쉐는 "전체 매수를 할 생각은 없다"라고 발표하여 주가를 낮게 유도했다. 실제로 공개매수 가격이 시가보다 낮았기 때문에 매수에 응한 사람은 거의 없었다. 이로써 당시 거액의 비용지출과 자금조달을 회피할 수 있었던 것이다.

그 후에도 포르쉐는 폭스바겐을 인수할 의도는 없다고 말했으나, 8개월 후인 2007년 11월에 결국 진의를 밝혔다. "폭스바겐 주식을 추가 매수하기 위한 자금은 언제든지 조달할 수 있다"라고 발표한 것이다. 이 일로 주가가 상승하여 2007년도에 포르쉐가 옵션거래로 얻은 이익을 포함한 세전이익은 85억 7,000만 유로에 달했다. 본업인 자동차 매출액 74억 7,000만 유로를 뛰어넘은 것이다. 낮은 가격으로 인수한 주식 일부를 팔고 옵션 행사로 얻은 이익으로 추정된다.

2008년 9월 15일 리먼브러더스의 도산은 전 세계 주식시장을 얼어붙게 했다. 폭스바겐 주식도 10월 24일 209유로까지 떨어졌다. 이런 혼란 속에 10월 26일 포르쉐는 폭스바겐 주식을 직접 42.6%, 옵션으로 31.5%, 합계 74.1%를 소유하고 있다고 발표했다. 니더작센주 보유 지분 20.2%를 더하면 94.3%에 이른다. 즉 유동주식이 불과 5.7%밖에 없는 상황이 된 것이다.

이는 시장에 던져진 폭탄이었다. 매수 주문이 쇄도하여 폭스바겐 주식은 같은 날 일시적으로 1,005.01유로까지 올랐다. 시가총액이 2,600억 유로에 달해 당시 세계 최대 규모였던 미국 석유 메이저 엑손모빌Exxon Mobil을 넘어섰다. 주가가 폭등한 또 다른 이유는 공매도를 한 기관투자가가 손실을 줄이기 위해 환매했기 때문이다. 손실을 감당하기 어려웠던 공매도 투자자 한 사람이 자살하기도 했다. 도이체방크 계열 펀드 DWS는 포르쉐의 주가조작과 무책임한 행동에 강하게 항의했다.

포르쉐는 어떤 의도로 이 시기에 이런 발표를 한 것일까? 이 정보는 폭스바겐 1주를 200유로에 사서 1,000유로에 팔아 막대한 이익을 챙길 수 있는 천재일우의 기회였을 것이다. 독일연방금융감독청은 성명에서 '내부거래 또는 주가조작의 근거가 있는지를 조사한다'고 밝혔다. 또한 폭스바겐 주식을 취득하여 투기적 행동으로 매각이익을 얻었다는 점도 지적했다.

그러나 포르쉐가 진행한 옵션거래의 상세한 내용은 알려지지 않았다. 그 이유로는 기밀 사항이라는 점 그리고 포르쉐가 독일과 미국의 기관투자가로부터 주가조작, 내부거래 등으로 제소당했기 때문이라고 생각된다. 경영·경제 잡지나 신문 등을 통해서는 '복잡한 방법'이라고만 알려졌고, 특정 부분에 관한 전문가의 분석기사는 있지만 전체적인 모습을 알기는 어려운 상태다. 매각이익은 추가로 폭스바겐 주식을 취득하는 데 쓰였으리라고 추정되지만, 그 밖에 또 어떤 용도가 있었는지는 알 수 없다. 어쨌든 75%를 취득하기에는 자금이 모자랐고 리먼 쇼크로 추가 차입이 어려워져서 인수는 불가능해졌다.

∷ 오히려 폭스바겐에 인수되다

리먼 쇼크에 따른 실적 악화

2009년, 폭스바겐 인수를 시도했던 포르쉐가 거꾸로 폭스바겐에 인수되는 독일 경제사에서 보기 드문 사태가 일어났다. 이는 폭스바겐과 포르쉐 양사는 물론 양 가문으로서도 아마 지금까지 일어난 사건 중에 가장 큰 사건이라고 해도 과언이 아닐 것이다. 이 일은 국제적으로 주목받았다.

인수가 실패한 직접적인 원인은 인수 목적을 실현하는 조건 중 '② 포르쉐가 폭스바겐 주식의 75% 이상을 취득할 때까지 은행단이 옵션계약 및 융자를 계속할 것'이 불가능해졌기 때문이다. 2008년 9월에 발생한 리먼브러더스 파산으로 세계적인 금융 위기가 시작됐다. 인수자금 조달에서 주도적 역할을 담당했던 메릴린치조차 경영파탄에 직면했다. 그 영향은 포르쉐의 본업에도 파급되어 2008년 스포츠카, SUV의 판매량이 격감했다. 회사는 1990년대 초기 이후로는 처음으로 위기 상황에 빠져서 2009년도는 영업이익, 세전이익, 세후이익 모두 적자가 됐다. 판매부진으로 공장에서는 단축근무를 실시해 크리스마스 휴가가 며칠 연장되기까지 했다.

그럼에도 비데킹은 2009년 1월 5일 폭스바겐 주식을 8.2% 추가 매수하여 소유 비율을 42.6%에서 50.8%로 증가시켰다. 이 추가 매수는 의미가 없었음은 물론이고, 포르쉐의 부채를 더 늘려서 부채총액이 90억 유로에 달하게 됐다. 다른 부채까지 합하면 2009년 3월까지 갚아야 하는 돈이 100억 유로를 넘어섰다. 이 정도면 리먼 쇼크 이전에는 은행단이 단기 협상으로 차입을 결정해주었을 것이다. 그러나 이제는 은행단에도 여력이 없었다. 그때까지 포르쉐는 옵션거래로 폭스바겐 주식을 늘려왔는데, 그 자금은 최종적으로 은행단으로부터의 차입에 의존한 것이었다.

2009년 초 포르쉐가 은행단에 125억 유로의 차입을 요청했지만 거절당했다. 3월에는 기존 차입금 상환 기한이 2주 후로 임박하여 포르쉐가 부채 초과에 빠질 가능성이 생겼다. 결국 2009년 3월 22일과 23일 비데킹 사장, 해터 재무담당임원, 볼프강 포르쉐 SE 회장 등 3명은 폭스바겐의 페르디난트 피에히 이사회 의장, 마르틴 빈터코른 사장, 한스 디터 푀치 재무담당임원, 콘체른 중앙사업장위원회 오스텔로 위원장의 면전에서 구제를 부탁할 수밖에 없었다.

볼프강과 페르디난트는 양 가문이 지배하는 가족주주총회에서는 물론이고, 포르쉐SE와 포르쉐유한회사의 이사회 이사로서 정기적으로 회의에서 만나는 관계였다. 또한 양사는 기술적 및 전략적으로 긴밀한 협력 관계였다. 이런 관계에 있는 포르쉐의 최종 의도가 후일 밝혀진 시점에서 폭스바겐 측이 불신하는 것은 당연한 일이다. 폭스바겐 측은 이렇게 표현했다. "우리가 두 괴물을 키웠는데, 이제는 이것들이 우리를 먹어 치우려 한다." 여기서 두 괴물은 포르쉐와 잘츠부르크의 포르쉐유한회사를 말한다. 포르쉐가 최종 단계에서 은행 차입 상환이 불가능해져 폭스바겐의 긴급 지원을 구하는 이 회의에서 오스텔로 위원장은 손가락으로 비데킹 사장과 해터 재무담당임원을 번갈아 가리키며 "당신들을 믿을 수 없다"라고 질타했다.

폭스바겐의 긴급지원으로 위기를 넘긴 후 2009년 7월 23일 폭스바겐 임시 이사회에서는 폭스바겐이 포르쉐의 주식 49.9%를 취득하고 나머지 50.1%는 추후 결정되는 기일에 취득하는 것으로 피에히가와 포르쉐가 사이에 합의가 됐다. 분할하여 취득하기로 한 이유는 당시 이미 독일 국내외 헤지펀드 등 기관투자가들이 포르쉐를 주가조작, 고의적인 정보은폐 등으로 제소하여 그 결과를 지켜봐야 했기 때문이다. 어쨌든 이 합의로 포르쉐의 부채는 거의 해소되어 채무초과는 회피할 수 있었다.

7월 말 포르쉐가 폭스바겐의 자회사가 되는 것으로 결정된 직후, 볼프강이 이를 3,000명이 참여한 종업원총회에서 보고했다. 그는 "여러분은 고용을 걱정할 필요가 없습니다"라고 말하고 결국 울음 섞인 목소리로 호소했다. "저를 믿어주십시오. 포르쉐 신화는 영원하고 결코 소멸할 일은 없습니다." 마찬가지로 종업원을 대표하여 사업장위원회의 휴크Uwe Hück 의장도 '포르쉐는 영원히 포르쉐이고 주식회사로 남는다'고 몇 번이나 강조했다. '주식회사'라는 단어를 추가한 이유는 포르쉐가 폭스바겐의 일개 사업부문이 아니고 현재의 독립된 기업 형태를 유지한다는 점을 말하고 싶었기 때문이라고 생각된다. 뒤를 이어 피에히가 퇴진시키기로 결정한 비데킹 사장이 퇴임 인사를 하기 위해 단상에 오르자 종업원의 박수, 휘파람, 환성이 1분간 계속됐다고 한다.

피에히도 물론 포르쉐의 '독립성'을 존중하여 사장을 포르쉐 가문의 마크트Michael Macht로 결정했다. 2012년 8월 1일 폭스바겐이 나머지 주식 50.1%를 44억 6,000만 유로에 인수하여 포르쉐를 완전자회사로 만들었다. 이리하여 포르쉐는 독립성을 상실하고 폭스바겐의 열두 번째 브랜드가 됐다.

그림 II-22 ─ 포르쉐의 지배구조(2012년 8월 이후)

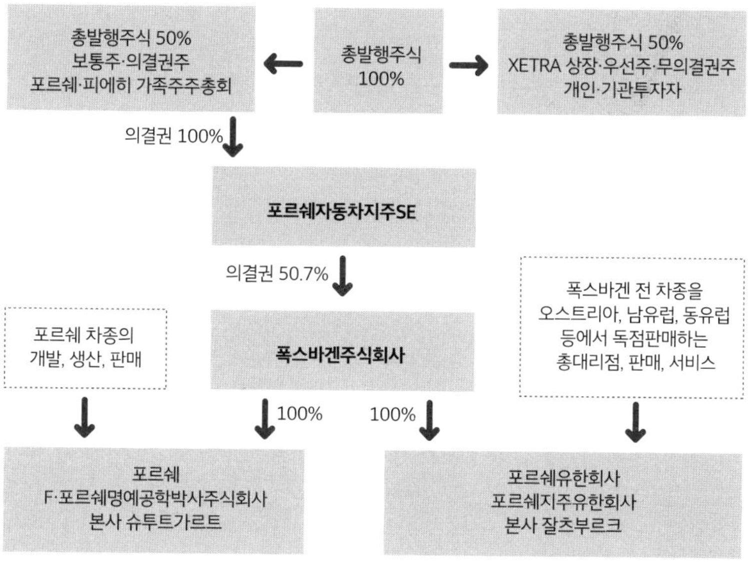

실패 원인

인수는 정말 필요했던 것일까?

인수 계획 실행 이전에 포르쉐와 폭스바겐 간에는 카이엔 차종 개발에서 보듯이 기술적 협력 관계가 확립되어 있었다. 그 관계에서는 인수를 필요로 하는 어떤 위기적 상황도 존재하지 않았다. 만약 비데킹 사장과 해터 재무담당임원이 양사의 관계가 불안하다고 느꼈다면 기존 협력 관계를 보다 강화하고 영속화하는 방법을 취해야 하지 않았을까?

두 사람의 인수 이유는 고의로 부정적인 예측에 바탕을 두고 있다는 인상을 준다. 반면 인수를 성공시키는 조건에 관해서는 과도하게 낙관적으로 본 것 같다. 특히 폭스바겐법의 개정 전망에서 그런 점이 엿보인다. 앞서 이야기했듯이, 비데킹은 포르쉐를 재건하는 데 성공하여 높은 인기를 얻고 자신감에 넘쳐 있었다. 이 때문에 자기 판단력에 지나친 자신을 가지게 된 것이 아닐까?

M&A의 실패 원인으로 리처드 롤Richard Rolle의 '교만가설'이 언급되기도 한다. 인수를 시도하는 경영자가 자기의 평가 능력에 오만한 자신감을 가진 결과 대상 기업의 주식을 본질적 가치에 근거한 프리미엄보다도 높은 프리미엄을 주고 취득하는 것을 의미한다. 포르쉐의 상황을 보면, 과연 가족지배와 기업지배가 실효성이 있기는 한 건지 의구심이 든다. 적어도 비데킹은 실패를 회피하기 위한 최후의 보루로서 공정한 외부 전문가에게 조언을 구해야 했다.

은행 리스크 경시

포르쉐의 폭스바겐 주식 취득 작전은 취득률이 75%를 넘어설 때까지는 은행 차입과 옵션계약이 지속되어야 한다는 것이 필수 조건이었다. 그런데 그런 중요한 조건이라면, 조건이 충족되지 못하는 경우의 대체 전략을 세워두었어야 했다. 그게 없었기 때문에 은행 차입금 상환기일을 연기하지 못했고, 급기야 폭스바겐에 흡수되는 결과로 이어졌다.

지나치게 낙관적인 기대

폭스바겐과의 협력 관계가 성공적이었음에도, 비데킹은 장래 협력 관계에 대해서는 지나치게 부정적이었다. 반면 주식 취득에 관해서는 지나치게 낙관적이었다. 유럽사법재판소는 폭스바겐 및 연방정부의 '80% 이상 찬성 필요'라는 주장을 받아들였다. 그런데 비데킹은 매수 개시 이전부터 폭스바겐의 80% 조항을 비판하는 선봉에 나섰고 그 조항이 폐지되리라고 낙관하면서 75% 취득을 목표로 잡았다. 이 문제는 개별 기업의 문제를 넘어 니더작센주, 독일 정부, EU위원회 그리고 유럽사법재판소의 문제이기도 하다. 따라서 한 기업의 경영자가 그 리스크를 평가하기는 어려운 일이었고, 경영자라면 그런 리스크는 회피했어야 한다.

포르쉐 가문의 배신 행위

볼프강은 포르쉐 가문의 대표로서 피에히 가문과 융화해야 하는 입장이었다. 그러나 그는 두 사람의 부하 직원이 제안한, 처음에는 20%를 취득하고 이후 은밀하게 75%까지 추가 매입하는 인수 방안에 동의했다. 이런 배신적 행위는 만약 성공했다고 하더라도 양 가문과 양사의 관계가 개선되는 데 도움이 되리라고 생각하긴 어렵다. 또한 양사가 지금까지 성공적으로 실행해온 기술적 협력 관계를 손상시킬 위험도 내포하고 있었다. 실제로, 포르쉐의 진의가 밝혀진 후 4만 명의 폭스바겐 종업원이 반대 시위를 벌였다.

:: 포르쉐 자회사화 이후 폭스바겐의 기업지배

피에히와 포르쉐 양 가문의 집착

폭스바겐과 포르쉐의 통합은 양 가문의 불화 해소와 협력을 기반으로 한 지배를 의미한다. 그러나 그 가능성은 현시점에서는 낮다고 생각된다. 2015년 1월 기준 양 가문의 역사에 관해 책을 펴낸 한 저자는 양 가문 대표의 관계를 다음과 같이 생생하게 묘사했다. 양사의 인수극이 끝나고 나서 페르디난트와 볼프강의 관계는 더욱 냉각돼, 두 사람은 될 수 있으면 떨어져 앉고 그 사이에 페르디난트의 복심인 빈터코른 사장이 완충지대 역할을 하듯 자리를 잡는다고 한다.

2010년 4월, 포르쉐가 통합되어 독립성을 상실한 후 함부르크에서 최초의 폭스바겐 주주총회가 열렸다. 개막 전에 경영이사회와 감독이사회 임원이 도열한 단상에서 페르디난트, 빈터코른, 중앙사업장위원회의장이 담소를 나누고 있었다. 볼프강도 이사회

이사로서 단상에 올랐다. 그는 페르디난트를 똑바로 쳐다보진 않고 짐짓 아무렇지도 않다는 표정으로 그들 쪽을 바라봤다. 그때 갑자기 페르디난트가 볼프강 쪽으로 돌아서는 바람에 두 사람이 마주 보는 상태가 됐다. 서로 채 1미터도 떨어지지 않았다. 볼프강이 악수를 청하는 것처럼 오른손을 움직였는데, 페르디난트는 모르는 척 그를 지나쳐버렸다. 볼프강의 표정은 순간적으로 얼어붙었다고 한다. 주총이 진행되는 내내 볼프강은 사람들의 관심을 받지 못하고 단상에서 외톨이였다고 보도됐다.

피에히 주도의 가족지배 강화

이전까지는 포르쉐SE를 통해서 간접적으로 영향력을 행사할 수밖에 없었지만, 이제 폭스바겐은 포르쉐를 직접 지배할 수 있게 됐다. 자회사화 이전에는 지주회사의 의결권으로 볼 때 포르쉐 가문이 우세했는데, 실제로는 기술자와 경영자로서의 성공에 힘입어 페르디난트가 의사결정에 중요한 역할을 해왔다. 더욱이 앞으로는 페르디난트의 뜻을 잘 아는 빈터코른 사장이 더 적극적으로 강력한 지도력을 발휘하리라는 것은 불 보듯 뻔한 일이다.

또한 포르쉐 이사회에는 페르디난트의 동생인 변호사 미헬도 들어가 있다. 포르쉐 경영에 대한 폭스바겐의 강력한 결의와 의욕이 엿보인다. 포르쉐 가문에서도 볼프강과 알렉산더의 아들인 올리버Oliver가 이사회에 참여하고 있지만 이들의 영향력은 지금까지의 사정으로 볼 때 제한적일 것으로 생각된다.

현재 독일 경영자 중에서 페르디난트만큼 명성 있는 경영자는 많지 않다. 양 가문 대표인 볼프강과 페르디난트를 비교해보면, 페르디난트에 관한 신문·잡지 등의 기사가 압도적으로 많다. 그가 2002년에 출판한 자서전은 추가 인쇄되지 않아 중고로도 구하기 어렵고 값이 비싸다. 이는 그가 독일 최대의 가족기업 폭스바겐의 실질적인 최고경영책임자라는 데 기인한다. 그를 잘 아는 과거 동료는 그에게 창업자의 피가 흐르고 있다며 이렇게 말했다. "그는 창업자 페르디난트 포르쉐의 모든 정신적 유산을 계승했다고 자부하고 있었다. 그 생각이 틀리지 않았다는 사실이 이후 그의 활동으로 증명됐다."

1960년대 초 그는 포르쉐에서 시승 부문 담당자로 일을 시작해 실적을 쌓았고, 많은 종업원이 그를 창업자의 정통 계승자로 인정하고 있다. 그는 입사와 동시에 기술 영역에서 큰 영향력을 발휘했다. 가장 앞선 기술자로서 선견지명을 가졌고, 부하 직원들은 어떻게 된 일인지 이해하기 어려워했지만 그가 내다본 변혁은 1~2년이 지나면 꼭 실현됐다고 한다.

전략적 관점에서 통합에 대한 평가

포르쉐와 폭스바겐의 통합은 포르쉐 가족뿐만 아니라 양사의 경영자들도 의식하고 있던 기본 과제였다. 본래 이 기본 과제는 페르디난트와 볼프강이 실현했어야 한다. 그런데 비가족 출신 포르쉐 사장 비데킹의 실패로 실현됐으니, 얄궂은 결과라고 할 수 있다. 확실히 비데킹과 해터는 인수에는 실패했다. 그러나 그들이 없었다면 오늘날까지 양사는 통합되지 않은 채로 있었을 것이다.

대중차를 주요 고객으로 하여 대량 생산, 기능 가치, 경제성과 낮은 가격을 전략으로 하는 폭스바겐은 2018년에 생산대수 세계 1등을 목표로 했다. 그러나 알다시피 포르쉐의 스포츠카는 세계 최고급 시장을 타깃으로 소량 생산, 감정적 가치, 높은 가격, 소유자 지위, 개성의 표현을 특징으로 한다. 양사의 기업문화도 크게 다르다. 특기할 만한 것은 포르쉐 종업원과 경영자가 공유하는 이 회사와 이 회사의 스포츠카에 대한 자부심이다. 합병된 후에도 포르쉐 경영자와 종업원은 '포르쉐는 영원하리' 같은 언어를 공유한다. 이런 상황에서 폭스바겐이 양사의 기업전략과 기업문화의 융합에서 어떤 성과를 낼 수 있는지가 커다란 과제다. 산업의 역사를 보면 통합 효과가 기대를 벗어나거나 실패로 끝난 사례는 드물지 않다. 그간 폭스바겐은 성공적인 고급차 경험을 쌓지 못했다. 페르디난트 피에히가 사장이던 시절에 고급 차종 페이튼을 개발·

판매한 것을 비롯해 람보르기니, 벤틀리, 부가티 등 고급차 브랜드 기업을 인수하여 차종 고급화 전략을 시험해봤다. 그러나 수익성이 낮았고 전략은 실패한 것으로 드러났다.

:: 맺는말

포르쉐와 피에히 양 가문의 분쟁에서 어떤 교훈을 얻을 수 있을까?

가족 간의 불화와 대립은 가족끼리 해결하기 어렵다

가족기업은 모든 문제를 가족 내에서 해결하고자 하는 경향이 강하다. 가족 내부의 약점을 외부에 알리고 싶지 않다는 것과 중요한 정보가 유출될 수도 있다는 경계심 때문이다. 이런 경향은 포르쉐와 피에히 모두에 해당한다. 양 가문의 문제는 독립적이고 불편부당한 입장에서 양쪽에 전문적이고 객관적인 의견을 제시하고 조언을 해줄 수 있는 제3의 인사들이 이사회에 적었다는 것이다. 특히 포르쉐의 인수 시도는 외부 전문가와 상담하지 않고 사내에서만 검토하고 결정하는 오류 탓에 기업에 큰 손해를 가져왔다.

가족이 아닌 독립적 사외이사가 필요하다

이런 사태를 방지하기 위해서는 제도적 장치가 불가피하다. 우선 이사회에 기업경영 경험자이면서 높은 독립성을 가지는 비가족 독립 사외이사가 필수적이다. 그러나 포르쉐SE에서는 그런 주주 측 사외이사가 대규모 가족기업 헨켈의 전 사장인 울리히 레나 Ulrich Lehner밖에 없었다. 포르쉐주식회사 이사회의 주주 측 이사는 피에히를 시작으로 폭스바겐의 수뇌 내부경영자가 과반수를 점했고 포르쉐 측의 이사도 가족주주였다. 폭스바겐에서도 마찬가지로 이사회의 주주 측 사외이사는 스칸디나비아 엔스킬다은행 Skandinaviska Enskilda Banken CEO인 아니카 팔켄그렌Annika Falkengren뿐이다. 그 외 이사회의 주주 측 이사는 모두가 이 회사의 가족주주, 자회사의 최고경영자 등 가족 및 니더작센의 주주다. 폭스바겐 이사회에 설치된 의장평가위원회를 포함한 4개의 위원회 중 3개의 위원장은 피에히가 맡고 있다. 지명위원회에도 사외이사는 너무 적었고 통합 후에도 마찬가지다.

이런 상황은 양사의 소유구조에 따르면 당연한 결과다. 양사 통합 후 폭스바겐의 발행주식 중 50%는 의결권이 있고 피에히·포르쉐 양 가문 및 그 밖의 대주주가 소유하며, 나머지 50%는 개인 투자자나 기관투자자가 소유하는 의결권이 없는 우선주다. 이런 상황이 포르쉐에서 무모하다고 할 수 있는 폭스바겐 인수 추진의 길을 가게 했고, 폭스바겐에서도 피에히에게 권한이 집중되게 했다고 생각된다. 양 가문의 문제는 가족이 아니면서 독립적이고 불편부당한 입장에서 객관적으로 의견을 제시하고 조언을 해줄 제삼자 기관이 없었던 데서 기인한다고 할 수 있다. 이런 점에서는 에필로그에서 언급하는 헨네케스Hennerkes의 조언이 도움이 될 것이다. 그 밖에 보쉬, 머크의 기업·가족지배도 참고하기 바란다.

균등 상속과 복수 가족에 의한 소유와 경영의 분리

창업자 포르쉐는 유언으로 회사 자산을 포르쉐와 피에히 양 가문에 균등 상속했다. 이 정신을 바탕으로 포르쉐의 경영 방침은 양 가족의 협의와 합의로 결정하기로 했다. 이는 포르쉐의 이상주의적인 인간관에 기반했다고 할 수 있다. 실제로는 당해 가족 승계자의 선의와 의지에만 의존하는 불안정 요소를 품고 있다.

3세대 4명이 팀을 이뤄 911 차종을 개발하는 과정에서 대립이 표면화됐고, 그 결과 2세대인 페리와 루이제가 가족 관리자를 퇴임시키고 비가족 경영자로 교체한 것은 현명한 처사였다. 하지만 이런 소유와 경영의 분리가 상위 기업 조직에서는 불완전했다. 폭스바겐 인수는 포르쉐SE에서 검토·결정·실행됐는데, 이사회 의장인 볼프강은 비데킹 사장으로부터 옵션거래를 통한 인수 방안을 보고받았다. 그런데 이 복잡한 거래 내용, 인수 성공을 위한 20%

의 저지가능소수지분비율, 은행단의 차입금 지속 가능성에 관해서 충분히 분석했는지는 의문이다. 특히 그 결정을 실행할 때 따라올 리스크를 예측하고 대체 전략을 마련했어야 한다. 이에 관하여 사외 전문가에게 의견과 조언을 구하는 노력을 했는지가 명확하지 않다. 어찌 됐든 이 사건에서는 결과가 모든 것을 말해준다고 할 수 있다.

70대의 볼프강과 페르디난트는 모두 몇 년 안에 은퇴 연령이 된다. 페르디난트는 자신의 폭스바겐 이사회 의장 지위를 5년 연장했는데 2015년에 일흔여덟 살이 된다. 그 후는 현직 빈터코른 사장이 페르디난트의 지위를 계승할 것으로 추측된다.● 곧 4세대의 시대가 오겠지만, 양 가문의 융화를 추진하고 기업지배를 재검토하고 쇄신하는 것이야말로 새로운 세대가 짊어질 최대 과제가 될 것이다.

<hr>

● 페르디난트의 뒤를 이어 포르쉐 가문의 한스 디터 포르쉐(1951년생)가 포르쉐 및 폭스바겐 감독이사회 회장이 되었다. 그리고 페르디난트의 뒤를 이어 폭스바겐의 CEO에 올랐던 마르틴 빈터코른(1947년생)은 2015년 폭스바겐 배기가스 조작 문제로 그해 9월 24일 사퇴했고, 마티아스 뮐러(Matthias Müller, 1953년생)가 2015년 9월 25일부터 2018년 4월12일까지 폭스바겐 및 포르쉐의 경영이사회 회장(CEO)으로 재직했다. 그 뒤 포르쉐는 올리버 블루머(Oliver Blume, 1968년생)가, 폭스바겐은 헤르베르트 디스(Herbert Diess, 1958년생)가 CEO로 취임했다. - 옮긴이

제9장

폭스바겐

오늘날 폭스바겐주식회사는 공개기업이면서 독일 최대의 가족기업이다. 발행주식의 50.7%는 피에히와 포르쉐 양 가문이 포르쉐자동차지주유럽회사를 통해 보유하는 의결권 주식이다. 여기에 양가가 소유하는 포르쉐지주유한회사의 의결권 지분 2.37%를 더하면, 양가의 폭스바겐 지분비율이 총 53.1%에 달한다. 나머지 약 47%의 주식은 의결권이 없는 우선주이며 개인 주주나 기관투자가가 소유하고 있다.

두 번째 대주주는 본사 소재지인 니더작센주 정부이며, 20% 이상의 의결권 주식을 보유하고 있다. 이 지분이 거부권 또는 황금주 등으로 일컬어진다는 데서 알 수 있듯이 니더작센주는 정관 변경 등 중요 사항에 관한 의안을 거부할 수 있는 권한을 갖는다. 주주총회 시 중요 사항들의 가결 요건으로 '80% 이상의 찬성'이 정관에 규정되어 있기 때문이다. 이에 따라 폭스바겐은 공기업의 성격을 가진다. 폭스바겐은 가족의 과반수 의결권 외에 니더작센주의 의결권 주식을 통해 적대적 M&A에 대해 견고한 요새를 구축하고 있다.

우선주 소유자는 주주총회에서 발언은 가능하나 의결권이 없기 때문에 최종적인 영향력은 없다. 이 때문에 주주들로부터 불만이 제기되어왔다.

:: 자동차광 히틀러

페르디난트 포르쉐가 1931년 4월 슈투트가르트에 설계 사무소를 창립한 지 얼마 되지 않아, 세계적인 승용차가 될 '비틀'이란 차를 설계할 기회가 찾아왔다. 계기는 아돌프 히틀러와의 접촉이었다.

히틀러는 평생 한 번도 자동차운전면허를 받은 적이 없지만, 자동차에 관심이 많은 '자동차광'이라고 한다. 1938년 4월 20일 히틀러의 50회 생일을 축하하며 포르쉐에서 보내온 비틀 모형을 흥미롭게 바라보는 사진이 있는데, 어린아이처럼 천진난만하고 독재자와는 전혀 다른 표정을 볼 수 있다. 그는 자동차에 관한 지식

사진 II-53 ── 포르쉐로부터 폭스바겐 국민차 모형의 설명을 듣고 있는 히틀러

도 깊고, 스스로 전문가라고 생각했다. 그는 일반 기술자들을 존경했으며, 특히 포르쉐의 숭배자이기도 했다. 또한 당대회 등에서 최대·최고가 770형 메르세데스 오픈카를 타고 열광하는 군중에게 화답하곤 했다.

히틀러는 1923년 11월 뮌헨 폭동으로 란츠베르크 감옥에 수감됐다. 복역 중 그는 다임러의 집행이사이자 나치당원인 야코프 베얼린Jakob Werlin에게 다임러의 최신형 모델에 대해 보고를 받았다. 베얼린은 자동차뿐만 아니라 모든 운송기기에 관해 히틀러의 조언자였으며, 예약 없이 그를 만날 수 있는 몇 안 되는 인물이었다. 히틀러가 출소할 때 다임러벤츠가 차를 보냈다고 한다.

히틀러의 국민차 구상

1933년 1월 30일 히틀러가 총리가 되자, 포르쉐에도 독일 자동차 생산 업계에도 중요한 전환점이 찾아왔다. 히틀러에게 자동차 산업은 단순히 개인적 취미 이상으로, 자동차 전용 아우토반 건설과 함께 410만 명의 실업자를 구제하기 위한 고용 정책, 경기부양 정책의 중요한 기반의 하나였다. 또한 자신의 권력 기반을 강화하고 유지하는 수단이기도 했다.

총리 취임 12일 후인 2월 11일, 히틀러는 베를린 국제 자동차 박람회의 개최 인사말에서 자동차세 인하, 저렴한 국민차 생산, 자동차 전용도로 아우토반 건설 계획 등을 발표했다. 1933년 9월 23일, 히틀러는 프랑크푸르트-만하임 간의 아우토반 공사 개시식을 화려하게 거행했다. 그는 인사말을 하면서 "앞으로 6년 안에 실현될 대규모 아우토반 망은 우리의 의지, 근면, 능력, 그리고 결의를 보여줄 것이다. 독일 노동자여, 활동을 시작하라!"라고 라디오, 뉴스의 영사기 앞에서 외쳤다. 미국에서는 T형 포드의 보급률 증가가 도로 개선을 이끌었지만, 독일은 자동차 전용도로를 먼저 만든 셈이다.

또한 히틀러는 베르사유조약의 파기를 간절히 바랐다. 그 수단으로 전시체제 상태인 군대와 무기의 신속한 이동을 생각하고 있었다. 1년 후인 1934년 3월 7일 연례 자동차 박람회에서 히틀러는 구체적인 국민차 구상을 발표했다. 즉 "자동차를 부유한 자를 위한 것으로 생각하는 자동차 업계의 잘못된 견해"를 비난하며, "보통 사람도 차를 소유할 권리가 있다"라고 단호하게 말했다. 그리고 앞으로 4년에서 5년 사이에 100만 명이 살 수 있는 자동차를 국가와 업계가 개발해야 한다고 강조했다. 독일의 자동차 기업들로 구성된 독일자동차공업연맹RDA은 이 작고 저렴한 국민차 구상을 달가워하지 않았다. 불황에 빠진 자동차 업계의 경쟁을 더욱 격화시키고 기업들을 곤경에 빠뜨릴 것이라고 우려했기 때문이다.

히틀러와의 첫 회견

히틀러의 구상이 발표된 후, 포르쉐는 즉시 국민차의 기본 설계에 착수했다. 다음은 그 사양이다.

- 1,250cc 공랭 대향엔진, 차체 후부 배치, 최고 주행속도 100킬로미터
- 4인승, 26마력, 중량 650킬로그램, 연비 8리터/100킬로미터
- 가격 약 1,500라이히스마르크

페르디난트 포르쉐와 히틀러의 회견은 1934년 초 베를린 총리 관저에서 이뤄졌다. 둘 다 오스트리아 사람이며, 회담은 화기애애하게 진행됐다고 한다. 그 자리에서 포르쉐는 상기 사양에 근거한

설계안을 설명했다. 히틀러는 설계안을 승낙하면서 다만 가격은 1,000라이히스마르크 이하로 하라고 했다.

포르쉐는 이 국민차를 60형으로 개발하기 시작했다. 국민차의 시장점유율이 70%에 달할 것으로 예상한 그는 기존 자동차 기업들이 생존에 위협받지 않도록 하기 위해 모든 회사가 하나의 신설 회사에 참여하여 국민차 생산을 분담하자고 제안했다. 이를 바탕으로 1934년 6월 22일 포르쉐와 RDA 사이에 다음 내용을 골자로 계약이 성립됐다.

- 6개월 이내에 구상과 설계를 마치고 대략 비용을 산정하고, 그 후 4개월 이내에 시험용 차량을 제작해 생산원가를 산정한다. 포르쉐는 1935년 4월 22일까지 이 의무를 이행한다.
- 생산원가는 연간 생산대수 5만 대에 대하여 900라이히스마르크로 한다.
- 포르쉐에는 계약 서명과 동시에 선금 2만 5,000라이히스마르크와 상기 업무에 대한 급여로 월 2만 라이히스마르크가 지급된다. 국민차가 대량 생산되면, 4년간 한 대당 1라이히스마르크의 보상금을 받는다.

폭스바겐의 탄생

폭스바겐의 창업자본금 중 약 절반은 노동조합이 원천이다. 이 회사의 공식 창업일은 1937년 5월 28일인데, 이날은 '독일국민차발기유한회사Gesellschaft zur Vorbereitung des Deutschen Volkswagens mbH, GeZuVor가 설립된 날이다. 그 자본금 48만 라이히스마르크는 1933년 5월 2일 히틀러 정권의 돌격대SA와 친위대SS가 전국의 독일노동조합총연맹DGB의 건물과 시설을 폭력적으로 점거하고 임원을 검거해 조합 자산을 접수해 얻은 것이다. 기존 조합은 해체되고, 자산과 800만 명의 조합원은 나치당에 의해 새로 설립된 독일노동전선DAF에 편입됐다. 이 사실은 제2차 세계대전 후 DGB가 이 회사의 소유권을 주장하는 근거가 됐다.

공장 정초식은 1938년 5월 26일 나치 정상과 DAF, 기타 5만 명의 참석자들이 모인 가운데 거행됐다. 히틀러는 인사말에서 폭스바겐 차를 'KdF 차'*라고 발표했으며, 공장이 들어서는 지역의 지명은 'KdF 차 도시'라고 정했다. 1939년 7월 시험용 차량이 최종 완성돼 팔라스레벤의 광대한 땅에 대규모 폭스바겐 차 공장의 건설이 시작됐다. 포드의 루즈 공장을 본보기로 삼아 발전소용 석탄, 차량, 부품 등의 반입·반송이 수월하도록 운하를 접한 입지였다.

---

16) KdF Wagen. 여기서 'KdF'는 'Kraft durch Freude'의 약자로 '기쁨을 통한 힘'이라는 뜻이다. - 옮긴이

계획한 연간 생산대수는 루즈 공장보다 약간 많은 150만 대였고, 최종 판매가는 990라이히스마르크로 결정됐다. 이 가격은 1934년 출시된 배기량 1.2리터 소형차 오펠의 거의 반값이었다. 1938년 6월 시점, 제조업 남자 노동자의 사회보험료와 세금공제 전의 시급은 0.78페니히였고, 주 노동시간은 51.2시간이었다. 따라서 주급은 40라이히스마르크, 월급은 160라이히스마르크, 연봉은 1,920라이히스마르크가 된다. 사회보험 부담분, 세금과 생활비를 제외한 나머지로 폭스바겐 차를 구입할 수 있다. 물론 급여가 회사마다 달랐고, 예컨대 자이스의 1938년 평균 실수령 연봉은 2,427라이히스마르크였다. 구매 희망자는 저축예금을 통해 매주 최소 5라이히스마르크씩 적립하여 구매가의 75%가 되면 차량 인도를 신청할 수 있었다. 5라이히스마르크의 가치는 같은 해에 소매가로 돼지고기 2.4킬로그램, 버터 1.6킬로그램의 가치에 해당했다.

제1호 차는 히틀러의 생일인 1939년 4월 20일 그에게 선물됐다. 이어서 헤르만 괴링Hermann Göring·루돌프 헤스Rudolf Hess·요제프 괴벨스에게 차례로 보내졌고, 제8호 차는 오시마大島 주독 일본대사에게 돌아갔다. 1936년 체결된 일·독방공협정이 그 배경이었을지 모른다.

그로부터 5개월도 지나지 않은 1939년 9월 1일 독일은 제2차 세계대전에 돌입했고, KdF 차는 630대밖에 생산되지 않았다. 공장은 군용차와 군수품 생산 공장으로 전환됐다. 전쟁이 끝날 때까지 생산된 KdF 차량 전부는 나치 정상과 그 관계자만 소유했다. 차 구입을 위해 예금을 적립한 34만 명의 총적립금은 2억 7,500만 라이히스마르크에 달했는데, 이들은 단 한 대도 손에 넣지 못했다. 전쟁이 시작되자마자 포르쉐는 탱크와 군용차 개발을 명령받았다.

:: 제2차 세계대전 후 영국 군정하의 기업경영

공장은 거듭된 공습으로 3분의 2가 잔해에 파묻혔지만, 기계설비는 일부만 파괴돼 큰 손실을 입지는 않았다. 종전 직후인 1945년 나치 정부의 붕괴로 폭스바겐 공장은 소유권이 없는 상황에 놓였다. 공장은 미군이 접수하여 4주 후 영국군에게 이관된 뒤, 영국군 아이번 허스트Ivan Hirst 소령이 공장장으로 취임했다. 히틀러가 작명한 'KdF 차'는 '폭스바겐'으로, 'KdF 차 도시'는 현재의 '볼프스부르크'로 바뀌었다.

원래 영국군 사령부는 공장을 전쟁배상 대가로 모두 해체하고, 생산설비를 영국의 자동차 기업으로 이송할 예정이었다. 허스트의 상사 찰스 레드클리프Charles Radclyffe 대령이 그 임무를 수행할 책임자였다. 그러나 공장은 해체를 면하고, 서독 경제 부흥의 원동력이라고 할 만큼 발전을 이뤘다. 그 요인은 다음과 같이 요약할 수 있다.

첫 번째 요인은 영국군의 점령통치와 행정을 위한 이동 및 수송 수단으로서 이 공장의 차가 필요했다. 이 때문에 전후 즉시 생산이 재개되어 1945년 말까지 6,033명의 직원이 917대의 비틀을 포함해 총 1,785대의 다양한 승용차를 생산했다. 이듬해 1946년 3월 말에는 1,000번째 비틀이 생산됐다. 허스트 소령이 이를 기념하여 조립라인에서 차를 몰고 나오는 사진이 있는데, 그 축하 플래카드에는 'The 1000th Volkswagen'라고 쓰여 있다. 당시 생산량의 대부분은 영국 주둔군에 공급됐고, 나머지는 독일 우정성에 납품됐다.

두 번째 요인은 공장장인 허스트 소령의 공헌이다. 그는 단순한 군인이 아니라 시계 공장을 운영하는 집안에서 태어나 맨체스터대학교를 졸업한 전기·기계 기술자였다. 비틀의 열광적인 애호가였고, 군정부의 당시 방침과는 달리 이 차종을 생산하기 위해 많은 노력을 기울였다. 허스트는 2000년 3월 여든넷의 나이로 사망했는데, 영국의 〈가디언〉은 사망 기사에서 다음과 같이 보도했다.

폭스바겐 차의 가치를 인정한 허스트는 의도적으로 생산량을 증가시켰고, 견본으로 이 차를 빌레펠트에 있는 영국 군정부에 보냈다. 이 일로 2만 대의 수주를 받았다.

사진 II-54 — KdF 선전 포스터

사진 II-55 — 현재의 폭스바겐 공장

사진 II-56 — 전차 기사로 근무하던 때의 포르쉐

〈가디언〉은 "허스트는 폭스바겐 공장이 독일인의 것이며, 자신이 할 일은 공장을 독일인들에게 돌려주는 것이라고 믿고 있다"라고 썼다. 여기에 고무된 직원들은 먹을 것이 없어 굶주리는 상황이었음에도 차량 생산에 매달렸다. 영국군이 주문한 차량 중 1만 대가 완성됐을 때 공장 벽에는 '1만 대의 차(Wagen), 위장(Magen)은 비어 있다'라고 쓰여 있었다. 그래서 허스트는 공장 내 공터에 곡물 재배를 허락했다. 수확된 곡물의 배분은 종전 직후 사업장위원회의 가장 중요한 역할이 됐다.

허스트와 레드클리프는 군정부 대표였을 뿐 공장을 소유하고 경영할 의도도, 능력도 없었다. 그래서 독일인에게 경영을 맡기기 위해 1947년 당시 오펠의 생산부장이었던 하인리히 노르트호프를 제2차 세계대전 후 폭스바겐 최초의 독일인 사장으로 초빙했다.

1949년 9월 폭스바겐 공장은 독일연방공화국으로 반환됐다. 1949년 8월, 허스트는 귀국하기 위해 볼프스부르크를 떠났다. 당시 직원들이 그에 대한 우정과 존경을 표하기 위해 폭스바겐 비틀을 선물하려 했는데, 그는 그것을 거절하고 대신 18인치 모형을 받았다. 볼프스부르크에는 그의 이름으로 된 거리가 있다. 허스트는 사망 2년 전인 1998년, 영국에서 처음 출시된 오른쪽 핸들의 신형 비틀로 드라이브를 즐겼다고 한다.

세 번째 요인은 영국과 미국의 자동차 기업이 이 공장의 접수

사진 II-57 ― 아이번 허스트 소령

또는 기계 및 생산설비의 해체, 본국으로의 이송에 흥미를 보이지 않았기 때문이다. 영국의 모리스Morris를 포함한 자동차 기업들은 "비틀은 자동차의 기본적인 기술적 요건을 갖추지 못했고 (…) 평균적인 구매자들에게 매력이 없다"라면서 따라서 "이를 상업적으로 생산하는 것은 비경제적인 시도에 불과하다"라고 이야기했다. 또한 페리 포르쉐의 자서전에 따르면, 영국 군정부는 폭스바겐 비틀 한 대를 영국 자동차공업회 위원회에 보내 이 공장을 인수하지 않겠느냐는 제안을 했다. 돌아온 답변은 "이 독일 차는 추한 데다 소리까지 시끄럽고, 엔진 후부 배치는 신기하지만 의심스럽다. 이 공장이 영국 점령 지역에 존재할 의미가 없으며, 자금을 투입해서 대규모 사업으로 삼을 가치도 없다"라는 것이었다. 미국의 포드, GM의 반응 역시 부정적이었다.

이는 폭스바겐에도 독일 경제에도 행운이었다. 만약 독일의 약체화를 최대 목표로 삼고 미국과 영국에 맞섰던 프랑스가 이 지역을 점령했다면, 폭스바겐과 독일 경제의 부흥은 크게 늦어졌을 것이다. 이 점은 폭스바겐 초대 사장 노르트호프와 포르쉐가 프랑스 형무소에서 가혹한 수감생활을 했다는 사실에서 분명히 드러난다. 그 때문에 둘 다 건강이 나빠졌고, 그것이 죽음을 재촉한 한 요인으로 여겨지고 있다. 제1차 세계대전 후 프랑스 점령군이 크루프를 해체한 사례도 유사하다.

네 번째 요인은 미국의 점령 정책에 중요한 변화가 있었다는 것이다. 연합국 관리이사회Kontrollrat의 미국 상주 대표 클레이루시우스 D. 클레이Lucius D. Clay 대령은 처음부터 독일 경제 약체화에 반대했다. 그 때문에 공장 해체와 약체화를 추진하는 프랑스·소련과 대립했고, 미국은 영국과 함께 각각의 점령지구에 1947년 1월부터 미·영 경제합동지구를 발족했다. 폭스바겐의 발전을 지원하는 영국 군정부의 방침은 이런 배경에서 생겨났다.

다섯 번째 요인은 강제노동자가 본국으로 귀환된 후 공장에는 수많은 독일인 노동자와 종업원이 남아 있었는데, 군정부로서는 이들의 생활을 보장해야만 했기 때문이다.

:: 사업장위원회의 설치

제2차 세계대전이 끝난 후인 1946년 4월 미국, 영국, 프랑스, 소련으로 구성된 연합국 관리이사회는 나치 정권의 법을 폐지하고, 이를 대신하는 사업장위원회법을 선포했다. 이것은 현재에 이르기까지 폭스바겐에서 노사 관계의 전통을 이루는 중요한 문서다. 제1조에는 '개별 사업장에서 노동자와 종업원의 경제적·사회적 이익을 옹호하기 위해 독일 전체에 사업장위원회의 설치와 활동을 승인한다'라고 되어 있고, 제5조에는 노동자와 종업원의 이익을 옹호하기 위한 사업장위원회의 기본적 역할이 규정되어 있다.

- 개별 사업장에서의 임금 계약과 취업규칙의 실시와 관련한 고용자와의 협상
- 노동자·종업원의 보호를 위한 사고 예방, 의료, 직장 위생을 포함한 취업규칙의 설정과 실시
- 채용, 해고, 작업 정지를 포함한 노동 조건의 고충 처리와 관련한 고용자와의 협상
- 실업 방지를 위한 작업, 생산 방법에 관한 고용자의 개선 제안
- 탁아소, 보건, 스포츠 등의 복지제도 등 기본적 규정

이에 근거하여 이듬해 1947년 5월 10일, 영국 군정부가 수탁자 겸 폭스바겐 사장으로 임명한 뮌히헤르만 뮌치Hermann Münch 변호사와 종업원 대표 사이에 취업규칙과 '노동조합, 사업장위원회, 공장

경영자와의 좋은 협력'이라는 제목의 사업장협정이 시행됐다. 사업장협정은 법과 동등한 효력을 가지며, 다음과 같은 광범위한 공동결정 사항을 규정한다.

- 사업장 및 생산 품목의 확대, 축소, 폐쇄, 폐지는 사업장위원회의 명확한 동의를 필요로 한다.
- 모든 종업원의 채용 및 해고, 배치 전환, 승진, 임금 및 급여에 관한 규정은 사업장협의회의 동의로 공장 경영자가 시행한다.

또한 협력 사항으로 '사업장의 재건, 생산 품목의 결정과 새로운 작업 방법의 개발에 대해 사업장위원회는 사업장 경영자와 협력한다'라는 규정도 생겼다. 규정은 공장 식당의 감시, 공장부지에서 수확된 농작물의 배분에 이르기까지 구체화됐다. 식량이 극단적으로 부족한 시기였기 때문에 농작물의 배분은 사업장위원회의 가장 중요한 활동 분야였다.

이렇게 해서 신생 폭스바겐은 제2차 세계대전 후 독일에서 노동과 자본을 통합한 모범적 사례가 됐다. 이 개혁은 그 후 1951년 5월의 탄광·철강·제철 산업의 공동결정법, 1952년 10월의 사업장조직법, 1976년 공동결정법의 모델이 됐다.

:: 폭스바겐의 소유권 귀속 문제

1949년 10월 8일 레드클리프 대령과 에르하르트Ludwig Wilhelm Erhard 경제 장관, 연방 행정부 과장 대리 하버베크Edgar Haverbeck는 폭스바겐의 수탁자 지위를 독일연방정부로 이전하는 각서에 서명했다. 각서는 영문 10줄짜리 간단한 문서이지만, 이로써 영국 군정부의 경영관리가 끝났고 폭스바겐은 다시 독일 국민의 소유가 됐다.

그러나 이 문서는 훗날 화해가 성립하기까지 10년 이상에 걸쳐 독일의 정계와 경제계에 큰 논란을 일으키게 된다. 핵심은 이 문서의 밑줄 친 문언 '니더작센주는 연방정부의 이름과 지시에 따라 폭스바겐의 경영관리에 임한다'라는 것이다. 이 문구로는 소유권의 귀속이 명확하지 않았기에 복수의 이해관계자가 각자 소유권을 정당화하는 데 이용했다. 그 이해관계자는 다음 5개 단체로, 각각의 주장과 화해의 결과를 정리했다.

독일노동조합총연맹(DGB)

폭스바겐의 창립자금 중 약 50%가 나치 정권의 노동조합 자금과 자산을 거둬들여 설립됐다. 이 사실을 바탕으로 제2차 세계대전 후 창립된 DGB의 한스 뵈클러Hans Böckler 회장은 1949년과 이듬해에 걸쳐 폭스바겐의 소유권은 DGB에 귀속되어야 한다고 주장하고, 이를 위해 제소도 불사하겠다고 말했다. 이 상황은 1949년 10월 영국 군정부가 폭스바겐 자산수탁인의 자격으로 그 지위를 연방정부에 이관하는 하나의 요인이 됐다고 여겨진다. 이관 목적은 폭스바겐이 '민주적으로 관리되는 제조 기업'으로써 독일 국민 전체의 이익에 봉사함으로써 노동과 자본이 같은 권한을 갖는 기업을 구현하는 것이라고 밝혔다.

DGB는 폭스바겐법에 따른 광범위한 공동결정권을 획득하고, 회사 경영에 대한 영향력을 확보했다. 이로써 DGB는 폭스바겐에 대한 소유권 주장을 포기했다.

연방의회

독일 사회민주당SPD은 1947년의 니더작센주 의회 선거에서 제1당이 됐다. 그러나 SPD는 연방의회를 제압하기 위해서 폭스바겐의 소유권 취득을 중요한 정책으로 내걸었다. 반면, 1949년 9월 제2차 세계대전 후 서독 초대 총리에 취임한 콘라트 아데나워Konrad Adenauer와 그 정당 독일기독교민주연합CDU으로서는 연방의회에서의 정권 유지와 강화를 위해 특정 주가 아니라 독일 전체의 경제 정책을 중시해야만 했다.

10년 이상의 협상 후 1960년 아데나워 정권 아래 양 당사자는 화해를 통해 폭스바겐유한회사를 주식회사로 변경하고, 60%를 연방정부가 소유하기로 결정했다. 나머지 40%는 연방정부와 니더작센주가 각각 20%를 소유했다. 연방정부는 60%의 주식을 독일 국민에게 소득, 부양 가족의 유무, 자녀 수에 따라 10~25% 할인된 가격으로 취득할 기회를 주어 민영화했다. 때마침 폭스바겐의 실적이 향상되고 주가가 상승해 국민의 재산형성에 기여했다.

또한 연방정부는 1961년 5월 상기 매각이익과 앞으로 얻을 수 있는 배당의 현재가치 총액 10억 마르크를 출자하여 폭스바겐공익재단을 설립했다. 연방정부는 1998년 지분 20%를 매각하면서 그 수익을 재단 재산으로 추가했다.

오늘날 이 재단은 독일 최대 재단의 하나로 과학, 연구, 교육 분야에 지원하고 있다. 재단은 폭스바겐과는 무관함을 명시하고 있으며, 이 재단의 평의회나 이사회에도 폭스바겐의 대표자는 존재하지 않는다. 따라서 이 책에서 소개한 크루프, 보쉬, 자이스, 베텔스만 등 기업이 설립한 공익재단과 달리 폭스바겐에 대한 영향력이 전혀 없다.

니더작센주 의회

니더작센주와 연방 양 의회가 화해하면서 니더작센주에는 20%의 주식을 보유할 권리가 부여됐다. 즉 80% 이상의 찬성표가 없으면, 감독이사회에서의 정관 변경이나 증자 등의 중요한 결정을 할 수 없다는 것을 의미한다. 이에 따라 일련의 입법 조치가 결정되어, 1960년 7월 21일 다음과 같은 계약 사항을 포함하는 폭스바겐법이 시행됐다.

① 의결권 행사 제한

모든 의결권 주주에 대해서 지분 중 의결권 주식 수가 어느 정도인지와 무관하게 그 의결권의 행사 상한선을 20%로 한정하는 규정이다. 즉 80%의 주식을 취득하더라도 20% 이상의 의결권을 가질 수 없다. 따라서 중요한 의사결정 사항이라면 니더작센주의 찬성표를 얻어야 한다.

② 생산 거점에 관한 감독이사회의 표결 조건(제4조 제2항과 제3항)

생산 거점의 설치 및 이전에 관한 동의를 얻어야 하며, 구성위원 3분의 2의 찬성표로 결의된다. 이는 종업원의 고용 유지를 목적으로 하는 규정이다.

이 중 '①'의 규정은 EU위원회에 의해 자본의 자유로운 이동을 요구하는 EU법에 위반된다는 항의 때문에 삭제됐다. 그러나 '②'는 현재도 유효하다. 폭스바겐은 중국, 미국, 그 외 여러 나라에 많은 공장을 두고 있어서 큰 문제가 되지는 않는 것 같다.

폭스바겐 국민차 저축 예금자

앞서 언급했듯이, 제2차 세계대전 전에 국민차 비틀을 구입하기 위해 약 34만 명이 저축을 시작했고 그 액수가 2억 7,500만 라이히

사진 II-58 — 제2차 세계대전 후 대량 생산이 시작된 비틀

스마르크에 달했다. 이들은 히틀러가 전쟁을 시작했기 때문에 차를 구입할 수가 없었다. 저축예금은 동결 계좌여서 인출도 되지 않았다. 이들은 종전 후 단체를 결성해 폭스바겐에 차량 인도를 요구하며 소송을 제기했다.

그런데 만약 폭스바겐이 예금자들의 요구에 따라 차를 내준다면 회사의 존속이 위태로워질 수도 있었다. 이것도 화해가 성립됐다. 예금자들은 표준사양의 비틀을 할인된 가격에 제공받음으로써 저축한 돈을 어느 정도 회수할 수 있었다.

폭스바겐 종업원

마지막으로 소유권을 주장한 자는 폭스바겐 종업원이다. 종전 후 15년 동안 폭스바겐의 번영은 종업원들의 노력에 따른 것이라고 주장하며 소유권을 요구했다. 화해를 통해 종업원들에게도 할인된 가격으로 폭스바겐 주식을 제공함으로써 그들의 주장도 어느 정도 수용했다.

이런 문제들이 해결되면서 폭스바겐은 서독을 재건하는 데 큰 기여를 했고, 오늘날 세계적인 기업으로 성장했다.

:: 포르쉐 퇴사 후의 피에히(1972~1993)

현재 폭스바겐의 감독이사회 회장 페르디난트 피에히는 3세대 사촌 간 분쟁의 결과 1972년에 포르쉐를 떠났다. 그 후 어떤 길을 걸어왔는지 살펴보자.

메르세데스(1972년 3~9월)

피에히가 포르쉐에 재직할 때, 포르쉐에서 은퇴할 것이라는 소문이 자동차 업계에 퍼져 있었다. 이때 피에히는 메르세데스의 요아힘 잔Joachim Zahn 사장에게 메르세데스 입사를 제안받았다. 피에히는 합의했고, 계약에 따라 6개월의 수습 기간에는 설계상의 조언과 제안을 담당했다.

메르세데스 부문은 기존 일부 차종에 디젤엔진을 탑재하는 과제를 수행하고 있었다. 메르세데스는 4기통 엔진을 6기통 엔진으로 강화하고, 이를 디젤형으로 변경할 계획이었다. 하지만 공간이 좁아서 설치하기가 어려웠다. 이때 피에히가 5기통 엔진을 제안했다. 당시 개인 승용차에 5기통 엔진을 탑재한 차종은 어디에도 없었다. 개발부장 한스 슈렌버그Hans Scherenberg는 메르세데스의 기술로 이것이 가능하냐고 물었다. 그는 5기통 엔진의 특성을 잘 알고 있었다. 이전에 알제리 정부로부터 프랑스의 베를리에Berliet, 사비엠Saviem 두 회사의 4기통, 5기통, 8기통 엔진을 탑재한 트럭의 평가를 의뢰받은 적이 있었다. 당시 피에히는 5기통 엔진의 낮은 소음에 주목했다.

다음으로 개발부장은 가격을 물었다. 3일 만에 계산한 결과를 내놓자 승인되어, 240D 디젤차의 시험용 차량이 결정됐다. 슈렌버그의 부하 직원들은 피에히에게 노골적으로 적의를 드러냈고, 일부러 잘못된 도면을 건네주는 등 피에히가 실패하게 하려고 애를 썼다. 그러나 시험용 기간인 5개월 동안 피에히는 5기통 디젤엔진 5기를 240D 시험용 차량 본체에 장착 가능한 설계에 성공했다. 그 후 1974년 이 차종은 메르세데스 240D.03의 모델 번호로 출시됐다.

　수습 기간이 끝나기 전 피에히는 잔 사장으로부터 슈렌버그 부장의 후임으로 정식 채용하고 싶다는 제안을 받았다. 그때 잔 사장은 가장 중요한 조건으로 개발 예산의 엄수를 강조했다. 피에히는 자서전에서 포르쉐 근무 당시 누군가가 레이스카 917의 개발 예산을 대폭 초과했다고 보고했기 때문이라고 썼다. 그러나 피에히에게 개발비란 개발 기술자의 문제가 아니었다. 뛰어난 차를 만들기 위해서는 낭비라고 할 정도의 많은 비용을 지출할 필요가 있었다. 그는 즉석에서 대답했다. "나는 적임자가 아닙니다. 나는 훌륭한 차를 만들고 싶고, 그러려면 돈이 많이 듭니다. 만약 당신이 수준 낮은 능력의 개발부장을 원한다면, 당신 부하 직원 중에서 고르는 것이 좋겠습니다."

　이렇게 해서 메르세데스에서의 생활은 반년 만에 끝났다. 그러나 이 짧은 기간에 5기통 디젤엔진을 개발, 설계하여 훗날 대량 생산의 기틀을 마련한 것은 비범한 혁신 능력을 보여준 사례로 남았다. 레이스카 917의 성공과 함께 그의 자신감과 자부심을 더욱 강화했다고 할 수 있다.

아우디(1972~1993)

그 후 피에히는 폭스바겐의 자회사인 아우디에 입사하여 두각을 나타냈다. 디젤엔진, 구동 시스템, 경량 차체, 1리터 차(운전석 과 뒷좌석을 세로로 배치), 4륜구동차, 직접 분사식 디젤엔진 등 오늘날 필수라고 여겨지는 기술을 꾸준히 개발해냈다. 피에히가 아우디에서 장래의 폭스바겐 사장 후보로 평가된 계기는 콰트로 차종의 개발에 성공한 일이었다. 아우디로서는 처음으로 메르세데스, BMW와 동등하게 대항할 수 있는 신차종이었다. 4륜구동에 아연도금 가공 차체, 최신형 디젤엔진, 알루미늄 사용으로 구현한 경량화, 스포츠카 디자인 등 혁신적인 특성을 갖추고 있었다.

피에히는 이 차를 폭스바겐 본사 모르게 비밀리에 개발했다. 그는 자서전에서 개발에 성공했을 때 본사가 공을 가로챌 가능성이 있었기 때문이라고 밝히면서 당시 본사는 자회사의 미움을 사고 있었다고 했다. 이 실적을 인정받아 1993년 모회사인 폭스바겐의 사장으로 영입됐고, 감독이사회 회장에 이르렀다.

:: 폭스바겐 사장 시절의 피에히(1993~2002)

피에히는 적자에 시달리는 폭스바겐의 재건에 도전했다. 당시 폭스바겐의 매출이익률은 제로이거나 적자였고, 인건비는 포드의 독일 자회사와 GM의 독일 자회사인 오펠보다 20%나 비쌌다. 폭스바겐이 다른 회사에는 없는 휴가제도, 공장의 휴식 시간제, 그

외에도 여러 가지 종업원 우대제도를 시행하고 있었기 때문이다. 이런 사정 탓에 1995년 말경이면 독일 내 6개 공장에 남는 인원은 전 세계 종업원 대비 30%, 3만 1,000명에 불과할 것으로 예측됐다. 피에히는 이 문제를 생산시설을 저임금 국가로 이전하지 않기, 직원을 정리해고하지 않기, 생산성을 향상시키기 등의 방식 해결하기로 했고, 끝내 성공했다. 그 골자는 다음과 같다.

- 주 4일제 도입. 주 근로 시간을 36시간에서 28.8시간으로 단축
- 급여의 14~16% 감액. 집행위원회 임원은 20% 감액
- 대부분의 복리후생 특별수당 폐지. 기본급 유지

이 기본 방침은 불과 4주 만에 노사 간 합의가 이루어져 1994년 1월부터 발효됐고, 2년간의 유효기간이 정해졌다. 그 덕에 2만 명의 종업원이 일자리를 유지했으며, 결근율은 종전의 8~9%에서 3%까지 감소했고 가장 우수한 공장은 1%까지 개선됐다. 독일에 있는 폭스바겐 종업원 수가 1994년 12만 8,000명에서 2000년대 초반에는 10만 명으로 줄었다. 피에히는 이런 내부개혁이 직원들을 해고하지 않고 노사분규 없이 이루어졌다는 데 가치가 있다고 강조했다.

페터 하르츠●는 2002년 8월 독일에서 실시된 취업촉진, 실업

● 페터 하르츠는 금속 노동자의 아들로 태어나 고생 끝에 폭스바겐 임원직에 오른 입지전적 인물이다.

급여의 재검토 등 노동시장 개혁안을 제정한 인물로 잘 알려져 있다. SPD 당원이며, 금속노조 지구 대표를 지냈다. 이런 인연으로 당시 총리이던 슈뢰더와 가까운 사이였고, 고문 역할도 했다. 하르츠의 개혁은 높은 실업률과 경직된 노동시장의 시정을 목적으로 제1단계에서 제4단계까지 단계적으로 실시됐으며, 최근 독일의 노동·사회제도 대부분은 하르츠 개혁의 영향을 받았다고 할 수 있다.

피에히는 하르츠를 노무담당이사로 초빙하려 했다. 하르츠는 처음에는 거절했으나, 피에히의 삼고초려 끝에 간신히 응해 폭스바겐의 노무담당이사로 취임했다. 하르츠가 피에히의 제안을 받아들인 이유는 큰일을 할 수 있는 기회에 끌렸기 때문이다. 그러나 취임하고 13년 후인 2005년에 그는 치욕 속에 회사를 떠나게 된다.

1993년 폭스바겐은 창업 이래 최대의 경영난에 봉착했다. 회사 재정 상태로 보면 종업원 2만 명에서 3만 명을 감원해야 하는 상황이었다. 그때 등장한 인물이 폭스바겐 노무담당이사로 부임한 페터 하르츠였다. 하르츠는 노동시간 단축과 고령 노동자 단계별 퇴직, 신규 노동자 단계별 고용을 단행했다. 아울러 작업장 혁신을 추진하고 위기 극복 마스터플랜을 마련했다. 당시 니더작센주 주지사로 폭스바겐의 개혁을 눈여겨본 슈뢰더 전 독일 총리는 2002년 하르츠에게 노동시장 개혁을 맡겼다. 하르츠 개혁은 그렇게 시작됐다. 그처럼 주목받던 하르츠는 뜻밖의 사건에 연루돼 나락으로 떨어졌다. 2005년 폭스바겐 경영진이 노조 대표자들에게 향응을 제공했다는 의혹이 불거졌기 때문이다. 경영진이 노동자평의회 간부들을 회사 전용기에 태워 호화 여행을 보냈는데, 그 비행기에 브라질 출신 성매매 여성들이 동승했다는 폭로가 터져나왔다. 폭로 당사자는 수년간 수십억 원의 회사 공금을 횡령해온 폭스바겐 직원이었고, 그 직원의 상급자가 하르츠였다. 일개 직원이 회사 공금을 상급자 결재 없이 물 쓰듯 한다는 것은 불가능에 가까운 일이다. 물론 하르츠가 향응 제공에 동참했거나 지시했는지는 확인되지 않았다. 폭스바겐 지분 20%를 소유한 니더작센주 주정부를 장악한 기민당이 사민당의 노동시장 개혁 책임자를 제거하기 위해 꾸민 음모라는 주장도 나왔다. 그렇다고 하르츠가 노사 부패 행위를 묵인했다는 비판에서 벗어날 수는 없다. 폭스바겐 이사회는 의혹이 제기되자마자 그를 경질했다. (출처: 〈매일노동뉴스〉, 2015. 5. 20)

가족적 기업으로 변해가다

폭스바겐의 경영은 1993년 피에히의 사장 취임 이후 가족적 성격이 짙어졌다. 피에히는 이미 기술자로서는 물론 경영자로서도 실적을 올려 업계에서도 사회적으로도 높은 평가를 받고 있었다. 앞장에서 말했듯이, 그는 파격적이고 강렬한 성격이었기에 창업 기업가에게 있을 만한 권력에 대한 집착이 자연스럽게 생겨났다. 즉 부하 직원들이 자신을 비난하거나 자신의 결정에 의문을 품는 걸 용납하지 않았다. 그가 가차 없이 베어낸 경영자만 30명이 넘는다고 한다. 또 자기방어에 능하여 그의 직위를 빼앗을 정도의 위기가 발생했을 때도 살아남았다.

그중 하나가 사장 취임 초인 1993년, GM의 구매담당자이자 스페인 자동차 경영인인 로페즈José Ignacio López de Arriortúa와 그 부하 직원 7명을 영입함으로써 촉발된 4년간에 걸친 GM과의 분쟁이다. 또 하나는 2005년에 표면화된 노무담당임원 하르츠와 사업장위원회 폴카트 위원장의 배임 등 위법 행위다. 두 사람은 유죄 판결로 직업적 생명을 잃었지만, 피에히는 피스체치리더 사장에게 책임을 지게 함으로써 자신에게 미칠 여파를 차단했다.

피에히 주도의 경영

앞 장에서 살펴본 바와 같이, 포르쉐는 2012년 폭스바겐에 인수되어 완전자회사가 됐다. 그전에는 양사가 기술적 협력 관계였지만, 상호 간에 출자 관계가 없어서 법적으로나 경영상으로 독립된 회사였다. 그러므로 포르쉐에서 일했던 피에히가 폭스바겐의 사장으로 취임하여 감독이사회 회장직까지 이른 것은 세습에 따른 것이 아니다. 폭스바겐이 경영자의 능력도 갖춘 기술자를 필요로 했기 때문이다.

피에히는 실적으로 자신의 지위를 쌓았다. 따라서 할아버지 페르디난트가 폭스바겐 비틀의 설계자라는 사실과는 거의 무관하다고 할 수 있다. 이에 반해 포르쉐에서는 가족 대표 볼프강이 다른 형제들과 마찬가지로 세습에 의해 거의 저절로 이 회사의 감독이사회 회장직에 올랐다. 폭스바겐에서 피에히 주도의 경영 체제는 이 회사 감독이사회의 구성에 단적으로 명시되어 있다. 즉, 자본 측 위원 10명 중 5명이 피에히 가문과 포르쉐 가문에서 선임되며, 이는 양 가문의 소유 비율에 거의 비례한다.

피에히 가문에서는 가족 대표인 페르디난트 피에히가 감독이사회 회장으로, 그 밖에 2명의 감독이사회 임원이 선임되어 있으며, 그중 1명은 피에히 회장의 다섯 번째 아내인 우르줄라Ursula다. 폭스바겐과 같은 대기업의 감독이사회에서 부부가 임원으로 재직

한다는 사실은 이 회사가 가족기업이라는 사실을 여실히 보여주며, 가족주주로서 그의 영향력의 크기 역시 나타낸다. 또한 피에히는 감독이사회와 위원회 네 곳 중 가장 중요한 위원회 세 곳의 의장직을 독점하고 있다. 즉 감독이사회와 집행위원회 임원의 선출·해임을 결정하는 평의위원회, 중재위원회, 감독이사회와 집행위원회의 인사에 관여하는 지명위원회 등 세 곳이다. 포르쉐 가문에서는 4세대인 젊은 올리버만이 감독위원회의 위원장직을 맡고 있을 뿐이다.

발각된 불상사

2005년 7월 8일 폭스바겐을 뿌리째 뒤흔든 부정행위가 발각됐다. 이 일로 중앙사업장위원회 폴카트 위원장은 사업장위원회법 위반과 형법 제266조 규정의 배임방조에 의해 집행유예 포함 2년 9개월의 금고형을 선고받았다. 노무담당이사 하르츠에게는 2년의 집행유예 포함 금고형과 57만 6,000유로의 벌금형이 선고됐다.

폴카트는 당시 폭스바겐 감독이사회의 노동자 측 임원으로, 폭스바겐 중앙사업장위원회 위원장, 폭스바겐 유럽중앙사업장위원회 위원장, 폭스바겐 세계중앙사업장위원회 위원장을 겸임해 독일에서 가장 강력한 사업장위원회 위원장으로 유명했다. 그는 1993년 주 4일제를 도입해 3만 명의 고용을 확보하는 대신, 기

그림 II-23 — 폭스바겐주식회사

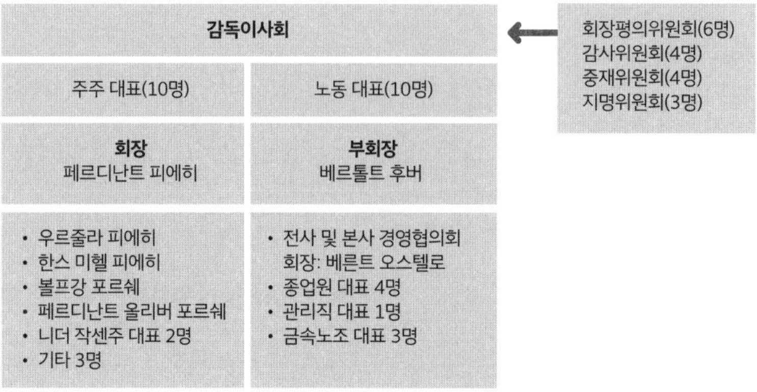

감독이사회		
주주 대표(10명)	노동 대표(10명)	

회장평의위원회(6명)
감사위원회(4명)
중재위원회(4명)
지명위원회(3명)

회장 페르디난트 피에히	**부회장** 베르톨트 후버
• 우르줄라 피에히 • 한스 미헬 피에히 • 볼프강 포르쉐 • 페르디난트 올리버 포르쉐 • 니더 작센주 대표 2명 • 기타 3명	• 전사 및 본사 경영협의회 　회장: 베르튼 오스텔로 • 종업원 대표 4명 • 관리직 대표 1명 • 금속노조 대표 3명

※ 2015년 1월 기준
※ 출처: 2014년 영업보고서

존 종업원의 급여를 15% 감액하는 하르츠의 개혁 도입에 협력했다. 이듬해 1994년 폴카트는 하르츠에게 위법적인 특별 상여금을 요구했고, 하르츠는 2005년까지 총 195만 유로를 지급했다고 시인했다. 노동자 측 대표를 매수한 이 행위는 회사 내에선 보고되지 않았다. 폴카트의 부정행위는 그칠 줄 몰랐다. 브라질 애인에게 가공 업무 명목의 보수 40만 유로, 이 여성과 개인 여행을 떠났을 때의 일등석 항공권과 부대 경비, 고급 매춘부를 부른 파티 등 호화로운 술 파티의 비용이 회사 비밀 계좌에서 지급됐다. 더더욱 하르츠도 이런 난행에 편승했다. 이와 같은 불상사가 대중잡지 〈빌트〉에서 폭로되기 전날, 하르츠는 자신이 아는 언론인에게 전화를 걸어 잡지가 배포되기 전에 전부 살 순 없는지 상의했지만 불가능하다는 답변을 들었다.

당시 2002년 이래 감독이사회 회장으로 있던 피에히가 증인으로 출두했으나, 이런 사실을 그가 알고 있었는지에 대해서는 입증되지 않았다. 폴카트와 하르츠는 둘 다 노동자 출신이었으며, 그들만큼 단기간에 독일 경제계와 노동 분야에서 권력의 정점에 오른 사람은 없었다. 또한 그들만큼 급속하게 직업적·사회적 지위를 상실한 지도자도 없었다.

:: 포르쉐 인수 후의 폭스바겐

폭스바겐 비틀의 발명자는 누구인가?

벨라 바레니(1907~1997)

마지막으로 포르쉐 차 애호가에게는 별로 유쾌하지 않은 상황을 살펴봐야 할 것 같다. 폭스바겐 비틀의 최초 설계자는 페르디난트 포르쉐가 아니라 벨라 바레니라는 사실이다.

그의 아버지는 오스트리아·헝가리 제국의 헝가리 왕국인 프레스부르크(현 슬로바키아 브라티슬라바) 출신 육군 중위였다. 바레니는 빈의 근교 작은 도시에서 오스트리아인으로 태어났으나, 1918년 제국의 패전과 해체로 체코슬로바키아 국민이 됐고, 그 후 다임러벤츠에 입사하여 1940년 독일 국적을 취득했다.

　1994년 9월 15일 발행된 〈슈피겔〉에는 '너무 늦은 명예 표창', '표절의 희생자'라는 제목으로 바레니가 미국 자동차 명예의 전당에 올랐다는 기사가 실렸다. 그가 아흔의 나이로 사망하기 3년 전이었다. 바레니는 독일인으로서는 다임러, 벤츠, 보쉬, 디젤, 노르트호프, 그리고 포르쉐 다음인 일곱 번째로 전당에 올랐다. 표창의 이유는 1925년에 비틀 자동차의 기본 설계를 실현했다는 점이다. 즉 전당은 포르쉐가 아니라 바레니가 국민차 비틀의 발명자임을 인정한 것이다. 여기서 기본 설계란, 바레니가 열여덟 살 때 빈의 공업전문학교 졸업 과제로 제출한 소형차의 설계 도면을 가리킨다. '장래의 국민차 폭스바겐'이라는 제목 아래 공랭 4기통, 수평대향 엔진을 차체 후부에, 변속기어를 후부 차축 앞에 배치하는 소형차의 도면이었다.

　〈슈피겔〉은 "비틀을 발명한 사람이 누구냐고 물으면 많은 사람이 페르디난트 포르쉐라고 대답한다. 그러나 그것이 정답이 아니라는 사실을 기술자와 판사, 폭스바겐 경영자, 그리고 포르쉐 가문도 오래전부터 알고 있었다"라고 썼다. 이 잡지에 따르면 바레니는 상급학교 졸업 후 자신의 구상을 실현하기 위해 도면을 가지고 자동차회사들을 찾아다니며 구직활동을 했다. 1932년에 그는 슈투트가르트의 포르쉐를 방문했으나 거절당했다. 그런데 4년 후 1936년에 포르쉐가 나치 수뇌부에 제출한 국민차의 모델 도면은 바레니의 도면에 있던 모든 사양과 거의 같았다. 이 책을 쓰면서 다양한 문헌을 참고했는데, 그중 바레니의 저작권을 명기한 것은 오일러Euler뿐이다. 이 책에 따르면 폭스바겐 비틀의 설계자를 보통 포르쉐로 알고 있지만, 사실은 바레니가 빈의 공업전문학교 졸업 논문으로 제출한 시험용 차량의 도면에서 결정적인 요소를 가져왔다고 한다. 또한 포르쉐는 이 사실을 오랫동안 부인했으나, 재판 결과 1953년에 바레니의 저작권으로 확정됐다고 쓰여 있다.

바레니는 스스로 저작권을 보호할 만한 재력이 없었기 때문에 1939년 다임러벤츠에 시험 기술자로 입사했다. 〈슈피겔〉에 따르면 2명의 자동차 평론가 뫼니히Horst Mönnich와 프랑켄베르크Richard von Frankenberg가 바레니를 '몽상가'라고 모욕한 데 대해 바레니가 소송을 제기했다. 1954년 12월 승소했지만, 바레니는 예금 대부분을 이 소송에 써야 했다. 게다가 그 판결은 포르쉐가 폭스바겐에서 얻은 비틀 한 대당 5마르크의 특허 수입에 영향을 미치지 않았다. 1951년에 이르러서야 바레니는 마침내 법정에서 비틀의 설계자로 인정받았다.

포르쉐의 내부 인사 중 바레니의 공적을 인정하고 공개적으로 말한 사람이 있다. 포르쉐의 역사문서 담당 관리자 란덴베르거Landenberger다. 경제신문 〈한델스블라트〉는 바레니 탄생 100주년을 기념해 '폭스바겐 비틀의 정신적 아버지'라는 제목으로 "벨라 바레니는 훗날 폭스바겐 비틀의 특허권에 결정적인 공헌을 했다"

라고 보도했다. 또한 폭스바겐은 홈페이지에서 "열여덟 살의 헝가리인 공업전문학교 학생 벨라 바레니는 1925년 '국민차 폭스바겐의 차대 원형 도면'을 제출했다. 너무 늦은 표창이지만, 부가티·포르쉐·노르트호프와 마찬가지로 미국 자동차 명예의 전당에 선출됐다"라고 밝혔다. 바레니는 비틀의 막대한 보상금은 받지 못했지만, 인생의 마지막에 큰 영예를 안을 수 있었다.

미국 자동차 명예의 전당은 비틀의 기본 설계 개발자로서, 그리고 '수동적 안전의 아버지'로서 바레니의 혁신적 기술에 찬사를 보냈다. 그는 자동차·항공기·선박 등에서 사고 발생 시 인체를 보호하는 수동적 안전 기술에 관한 약 2,500개의 특허를 취득했다. 또한 충격 흡수식 스티어링, 사고 시 승객 공간의 변형 방지 구조 등을 포함한 다수의 생명 안전 구조를 개발했다. 그의 노력과 개발 성과는 다임러가 자동차 이용자들의 안전성 확보를 중요시하는 경영이념을 확립하는 데 영향을 주었으며, 다임러는 그 결과로 세계적 위상과 상업적 성공을 얻었다. 1993년 메르세데스 벤츠는 광고에 그의 사진을 내걸고 '세상에서 이 사람만큼 자동차의 안전성을 생각한 사람은 없다'라고 경의를 표했다.

타트라의 포르쉐 제소: 특허권 침해와 배상금 지급

폭스바겐 비틀이 타사의 특허권을 침해했다는 다툼이 또 한 건 있다. 원고는 체코의 자동차회사인 타트라Tatra이며, 대상 차종은 이 회사가 1934년 생산하기 시작한 타트라 77형이다. 포르쉐가 최종 시험용 차량 W38의 제조를 시작한 것은 1939년 7월로, 히틀러가 이 차에 'KdF 차'라는 이름을 지어줬고 종전 후에는 '비틀'이라고 불리게 됐다. KdF 차는 포르쉐가 1932년 췬다프의 발주로 제작한 포르쉐 12형과 NSU의 발주로 제작한 포르쉐 32형의 외형과 기본 사양에 바탕을 두고 있다. 12형은 '비틀의 원형'이라고 불릴 정도였고 32형은 비틀의 '진정한 선구자'였으나, 두 모델 모두 발주 기업의 사정으로 생산은 하지 못했다.

그런데 타트라가 특허권을 침해했다며 포르쉐를 고소했다. 위키피디아에 따르면 그 소송처리는 1939년 나치 독일의 체코 점령으로 중단됐고, 제2차 세계대전 후인 1961년에 마무리됐다. 재판 결과 폭스바겐은 300만 마르크의 손해배상 판결을 받고 지급했다고 한다. 이 사이트에서는 히틀러가 "타트라는 독일 아우토반에 어울리는 차다"라고 말했다는 조너선 맨틀Jonathan Mantle의 저서 《자동차 전쟁Car Wars》을 인용했다. 또한 포르쉐는 엄청난 시간적·기술적 압력 아래 히틀러에게 설계도면을 제출해야 했기 때문에 타트라의 기본 설계를 이용할 수밖에 없었다며, 포르쉐 자신도 개발자 한스 레트빈카Hans Ledwinka의 구상을 이용한 것을 인정했다고 주장한다. 곤혹스러운 점은 폭스바겐의 사이트를 몇 번이나 검색해도, 이 배상금의 지급과 그 배경에 관한 설명을 발견할 수 없다는 점이다.

지금까지 폭스바겐 비틀의 진정한 의미가 어디에서 출발하는지를 살펴봤다. 이 과정에서 알게 된 것은 이 문제와 관련한 자료나 연구자가 적다는 점, 저명한 잡지나 신문에서도 거의 다루지 않는다는 점이다. 그래서 안타깝게도 가장 자세한 기사를 위키피디아에서나 볼 수 있다는 점이다. 물론 한계는 있겠지만, 이 무료 백과사전이 이런 류의 문제에서 큰 역할을 한다는 것을 새삼 알게 됐다.

피에히에 대한 비판

폭스바겐이 포르쉐를 완전히 자회사로 만든 결과, 피에히가 지주회사 포르쉐SE와 포르쉐주식회사 감독이사회의 모든 중요 기관에서 결정적인 의사관철 능력을 발휘하게 됐다. 피에히가 지배하는 폭스바겐·포르쉐 제국은 유럽 최대·최강의 가족기업, 가족 제국이 됐다고 말할 수 있다. 다음은 독일의 경제신문에 게재된 피에히에 대한 비판이다.

폭스바겐의 감독이사회 회장 피에히의 부하인 빈터코른 사장은 피에히의 분신이라고 말할 수 있을 정도로 성격적으로 유사한 점이 많아, 이 두 사람이 폭스바겐의 기업문화를 형성했다고 이야기된다. 다른 자동차회사에서는 볼 수 없을 정도로 공격적인 데 간단히 말하면 '힘을 가진 자의 오만', '목적을 위해서는 수단을 가리지 않고', '능력을 뽐내고, 안하무인인' 기업문화다. 파리의 자동차 쇼 전날 저녁 늦게 전시장에서 담배 연기가 피어올랐다. 2008년부터 프랑스에서는 공공장소에서의 흡연이 금지되어 있는데, 그런 규칙을 무시하고 폭스바겐 사장 빈터코른이 시가를 맛깔스럽게 피우고 있었다. 전년도에도 그는 같은 장소에서 흡연으로 70유로의 벌금을 문 전력이 있다. '힘을 가진 자의 오만'을 단적으로 보여주는 행동이다.

폭스바겐은 준수해야 할 법을 점점 더 무시하게 됐으며, 오히려 법을 스스로 만들어내고 있다고 신문은 덧붙였다. 그것은 '타인의 문화적·개인적 상태를 무시한 천한 행동으로, 힘과 규모가 전부'라고 하는 폭스바겐 독자적인 법이며, 다른 법은 안중에도 없다. 즉 가부장적 경영자 피에히는 중요한 의사결정을 감독이사회를 거치지 않고 단독으로 결정한다. 이 때문에 감독이사회 임원들은 의견을 교환할 기회가 없다고 한탄한다.

다음은 일본의 자동차회사 스즈키와 관련된 보도 내용의 일부다.

폭스바겐 내부정보에 따르면, 폭스바겐은 19.9%의 주식 취득으로 스즈키를 폭스바겐의 다른 자회사와 마찬가지로 지배할 수 있다고 생각했다고 한다. 이 '성급한 행동'은 스즈키에는 통하지 않았다. 스즈키 회장은 "우리 회사는 폭스바겐의 열두 번째 브랜드가 될 생각이 없다"라고 분명히 말했다. 피에히의 '오만'이 처음으로 무너졌다.

폭스바겐은 2018년까지 생산대수로 세계 최대 자동차 기업을 목표로 한다고 하지만, 폭스바겐을 잘 아는 사람은 '폭스바겐은 목적만 바라볼 뿐 수단은 필요 없다'라고 한다. 이런 태도가 지금까지는 성공을 가져왔다. 그러나 유럽 최대의 자동차회사가 위기에 빠지는 것은 시간문제라고 이 신문은 결론 짓는다.

피에히의 사임

2015년 4월 14일 나는 도쿄의 독일일본연구소에서 개최된 뮌헨대학교 츄스카Anja Tuschke 교수의 강연 '독일의 기업지배구조에 관한 감독이사회 임원과 경영자 교육'에 출석했다. 나는 폭스바겐과 같이 발행주식의 절반이 의결권이 없는 우선주이고, 나머지 반 중 의결권의 50% 이상을 피에히와 포르쉐 양가가 보유하고 있는 대기업에서는 어떤 가족지배와 기업지배가 필요한지 질문했다. 츄스카 교수는 그에 답하면서 피에히가 사장 빈터코른을 해임할 것 같다는 말을 했다. 순간 내 귀를 의심했다. 당시 나는 오사카 출장을 다녀오느라 며칠 동안 신문도 독일 위성방송도 보지 못한

터였다.

집에 돌아와 TV를 켰더니 '전 세계에서 60만 명을 고용하고 있는 유럽 최대 자동차회사 폭스바겐에게 최고경영자들 간에 이상한 권력투쟁이 시작됐는데 그 영향이 매우 크다'는 뉴스가 나왔다. 자동차 업계에 정통한 한 전문가의 인터뷰도 방송됐다. 그는 이렇게 말했다. "피에히는 폭스바겐의 발전에 많은 공헌을 했지만 한 가지 잊은 것이 있다. 적절한 시기에 무대를 떠나는 것이다."

얼마 후인 2015년 4월 25일, 피에히와 그의 아내가 각각 감독이사회 회장과 임원직을 전격 사임했다는 뉴스가 날아들었다. 이 소식에 더욱 놀랐다. 그는 지금까지 GM과의 소송, 사업장위원회의 회계부정 등 해임되어야 마땅한 여러 사건들을 잘도 피해왔다. 그러나 이번에는 운이 따르지 않았다. 아니면 운이 다한 것인지도 모른다. 감독이사회와 집행위원회의 인사권을 쥐고 있는 회장 선임위원회Prasidium에서 심의를 했는데 위원장 피에히를 제외한, 노동자 측 대표 3명과 자본 측 대표 2명 등 5명이 빈터코른의 계약 갱신에 전원 찬성하여 피에히는 5:1로 완전히 고립됐다.

후임 감독이사회 임원으로는 빈터코른 휘하 집행위원회의 신청으로, 피에히의 두 조카가 선임됐다. 감독이사회 회장직에 관해서는 추후 후보자가 선정될 계획이며, 그동안 노동자 측 후버 부회장이 대행하게 됐다. 후계자 선임, 피에히와 포르쉐 가문의 관계 등 폭스바겐에 남겨진 문제가 많다. 앞서 인용한 '유럽 최대 자동차 기업이 위기에 빠지는 것은 시간문제다'라는 예언이 실현되는 걸까? 가족지배와 기업지배에 대한 본격적인 검토의 시기가 다가왔다고 말할 수 있다.

머크

머크주식합자회사를 고찰하는 이유는 첫째, 300년의 역사를 가진 의약품 장수 기업이기 때문이다. 둘째, 머크는 주식합자회사로서 부분적으로 주식을 공개하고 있기 때문에 가족지배구조에 관한 실태가 알려져 있다. 셋째, 130명의 가족 무한책임출자자에 의한 가족지배와 기업지배구조의 상황이 영속성을 추구하는 가족기업에도 참고가 되리라고 생각했기 때문이다. 주식합자회사 형태의 이 회사가 어떻게 가족지배를 확보하면서 증권시장에서 자금을 조달하고 있는지를 보여준다.

2012년 기준 '독일 100대 기업' 중에서 이 회사는 의약품·화학 기업으로는 바이엘, 사노피Sanofi, 프레제니우스, 베링거에 이어 55

위에 이름을 올렸다. 2014년 매출 111억 유로(약 15조 원), 66개국에 3만 6,000명의 직원을 보유하고 있다. 머크의 의약품 사업부문은 스위스의 세로노Serono를 인수해서 암 치료, 불임 치료, 성장 장애 등의 의료용 의약품과 건강 보조제를 포함한 일반 의약품 사업을 영위한다. 그리고 화학 사업부문에서는 액정 기술을 중심으로 전자기기, 바이오산업 등의 용도에 맞춘 특수 화학제품을 생산한다.

1995년까지 이 회사는 합명회사E. Merck OHG였으나 그해 기업 형태를 현재의 머크주식합자회사Merck KGaA로 개편하고 주식을 부분적으로 공개했다. 자금 일부를 증권시장에서 조달하고, 전통 기업임에도 적대적 M&A를 포함한 기업인수를 통해 적극적인 성장전략을 추구한다. 2006년에는 같은 업계의 독일 기업 쉐링Schering에 적대적 인수를 시도하여 국제적인 관심을 모았다. 그러나 바이엘이 백기사●로 등장해 머크의 인수 가격 주당 77유로를 웃도는 88유로를 제시함으로써 인수에 실패했다. 그럼에도 당시 취득한 쉐링의 주식을 매각해 2주간 4억 유로의 매각 이익을 얻었다고 보도됐다. 또한 2010년에는 세계적인 생명과학 기업이라고 불리는 미국의 밀리포어Millipore를 인수했다.

● white knight, 적대적 M&A 시도가 있을 때 경영권을 방어하고자 하는 경영진의 편에서 함께 맞서주는 우호적인 주주 - 옮긴이

:: 머크가 걸어온 길

머크의 전신은 지금부터 340년 전인 1668년에 프리드리히 머크 Friedrich Merck가 인수한 '천사'라는 이름의 약국이다. 그 후 1827년 에마뉘엘 머크Emmanuel Merck가 약국 실험실에서 마약성분의 진통제인 모르핀의 생산에 성공했다. 바로 이 해가 이 회사의 창립연도라고 한다. 에마뉘엘은 약국에서 제약 기업으로 수직적 합병 후방통합을 실현하여, 그 후의 발전에 기초를 마련했다. 이런 의미로 E. 머크는 창업자이며, 지주회사는 E-머크합자회사라는 이름을 가지고 있다.

그 후 머크는 대부분의 알칼로이드alkaloid를 생산하기에 이르렀고, 독일에서 이 분야를 주도하는 기업이 됐다. 1855년 직원 50명

사진 II-59 — 머크의 전신인 '천사' 약국

에서 1900년에는 1,000명까지 성장했으며, 그 후에도 국제적으로 성장을 거듭해 1883년에 런던 지점, 1895년에 뉴욕에 미국 현지법인 Merck & Co.를 설립했다. 그리고 그 외 많은 외국 시장에서 대리점망을 구축했다.

제1차 세계대전 중 머크는 군수용 진통제로 모르핀을 생산하면서 더욱 발전했다. 그러나 전쟁 와중인 1917년, 미국의 대독일 선전 포고에 따라 미국 현지법인은 적국자산으로 간주되어 미국 정부에 접수됐다. 이후 오늘에 이르기까지 독일 머크와는 자본 측면에서도 경제적으로도 관계가 없는 미국 머크Merck & Co.가 됐다. 제2차 세계대전 중에도 역시 군사 용도의 진통제를 생산했으나 본사 공장의 70~80%가 폭격으로 파괴됐다. 전후 1949~1950년 살충제의 생산을 시작했고, 이후 가족지배하에 오늘의 제약·화학 기업으로 성장했다.

1995년 독일, 미국 양 머크 간의 협정이 진행돼 미국의 머크가 미국과 캐나다에서는 'Merck & Co.'라는 상호를 독점적으로 사용하고, 미국 이외에서는 'MSDMerck Sharp & Dohme'라는 상호를 사용하게 됐다. 독일의 머크는 미국·캐나다를 제외한 전 세계에서 상호 'Merck'를 독점적으로 사용하고, 이 두 나라에서는 'EM Industries' 또는 'EM Pharmaceuticals'를 사용하게 됐다. 2001년 독일 머크는 미국·캐나다에서는 'EMDEmanuel Merck Darmstadt'라는 사명을 사용하기로 결정하고, 새로운 로고를 발표했다. 이 회사는 미국 머크와 혼

그림 II-24 ― 머크주식합자회사

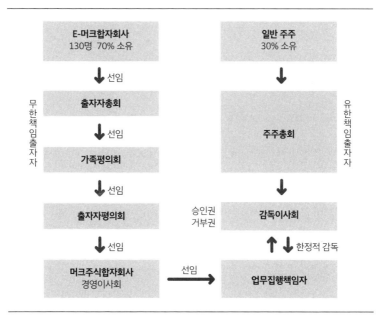

동되는 것을 피하기 위해 사명을 폐지하는 것까지 검토했지만, 그 세계적인 명성과 머크 가족의 반대를 예측하고 현상 유지를 하기로 결정했다고 전해진다.

:: 가족의 정의

설립자에게는 세 아들이 있고, 이들로부터 파생된 자손이 오늘날의 가족출자자를 구성한다. 머크에서 가족의 정의는 출자자 계약

제1조에서 규정된다. 원래 규정에 따르면 남자 가족만 출자자가될 자격이 있고, 여성 가족에게는 유산 일부가 분배됐다. 그러나 4세대 이후에는 여성 가족에게도 출자자의 자격이 주어졌다. 1994년 기준 세대별 지분비율은 5세대 가족이 26%, 6세대가 73%, 7세대가 1%였다. 1950년부터 2000년까지의 50년간 가족출자자의 수는 22명에서 118명으로 증가했고, 2015년 현재는 130명에 이른다. 2040년이 되면 출자자 수가 240명에 이를 것으로 예상된다.

머크의 가족은 창업자의 후손뿐 아니라 이들의 배우자도 다음 조건에 따라 가족이 된다. 즉 가족과 배우자 사이의 혼인관계 존속 기간 또는 가족이 사망하고 재혼할 때까지의 기간은 가족으로 간주된다. 또한 가족의 양자도 가족협의회의 만장일치 찬성에 의해 가족으로 인정된다. 이 점에서 머크의 가족에 관한 정의는 혈연적 기준만이 아니고 사회적 기준도 고려한 것으로 알려져 있다. 가족출자자가 출자 계약의 해지통지를 하면, 그 시점에 가족의 지위를 상실한다. 출자자의 자격은 상속, 결혼 및 가족 간의 지분에 대한 자유로운 양도로 생겨난다.

가족이 머크 회사에 취직하는 것은 금지되어 있지 않지만, 높은 직위를 목표로 해야 하고, 채용은 비가족후보자에게 적용되는 심사 기준에 따라 결정된다. 가족협의회의 가족출자자 지분 1,000유로에 대해 의결권 1표를 가진다. 출자자총회의 의결은 의결권의 단순 과반수로 이루어진다. 주목해야 할 것은 가족출자자가 평등하고 공정하며, 집안의 계통 또는 그 외의 요인에 따른 지위의 격차는 전혀 없다고 하는 규정이다. 포르쉐의 가계 상황에 비추어 볼 때 매우 중요한 규정이다.

:: 기업이념

머크의 기업이념으로 적재적소, 소유와 경영의 분리, 후계자 육성, 정보 공유가 강조된다. '가족 사이의 불화, 분열은 가족기업에 치명적이다'라는 이유로 머크에서는 결속력과 친화력이 차세대에 전할 가장 중요한 이념으로 여겨지며, 다양한 형태로 강화되고 있다. 출자자총회는 이를 위한 중요한 기회로 활용된다. 즉 총회가 종료되는 저녁은 가족, 부부, 전 경영이사, 남녀노소 등 150~160명이 모여 서로 집에서 친목회를 개최하며 유대를 유지하고 강화하는 것으로 알려졌다.

비가족 경영자도 '양자대우'로 이 회의에 초대된다. 또한 차세대 가족공동체 교육·훈련의 하나로 21세 미만의 출자자를 위한 연수회가 국내 및 국외에서 개최된다. 연수에서 참가자들은 기업의 활동 상황을 이해하고, 출자자의 역할을 인식하는 교육을 받는다.

:: 기업 형태와 소유구조

이름에서 알 수 있듯이, 머크주식합자회사는 주식회사와 합자회사를 통합한 기업 형태다. 합자회사는 유한책임출자자와 무한책임출자자로 구성된다. 유한책임출자자는 일반 상장회사의 주주와 마찬가지로 증권시장에서 주식을 취득한 개인 주주나 기관투자자 주주다. 이런 주주를 '일반 주주'라고 한다.

머크의 발행주식 약 29.7%는 이런 일반 주주가 소유한다. 일반 주주는 주주총회에 참석하고, 실적보고를 승인하고, 감독이사회의 임원을 선임한다. 그리고 감독이사회는 업무집행책임자의 업무를 감독한다. 이 장에서는 일반 주주와 감독이사회의 감독 기능을 '주주지배'라고 표현한다.

나머지 70.3%의 자본금은 무한책임출자자로서 가족기업 E-머크합자회사가 보유하고 있다. 이 회사가 보유한 지분은 주식이 아니기 때문에 '자본출자지분Kapitalanteil'이라고 하고, (1,000유로 단위로 의결권 1표가 부여되는) E-머크합자회사도 머크와 마찬가지로 합자회사이기 때문에 무한책임출자자와 유한책임출자자로 구성된다. 유한책임출자자는 5명이며, 무한책임출자자로서 회사 발표 자료에서 확인할 수 있는 사람은 E-머크합명회사의 경영이사회 임원 3명과 비가족 최고 업무집행책임자 등 5명뿐이다. 이 중 1명이 겸임으로 되어 있으므로 실제로는 4명이다. 그 외에 누가 무한책임출자자이고 누가 유한책임출자자인지는 전혀 공개되지 않았다.

:: 가족지배의 우위성

머크주식합자회사는 100% 가족소유기업에 무척 가까운 회사다. 주식합자회사에서는 법적 규정에 따라 무한책임을 지는 출자자만이 회사의 업무집행책임자다. 그 무한한 책임의 위험 부담에 비례하여 권한도 주식회사의 경영이사회에 비해 훨씬 강력하고 광범위하다. 따라서 머크주식합자회사에서는 다음과 같은 원칙을 따른다.

- 주주총회에서 일반 주주의 대부분 결의는 업무집행책임자의 승인을 필요로 한다.
- 정관 변경에 관하여 주주총회에서 의결할 수 있는 것은 문구 변경으로 한정된다.
- 감독이사회의 권리·의무도 크게 한정된다.
  - 감독이사회는 업무집행책임자를 선임·해임할 수 없다.
  - 감독이사회는 업무집행책임자의 특정 의사결정과 관련하여 감독이사회의 사전승인을 규정할 수 없다.

- 감독이사회의 자본 측 임원 6명 중 3명이 머크 가족 출신이다.
- 따라서 무한책임출자자인 업무집행책임자에 대한 감독이사회의 감독, 권리 또는 의무도 제한적이다.

지금부터 가족기업으로서 E-머크합자회사의 지배구조를 고찰한 후, 머크주식합자회사의 지배구조를 살펴보자.

:: E-머크합자회사

머크 가족으로 구성된 E-머크합자회사는 머크주식합자회사의 최고기관이며, 산하의 모든 기관과 사업회사를 지배·총괄한다.

출자자총회

출자자총회Gesellschafterversammlung는 주식회사의 주주총회에 해당한다. 130명의 가족출자자는 출자자총회에 참석하고, 하부기관의 보고를 청취하고, 다음에서 설명하는 가족평의회와 출자자평의회의 위원을 선임한다. 또한 머크주식합자회사에 대한 출자비율의 변경, 증자, 계약 변경에 관하여 결의한다. 따라서 실질적으로 머크주식합자회사 전체의 기본 사항에 대해 최종 의사결정을 내리는 기관이다.

가족평의회(12명)

가족평의회Familienrat는 주식회사의 감독이사회에 해당하는 기관으로, 출자자총회의 축소판이라고 할 수 있다. 출자자총회에서 선출되는 출자자평의회 위원을 선임·해임·감독하고, 머크주식합자회사의 경영전략에 관한 기본 방침을 결정하고, 가족이익을 옹호한다.

출자자평의회(9명)

출자자평의회Gesellschafterrat도 주식회사의 감독위원회에 해당하는 기관이다. 위의 가족평의회에서 5명, 사외이사 4명 등 총 9명의 평의원이 가족평의회에서 선임된다. 사외이사가 들어간다는 점이 가족평의회와 다르다.

이 기관의 첫 번째 역할은 머크주식합자회사의 경영 및 업무집행 최고기관인 업무집행책임자의 선임과 해임이다. 두 번째는 감독 기능이다. 머크주식합자회사의 전반적인 상황을 파악하고, 이를 위해 상업 장부 및 기타 자료를 열람 및 감사하고 재산 상황을 확인한다. 또한 고액투자 등의 중요 안건 및 연차보고서를 승인한다. 출자자평의회는 필요에 따라 개최되며, 매년 최소 4회 모인다.

경영이사회(4명)

경영이사회는 여러 기관의 결정 사항을 집행하고, 여러 기관의 업무를 총괄하는 의무와 보고 의무를 진다. 또한 회사 외부에 회사를 대표하는 기능이 있다. 이 기관은 2명의 가족평의회 대표와 부대표, 머크주식합자회사의 비가족 업무집행책임자 클레이와 재무담당 최고책임자 쿠넬트Marcus Kuhnert 등 4명으로 구성된다.

이 기관의 가장 중요한 기능은 가족기업인 E-머크합자회사와 사업회사인 머크주식합자회사의 업무집행을 조정하는 것이다. 이들 간에는 가족의 이익과 손실, 그리고 사업회사의 이익과 손실의 조정, 그에 따른 가족에 대한 배당과 사업회사의 내부유보, 투자 계획 등 중요 안건에 대하여 긴밀한 검토, 토론, 정보 교환이 이루어진다.

업무집행책임자

업무집행책임자Geschäftsleitung(경영자)는 머크주식합자회사의 업무집행기관이며, 전원 비가족 경영자인 5명의 무한책임경영자로 구성된다. 이들은 사장인 클레이, 재무담당 쿠넬트, 전사적 관리·인사·

노무·기타를 담당하는 베크만Kai Beckmann과 의약품 및 화학제품 사업부의 임원 2명이다. 이들은 출자자평의회에서 선임된다. 일반주주인 유한책임출자자가 선임하는 감독이사회에는 업무집행책임자를 선임하거나 해임할 권한은 없다. 이 점이 주식회사의 감독위원회와 가장 다른 특성이다. 업무집행책임자(경영자)들은 원칙적으로 매월 2회 모인다. 업무집행책임자(경영자)는 가족이 아니기 때문에 가족 지분은 없다.

이 회사의 법무 책임자에게 "출자자가 아닌 경영자가 왜 무한책임을 지는가?"라는 질문을 했는데, 잡지의 인터뷰에서 클레이 사장이 "가족 전체의 지지와 신뢰가 있기에 그것으로 충분하다"라고 했다는 대답이 돌아왔다.

E-머크합명회사

E-머크합명회사E. Merck OHG에 대해서는 머크주식합자회사의 정관, 기타 공식 자료에도 전혀 설명이 없다. 그 이유도 알려져 있지 않다. E-머크합명회사는 머크 가족 130명의 무한책임출자자로서의 지분 70%를 보유한 회사이며, 머크주식합자회사의 무한책임출자자인 동시에 회사 산하 모든 자회사의 지주회사라고 설명한다. 회사 외부에서 보도되는 기사도 이와 비슷하다.

전문위원회

주식회사에서는 감독이사회 산하에 위원회가 설치되는데, 가족기업 E-머크합자회사에도 세 가지 위원회가 설치되어 있다.

인사위원회

2명의 가족 대표와 2명의 감독이사회 사외임원으로 구성된다. 검토 사항은 업무집행기관의 인사, 고용 계약, 대출·급여 지급, 명예직·겸직 직무 분담이다. 투표는 다수결로 하지만 업무집행책임자에 대한 인사는 만장일치로 한다.

재무위원회

출자자평의회 회장과 3명의 감독이사회 임원으로 구성된다. 연간 최소 4회 회의를 개최하고, 그중 2회는 회계감사인이 참석한다. 업무집행기관의 임원도 위원회의 요청에 따라 참석한다. 업무집행책임자 및 재무담당임원은 매번 참석한다. 재무위원회는 연차보고서·반기보고서·분기보고서와 회계감사인의 감사보고서 분석 및 심의, 수익·재무·재산·자금조달 및 결산보고의 문제를 심의한다. 또한 출자자평의회의 승인을 필요로 하는 투자 안건에 대한 조언을 한다.

연구개발위원회

출자자총회의 회장 외에 2명의 감독이사회 임원으로 구성된다. 회의는 필요에 따라 최소한 연 2회, 종일 개최한다. 위원회의 요청이 있을 경우 업무집행기관의 임원도 참석한다. 업무집행책임자, 의약품 및 화학제품을 담당하는 임원은 매번 참석한다.

위원회는 양 제품 분야의 개발 문제를 분석, 심의한다. 양 제품 분야의 담당 업무집행책임자는 연구 단계의 보고 및 의약품 연구의 임상시험 II와 III의 진행 상황을 상세히 검토한다. 위원회는 매년 2회 출자자평의회에서 연구개발에 관한 상황을 보고한다.

∷ 주주지배

주주총회

일반 주식회사의 주주총회와 달리, 머크주식합자회사의 주주총회 권한은 한정되어 있다. 연차보고서의 승인을 포함한 대부분의 결의는 무한책임출자자로서 E-머크합자회사의 승인을 필요로 한다. 정기주주총회의 주요 결의 사항은 연차보고서의 승인, 재무상태표 이익처분, 경영이사와 감독이사회 임원의 선임, 결산감사인의 선임 등이다.

E-머크합자회사의 무한책임출자자도 지분을 주식으로 전환할 수 있지만, 이들은 주주총회에서는 감독이사회 임원에 대한 선임과 해임, 업무집행책임자 및 감독이사회 임원의 승인과 책임 면제, 결산감사인의 선임 및 기타 표결에 의결권을 직접 또는 간접적으로 행사할 수 없다. 이것은 E-머크합자회사의 전결 사항이기 때문이다.

감독이사회

감독이사회Aufsichtsrat는 적법성, 정규성, 합목적성, 경제성에 따라 업무집행책임자를 감독할 의무를 진다. 구체적으로는 분기보고서를 통해 판매 및 기타 업태를 파악하고 감사한다. 또한 공인회계사의 감사보고서에 따라 분기보고서·반기보고서·연차보고서를 자세히 조사한다.

머크주식합자회사는 자본회사이기 때문에 주식회사와 같이 감독이사회와 경영이사회를 설치해야 하고, 1976년 공동결정법의 실시가 적용된다. 공동결정법에 의해 회사의 종업원 수에 따라 감독이사회는 16명의 50%인 8명은 주주 대표, 8명은 직원 대표로 구성된다. 회장은 회사 외부인 린데Linde의 감독이사회 회장이다. 그러나 자본 측 임원 8명 중 5명은 E-머크합자회사의 임원이다. 즉 감독이사회는 일반 주주의 감독기관이 아니라 가족기업에 대한 감독기관이라는 성격이 강하다.

일반 주식회사의 감독이사회와 가장 크게 다른 점은 머크주식합자회사의 감독이사회는 최고 업무집행책임자, 즉 경영이사회를 선임하거나 해임할 권한이 없다는 데 있다. 앞서 언급했듯이, 이 권한은 가족지배기관인 출자자평의회에 있다. 또한 감독이사회는 일반 주식회사의 사전승인권도, 업무집행기관의 취업규칙을 규정할 권한도 없다. 이것도 출자자평의회의 권한이다.

그러나 이것이 감독이사회에 정보 취득권한 및 감사권한이 없다는 것을 의미하지는 않는다. 즉, 노동 측 대표와 2명의 사외 자본 측 임원이 존재하여 어느 정도의 감독 기능을 통해 업무집행책임자에 대한 지배 기능을 발휘하는 것으로 추측할 수 있다.

감독이사회는 1년에 4회 모이며, 업무집행책임자 및 감독이사회 임원의 요구에 따라 회의를 개최한다. E-머크합자회사 출자자평의회와 감독이사회 임원의 요청에 따라 양자의 회장이 동의하면, 그때마다 합동회의가 개최된다. 이와 같이 감독이사회에 의한 지배 기능이 낮다는 근거는 가족출자자와 가족출자자에 의해 선임된 업무집행책임자가 무한책임을 지기 때문이라고 생각된다.

:: 맺는말

'주주지배'와 '가족기업'이라는 두 가지 지배구조의 존재가 주식합자회사 지배구조의 특성이며, 이를 '이원적 지배조직'이라고 표현한다.

이 회사는 수많은 독일 가족기업 중에서 기업지배구조의 전형을 보여준다. 가족 결속, 일체성의 유지·강화, 교육에 상당한 시간과 노력을 투입하고 있다. 가족선거를 통해 2명의 가족 대표가 선임되므로 정당성도 높다. 양 대표는 머크의 전략을 수립하고, 그 실행을 비가족 무한책임출자자인 업무집행책임자에게 위임한다. 그런 의미에서는 소유와 경영의 일치가 이루어지고 있다고 할 수 있다. 비가족인 4명의 업무집행책임자도 무한책임출자자로서 가족과 일체화되어 있다.

가족의 주식 보유율이 70%에 달하는 압도적 과반수이며, 적대적 M&A의 대상이 될 가능성은 생각하기 어렵다. 그리고 가족과 회사의 강한 유대관계가 이 회사의 안정성과 성장에 기여한다고 생각한다.

머크는 가족 무한책임출자자로서의 책임의식이 강하기에 기업지배구조의 실효성이 높다. 업무집행책임자도 무한책임출자자이기 때문에 책임감이 강할 것이다. 가족 대표는 기술 수준이 낮은 제네릭 의약품에서 고부가가치를 창출하는 첨단 의약품으로 전략적 전환을 시도했고, 이에 반대한 비가족 전 최고경영책임자는 해임됐다. 이는 소유와 경영의 분리보다는 오히려 소유와 경영의 일치에 가깝다. 가족기업 E-머크합자회사의 경영이사회는 가족과 비가족 경영자의 이해와 경영 방침의 조정 기관으로서 중요한 역할을 하는 것으로 보인다.

기업공동체에서
가족자본주의로

이 책의 결론으로, 자본 공급자의 관점에서 독일 가족기업에 의해 형성되는 자본주의를 '가족자본주의Familienkapitalismus'로 규정하고, 이를 형성하는 기업을 '기업공동체Betriebsgemeinschaft'로 정의한다. 기업공동체는 크루프의 공익Gemeinwohl에서 베텔스만의 공동체Gemeinschaft에 이르기까지 독일 가족기업의 특성을 관통하는 기업이념이다. 이는 노동과 자본 간의 강력한 상호 신뢰 관계가 확립되어, 서로 일체화되고, 공통의 기업 목적 달성을 위한 협력이 실현됨을 의미한다.

기업공동체로서 독일의 가족기업

독일에는 두 가지 자본주의가 공존한다. 가족자본주의와 주주자본주의다. 가족자본주의는 다시 순수 가족자본주의와 혼성 자본주의로 나뉜다. 전자는 모든 또는 대부분의 자본을 가족으로부터만 조달하며, 후자는 자본 일부를 가족으로부터, 나머지 일부를 증권시장으로부터 조달한다.

경영사가經營史家 챈들러는 자본주의를 소유와 경영의 관점에서 미국·영국·독일을 비교하고, 각 나라의 특성을 도출했다. 이에 따르면 독일 자본주의는 '공동경영자 자본주의'다. 그러나 이것만으로 국가의 자본주의적 특성을 나타낸다고 할 수는 없다. 독일에서는 가족자본주의와 주주자본주의가 병존하지만, 가족자본주의의 경제적 중요성은 프롤로그에서 기술한 바와 같이 주주자본주의를 뛰어넘는다고 생각하며, 그 이유는 다음과 같다.

독일 가족기업의 사례를 통해 알 수 있듯이, 19세기부터 오늘에 이르기까지 뛰어난 제품, 기술 및 서비스를 통해 글로벌 시장 지위를 획득하여 세계적 명성을 자랑하는 가족기업이 많기 때문이다.

이런 가족기업 가문은 수익을 종업원의 임금, 노동시간, 사회보험제도, 기타 복리후생제도·복리후생시설을 도입하고 유지하는 데 투하했다. 그럼으로써 정부의 공적 사회보험제도, 오늘날의 감독이사회와 사업장에서 공동결정에 의한 종업원의 협상력 향상에 큰 영향력을 미쳤다. 그 결과 노동자와 자본가의 기업공동체가 구축됐다.

가족기업 가문은 가족, 기업과 기업이념, 기업문화를 유지하기 위해 공익재단을 설립하고 재단이 속해 있는 지역의 시민을 위한 주택, 병원, 학교, 도서관 등을 건설했다. 이들은 얼굴이 보이지 않는 불특정 다수 주주의 경영 간섭을 거부하여 상장하지 않았고, 자유와 자주독립을 유지하고 자유롭고 활달한 기업가정신을 발휘하여 가문의 이름을 지켰다. 그 결과 독일의 가족기업은 사회적으로 높은 명성을 누리고 있으며, 가족기업임을 부끄러워하지 않는다.

보쉬는 독일의 순수 가족자본주의의 상징이라고 볼 수 있다. 회사 형태는 유한회사이면서 2014년 매출 6조 4,000억 엔(약 64조 원)을 기록해 세계 1, 2위를 다투는 자동차 부품 기업이다. 이런 규모임에도 보쉬는 주식회사로 개편하지 않고 영업현금흐름과 은행 차입을 통해 계속 성장하고 있다. 이는 가족기업으로서의 자유와 자주독립의 경영이념을 창업 이래 유지하고 기업가정신을 발휘해 온 이 회사의 자신감, 자존심의 표현일 것이다.

또한 독일 4대 자동차 중에서 폭스바겐, 포르쉐, BMW 3사가 가족기업이다. 자동차 산업은 한 나라의 경제와 산업의 번영을 결정하는 만큼 큰 파급효과와 고용 효과를 발휘한다. 전후 서독의 경제 부흥을 이끈 주역이 폭스바겐의 '비틀'이라는 소형 승용차였다는 말도 있다. 포르쉐(2012년에 폭스바겐에 흡수합병)와 BMW의 2012년도 부가가치 금액은 '독일 100대 기업' 중 각각 1위와 5위를 기록했을 정도이며, 고용과 수출을 통해 독일 국민경제에 커다란 기여를 하고 있다.

폭스바겐과 포르쉐는 혼성 자본주의로, 자본 일부는 가족으로부터 조달하고 나머지는 증권시장에서 우선주 발행을 통해 조달한다. 베텔스만도 마찬가지다. 이런 대규모 가족기업의 존재는 독일 국민이 가족기업에 거는 높은 기대의 원천이 되고 있다.

기업 형태로 본 가족기업의 지위

제I부 제1장에서 밝힌 바와 같이, 가족기업에 적합한 기업 형태가 약 20개나 있는 나라는 선진국 중 독일뿐이다. 이런 제도는 모두 합자회사 도산 시 무한책임출자자에게 부과되는 채무변제 책임을 해소할 목적으로 도입됐다. 독일의 특성은 이런 기업 형태를 법학자가 아닌 가족기업이 스스로 고안하여 현실에 적용하고 법적으로 인정받았다는 것이다. 그 법적 근거가 헌법에 있다는 사실은 제1장에서 언급했다.

이와 비교하여 일본에서는 상장의 본래 목적인 자금조달이 아니라 주식회사라는 법 형태의 외형을 이용한 상장을 통해 '신용'을 높이고자 하는 경향이 강했다. 소규모 기업, 즉 가족기업도 주식 회사라는 법 형태를 채택하고 상장을 통해 지위를 높이고자 애써 왔다. 그 때문에 명시적으로 가족기업임을 나타내는 유한회사와 합자회사의 형태는 별로 이용되지 않았다. 유한회사 형태의 고향 이라고 할 수 있는 독일에서는 유한회사가 오늘날에도 가족기업 및 중소 규모의 회사에 가장 인기 있는 법 형태 중 하나다.

요컨대, 독일의 가족기업은 기업 형태의 외형에 안이하게 의존 하는 것이 아니라 어디까지나 가족기업의 실적, 시장지위, 종업원 만족도 등의 실적을 중시하고 노력해왔다는 얘기다. 그리고 그 결 과 사회적 신뢰와 명성을 높이는 데 성공했다.

일본의 가족기업 소유경영자의 자기인식

이 책에서 소개하는 가족기업이 일본에는 없다. 그러나 종업원 복 지를 실현하고 공익활동을 전개하는 가족기업의 선배는 존재했 다. 1명은 크루프를 소개한 부분에서 언급한 구라보방적의 2세 대 사장 오하라이며, 다른 1명은 가네보의 무토 사장이다. 오하 라는 1908년부터 비위생적인 여자 종업원 기숙사를 개선하고, 가 족 사택을 건설했다. 그 후 공익활동을 전개하여 은행·병원·발전 소 등을 건설하고, 오하라사회문제연구소·오하라미술관을 설립했 다. 무토의 활약 범위는 공제조합을 통한 질병·부상·사망 시 유족의 구제와 같은 보험제도에서부터 사택, 기숙사, 식당, 의료·요양 시설, 학교, 탁아소 건설 등에 이르렀다. 공익활동으로는 무료진료소 설립, 실업 구제 사업에 기부, 관동 대지진 시 구제 활동 등이 있다. 그러나 이들의 활동이 이후 다른 기업에 파급되진 못했다. 그 밖에도 이런 종류의 가족기업이 많이 있었으리라고 본다. 다만, 대기업이 아니었기 때문에 그 존재가 일반에게 알려지지 않고 묻혔을 것이다.

일본에서 가족기업이라고 하면 영세기업, 대기업의 하청 등 자율성이 부족한 기업, 신용도가 낮고 안정성이 부족한 기업이라는 사회적 고정관념이 있어서 가족기업의 사회적 지위가 낮았다. 이런 인식은 세계적인 시장지위를 갖는 대규모 가족기업에도 적용된다.

나는 가족기업의 이사 2명에게 "당신이 근무하던 회사는 사장이 가족 출신이니 가족기업 아닌가?"라고 물은 적이 있다. 그런데 두 사람 부정하면서, 그 이유가 가족의 지분이 아주 적기 때문이라는 것이었다. 그중 한 사람에게 "가족기업임을 부정하는 것은 가족기업의 평판이 낮기 때문이 아닌가?"라고 또 물어봤다. 그는 '그렇다'고 대답했다. 실적이나 세계적인 시장지위에서 앞서가면서도 가족기업이라고 하면 반발하는 현실이 독일과 크게 다른 점이다. 어딘가 부끄러워하면서 가족기업을 회피하는 대신 '패밀리 family 기업'이라는 표현을 쓰기도 한다.

일본의 가족기업 평판 조사

일본 사회에서 가족기업의 평판이 어느 정도인지를 파악하기 위해, 교수로 근무한 적이 있는 방송대학에서 수강생을 대상으로 예비 조사를 한 적이 있다. 모두 경영학과 관련된 강의의 수강생들이었고, 유효 응답자는 총 102명이었다. 결과를 정리하면 다음과 같다.

■ **질문 1: 가족기업에 대해 어떤 평판을 가지고 있습니까?**
좋다: 4명(4.0%), 좋지도 나쁘지도 않다: 70명(70.7%), 나쁘다: 25명(25.3%)
→ 약 70%가 좋지도 나쁘지도 않다고 답변했다. 그런데 양극단을 보면, 나쁘다는 답변이 좋다는 답변보다 6배 많다.

■ **질문 2: 가족기업은 비가족기업의 특성과 비교하여 어떻게 다르다고 생각합니까?**
→ 9개 항목을 제시했으며, 가장 많은 응답을 정리하면 다음과 같다.

• **차이점이 있는지?**
① 실적: '차이가 없다' 57%
② 기업 신용도·안정성: '차이가 없다' 46%
③ 보수·복지시설: '차이가 없다' 37%

• **긍정적인 평판**
④ 종업원 고용 유지: '더 중시한다' 45%

• **부정적인 평판**
⑤ 불상사: '더 많다' 52%

이 결과를 보면 일본의 가족기업에 대한 평판이 그다지 나쁜 것 같지 않다. 한편 불상사, 가족 우선 승진, 사유화 등 부정적인 답변도 많은데, 이는 가족기업에 대한 고정관념에서 비롯된 것으로 보인다. 그리고 아마도 응답자가 가족기업에 대해 구체적으로 알지 못하기 때문에 막연히 답변한 예도 많을 것 같다. 앞으로 더 정밀한 조사가 필요하다.

전체적으로 보면, 가족기업에 대한 평판은 독일에 비해 높다고 할 수 없으며, 부정적인 고정관념이 많다. 그 원인은 무엇일까?

불미스러운 일이 발생했을 때만 보도될 뿐, 그 밖에 가족기업에 대해 알 수 있는 기회가 거의 없기 때문이다. 그런데 더 큰 원인이 가족기업 자신에게 있는 것은 아닐까? 우리는 일부 저명한 가족기업을 제외하고는 어떤 가족기업이 있는지 잘 모른다. 이는 가족기업 자신이 자부심을 가지지 못해 사회에 기업이념, 기업문화, 기업윤리, 기업전략, 기업지배구조와 가족지배구조를 소개하는 데 소홀히 했기 때문은 아닐까?

독일에서는 국민들이 가족기업의 특성을 명확하게 인식하고 있다. 그래서 가족기업을 상장 비가족기업보다 훨씬 높게 평가하기도 한다. 주간·월간 경제 전문 잡지는 물론이고, 일반 일간신문에도 항상 가족기업에 대해 보도된다. 독일에서는 법 형태만으로도 즉시 가족기업이라는 걸 알 수 있고, 인터넷 홈페이지의 회사 소개에서도 가족기업임을 자랑스럽게 강조한다.

'다수의 희생에 의한 한 사람의 영웅신화'와 결별하다

일본이 독일과 다른 결정적인 요인은 일본 기업의 노동자는 약자이며, 일본의 자본주의가 노동자와 그 가족의 희생 위에 성립하고 있다는 사실이다. 이런 상황에서는 기업공동체가 성립되지 않는다. 공동체는 공통의 목적을 실현하기 위해 구성원이 각각의 의무를 수행함으로써 높은 성과를 거둬 전체 구성원에게 공평하게 배분하는 조직체다.

약자로서 일본 노동자의 상징은 '과로사' 문제다. 이 문제는 옥스퍼드 영어사전에도 'death by overwork'로 정의될 정도로 외국에 알려져 있다. 그 밖에 노동자의 희생으로는 장기 단신부임과 무급 잔업 등이 있으며, 이 후진성의 기본적인 원인은 경영자에 대한 종업원의 협상력이 부족하다는 것이다. 일본의 노동조합은 독일의 산업별 노동조합과 달리 기업별로 조직되어 있다. 그래서 사용자인 회사와 일체화될 수밖에 없는 일부 업종에서는 회사가 노동조합의 간부를 임명하고, 그 간부가 훗날 회사의 경영자가 되기도 한다. 무방비 상태에 있는 노동자의 협상력을 높이기 위해 존재하는 것이 노동조합임에도 그 기능을 제대로 하지 못하고 있다.

또한 개인 자격으로 가입하는 독일의 노동조합은 조합에 불만이 있으면 탈퇴할 수 있지만, 일본에서는 강제 가입을 전제로 하는 유니온숍 제도를 채택한 기업별 노조가 60%를 차지하고 있어 탈퇴가 불가능하다. 그 결과 조합원은 혜택받는 것 없이 꼬박꼬박 조합비만 납부하게 된다.

독일에서는 제1부 제2장에서 설명한 것과 같이, 사업장조직법에 따른 공동결정제도에 의해 잔업조차 사업장자문위원회의 동의를 받아야 실시할 수 있다. 다. 따라서 과로사란 있을 수가 없다. 일본의 직장에서 이른바 '개선 활동'은 최근까지도 업무가 아닌 종업원의 '자발적 집회'라고 간주돼 잔업 시간에 포함되지 않았다.

일본을 대표하는 기업 토요타에서 심야 잔업 중 사망한 젊은 종업원이 있는데, 그의 산재보험 적용을 노동감독관이 거절했다. 노동감독관이 회사 측 관리자로부터만 증언을 들었기 때문이다. 미망인은 두 아기를 안고 아르바이트를 하면서 6년간 전단을 돌리면서 권리를 주장해 간신히 산업재해임을 인정받았다. 그런데 어이없게도, 이 미망인이 구제를 받게 된 계기는 그 노동감독관이 기업으로부터 이익공여를 받았다는 사실이 신문에 보도됐기 때문이다. 일본의 헌법 제13조에는 '모든 국민은 개인으로서 존중된다'라고 되어 있지만, 공염불에 불과한 듯하다.

제II부에서 소개한, 크루프에서 베텔스만에 이르는 4개 회사는 가족기업 가문이 종업원의 노동 조건을 크게 개선하고 다양한 복리후생시설과 제도를 실현함으로써 기업공동체를 형성했다. 오늘날 독일의 산업 현장에 의무화되어 있는 공동결정권은 이런 선구적인 사회개량형 가족기업의 창업자가 확립한 것이다.

가족기업 소유경영자가 강력한 의사관철 능력을 발휘할 때 노동 조건을 현저히 개선할 수 있다. 독일에서도 이 같은 개혁을 실행한 가족기업 가문은 수구파 기업으로부터 비판을 받았다. '빨간 보쉬', '빨간 아베', '빨간 라인하르트' 등 이른바 '빨갱이'라는 비판이다. 그러나 이런 비판에도 주저하지 않았다.

일본의 가족기업이 독일의 가족기업과 같은 발전을 추구하여 주주자본주의를 확립하고 사회적 명성을 높이려면 기업공동체를 구현해야만 한다. 오늘날 일본의 노동 조건은 독일의 선구적인 기업이 활약한 19세기 후반 수준에 있다고 해도 과언이 아니다. 일본의 가족기업도 기업공동체를 전략적 목표로 설정하고 이를 실현하기 위해 노력해야 할 것이다.

선택안 1: 비상장

제Ⅱ부에서 소개한 기업 중 푸거를 제외한 8개 기업에서 주식회사는 3개뿐이다. 이 사실은 상장을 하지 않고도 대기업으로 발전할 수 있음을 보여준다. 가족기업의 소유자는 주식회사라는 형태에 얽매이지 않고, 상장 및 비상장의 이해득실을 고려하여 그중 하나를 결정해야 한다.

상장에도 이점이 있다. 신규 공개하여 창업자의 이익을 실현할 수도 있고, 자금 조달이 수월해지며 신용과 명성을 높이는 데에도 도움이 된다. 또한 회사가 적자를 내거나 도산하더라도 소유경영자의 개인 자산이 희생되지는 않는다. 그러나 이를 위해서는 정보 공개의 의무, 상장 비용, 회계감사 비용, 주주총회 개최와 이를 위한 비용, 단기 이익을 추구하는 주주들의 압력, 고배당 및 높은 주가 유지 요구, 점점 복잡해지는 기업지배구조 관련 법령 및 거래소 규칙에 대응하기 위한 행정 비용, 사외이사 선임 관련 운영 비용, 경영자의 대주주 방문 및 실적 설명 시간 등 각종 비용과 시간이 필요하다.

그것이 전부가 아니다. 이 문제들 외에 주주총회에서의 경영 방침에 대한 주주들의 비판과 요구, 적대적 M&A 위험 등에도 대응해야 한다. 이에 미국이나 일본에서는 대응에 어려움을 겪는 상장기업이 상장을 철회하고 비공개로 전환하기도 한다.

기업을 공개하지 않으면 경제적으로나 시간적으로 구속받지 않고 장기적인 이익을 목표로, 자유롭고 신속한 의사결정을 통해 전략을 수립하고 실행할 수 있다. 그렇게 해서 기업이 성장하면 종업원과 함께 나누면서 기업공동체를 구축할 수 있다. 이는 또 경쟁력 강화로 이어져 성장의 선순환을 이어갈 수 있다. 앞의 사례들에서 확인했듯이, 이것이 바로 독일 가족기업이 선택한 길이며 세계적으로 승승장구하는 독일 가족자본주의의 현주소다.

선택안 2: 상장

독일의 가족자본주의가 주주자본주의와 양립하는 이유는, 상당한 자금을 필요로 하는 가족기업이라면 의결권 없는 우선주를 자본시장에서 발행할 수 있기 때문이다.

포르쉐와 폭스바겐의 발행주식은 의결권 있는 보통주와 의결권 없는 우선주가 각각 50%로 구성되어 있다. 보통주는 가족이 소유하고, 우선주만 상장되어 있다. 따라서 가족 소유경영자는 우선주 소유 주주의 영향을 거의 받지 않고 중요한 결정을 내릴 수 있다.

베텔스만과 머크는 주식합자회사라는 기업 형태를 채택하여 가족출자자에게만 합자회사의 무한책임출자자로서 경영 업무를 집행할 권한을 부여한다. 증권시장에서 주식 발행을 통해 자금을 조달하지만, 이런 주주는 유한책임출자자로 주주총회에서의 감독 권한과 영향력이 제한적이며 가족은 거의 제약을 받지 않는다. 이런 이유로 자금 수요가 많은 대규모 가족기업이 주식합자회사 형태를 선택하는 사례가 앞으로도 늘어날 것이다.

또한 베텔스만은 사채 발행을 위해 증권시장을 이용하고 있으며, 사내에서는 종업원의 재산형성을 위해 발행하는 이익참여증권GenuBschein의 매매 거래도 이루어지고 있다. 종업원은 이익참여증권의 소유자로, 회사의 수익률에 따라 배분을 받는다. 이때 종업원은 채권자일 뿐 출자자가 아니므로 회사에 대한 감독 권한은 없다.

이와 같은 우선주, 이익참여증권은 메자닌Mezzanine 금융의 일부이며, 특성에 따라 거의 자기자본과 같이 취급된다.

경영전략

종업원의 노동 조건 개선은 당연히 가족기업의 수익력에 알맞은 형태로 실행되어야 한다. 크루프는 철강의 품질, 철도 발전 시기 철도 레일·바퀴, 대포 등의 무기로 세계 시장에 진출했다. 그리고 그 결과 얻어진 수익에 따라 종업원의 근로 조건을 개선하고 다양한 복리후생시설과 제도를 확충했다.

자이스는 현미경으로 세계적인 성공을 거두어 그 수익으로

8시간 노동을 도입하고, 복지시설을 늘리고, 궁극적으로 공익재단을 설립했다. 보쉬는 점화플러그로 세계 시장에 진출한 후 자동차 관련 조명, 경적 등으로 다각화했다. 베텔스만의 세일즈맨은 도서 판매에서 수익성 높은 TV과·라디오방송 사업으로 다각화를 추진했다. 또한 미국의 세계적인 출판사를 인수하고, 종업원의 재산형성제도를 도입하고, 공익재단을 설립했다.

소유와 경영의 분리

사례 기업은 모두 전체 가족 구성원 중에서 최고경영자를 선임하지 않고, 경영자 시장에서 우수한 경영자를 초빙하여 이들에 의해 성장과 번영을 실현해왔다. 크루프 가족의 마지막 소유경영자로서 5세대 경영자인 알프리트 크루프는 전문경영자로서 공익재단의 평의원 회장이었던 바이츠를, 바이츠는 사장으로서 전문경영인 크로메를, 자이스는 물리학자인 아베를, 보쉬는 제2차 세계대전 후 발츠를, 베텔스만은 쾨흔레흐너를, BMW는 라이트호퍼를 외부에서 끌어왔다. 그리고 이들이 공헌한 결과 오늘날 세계적인 대규모 가족기업으로 발전했다.

경영사가 챈들러는 소유와 경영의 분리를 '경영자 자본주의The Managerial Capitalism'라고 정의했다. 그리고 이 점에서 독일은 미국의 자본주의와 공통된다고 지적하고, 그 결과 양국의 기업 경쟁력이 향상됐다고 주장했다. 미국과의 차이점은 독일의 경영자 자본주의에서는 경영자와 종업원 사이가 협조적이며, 기업 간의 관계도 카르텔 등을 통해 협조적이라는 것이다. 이에 챈들러는 독일의 경영자 자본주의를 '협조적 경영자 자본주의'라고 특징지었다.

이 연구 결과는 포르쉐의 911 스포츠카 개발과 관련된 두 가문 간의 분쟁에도 적용해볼 수 있다. 2세대 페리는 포르쉐와 피에히 양 가문에서 3세대 각 3명씩 총 6명의 가족으로 개발팀을 구성했다. 그런데 제8장에서 자세히 살펴봤듯이, 양 가문의 개발자 간 갈등과 권력 다툼이 생겼다. 결국 피에히는 가족 전원을 해임하고 비가족 기술자를 등용했다. 이 사례는 가족 중심의 인재 활용이 얼마나 위험한지, 다시 말해 소유와 경영이 얼마나 중요한지를 보여준다.

소유와 경영의 분리는 주주자본주의보다 가족자본주의에서 훨씬 더 중요하다. 부적격자에게 회사를 승계시키는 것은 본인이나 회사에 모두 나쁜 결과를 가져온다. 제Ⅱ부 제3장에서 소개한 크루프의 3세대 가족 경영자 프리드리히 알프레트 크루프가 전형적인 예다. 외아들이었던 그는 어릴 때부터 몸이 약하다는 이유로 학교에 가지 않고 개인 가정교사에게 교육을 받았다. 어머니의 극진한 보호를 받았지만, 극단적인 대인공포증에 빠졌다. 그가 후계자로서 적합하지 않다는 것은 실질적 창업자인 알프레트 크루프도 당연히 느끼고 있었다. 그런데도 그는 아들에게 승계했다. 결국 프리드리히는 소아동성애 행위를 저질렀다는 신문보도가 나온 후 자살로 생을 마감했고, 이는 크루프의 역사에 돌이키기 어려운 오점으로 남았다. 크루프의 마지막 가족 경영자인 5세대 알프리트가 사업회사와 공익재단에 가족이 관여하지 못하게 하는 내용의 유언을 남긴 것은 이런 비극을 막기 위해서가 아닐까 생각한다.

가족 간의 분쟁, 가족지배, 기업지배구조

비텐-헤르데케대학교의 뤼젠Jörn Rüsen 교수는 "가족기업의 큰 장점은 가족기업이라는 점이다. 하지만 가장 큰 약점 역시 가족기업이라는 데서 기인한다"라고 말했다. 변호사 겸 가족기업 컨설턴트로 유명한 헨네케스는 "독일에서 기업 가치의 최대 파괴자는 가족"이라고 하면서 그 원인이 가족 간의 갈등, 불화, 분쟁이라고 지적했다. 또한 변호사 겸 대학 강사인 바우스Baus는 "경직된 가족 중심적 사상은 독일의 가족기업에서 널리 볼 수 있는 현상"이라며, "늦어도 3세대까지는 발생한다"라고 주장했다.

  그러나 정도의 차이는 있지만, 이런 상황은 독일뿐만 아니라 다른 나라의 가족기업에도 생기는 보편적인 문제다. 일본에서도 종종 친족 간 권력분쟁이 언론에 크게 보도되기도 한다.

  헨네케스는 가족기업은 내부의 약점이나 정보의 유출을 우려하여 모든 문제를 가족 내부에서 해결하려고 하고 외부의 의견이나 충고를 구하려 하지 않는다고 말했다. 따라서 가족 간에 의견 대립이 발생할 경우 합리적으로 해결되지 않고 감정적 대립이 지속된다는 것이다. 여기에 조정자가 개입하면 일이 더 커지기 쉽다. 왜냐하면 조정자도 친인척이어서 완전한 중립성을 가질 수 없다고 생각되기 때문이다. 그러다 보면 중재자 자신이 분쟁에 휘말릴 수도 있다. 또한 분쟁 당사자 모두가 만족할 만한 해결책을 도출할 수 있을지도 보장할 수 없다. 다른 한편으로는 모든 친인척에게 공정성을 인정받고 존경받는 어른이 있다고도 할 수 없다. 이에 대한 해결책으로는 다음과 같은 것이 있다.

가족헌장

이에 관해서는 제10장의 사례 기업인 머크가 도움이 된다. 이 회사는 가족헌장Familienverfassung라는 용어는 사용하지 않지만, 가족헌장이라고 정의할 수 있는 중요한 규정이 포함되어 있다. 300년의 전통을 자랑하는 이 장수 기업에는 130명의 친인척이 존재한다. 특히 주목할 만한 규정은 경영이념, 가족 친목회, 젊은 가족의 교육, 비가족 경영자의 '양자대우'와 가족 경영자와의 교류 등이다.

자문위원회의 설치

독일에서는 자문위원회Beirat가 문제 해결에 이용되는 경우가 많다.

자문위원회는 법적 기관이 아닌 사적 조직이며, 명칭이나 목적도 기업에 따라 다르다. 부정기적으로 열리며, 자유롭고 구속력이 없이 비공식적으로 의견을 교환하는 회의가 있는가 하면, '목적, 개최일, 권한과 의무, 구성원들의 요구 사항, 선임·해임' 등을 문서로 자세히 규정해놓은 전문기관까지 다양하다. 독일의 회계법인 PWC의 조사에 따르면 후자의 전문적인 형태가 증가하고 있다.

또한 자문위원회의 4분의 3은 감독이사회로, 업무집행책임자에 대한 감독 기능을 한다. 10년 전 그 비율은 50% 이하였으나, 요즘은 80%의 가족기업에서 가족이 최고경영자인 것으로 밝혀졌다. 그리고 70% 정도는 자문위원회 의장을 비가족이 맡고 있다. 즉 업무집행책임자와 자문위원회 의장 모두를 가족이 차지하는 자문위원회는 적으며, 경영에 대한 비가족 자문위원회 의장의 독립성이 높아지고 있다.

문제는 자문위원회 위원의 선임 과정으로, 그 자격 요건을 성문화한 가족기업은 20%에 불과하다. 또한 비가족이 위원의 선임 과정에 참여하는 가족기업의 비율도 20%에 불과하다. 즉, 80%의 가족기업 자문위원회에서는 가족이 그 위원을 선임한다. 이는 자문위원회 의장이 비가족이라고 하더라도 그 위원의 독립성이 낮다는 걸 의미한다. 헨네케스에 따르면, 비가족 의장이 위원을 선임하는 데 영향력을 행사할 경우 가족 소유경영자가 다른 친인척에 대한 자기의 권위나 영향력이 약화하는 것을 우려하기 때문이다. 또한 선임 과정에서 필요한 가족과 기업의 기밀정보가 외부로 유출되는 것, 가족 경영자의 시간적 부담, 위원의 보수 등 비용 증가 등 단점이 장점보다 많다고 생각하기 때문이라고도 할 수 있다.

그러나 가족기업의 소유경영자는 본인 혼자 해결하기 어려운 문제가 있다는 것도 분명히 안다. 이런 문제들이란 친인척 간 또는 친인척 종파 간의 대립이나 갈등, 가족과 비가족을 불문하고 연장자인 최고경영자의 퇴임, 반항적인 젊은 가족출자자 관리자에 대한 설득이나 권고 등이다. 친인적 당사자 가족이 이런 문제를 해결하기는 곤란하고, 어쨌든 결론을 내서 문제를 종결한다고 하더라도 당사자 사이에 불만이나 악감정이 남을 가능성이 있다. 이런 상황에서는 독립적이고 중립적이며 공정한 제삼자 전문가의 결정, 중재, 감독이 필수적이다.

헨네케스는 자문위원회가 그 역할을 할 수 있는 필수 조건으로 다음 네 가지를 강조한다.

- 첫째, 의장이 가족 외의 인물로서 가족기업 문제의 전문가일 것
- 둘째, 의장이 자문위원회 위원과 최고경영책임자의 선임·해임에 최종 결정권을 가질 것
- 셋째, 의장이 무제한 정보 요구권을 가질 것
- 넷째, 자문위원회 의장의 권한·책임은 물론 자문위원회의 목

적, 권한·책임, 기타 자세한 내용을 정관 또는 가족출자자 계약에 규정할 것

헨네케스는 바람직한 자문위원회의 모습을 다음과 같이 제시했다.

- 자문위원회가 그 책임을 이행하기 위해 인사권을 가지는 것이 가장 중요한 요건이다.
- 인사권이란 경영집행책임자 및 자문위원회 위원의 선임·해임·임기에 관한 결정 권한을 말한다.
- 자문위원회는 모든 경영 업무에 관한 무제한 정보를 요구할 권한을 가진다.
- 자문위원회의 사전승인을 필요로 하는 업무 사항을 나열하고 명확하게 한다.
- 단기·중기·장기의 경영 계획은 자문위원회의 승인을 받는다.
- 위와 같은 자문위원회의 책임과 권한은 출자자 계약 또는 회사 정관에 따라 성문화한다.
- 자문위원회의 개최 빈도, 표결 방법, 회의록 작성, 기타 사항은 자문위원회 내부 규정으로 따로 정한다.

헨네케스 자신은 위 조건이 충족되지 않는 한, 자문위원회 의

장으로 취임해달라는 요청을 수락하지 않는다고 한다. 이 권한을 정당화하기 위해 자문위원회 의장은 비가족 전문가로 가족기업 고유의 경영 문제에 정통하고, 그 해결에 충분한 경험을 가진 인물이어야 하며, 가족위원으로부터 신뢰받는 인물이어야 한다고 강조했다.

이런 제도는 가족의 여러 문제를 공정하고 신속하게 해결하기 위해 일본의 가족기업에도 도입할 가치가 있다고 생각된다.

마지막으로, 일본의 가족기업이 패밀리 기업이 아니라 가족기업으로서 독일의 가족기업 이상의 기업공동체를 구축하고 가족자본주의를 형성하는 날이 오길 기대하며 글을 맺는다.

 지난 20여 년 동안 가업승계와 비영리법인 및 공익법인 분야에 관심을 가지고 연구해왔다. 특히 기업재단, 즉 기업이나 기업가가 출연하여 만든 재단에 관하여도 관심이 많아 우리나라의 기업재단 현실이나 외국의 제도를 살펴보고 있다. 그런 와중에 2021년 봄 우연히 인터넷 검색을 하다가 이 책을 발견했다. 내용을 보니 한글로 번역하여 우리나라 독자들에게 소개하면 좋겠다는 생각이 들어 번역을 시작했다.

 이 책은 독일 기업재단의 설립 형태와 운영 방식뿐만 아니라 독일의 9개 가족기업 창업자 또는 후계자들의 사상과 기업의 역사, 기업경영의 특징 등을 다루고 있다. 저자는 독일의 9개 대규모 가족기업의 사례를 소개하면서 일본에도 독일과 같은 노사상생 또는 노자상생의 '공동체경제'가 형성되기를 희망한다고 밝혔다. 나 역시 이 책에서 소개되는 독일의 여러 제도와 문화 중에서 특히 독일의 기업재단제도가 우리나라에도 도입되어, 기업의 영속성과 사회공헌 활동이 제고됐으면 하는 바람이다. 우리나라의 기업재단은 상속세 회피 또는 재단을 통한 우회지배의 수단이라는 비판을 받아 새로운 규제가 계속 생겨나고 있다. 하지만 일부 기업재단의 일탈을 규제하기 위해 양심적으로 운영하고 있는 곳까지 일률적으로 규제하는 제도는 벼룩 하나를 잡기 위해 초가삼간을 태우는 우愚와 비슷하다고 할 수 있다.

이 책을 읽으면서 '저자는 왜 BMW, 포르쉐, 폭스바겐은 다루면서 1885년 세계 최초로 휘발유 엔진 자동차를 개발한 카를 벤츠 가문과 관련 회사인 벤츠(현재 정식 사명은 다임러 AG)는 다루지 않았을까?'라는 의문을 가졌다. 이 점에 관하여 저자에게 문의했더니, 벤츠가 저자가 정의한 대규모 가족기업의 범주에 들어가지 않기 때문이라고 한다. 즉, 현재 벤츠는 창업자 가족들이 다임러 AG 그룹의 방향성에 미치는 영향력이 거의 없기 때문이라는 얘기다. 그에 비해 이 책에서 소개하는 9개 회사는 창업자 가족, 기업재단 또는 그 후견인 등이 직접 경영에 참여하진 않더라도 감독이사회의 구성원으로서 현재도 영향력을 유지하고 있다는 것이다.

이 책은 2015년 9월에 초판이 발행됐기에 이 한글판이 출판되는 2022년과는 7년의 시차가 있어서 그간의 변화를 반영하지 못하는 한계가 있다. 예를 들어, 2015년 9월에 일어난 이른바 폭스바겐의 '디젤게이트'는 이 책에 실려 있지 않다. 폭스바겐 디젤게이트의 배경과 원인이 최근 2~3년 전부터 구체화되고 있는데, 자세한 내용을 다루진 못하나 간략히 짚고 넘어가고자 한다. 가장 큰 원인은 페르디난트 피에히 전 회장 체제에서 가장 촉망받았던 마르틴 빈터코른 후임 회장의 감정을 통제하지 못하는 불같은 성격에 있다고 한다. 그는 쉬지 않고 전 세계를 누비며 일에 미쳐 살면서 끊임없이 임직원을 독려했으나, 현장의 문제점이 회장에게까지 올라올 수 있는 체제를 무너뜨리고 말았다. 이런 점에서 국가를 비롯하여 어느 조직이나 리더의 자세와 능력, 성격이 매우 중요하다는 점을 다시 깨닫게 된다.

이 책의 제Ⅱ부 제5장부터 제10장까지는 21세기연구회 김영옥, 김현주, 선정림, 이종진, 임성주, 조은정 등 여섯 분이 번역해 주셨다.

외국어 책을 우리말로 번역하면서 우리말 번역본을 볼 때마다 더 좋은 번역으로 바꾸고 싶다는 충동을 느끼게 된다. 오역의 가능성에 대해 항상 부끄러움이나 두려움을 느끼는데, 여전히 남아 있는 번역상 오류는 옮긴이의 잘못이다. 어떤 이는 번역이 글을 옮기는 것보다 그 지난한 과정을 인내하는 것이라고 표현했는데, 번역을 할 때마다 이 말이 마음에 와닿는다. 이런 과정을 감내하면서 이 정도 결과를 내놓을 수 있게 된 데에도, 많은 이들의 도움이 있었다. 머리말에서 언급한 번역 참가자, 감수자 이외에도 많은 분께서 교정에 도움을 주셨다. 이 자리를 빌려 감사의 마음을 전한다. 특별히 번역 참가자 여섯 분의 경력 등을 이 책에 표시해야 하는데, 몇 분께서 고사하시는 관계로 성명만 적고 감사의 뜻만 기재해서 죄송한 마음을 금할 수 없다.

2022년 5월

배 원 기

소규모 가족기업에서 세계 최고가 되기까지
독일 100년 기업 이야기

제1판 1쇄 인쇄 | 2022년 5월 18일
제1판 1쇄 발행 | 2022년 5월 30일

지은이 | 요시모리 마사루
옮긴이 | 배원기 · 재단법인 동아시아경제연구원 · 21세기연구회
펴낸이 | 오형규
펴낸곳 | 한국경제신문 한경BP
책임편집 | 김종오
외주편집 | 공순례
저작권 | 백상아
홍보 | 이여진 · 박도현 · 하승예
마케팅 | 김규형 · 정우연
디자인 | 지소영
본문 디자인 | 김영남

주소 | 서울특별시 중구 청파로 463
기획출판팀 | 02-3604-590, 584
영업마케팅팀 | 02-3604-595, 583   FAX | 02-3604-599
H | http://bp.hankyung.com   E | bp@hankyung.com
F | www.facebook.com/hankyungbp
등록 | 제 2-315(1967. 5. 15)

ISBN 978-89-475-4817-5   03320